한국 근대교육의 등장과 성장

김 성 학

교육과학사

책머리말

1894년 갑오개혁 정부가 새로운 사범학교와 소학교를 설립하고 근대교육을 본격적으로 추진한 지 130년이 지났다. 그동안 근대적인 교육제도와 교육정책이 등장하여 부침을 거듭했고, 유교적 틀에서 탈피한 근대적인 교육내용, 그리고 교육이론에 기반한 다양한 교육방법이 학교 현장에 도입, 적용되었다. 이와 함께 교육의 소프트웨어라고 할 수 있는 새로운 학교규율과 학교행사, 교원단체, 교육이론 등도 등장하였다. 최근 근대교육의 패러다임이 급격히 변동하고 있지만, 100년 넘게 장기간 학교 현장에 형성된 근대교육의 특질은 오늘날 학교교육의 근저에서 여전히 직·간접적인 영향을 미치고 있음을 부정할 수는 없다.

특히 1894년에서 1945년에 이르는 50년은 이 땅에 근대교육이 등장하고 성장하며 현재 우리나라 교육의 원형이 형성된 시기라고 해도 과언이 아닐 것이다. 왜냐하면 주지하다시피 이 시기 학교교육을 둘러싼 다양한 행위자들 간의 갈등과 협력, 혹은 경쟁이 첨예하게 전개되면서 이전과는 질적으로 다른 교육적 특질이 학교 현장에 단단히 뿌리내리게 되었기 때문이다. 이 책에서는 이 반세기에 걸친 근대교육의 등장과 성장, 그리고 굴절 과정을 살펴보았다.

필자는 이전에 근대교육에 관한 저서를 출간한 바 있다. 이 책은 이전 저서와 다른 측면에서 근대교육의 비경을 탐색해 보고자 했다. 특별히 이 책에서는 우리에게 근대교육은 무엇이며 어떤 역사적 의미를 갖는지를 드러내고자 했다. 기존에 근대교육은 전통교육과의 불철저한 단절, 열악한 교육재정과 교육여건, 일반인들의 인식 부족, 외세의 간섭과 통제 등으로 폄하되는 경우가 많았다. 과연 근대교육은 우리에게 많은 좌절과 실패와 상처만을 남긴 구시대 유물인가? 필자는 이러한 문제 인식에서 갑오개혁 이후 한말에 등장한 새로운 학교, 학교행사(비교과 활동), 교원양성제도 등에 주목하였다. 이것들이 등장해서 운영됨으로써 어떤 성과가 나타났는지 혹은 전국에 확산하면서 어떤 역할을 하였는지 밝히고자 했다. 이를 통해 당시 근대교육의 역사적 위상을 가늠해 보려고 시도했다. 그리고 온갖 어려움에도 불구하고 역경을 이겨내고 성장하던 근대교육이 일제시기에 어떻게 변형되었는지를 학생 군사교육 정책과 운영 상황에 대한 분석을 통해 알아보려고 했다.

이 책은 크게 네 편으로 구성되었다. 각각 한말 근대교육의 한 축을 담당한 새로운 학교로서 사립학교의 등장과 성장, 한말에 학교행사로서 전국에 확산한 학교운동회, 갑오개혁기에 등장해 체계를 갖추어간 근대적인 교원양성제도, 그리고 일제시기에 육군 현역장교를 배속해 실시한 학생 군사교육 등에 대해 살펴보았다.

제1편에서는 한말에 강화도에 설립된 사립학교로서 보창학교에 대한 심층 사례 분석을 실시하였다. 당시 보창학교는 강화지역에 20~30여 개의 지교까지 거느린 사립학교였는데, 먼저 어떤 요인들에 의해 강화도에 설립되고 폭발적으로 성장해 갔는지를 살펴보았다. 그리고 보창학교 본교의 교육과정 운영 상황을 고찰하고, 졸업생들의 진로와 사회활동을 분석하여 그 운영 성과를 확인하였다. 이를 바탕으로 한말 사립학교 교육의 역사적 의미를 찾아보려 했다. 나아가 보창학교 재정수입 실태를 분석함으로써 한말 사립학교가 확산하고 소멸하는 과정에 대한 재정적인 시사점을 도출하고자 했다.

제2편에서는 한말에 전국에 확산한 새로운 비교과 활동으로서 운동회라는 학교행사의 성격과 역할에 대해 고찰하였다. 우리나라에서 학교운동회는 1890년대에 새로운 교육의 형식으로 탄생하였다. 이는 거의 대부분 한성에서 실시되었고, 화류의 형식에서 점차 훈련과 경쟁의 성격을 띠었다. 여기서는 이후 한말에 학교운동회가 팽창하면서 그 성격도 다양하게 분화되었으리라는 가정 아래 각각 한성과 지방에서 개최된 학교운동회의 성격과 역할을 분석하였다. 나아가 당시 학교운동회 전반에 형성된 중층적 성격을 드러내고자 했다. 이때 학교운동회는 하나의 일회성 학교행사가 아니라 당시 교육의 전반적인 성격과 역할이 집약되어 있는 의미 있는 영역으로 간주하였다.

제3편에서는 갑오개혁기 이후 1910년까지 국가적 차원의 교원양성기관과 제도가 형성되는 과정을 살펴보고, 그것의 운영 성과를 확인하고자 했다. 새로운 교원양성은 근대교육의 성장을 뒷받침하는 핵심 요소이다. 근대교육의 성장과 교원양성은 불가분의 관계를 맺고 있다. 여기서는 갑오개혁기에 개혁관료들의 역할에 주목하여 근대적 교원양성제도가 형성되는 과정을 살펴보았고, 이후 교원양성교육의 목표, 학생선발 및 임용 제도, 학과편제와 교과과정 등의 제도적 변천 과정을 분석하였다. 다음으로

국가적 차원의 교원양성기관의 운영 성과를 거시적인 측면에서 확인하고 그 의미를 도출하고자 했다.

제4편에서는 일제시기에 근대교육이 굴절되고 변형되는 과정을 학생 군사교육을 중심으로 살펴보았다. 일제시기 교육정책의 기조는 차별과 동화였다. 그 정점에는 소위 황민화교육이 자리 잡고 있었다. 당시 학생 군사교육은 천황을 위해 웃으며 죽을 수 있는 인간을 만드는 황민화교육의 중요한 수단이었다. 여기서는 각종 군사교육 가운데 중등이상 학교에 현역장교를 배속하여 실시한 군사교련을 대상으로 먼저 학생 군사교육 정책이 성립하고 전개되는 과정을 고찰하였다. 다음으로 학생 군사교육의 내용이 변천되는 과정을 분석하고, 실제 학교에서 군사교육을 운영한 실태와 이에 대한 학생들의 대응 양상을 살펴보았다. 이를 바탕으로 당시 학생 군사교육의 본질적인 성격과 그 교육적·사회적 영향에 대해 논의하였다.

필자는 이상의 고찰을 통해 갑오개혁 이후 근대교육이 정부의 근시안적인 정책과 외세의 간섭에도 불구하고 당시 역사적 소임을 다한 것임을 확인할 수 있었다. 강화 사립 보창학교에 대한 사례 연구에서 한말 사립학교는 미래의 애국자 풀(pool)을 만들어 놓았다는 점을 시사받을 수 있었다. 한말의 학교운동회는 일제에 의해 통치비용을 줄이기 위한 문명화의 현시 수단으로 일부 이용되기도 했지만, 외세에 맞서 사회 통합과 계몽, 저항의 정신을 고취하는 역할을 수행하였다. 근대적 교원양성제도는 공교육을 후원하는 근대적 교원집단의 형성, 문명개화 및 사회변화의 선도자 배출, 근대 교육학의 형성 측면에서 의미 있는 성과를 거두었다. 하지만 강제합방 이후 이러한 근대교육은 학생 군사교육의 사례에서 드러나듯이 많은 굴절과 왜곡, 변형이 초래되었다. 당시 학생 군사교육은 폭력에 기반한 전형적인 반교육 활동으로 학교 현장에 군대식 규율과 폭력문화를 고착시켰고, 이 땅에 군사문화를 내면화한 엘리트 집단을 남겨놓았다.

막상 책을 출간하려 하니 많은 분들이 생각난다. 교육학에 입문할 때부터 따뜻하게 지도하고 배려해 주신 연세대학교의 여러 은사님들께 항상 감사의 마음을 갖고 있다. 그리고 지금까지 든든하게 기댈 언덕이 되어 주신 김대용 · 김동환님을 비롯한 여러 선배들과 동학들에게도 감사의 말씀을 전한다. 이분들이 있어 공부의 길을 계속 걸을 수 있었던 것 같다. 전작에 이어 두 번째로 출판을 허락하고 책을 잘 만들어주신 교육과학사의 사장님을 비롯한 직원분들께도 감사의 말씀 드린다. 그리고 멋진 청년들인 딸 부부와 아내 박선아와 함께 책 출간을 기뻐하고자 한다.

만물이 빛나는 5월에

김성학 씀

차례

제1편 새로운 학교의 등장과 운영

제2편 새로운 비교과 활동의 성장과 성격

제3편 근대적 교원양성제도의 형성과 운영 성과

제4편 한국 근대교육의 굴절

도표 차례

제1편

새로운 학교의 등장과 운영

- 강화 사립 보창학교의 사례 -

제 01 장

CHAPTER

한말 강화지역 사립 보창학교의 등장과 성장

- 민족과 기독교, 황실의 조우 -

Ⅰ. 머리말

제1장에서는 한말 강화지역 사립 보창학교의 등장과 성장[1] 과정을 분석하고, 그 과정에서 나타나는 특질을 파악하고자 한다. 분석 대상은 강화 보창학교 본교와 지교이며, 지역적 범위는 강화군 지역(강화도와 교동도, 석모도, 주문도 및 부속 도서)에 한정한다.

잘 알려진 것처럼, 1904년에서 1910년 사이에 '사립학교의 대흥' 혹은 '사학의 전성시대'라고 표현될 정도로[2] 국권 회복을 위한 합법적 수단으로 사립학교 설립 및 교육진흥운동이 전국적으로 전개되었다. 당시 설립된 대표적인 민간계 사립학교로는 양정의숙(1905년), 보성학교(1905년), 휘문의숙(1906년), 기호학교(1906년), 대성학교(1907년), 오산학교(1907년) 등을 들 수 있다. 강화 보창학교(普昌學校)도 보성학교(普成學校), 보광학교(普光學校)와 함께 교육의 3보(三寶)이자 곧 국가의 3보라는 칭송을 받은 대표적인 민간 사학이었다.[3]

강화 보창학교는 강화도라는 섬에 설립되었다는 점, 여러 개의 지교를 두었다는 점, 그리고 육군보병 참령(오늘날 소령급) 이동휘(1873~1935)가 세웠다는 점에서 위에서 열거한 사립학교와 다른 독특성을 지니고 있다. 그런데 기존의 한국교육사 저서에서 보창학교를 기술할 때 나타나는 한 가지 경향성은 대부분 보창학교 자체

1) 여기서 '성장'이란 학교 규모의 확대, 학교 수의 증가, 학사제도의 개선·확충 등을 의미한다.
2) 이만규, 『조선교육사 하』, 서울: 을유문화사, 1949, 151쪽; 오천석, 『한국신교육사 상』, 서울: 광명출판사, 1975, 168쪽.
3) 유자후, 『이준선생전』, 서울: 동방문화사, 1947, 190~191쪽. 교명의 첫 글자인 '普'의 음을 차용해서 보배와 같다는 의미에서 '寶'라고 부른 것이다.

보다는 설립자 이동휘에 초점을 맞추고 있다는 점이다. 이동휘가 강화도에 보창학교 등 73개에 달하는 학교를 세웠다거나, 이동휘와 같은 애국자가 함경도 지방을 순회하면서 학교 설립을 역설하여 백여 개의 학교가 새로 세워졌다고 하여[4] 보창학교 자체보다는 이동휘의 학교설립운동을 크게 강조하고 있다.[5]

설립자 이동휘는 기독교 민족주의자이자 사회주의자이면서 대한민국 임시정부의 국무총리까지 역임한 독특한 성향의 인물로 청년시절부터 각종 구국운동에 가담하였다. 그렇기에 역사학계에서도 그의 삶과 활동, 그리고 그가 설립한 보창학교에 대해 꾸준히 학문적 관심을 보여 왔다. 지금까지 보창학교의 설립과 운영 상황을 일부나마 다루고 있는 역사학계 연구물은 크게 세 가지로 구분해 볼 수 있다.

첫째, 이동휘의 일대기 안에서 보창학교의 교육활동을 일부 소개하고 있는 연구물이다. 대표적으로 반병률과 김방의 연구를 들 수 있다.[6] 이들은 이동휘가 전개한 다양한 구국운동의 하나로 보창학교에서의 교육활동을 살펴보고 있다. 이 가운데 김방의 연구는 보창학교의 교육내용과 의무교육안, 전국 지교 등에 관한 정보를 일부 제공하기 시작했다는 점에서 의의가 있다.[7]

둘째, 이동휘가 강화도와 함경도에서 전개한 교육진흥운동을 살펴보고 있는 연구물이다. 조현욱, 이은용, 이기훈의 연구가 여기에 해당한다.[8] 이들은 한말 이동휘의 정치사회운동 혹은 교육운동가로서의 행적에 초점을 맞춰 보창학교의 교육활동을 고찰한다. 특히 조현욱의 연구는 보창학교의 교육활동 자체를 비교적 구체적으로 분석하고, 그것과 서북학회와의 관련성에도 주목하고 있다.

---

4) 손인수, 『한국개화교육연구』, 서울: 일지사, 1980, 116쪽; 이만규, 앞의 책, 152쪽; 오천석, 앞의 책, 169쪽.

5) 전반적으로 한말 사립학교 연구는 주로 설립자나 설립운동에 초점을 맞춘 경우가 많다(손인수, 『한국근대교육사』, 서울: 연세대학교 출판부, 1992(5판); 변승웅, 「근대사립학교 연구: 대한제국기 민족계 학교를 중심으로」, 건국대학교 대학원 박사학위 논문, 1993; 송준식, 「한말 경남지역 근대교육의 보급과 확산」, 『교육사상연구』 제27권 3호, 2013; 피정만, 「한서 남궁억과 강원도 근대교육」, 『강원문화연구』 제11호, 1992 등을 참조). 따라서 당시 개별 사립학교, 특히 보창학교와 같이 도중에 폐교된 학교에 대한 실체 파악은 미진한 형편이다.

6) 반병률, 『성재 이동휘 일대기』, 서울: 범우사, 1998; 김방, 『이동휘 연구』, 서울: 국학자료원, 1999.

7) 김방, 같은 책, 68~74쪽.

8) 조현욱, 「한말 이동휘의 교육진흥운동」, 『문명연지』 제5권 1호, 2004; 이은용, 「성재 이동휘와 보창학교」, 『한국양명학회 학술대회 논문집』, 2008년 11월; 이기훈, 「강화도에서 이동휘의 계몽운동」, 『도서문화』 제33집, 2009.

셋째, 강화지역 사립학교 설립운동을 폭넓게 분석하는 연구물이다.[9] 여기서는 강화지역 전체 사립학교의 설립운동을 소개하는 가운데 보창학교의 교육 실태와 지교 목록을 일부 제시하고 있다.

이들 연구는 민족주의자 이동휘의 삶과 그의 구국활동에 관한 대표적인 업적이다. 이를 통해 그가 일생 동안 전개한 구국운동의 과정과 성격은 상당히 규명되었고, 그의 정치사회운동과 보창학교와의 관련성 및 그 의의도 잘 드러나고 있다. 하지만 이들 연구도 전술한 교육사학계의 연구물과 비슷한 경향을 보이고 있다. 이들도 일차적인 관심을 '이동휘의 구국운동'에 두고 있다. 따라서 학교사 측면에서도 중요한 의미를 지닌 보창학교의 실체는 온전히 규명되지 않은 채로 남아 있다.[10] 무엇보다도 먼저, 보창학교의 등장과 성장, 소멸에 이르는 과정을 하나의 전체로서 드러내지 못하고, 그 과정에서 나타난 특질을 파악해 내지 못하고 있다. 심지어 일부 사실 관계의 오류가 반복되는 현상도 나타나고 있다.[11] 보창학교는 어떻게 등장했으며, 어떤 요인에 의해 성장하고 소멸해 갔는가? 이러한 전체 과정에 대한 해명이 우선 필요하다. 둘째로, 보창학교 자체에 대한 기본적인 사실 확인이 부족한 실정이다. 가장 기본적인 학교요건 가운데 하나는 학교 위치와 교사(校舍)일 것이다. 그런데 기존 논의들은 사료에 나타난 설립 장소를 그대로 옮겨 놓을 뿐[12] 그곳이 어디이고 어떤 모습이었으며 왜 이전하게 되었고, 그 배경은 무엇인지를 밝히지 못하고 있다. 셋째로, 다른 지역의 지교에 비해 강화지역 지교의 실상을 알려주는 정보는 그리 많지 않다. 그나마 다른 지역의 지교와 분리해서 다루지 않아 강화지역 지교만의 독특한 특성이 확인되지 않고 있다.[13] 보창학교 지교가 전국 각지에 세워졌지만, 강화 지교는 본교와 가장 밀접한 관계를 맺으며 보창학교

9) 김형목, 「대한제국기 강화지역의 사립학교 설립운동」, 『한국독립운동사연구』 제24집, 2005.

10) 강명숙의 논의(「성재 이동휘의 보창학교 설립과 교육구국운동」, 『사학』 제126호, 2010, 58~63쪽)가 있으나, 이는 보창학교 교육상황을 일부 소개한 것으로 본격적인 연구물로 보기 힘들다.

11) 잠두의숙과 육영학교(보창학교 전신)와의 관계, 육영학교 설립자, 강화 지교의 수와 명칭, 학과의 설치 및 변천 등에서 이런 문제가 보인다. 이는 본고에서 검토될 것이다.

12) 강화교육청 학무과, 『강화교육사』, 인천: 강화교육청, 2001, 218쪽, 220쪽; 이은용, 앞의 논문, 251쪽.

13) 김방, 앞의 논문, 70~72쪽; 조현욱, 앞의 논문, 95~102쪽. 이은용, 앞의 논문, 253~254쪽; 김형목, 앞의 논문, 18~19쪽. 일부 강화 지교의 목록과 교육실태가 소개되었지만, 전반적으로 강화 지교의 실상은 충분히 규명되지 못하고 있다.

로서의 특색을 가장 잘 보여준 학교로 판단된다. 따라서 두 지역의 지교는 분리해서 고찰할 필요가 있을 것이다.

이와 같은 문제 인식에서 이 연구는 학교사적인 관점에서 첫째로, 보창학교 본교가 등장하고 성장, 소멸해 가는 전체 과정을 시간의 흐름에 따라 조명할 것이다. 둘째로, 보창학교 본교의 위치와 교사를 실증하고 그 이전 과정과 특징을 밝히며, 셋째로, 강화지역의 지교의 확산 및 변천 과정을 분석하고, 그 특질을 도출하려고 한다. 이상의 분석 과정에서 강화지역의 특수성, 특히 종교지리적·사회적 특수성에도 주목할 것이다. 이를 위해 본 연구는 먼저 기존에 단편적으로 활용된 사료들을 다시 정밀하게 재검토한다. 그리고 기존에 놓치거나 소홀히 취급된 새로운 일차 사료를 이동휘전서, 신문기사, 학회지, 정부문서, 사찬읍지, 선교사 회의록, 강화군사, 사진자료 등을 통해 확보하려고 했다.[14] 이 사료들의 비교 검토를 통해 사실 관계의 정밀성을 높이려고 하였다.

Ⅱ. 강화 보창학교 본교의 등장과 성장

1. 강화 육영학교의 설립과 운영

강화 보창학교는 1904년에 이동휘가 설립한 사립 육영학교(育英學校)에서 출발했다.[15] 육영학교의 설립 시기는 정확히 알려져 있지 않다. 그런데 1905년 2월에

14) 『성재 이동휘 전서, 상·하권』(윤병석 편, 천안: 독립기념관 한국독립운동사연구소, 1998)에 수록된 사료는 독립기념관에서 제공하는 원문정보 중 독립운동가자료 '이동휘' 편에 대부분 수록되어 있다(http://search.i815.or.kr). 해독이 안 되는 부분은 두 출처의 사료를 비교 검토했다. 그리고 사실 관계의 실증을 위해 2013년에 강화읍에서 직접 찍은 사진 자료도 활용했다(부록에 첨부).

15) 김형목은 '육영학원'으로 표기하고 이동휘와 유경근·윤명삼 등이 설립했다고 보았다(앞의 논문, 15쪽, 18쪽). 그런데 『황성신문』 1905년 2월 15~18일자 학생모집 광고에서 교명을 일관되게 '육영학교'로 표기하고 있다. 그리고 유경근과 윤명삼이 이동휘의 의형제로 학교 설립에 도움을 주었을지 모르나 공동설립자는 아니었다. 당시 신문기사와 『강도지』(1932, 제12장, 23쪽)에서 모두 이동휘가 설립했음을 밝히고 있다. 유경근과 윤명삼은 각자 자기 고향에 광창학교와 니산학원을 설립했다. 박헌용 편, 『(속수증보) 강도지』, 강화: 최희면방, 1932, 제12장, 24쪽, 28쪽; 이덕주·조이제, 『강화기독교100년사』, 강화기독교 100주년 기념사업 역사편찬위원회, 1994, 187~189쪽 및 각주20) 등 참조.

교장 이동휘는 학생모집 광고에서 "本校ᄅᆞᆯ 私立ᄒᆞᆫ 지 纔過 七箇月에 學業이 漸進ᄒᆞ야"[16]라고 밝히고 있다. 이로 미루어 보면, 육영학교 설립 시기는 1904년 8월 무렵이었다.[17] 그런데 1904년 9월 하순에 그가 강화 진위대에 소학교를 설치하고 사졸의 자제를 모집해서 입학시킨다는 기사가 보도되고 있기에[18] 실제로 수업을 개시한 때는 9월이었던 것으로 보인다. 그는 1903년 5월에 육군 참령으로 승진함과 동시에 원수부 군무국원(元帥府 軍務局員)에서 강화 진위대 대대장으로 부임했다.[19] 그는 강화에 부임한 지 일 년이 조금 지난 시점에 육영학교를 설립했던 것이다. 초기 육영학교의 운영 상황은 다음과 같이 보도되고 있다.

> 江華 大隊長 李東暉氏가 營近 一隅 空廨에 自己 私費로 小學校ᄅᆞᆯ 私立ᄒᆞ고 下士兵卒의 子婿弟姪 中 聰俊ᄒᆞᆫ 兒童 二十餘名과 平民에 子弟 二十餘名을 募集ᄒᆞ야 本國 地誌及歷史와 萬國 地誌及歷史와 筭術 等으로 晝夜學을 熱心 敎育ᄒᆞᄂᆞᆫᄃᆡ 本府居 曹喜一氏ᄂᆞᆫ 日本에 多年 遊覽ᄒᆞ야 日語을 能通ᄒᆞᄂᆞᆫ 者라 李叅領이 敎育에 熱心홈을 來賀ᄒᆞ고 名譽敎授되기을 自願ᄒᆞ야 互相協議ᄒᆞ야 晝夜로 極力 敎育ᄒᆞᆫ다더라[20]

위 기사에 따르면, 이동휘는 진위대 군영 근처의 빈 관아건물(空廨)에 사비로 소학교를 설립했다. 학생으로는 군인(하사·병졸)들의 자제·사위·아우·조카와 일반주민의 자제 중에서 각각 20여 명씩 총 40명을 모집했다.[21] 이들에게 본국지지 및 역사, 만국지지 및 역사, 산술 등의 교과를 주간(주학)과 야간(야학)에 가르쳤다. 그리고 강화에 거주하는 조희일(曹喜一)이 자원하여 명예교사로 활동하였다. 그는 일본에 여러 해 유람하여 일본어에 능통한 인사였다. 이처럼 육영학교는 이동

16) 『황성신문』 1905년 2월 15일, 광고.

17) 조현욱은 1905년 2월 광고에서 '설립된 지 7개월'이라고 한 점에 착안해 역으로 만 7개월을 거슬러 올라가 설립 시기를 1904년 7월로 잡고 있다(앞의 논문, 90쪽). 하지만 학교가 설립된 달을 1달로 치면 설립 시기는 8월이며, 또한 실제로 학생을 모집한 때는 9월이기에 설립 시기를 1904년 8월로 보는 것이 더 타당할 것이다.

18) 『황성신문』 1904년 9월 21일, 「대중학교」.

19) 『황성신문』 1903년 5월 19일, 「서임 及 사령」. 참령은 요즈음 소령에 해당한다.

20) 『황성신문』 1904년 11월 15일, 「돈육가하」.

21) 『대한매일신보』(한글판)에서는 군인들의 자서제질을 30명으로 보도하고 있다(1904년 11월 16일, 「열심교육」).

휘가 자기 부하 가족들과 인근 주민들을 위해 부대 근처에 설립한 소학교 수준의 신식학교였다.

그런데 당시 육군 현역장교로서 강화 진위대 최고 지휘관이었던 그는 왜 자비로 일반주민의 자제까지 가르치는 신식학교를 세운 것일까? 그 이유는 두 가지 측면에서 생각해 볼 수 있다. 하나는 청년장교였던 그는 1902년 무렵부터 정치사회운동 및 계몽운동에 적극적으로 참여해 왔다는 점에서 찾을 수 있다. 그는 1897년에 육군무관학교를 졸업하고 시위대 기관(旗官, 1897~1899)과 원수부 군무국원(1899~1903)으로 있으면서 황실의 큰 신임을 얻었다. 하지만 1900년까지만 해도 정치사회 문제에 큰 관심을 두지 않았다. 오히려 1898년 시위대 기관으로 근무할 때 술에 취한 채 군영에 들어가 해괴망측한 행동을 하여 정직 처분을 받았고, 1900년에도 망측한 행동으로 일시 면관 처분을 받은 바 있다.[22] 이때까지 아직 인생의 큰 뜻을 세우지 못하고 방황했던 것으로 보인다. 이후 1902년부터 그는 정치사회운동에 적극 투신하게 된다. 1902년에 원수부 군무국원으로 근무하면서 민영환, 이준 등이 조직한 비밀결사체인 개혁당에 가담했고, 1904년 4월에 일본의 황무지 개간에 반대하기 위해 조직된 대한보안회 평의장으로 활약했으며, 이어 9월에는 보안회 후신인 대한협동회 서무부장으로 활동했다.[23] 또한 그는 강화도 부임 전에 교육계몽에도 큰 관심을 기울였다. 원수부 군무국원 시절, 공무 외 시간에 각 야학강습소를 돌아다니며 국민개학과 국민개병을 주장했고, 한때 전주 진위대 검찰관으로 출장을 갔을 때도 의무교육과 의무병역은 보국안민의 유일한 방책이라는 주제로 각처에서 강연을 했다.[24] 그는 이러한 정치사회운동 및 계몽운동의 연장선에서 강화에서도 자연스럽게 계몽을 위한 신식학교의 설립을 구상했을 것으로 보인다.

이와 함께 진위대 군영이 소재한 강화읍에 이미 선교계 사립학교들이 세워져 성장하고 있었다는 점도 육영학교 설립에 영향을 주었을 것으로 보인다. 당시 강화읍은 기독교 감리교와 성공회의 선교 거점이었다. 성공회에서는 1896년에 워너(L. O. Warner) 신부가 갑곶에 고아원학당을 세워 고아들을 헌신적으로 가르쳤다. 이

---

22) 『국역승정원일기』, 1898년(고종 35년) 3월 24일조; 『관보』 제1579호, 1900년 5월 21일, 궁정녹사; 반병률, 앞의 책, 37쪽.

23) 반병률, 같은 책, 39쪽, 41쪽; 김방, 앞의 책, 38~40쪽.

24) 김규면, 『성재 약전에 관한 회상기』, 1963(독립운동가자료, http://search.i815.or.kr/)

듬해 이를 읍내의 성바우로회당으로 이전했는데, 학생 수는 19명에 이르렀다.[25] 또한 1901년에는 미국 감리교 선교사 존스(G. H. Jones; 趙元時)와 강화읍 잠두교회 본처전도사(local preacher) 박능일이[26] 초가 16칸을 마련하여 교회 안에 잠두의숙을 설립했다.[27] 1902년에는 교회 안에 여자의숙도 설립하여 이듬해에 여학생 수가 10여 명에 달했다. 이후 잠두의숙은 강화지역 기독교교육 및 신교육의 구심점으로 감리교인들이 다른 지역에 학교를 세우도록 자극하고 지원하는 역할을 수행했다.[28] 강화읍에 부임한 이동휘는 이렇게 선교계 학교들이 시골아동들을 헌신적으로 가르치는 모습을 목격하면서 자신도 부임 전에 품었던 국민개학의 뜻을 이루기 위해 사립학교 설립을 결심한 것으로 보인다.

육영학교는 1905년에 접어들어 새로운 전환점을 맞게 된다. 먼저, 교칙을 개정하여 학교 체제를 정비하였다. 1905년 2월에 이르러 학생 수가 80여 명에 달하자 학과를 소학과와 보통과로 구분했고, 일어과와 영어과를 특설했다. 그리고 입학자격요건을 새로 명시했다. 소학과와 보통과 지원자는 8세 이상 16세 이하인 자로

25) 이를 성바우로학당이라 부른다. 당시 워너의 헌신적인 양육 활동은 강화 사람들의 닫힌 마음을 열어주었고 그 결과 워너에게 접근하는 어른들이 생겨났다고 한다. 이덕주 · 조이제, 앞의 책, 67~68쪽; 강화교육청 학무과, 『강화교육사』, 인천: 강화교육청, 2001, 212쪽.

26) 존스 목사는 한국에 온 가장 능력 있는 감리교 선교사라는 평가를 받고 있다(C. D. Stokes, ***History of Methodist Missions in Korea, 1885~1930;*** 장지철 · 김흥수 역, 『미국감리교회의 한국선교 역사』, 서울: 한국기독교역사연구소, 2010, 135쪽). 그는 미 북감리회 제물포구역 감리사로 아펜젤러 목사에 이어 1892년부터 1903년까지 내리교회를 맡았다. 그는 내리의 아버지라고 불리고 있다. 그는 강화, 연안, 해주, 남양 지방에 전도했다. 서울에서 『신학월보』를 창간했고 The Korea Review를 편집, 발간했으며 황성기독교청년회 창립에 공헌했다. 1907부터 1911까지 협성신학교장을 역임했다(윤춘병, 『한국감리교회 외국인 선교사』, 서울: 감리교본부 교육국, 1989, 120쪽; 내리교회 홈페이지 http://www.naeri.org). 그리고 본처전도사란 초기 감리교회 직제로서 목회를 전업으로 하는 '순회전도사'와 달리 자기 생업에 종사하면서 예배를 인도했던 평신도 사역자이다.

27) 김방과 조현욱은 잠두의숙의 영향을 받아 이동휘가 벙커, 박능일과 함께 합일학교를 세웠고, 이것이 육영학교 설립으로 이어졌다고 주장한다(각각 앞의 책, 39쪽; 앞의 논문, 89쪽). 하지만 (잠두)합일학교는 잠두의숙이 사립학교령에 따라 1908년에 새로 인가를 받은 학교명이다. 이동휘는 잠두의숙은 물론 합일학교도 세운 적이 없으며, 더구나 이것이 육영학교 설립으로 이어졌다는 설명은 전후가 맞지 않는다. 잠두의숙에 대해서는 『매일신보』 1937년 6월 26일, 「강화합일학교 보통학교로 승격」; 이덕주 · 조이제, 앞의 책, 179쪽; 이은용, 『강화중앙교회100년사』, 인천: 기독교대한감리회 강화중앙교회, 2002, 118쪽을 참조.

28) 이덕주 · 조이제, 같은 책, 182쪽. 잠두의숙은 이후 1924년에 강화합일학교로 개칭되었으며, 1939년에 남녀학교가 합병되었다. 현재 강화 합일초등학교(공립)로 이어져 운영되고 있다(합일초등학교 홈페이지, http://habil.icees.kr)

신체 건강하고 정신에 결함이 없는 자로 했고, 일어과와 영어과 지원자는 16세 이상 20세 이하인 자로 한문·국문·작문·습자 시험을 치르게 하였다. 학생들은 식량만 지참하면 수업료는 받지 않았다.[29] 이렇게 학교 체제를 정비한 다음, 1905년 2월에 중앙 일간지에 육영학교 학생모집 광고를 여러 차례 내보냈다.[30] 이는 육영학교를 널리 알리고 전국에서 인재를 모으려는 의도였던 것으로 보인다. 동시에 학교 운영에 필요한 기부금을 모집하기 시작했다. 기부금 모집은 1905년 2월에 시작돼 1906년 4월까지 계속되었다.[31]

학교 체제를 정비한 이후 1905년 3월 2일자로 이동휘는 강화 진위대 대대장직을 사임하였다. 육군 참령의 신분은 유지되었지만 진위대 대대장직에서 물러난 것이다.[32] 그리고 기독교 감리교로 개종하였다. 이 두 가지 사건은 향후 학교 운영에 큰 영향을 준 것으로, 당시 사정을 미국 감리교 제물포구역 담당 선교사인 케이블(E. M. Cable)은 다음과 같이 보고하고 있다.

> ... 그(이동휘)는 잘 알려진 인물로서 일반인들과 기독교인들은 모두 그를 훌륭한 인품을 지닌 사람으로 존경했다. 그는 정부의 끔찍한 부패 실상을 알았지만 변하지 않는 것에 가슴 아파했고, 또한 그는 진리를 찾고 싶은 열정에서 황제 앞에 나아가 관직에서 사임시켜 줄 것을 요청했다. 황제는 크게 주저하면서 사임을 수락했다. 그 뒤에 그는 강화에 돌아와 우리 교회 본처전도사 김우제를 찾아갔다. 그리고 김우제와 교인들 앞에서 자신의 모든 죄를 자백하고 자신을 주님께 바쳐 봉사하겠다고 밝혔다. 그러면서 마음을 진정으로 변화시켜 길이요 생명이신 진리를 자신이 분명히 깨달을 수 있도록 기도했다...[33]

29) 『황성신문』 1905년 2월 15일, 광고.

30) 『황성신문』 1905년 2월 15일, 광고 및 2월 16~18일, 20일, 광고.

31) 『황성신문』 1905년 2월 15일, 1905년 3월 22일, 1905년 5월 8일, 1905년 6월 13일, 1905년 8월 8일, 1905년 11월 6일, 1905년 11월 7일, 1906년 4월 3일, 1906년 4월 4일, 광고 참조.

32) 관보에서는 '命 휴직 依願 면본관'이라고 공표하였다. 『관보』 제3080호, 1905년 3월 7일, 「서임 급 사령」; 『황성신문』 1905년 3월 8일, 「서임 급 사령」.

33) E. M. Cable, "West Korea District", Official Minutes of the First Annual Session, Korea Mission Conference, Methodist Episcopal Church, Seoul, Korea, 1905b, p.64. 이동휘의 개종 과정은 이덕주·조이제, 앞의 책, 183~184쪽 및 서정민, 『이동휘와 기독교』, 서울: 연세대학교 출판부, 2007, 126~130쪽 참조.

이동휘는 고종을 직접 알현하고 진위대 대대장직에서 사임시켜 달라고 요청했고, 고종은 마지못해 그를 사임하였다. 이동휘가 물러난 이유는 관리들의 부정부패가 만연했지만 이를 바로잡지 못한 무력감과 기독교에 귀의하고자 하는 열망 때문이었다. 그의 무력감은 직접적으로 전임 진위대 대대장 윤철규의 공금횡령 사건을 둘러싼 갈등과 이후 전개된 부당한 재판 과정을 통해 갖게 된 것이다.[34] 이와 함께 1905년 2월에 일제의 간섭으로 강화 진위대가 수원 진위대의 분견대(50명 규모)로 축소 개편된 점, 일제의 내정 간섭이 심화하여 가지만 현역 장교로서 국가에 아무런 도움을 주지 못한다는 자책감 등도 대대장직에서 물러난 동기로 지적되고 있다.[35]

이동휘는 군직 사임 뒤 그의 열망대로 강화읍 잠두교회에서 신앙 고백을 하고 기독교(미국감리교)로 개종하였다.[36] 당시 강화지역은 선교협정으로 미국 북감리교 선교구역이었다.[37] 1893년에 강화도에서 첫 세례자가 탄생한 이후 교항(교산)교회(1894년, 서사면), 홍의교회(1896년, 송해면), 고부교회(1897년경, 내가면), 교동교회(1900년, 교동), 잠두교회(1900년, 강화읍)가 속속 세워졌다. 이들 교회를 선교 거점으로 강화 전역으로 감리교가 급속히 확산하였다.[38] 1903년에 강화지역

---

34) 윤철규는 진위대장 시절에 30만 냥을 횡령했으나 이것이 드러날 것을 우려해 오히려 이동휘를 러시아 간첩으로 모함하였다. 한성에서 재판을 받았지만 결국 윤철규와 이동휘는 석방되고 이동휘 부하들만 처벌받게 되었다. 반병률, 앞의 책, 42~44쪽과 『황성신문』 1904년 12월 17일, 「심윤지보」 및 12월 19일, 「부대갈등」 참조.

35) 같은 책, 45~46쪽.

36) 개종의 시기는 군직에서 사임한 1905년 3월에서 케이블의 보고가 이뤄진 5월 사이인 것으로 판단된다. 그런데 그는 1905년 「유고 이천만동포형제서」에서 "東暉嘗信昂宗教"라고 하여 자신이 일찍이 종교를 믿었다고 고백하고 있다(독립운동가자료, http://search.i815.or.kr). 강화에 부임한 1903~1904년경에 기독교에 입교했을 가능성도 있다.

37) 강화 개신교는 미국 감리교와 영국 성공회를 두 축으로 성장했다. 강화 선교는 1893년에 착수되었다. 성공회는 선교 협정에 참여하지 않았는데, 당시 조선정부와 영국정부의 계약으로 강화에 창설된 통제영학당(조선수사해방학당 혹은 총제영학당)의 영국인 교관이 성공회 조선 초대교구장 코프(C. J. Corfe) 주교와 친분이 있어 쉽게 정규 통로를 거쳐 강화에 진출했다. 초기 신자들은 주로 강화 지식인과 상류층 인사들이 주류를 이뤘다. 반면 미감리교는 선교사 존스의 강화도 진입이 거부되어 북쪽 서사면에서 선교를 시작했으며, 그곳에서 점차 홍의를 거쳐 강화읍으로 선교가 개척되었다. 그리고 초기 감리교인들은 양반계층도 있었으나 주류는 평민계층과 여성들이었다. 교세를 보면, 1916년에 감리교회는 40개소, 성공회 교회는 14개였으며, 1917년에 감리교인은 2,685명, 성공회 교인은 1,076명으로 미감리교가 더 우세하였다. 이덕주 · 조이제, 앞의 책, 62~73쪽, 229~230, 260~261쪽; 김재승, 『한국근대해군창설사』, 서울: 혜안, 2000, 105~110쪽.

38) 강화지역의 감리교 선교 과정에 대해서는 이덕주 · 조이제, 앞의 책, 제5장 참조.

감리교는 전국에서 서울, 평양에 이어 세 번째로 큰 교세를 기록했고, 1905년 현재 강화지역(교동 포함)에는 11개의 교회와 1,300여 명의 신자가 있었다.[39] 이동휘는 강화읍 진위대에 근무하면서 강화에서 제일 빨리 개화된 유지들, 특히 김상임·박능일·김경일·권신일 등 강화 감리교 지도자들과 친하게 지냈다.[40] 그는 이들과 접촉하면서 기독교를 수용한 것으로 보인다. 그는 개종 후 곧바로 술과 담배를 끊고 '강화의 바울'이라는 칭송을 받을 정도로 투철한 기독교인으로 생활하였다.[41] 그는 1905년에 "이 신앙에 기초하여 스스로를 수양하고 강하게 할 것이며, 임금에 충성하는 것과 나라를 사랑하는 것 역시 이것에 기반하고, 독립하고 단결하는 것 역시 이것에 기반하며, 배우고 교육하는 것 역시 이것에 기반하니"라고 하여,[42] 기독교 신앙을 모든 개인적·사회적 행위의 근본으로 간주하였다. 1910년에도 그는 기독교를 문명국으로 발전하고 독립하기 위한 유일한 방책이라고 주장하였다.[43]

이렇게 이동휘는 진위대 대대장에서 물러나 "강도(江都)에서 교육에 종사함으로써 나라 은혜의 만분의 일이라도 보답하고자 했다"는 언급처럼[44] 그는 이제 강화에서 신식학교의 운영 및 보급에 심혈을 기울이기 시작한다. 그리고 그는 열정적인 기독교인으로서 강화 감리교와 밀접한 관계를 유지하며 교육운동을 전개해 나간다.

진위대 대대장을 사임하고 강화에 내려온 이동휘는 3월 29일에 육영학교에서 대규모 강연회를 개최하였다.[45] 여기에 200여 명의 육영학교 학생, 600여 명의 학부형과 국내외 방청객, 50여 명의 부인이 참석했다. 이날 교장 이동휘는 먼저 육영학교의 교육방침을 설명하고 계몽 연설을 하였다. 그 다음에 외국인의 기부금

---

39) 같은 책, 158쪽, 259쪽.

40) 전택부, 『토박이 신앙산맥 3』, 서울: 대한기독교출판사, 1992, 41쪽.

41) E. M. Cable, op. cit, p.64.

42) 이동휘, 「유고 이천만동포형제서」, 1905(독립운동가자료, http://search.i815.or.kr). 원문은 "自修自強基於此, 忠君愛國基於此, 獨立團結基於此, 學問教育基於此"이다.

43) 그는 1910년 연설에서 "우리 동포는 하루라도 빨리 애국심을 함양하여 국가의 독립을 시도해야만 하며 이는 예수교에 가입하는 것 이외의 방책이 없다"고 했고, "우리나라를 문명이 있게 발전시키며 독립하는 데 필요한 것은 학교를 흥성시키는 것보다 오히려 예수교에 입교하는 것에 있다"고까지 주장했다. 「李東輝動情報告」, 『耶蘇教에 關한 諸報告』(1910. 6)(地方部), Ⅶ. 기독교 관련자료 중 내부 경무국장 마츠이 시게루(松井茂)의 1910년 6월 15일자 보고.

44) 이동휘, 앞의 글.

45) 『황성신문』 1905년 4월 10일, 「심교강연」.

을 공포하고 학교 취서(就緖; 취학)에 대하여 누누이 강조했다. 이후 강연회는 이동휘가 제출한 문제에 대해 학생들이 찬반 의견을 연설하는 식으로 진행되었다. 강연회 토론 문제는 '인민교육을 하는 데 삭발을 하고 양복을 입는 것이 좋은가'였다. 이에 대해 유태민·김종만 등 많은 학생이 찬반 연설을 했다.[46] 부인들도 토론에 참여하였다. 이동휘가 제시한 토론문제는 '여자교육'이었다. 이동휘의 부인 강정혜, 김우제의 부인 박 씨, 김봉일의 부인 허 씨 등 많은 부인들이 연설했다. 세 부인은 모두 여자교육이 반드시 필요하며 급선무라고 역설하였다.[47] 강연회에는 국내외 방청객들도 참여하였다.

이 대강연회에서는 육영학교(보창학교) 운영의 초기 특성이 잘 드러나 있다. 먼저, 육영학교는 문명개화를 위한 계몽의 수단으로 활용되고 있다는 점이다. 두발·복장·여자교육 문제 등 전근대적 구습에 대한 공개 토론을 통해 학생과 주민의 의식 변화를 꾀하고 있다. 계몽의 대상은 단지 학생만이 아니었다. 대강연회는 학부형과 주민도 참여하는 개방형 토론 형식을 취하고 있다. 학교 밖 주민들도 계몽의 공간에 동참시키고 있는 것이다.

둘째로, 육영학교가 강화지역 신교육을 주도하는 중추 학교로 성장했음을 보여준다. 대강연회에 모두 850여 명의 학생, 학부모, 국내외 방청객이 참석하고 있다. 이는 인구 규모가 작은 강화에서 매우 큰 학교행사였다.[48] 지역주민의 호응 속에 이처럼 큰 행사를 성공적으로 치를 만큼 육영학교는 성장했다. 또한 외국인들의 기부금이 들어오고 학부형과 주민들까지 연설식 토론에 적극적으로 참여하고 있다. 이는 당시 인근의 어떤 학교도 해내지 못한 일로 육영학교가 강화지역의 중추 학교로 성장했음을 시사한다.

---

46) 이날 유태민 학생은 문명국에 장발에 긴 옷을 입고 다니는 예는 찾아볼 수 없으니 삭발 양복하고 부지런히 교육하는 것이 좋다고 찬성 연설을 했고, 김종만 학생은 교육이란 문명국으로 들어가는 열쇠인데 교육 없이 삭발 양복만 하는 것은 외식하는 것으로 먼저 교육이 급선무라는 취지로 연설했다.

47) 강 씨 부인은 여자교육이 급선무로 여학교 설립을 요청하였고, 김우제 씨 부인 박 씨는 우리나라 사람은 한 눈, 한 손, 한 발로 사는 모양이니 여자를 교육하여 타국과 같이 동등권으로 남편을 찬조하면 완전한 사람이 되는 것이라고 주장했으며, 김봉일 씨 부인 허 씨는 여자교육이 필요한 것은 남자교육에 비할 바가 아니니 여자가 학문이 있으면 태교부터 입학 전까지 어머니의 교훈을 받는 것이니 여학교가 매우 급하다고 주장하였다.

48) 1906년 1월 강화도의 전체 호수는 7,698, 인구는 23,712명이었다. 『駐韓日本公使館記錄』, 24권, 「(72) 江華島ニ於ケル紛擾事件報告」, 顧警第九五號, 1906. 1. 19.

셋째로, 육영학교는 강화 개신교, 특히 감리교와 긴밀한 연계 속에서 운영되었음을 알 수 있다. 대강연회에서 부인들이 열띤 연설식 토론을 벌였다. 이는 '제일 기이한 일'이라고 보도된 것처럼[49] 당시엔 매우 보기 힘든 광경이었다. 그런데 당시 토론자로 세 명의 부인 이름이 언급되고 있는데, 그들 남편은 모두 강화 선교의 구심점인 잠두교회의 지도자였다. 강정혜의 남편 이동휘는 대강연회 개최 직전에 잠두교회에서 신앙고백을 하였고, 이후 교회 권사로서 밭 3두 5승락을 교회에 헌납하고 초가 6칸을 교회부속 여학교에 기부할 정도로 열성적인 신자가 되었다.[50] 박 씨 부인의 남편 김우제는 잠두교회의 본처전도사(1903. 3~1905. 6)로서 당시 목회를 담당하고 있었다.[51] 이동휘의 신앙고백을 받아 준 목회자가 바로 그였다. 허 씨 부인의 남편 김봉일은 강화읍 인근 송해면 상도리 홍의교회에 출석하다가 주선일 등 10여 명과 함께 강화읍에 잠두교회를 개척한 지도자였다. 이후 전도사로서 1908년에는 존스 선교사, 손승용 목사와 함께 기존의 잠두의숙을 사립 잠두합일학교로 발전시켰다.[52] 이처럼 강화읍 감리교 지도자를 남편으로 둔 부인들이 육영학교 행사에 적극 참여하고 있다. 이후 실제로 육영학교(보창학교)에서 기독교의 영향은 점점 강화된 것으로 보인다. 1905년 말 케이블 선교사의 보고에 따르면,[53] 교사들은 대부분 성실한(earnest) 기독교인이었고, 학생들은 모두 기독교인은 아니지만 모두 기독교의 영향을 받고 있었다. 케이블이 보창학교(육영학교)를 방문한 이후로 9명의 학생이 학습인(inquirer)으로 등록했다고 한다. 이들은 기독교인인 교장과 교사들의 영향으로 기독교인이 되었을 것이다. 이렇게 교장이 기독교인이

49) 『황성신문』 1905년 4월 10일, 「심교강연」.

50) 「강화읍 잠두교회역사」, 1914(강화중앙교회 역사자료관). 밭 1두락은 보통 300평 정도이고, 1승락은 1/10두락이다. 이것을 적용하면, 이동휘가 기부한 밭은 1,050평 정도이다.

51) 그는 기독교 신앙과 민족의식을 조화시킨 목회자였는데, 강화 최초의 감리교회인 서사면 교항교회를 세운 김상임의 아들이다. 그는 배재학당에서 수학한 뒤 교항교회를 지도하다가 잠두교회 초대 본처전도사 박능일의 후임으로 잠두교회를 맡았다. 그의 외아들 김동수(金東洙, 1916~1982)는 중국에서 광복군 장교로 활동했다. 이덕주 · 조이제, 앞의 책, 134~135쪽; 이은용, 『강화중앙교회 100년사』, 인천: 기독교대한감리회 강화중앙교회, 2002, 81쪽.

52) 이덕주 · 조이제, 위의 책, 131~132, 152~156쪽; 전택부, 앞의 책, 101쪽; 「강화읍 잠두교회역사」, 1914(강화중앙교회 역사자료관). 잠두교회를 개척한 주선일, 김봉일, 김각일, 허진일, 최족일 등 초대 교인들은 원래 홍의교회를 다녔는데, 홍의교회 교인들처럼 모두 일(一)자 돌림 이름을 사용하였다.

53) E. M. Cable, "The Kang Wha Boy's Day School", ***The Korean Mission Field***, 2(2), Dec. 1905a, p.37.

며, 교사와 학생 및 인근 주민 중에 기독교인들이 많아 이제 육영학교(보창학교)는 어떤 식으로든 기독교의 영향을 크게 받았을 것으로 보인다.

1905년 초에 육영학교가 학교체제를 정비하고 크게 발전하자 그 명성은 한성까지 알려지기 시작했다. 1905년 3월에 『황성신문』에서 다음과 같이 육영학교를 소개하고 있다.

> ... 近日 國內 有志紳士ㅣ多慨然省悟於變化之理ᄒᆞ고 私自創設學校ᄒᆞ야 募集子弟ᄒᆞ야 以振興教育으로 爲熟心義務하니 此誠我韓二千萬國民之一線生機也라 吾輩ᄂᆞᆫ 不勝同情之感하야 玆擧其所知而陳之하노니 如基督教之青年會ᄂᆞᆫ 久已大興教育ᄒᆞ고 李容復 尹德榮 諸氏ᄂᆞᆫ 設法學校하고 李容翊 申海永 諸氏ᄂᆞᆫ 設普成專門學校하고 嚴柱益 金孝益 諸氏ᄂᆞᆫ 設養正義塾하고 李東暉氏ᄂᆞᆫ 設育英學校於江華하고 李一雨氏ᄂᆞᆫ 設時務學堂於大邱하고 其他 一塾一堂之設立者ᄂᆞᆫ 指難枚述이오... 教育이 日達則 民智日開하고 民智日開則 國力이 日增하리니...[54)]

당시 많은 유지신사들이 시대 변화의 이치를 깨닫고 사비로 학교를 설립해서 아동교육에 힘쓰고 있다고 소개하고 있다. 그 대표적인 학교로 한성의 상동청년학원, 법학교, 보성전문학교, 양정의숙과 강화의 육영학교, 대구의 시무학당을 들고 있다. 이제 육영학교는 설립된 지 채 일 년이 되지 않아 전국에서 몇 손가락 안에 꼽히는 사립학교로 인식되기 시작했다.

2. 강화 보창학교로의 전환

대강연회를 성공적으로 마친 뒤 1905년 5월 7일에 교장 이동휘는 20여 명의 학생을 인솔하여 상경하였다.[55)] 여기에는 크게 세 가지 목적이 있었던 것으로 보인

54) 『황성신문』 1905년 3월 24일, 논설, 「하학교지울여」.
55) 교직원과 학생 수는 모두 26인이었고, 상경 시 인천우선회사와 부위 조동원은 교직원과 학생들에게 각각 4일분과 8일분의 음식을 제공했다. 『황성신문』 1905년 6월 13일, 광고, 「강화부 사립 보창학교 찬성(속)」.

다. 가장 중요한 목적은 궁궐에서 고종을 알현하기 위한 것이었다. 이동휘는 이미 1890년대 시위대 기관 시절부터 고종의 총애를 받았다.[56] 1901년에 고종은 그를 삼남검사관(三南檢査官)으로 파견했는데, 전국 각처에서 진위대 장교와 지방 관리들의 부정부패를 적발해서 처벌하여 전국적으로 명성이 자자하였다. 고종도 그의 충성심과 청렴결백을 높이 평가했다.[57] 그래서 케이블이 보고한 것처럼, 고종은 그가 군직 사임을 요청하자 크게 주저하면서 수락했던 것으로 보인다. 황실과의 인연을 보여주기라도 하듯 육영학교 학생들은 삭발한 채 이화문양이 들어간 허리띠를 둘렀다.[58] 그는 학생들을 데리고 덕수궁으로 가서 고종을 알현하였다. 그는 군직 사임 후 이룩한 교육 사업의 성과를 고종에게 직접 보고하려고 했던 것 같다. 고종은 알현 시에 보창학교(普昌學校)라는 새로운 교명과 연금 형식으로 내탕금(內帑金)[59] 600원을 특사하였다. 그리고 영친왕은 손수 현판에 교명을 써서 하사하였다.[60] 이에 즉시 이동휘는 자기 자신과 교감 김성은의 명의로 교명 변경 사실을 다섯 차례에 걸쳐 일간지에 크게 광고하였다.[61] 이때부터 사립 육영학교는 강화 사립 보창학교로 불리기 시작했다.

또 다른 목적은 한성의 각 학교를 직접 시찰하기 위한 것이었다.[62] 진위대 대대장에서 물러난 뒤 육영학교를 더욱 확대 발전시키고 교육계몽 운동에 매진하기 위해 우선 한성에 소재한 신식학교들의 운영 상황을 파악하는 것이 필요했을 것이다. 이와 함께 당시 한성에서 열리는 관공사립 소학교 연합운동회에 참가하기 위한

56) 이동휘는 시위대가 사열할 때 보고하는 임무를 자주 맡았다. 그는 아주 좋은 우렁찬 목소리를 갖고 있었다. 고종은 그가 보고하는 때를 매우 좋아해서 항상 그에게 보고하기를 청했다고 한다. 고종뿐만 아니라 모든 고위관리들과 황실귀족들이 다 좋아했는데, 그 소문이 한성 주민들 사이에 퍼져 이동휘의 사열을 보기 위해 많은 사람이 몰려들었다. 이억세, 「메뜨베이김의 '이동휘'에 대한 수정과 보완 글」, 1994(독립운동가자료, http://search.i815.or.kr); 반병률, 앞의 책, 37쪽.

57) 그는 당시 부패에 연루된 군수 14인을 파직시키고 엽전 50만 냥을 되찾아 고종에게 바쳤다. 고종은 그 공으로 3만 냥을 하사했는데, 그는 "군인이 무슨 돈이 필요하겠냐"고 하며 받지 않았다고 한다. 김철수, 「김철수 친필 유고」, 『역사비평』, 1989, 368쪽; 반병률, 앞의 책, 38쪽.

58) 『황성신문』 1905년 5월 8일, 「솔도시찰」.

59) 원 사료에선 내노금(內努金)으로 표기했는데 내탕금과 동일한 의미로 당시 양자를 혼용함.

60) 박헌용 편, 『(속수증보) 강도지』, 강화: 최희면방, 1932, 제2편 제12장 23쪽. 원문은 "越明年乙巳春에 校長李東輝는 率學生 二十餘人하고 謁見德壽宮하니 上이 特賜普昌校名하시고(英親王殿下는 手書看板하니라) 以年金例로 劃內努金 六百圓하시다."

61) 『황성신문』 1905년 5월 13일, 15~18일, 광고.

62) 『황성신문』 1905년 5월 8일, 「솔도시찰」.

목적이 있었다. 이 연합운동회는 5월 13일에 학부대신 이하 고위관료와 각국 영·공사를 비롯한 국내외 귀빈과 수많은 관중이 참석한 가운데 구 훈련원에서 열렸다. 이 연합운동회는 러일전쟁의 발발로 대내외적 위기가 고조되자 정부에서 사회통합을 위해 꺼내든 대규모 학교행사였다.[63] 여기에 지방학교로는 유일하게 강화 보창학교가 참가하기 위해 상경했던 것이다.[64]

고종으로부터 새로운 교명과 내탕금을 하사받은 보창학교에 대해 경리원에서는 1907년까지 매달 300환(=600원)을 지원하였고, 경리원이 폐지된 1908년에도 일시적으로 165환을 지원하였다.[65] 이렇게 황실의 전폭적인 지원 아래, 이제 보창학교는 전국적으로 유명한 사립학교로 발전해 가기 시작했다. 1905년 6월에 지방에서 가장 저명한 사립학교로는 강화 보창학교가 유일하다는 평가까지 받게 되었다.[66]

3. 강화 보창학교 본교의 성장

육영학교에서는 1904년 설립 초기에 학과를 구분하지 않고 주학과 야학으로 나누어 가르쳤다. 전술했듯이 학과편제가 마련된 것은 1905년 초였다. 2월에 소학과·보통과·일어과·영어과 등 4개 학과를 설치했다. 소학과와 보통과는 일반과정이고, 일어과와 영어과는 특별과정이다. 입학자격으로 보면, 소학과와 보통과는 오늘날 초등학교와 중학교 정도에, 그리고 일어과와 영어과는 고등학교에 상당하는 과정이다. 당시 일어교사는 조희일, 영어교사는 김만식으로 모두 명예교사였다. 전체 학생 수는 80여 명이었다.[67]

소학과와 보통과 체제는 이후에도 비슷하게 유지되었다. 1906년 4월에 소학과와 보통과의 입학자격이 7세 이상 17세 이하인 자로 소폭 확대되었다. 이전처럼 식료

63) 김성학, 「한말 관공사립학교 연합운동회와 통합, 그리고 문명화」, 『한국교육사학』, 제35권 제1호, 2013, 30~33쪽.
64) 『황성신문』 1905년 5월 12일, 「학교대운동」 및 1905년 5월 15일, 「소학도운동상황」.
65) 『황성신문』 1908년 1월 24일, 「학조궁부」; 『대한매일신보』 1908년 5월 24일, 「삼교교비」. 다른 기사에서는 160환으로 보도하였다. 『대한매일신보』(한글판) 동일자, 「금년만 지급」.
66) 『황성신문』 1905년 6월 2일, 논설, 「권고학교지설립」.
67) 『황성신문』 1905년 2월 15일, 광고.

(食料) 이외의 제반 비용은 여전히 무료였고, 먼 곳에서 오는 학생들을 위해 기숙사를 특설했다.[68] 이동휘는 특히 강화의 모든 '기독교인들'은 자녀와 함께 쌀만 보내면 숙소를 제공하고 수업료를 무료로 할 것이라고 공표했다.[69] 그리고 1906년 추기 시험에서 고등과 우등생 명단을 발표하고 있는 것으로 보아, 이때부터 소학과를 초등과와 고등과로 구분해 운영한 것으로 보인다.[70] 두 학과는 당시 소학교령에 의한 심상과, 고등과에 대응하는 학과이다. 1907년 3월경에는 보통과를 중학과로 개편함으로써 초등소학과, 고등소학과, 중학과 체제가 확립되었다. 이때 학생 수는 200여 명에 달했으며, 보창학교 지교도 강화군 안에 8~9곳이나 설립되었다. 당시 언론에서도 이러한 발전상을 보도하면서 이것이 이동휘의 열성으로 이룩된 것임을 상기시키고 있다.[71]

〈표 1-1〉 강화 보창학교 본교의 설치학과 및 변천 상황[72]

<table>
<tr><th>최초 설치 시기</th><th>과정 및 변천
(수업연한)</th><th>입학자격</th><th>입학시험</th><th>모집 인원</th><th>본교 학생수</th></tr>
<tr><td>1904년 9월</td><td>• 소학과 → 초등·고등소학과, 1906년(각 2년)</td><td rowspan="2">• 8세 이상 16세 이하(7세 이상 17세 이하: 1906. 4)
• 신체 건강하고 정신 결함이 없는 자</td><td rowspan="2">없음</td><td rowspan="2">미상</td><td rowspan="3">80여 명</td></tr>
<tr><td>1905년 2월</td><td>• 보통과 → 중학과, 1907년(3년)</td></tr>
<tr><td>1905년 2월</td><td>• 일어과
• 영어과
• (중국어과, 1906년)</td><td>• 16세 이상 20세 이하</td><td>• 한문 국문 작문 습자</td><td>미상</td></tr>
</table>

68) 『황성신문』 1906년 4월 3일, 「소학보통학원 모집광고」.

69) E. M. Cable, op. cit., 1906, p.145.

70) 『황성신문』 1906년 10월 20일, 「시상우등」.

71) 『황성신문』 1907년 3월 29일, 「보교대진」. 그런데 김방과 이은용은 1908년 2월에 소학과를 중학교로 개편했다고 보았다(각각 앞의 책, 69쪽; 앞의 논문, 249쪽). 하지만 활용한 사료를 확인한 결과, 이는 출전이 부정확한 것으로 1908년 2월 의무교육시행안에 포함된 보창학교 중학과를 근거로 이때 중학교로 개편되었다고 판단한 것 같다.

72) 출전은 본문의 해당 각주 참조. 조현욱은 소학과 · 보통과 · 일어과 · 영어과 · 사범과의 설치시기, 입시 · 교수과목, 입학자격을 정리하고 있다(앞의 논문, 94쪽). 그런데 그녀는 소학과와 보통과의 개설시기를 1904년 7월로 잡고 있다. 하지만 본고는 육영학교 수업개시 시기가 1904년 9월이었기에 소학과 설치시기를 이와 동일하게 보았다. 그리고 보통과는 1905년 2월에 학과를 증설할 때 소학과에서 분화되어 나온 것이기에 개설시기를 1905년 2월로 잡았다.

최초 설치 시기	과정 및 변천 (수업연한)	입학자격	입학시험	모집 인원	본교 학생수
1905년 7월	• 여학과	미상	미상	10여 명	200여 명 (12월)
1906년 4월	• 사범과(2년) • 사범속성과, 1908년	• 18세 이상 35세 이하 • 입학일: 음력 4월 1일	• 독서 작문(국한) 역사 지지문대(국한) 수학(사칙이내) • 시험 면제: 고등소학교 및 보통학 졸업장 소지자 • 시험일: 음력 3월 28일	미상	210명 (6월)

마침내 1907년 4월 14일에 소학과 제1회 졸업생을 배출하였다.[73] 졸업생은 초등소학과 18명, 고등소학과 19명 등 모두 37명이었다. 그리고 초등소학과 졸업생은 고등소학과에, 고등소학과 졸업생은 중학과에 다시 입학하였다. 소학과 수업연한은 초등과와 고등과 각각 2년인 것으로 보인다. 1905년의 소학과 학생들이 1907년에 졸업하고 있기 때문이다. 같은 때 설치된 보통과(중학과)는 아직 졸업생이 배출되지 않았다. 1908년 9월에 이르면 중학과는 보창중학교로도 불렸다. 학생 수는 50여 명에 달했으며, 교사는 경신중학교 졸업생 신상민과 한문교사 이원규였다.[74] 중학과는 3년 과정으로 1909년 4월에 3학년 시험을 치른 후 제1회 졸업식을 거행하였다.[75]

케이블 선교사의 보고에 따르면, 보창학교에는 1906년 6월 무렵에 한국어, 일본어, 영어, 중국어과정(course)이 있었다.[76] 1905년 2월에 설치된 소학과와 보통과를 한국어 과정이라고 본다면, 기존의 일어과와 영어과에 중국어과가 1906년경에 새로 추가된 것이다. 이들 어학과에 대한 자료는 1905년 2월 모집광고에서 확인될

73) 『황성신문』 1907년 5월 4일, 「보교점창」. 『대한매일신보』에서는 이를 초등 · 고등소학과 제2회 졸업식이라고 보도하였다. 이는 1904년 육영학교에 입학한 학생들이 이전에(아마 1906년)에 졸업한 것을 제1회 졸업으로 간주한 것 같다.

74) 『대한매일신보』 1908년 9월 24일, 「보창우창」.

75) 보통과(중학과)는 1905년에 설치되었기에 중학과 제2회 졸업식일 가능성도 있다. 『대한매일신보』(한글판) 1909년 4월 27일, 「보챵졸업」.

76) E. M. Cable, op. cit. 1906, p.145.

뿐 이후 거의 드러나지 않는다. 그런데 케이블의 보고 당시에 보창학교에는 10명의 교사가 있었는데, 일부는 해외에서 공부한 인사였다고 한다. 이들이 어학 과정을 담당했을 것이다. 실제로 일어교사 조희일은 일본에서 여러 해 유람한 적이 있고, 보창학교 교감 겸 교사(1905~1906. 5)로 있었던 어용선은 일본 게이오기쥬쿠(慶應義塾)와 동경전문학교에서 3년 동안(1895~1898) 수학한 경험이 있었다.[77]

보창학교는 1905년 7월경에 여학과를 설치하였다. 교장 이동휘는 여아들에게 열심히 입학을 권장하여 10여 명을 모집할 수 있었다.[78] 당시만 해도 조선인이 지방에 설립한 민족계 사립 여학교는 찾아볼 수 없었다. 보창학교 여학과 이전에 설립된 학교로는 1899년 4월에 찬양회가 '한성'에 세운 순성여학교와 이를 이어받은 정선여학교에 불과했다.[79] 그렇다면, 이동휘는 어떻게 보창학교에 여학과를 설치할 생각을 하게 되었을까? 먼저, 인근에 소재한 감리교회의 영향을 생각해 볼 수 있다. 전술했듯이 1902년에 이동휘가 소속된 강화읍 잠두교회에 여자의숙이 설립되었는데, 이듬해에 크게 성장하여 여학생 수가 15명에 이르렀다.[80] 또한 같은 미국 북감리교 관할인 제물포 내리교회에서도 이미 1892년부터 영화여학당을 성공적으로 운영해 오고 있었다.[81] 이처럼 인근의 감리교회에서 여학교를 성공적

77) 『대한제국관원이력서』, 33책, 761쪽.

78) 『황성신문』 1905년 7월 5일, 「연설지교」.

79) 순성여학교를 설립한 찬양회는 1898년에 북촌에 사는 양반 부인들이 조직한 최초의 여성운동 단체이다. 순성여학교는 처음에 학생들이 50여 명에 달했다. 하지만 이후 양현당 김씨가 어렵게 운영해 오다가 처분하고 1902년에 규모를 줄여 정선여학교로 다시 세웠다. 이후 1903년까지 운영되었다. 순성여학교에서는 천자문, 동몽선습, 소학, 태서신사, 재봉 등을 교수하였다. 송인자, 「개화기 여성교육론 연구」, 숙명여자대학교 대학원 박사학위논문, 1994, 100~105쪽; 박용옥, 「한국근대여성운동사 연구」, 고려대학교 대학원 박사학위논문, 1983, 57~67 참조.

80) 1903년에 한성 새문안교회 교인 김영애가 한성에서 내려와 잠두여자의숙의 운영비용을 부담하고 직접 교사로서 헌신적으로 가르쳤다. 그녀는 강화읍 잠두교회의 개척 교인 주선일의 장모였다. 그녀는 남편이 죽은 후 여학교가 교사 없이 방치되어 있는 것을 보고 한성의 재산을 처분해 강화로 내려온 것이다. 교과는 성경도설, 신약, 한문, 산술 등이었다. 한문 교과는 잠두의숙 교사 방족신이 담당했다. 감리교 선교사 힐만과 밀러가 1903년 초겨울에 방문했을 때 김영애는 무보수로 헌신적으로 가르치고 있었다. 전도사 김우제, 「강화읍녀학교 진보함」, 『신학월보』, 제3권 10호, 1903. 10, 439~440쪽; M. R. Hillman & L. A. Miller, "Chemulpo Church, Day Schools and West Korea District", Annual Report of the Korea Woman's Conference of the Methodist Episcopal Church, April 30, 1904, p.28.

81) 설립자는 내리교회 존스 목사와 결혼해 존스 부인으로 불렸던 벵겔(M. Bengel) 선교사였다. 영화여학당은 1897년에 미국 감리교 여선교회에서 운영하는 직할학교가 되었으며, 1903년에 학생 수가 25명에 이르자 이듬해에 선교회에서 이화학당 졸업생 김엠마를 교사로 파견하

으로 운영해 온 사실을 감리교 지도자들과 친분이 두터웠던 이동휘는 익히 알고 있었을 것이다. 또한 그는 강화읍에 잠두여자의숙이 있었지만 여전히 교육기회를 얻지 못한 여아들을 목격하면서 여학과의 필요성을 인식했을 것이다. 자신의 세 딸도 그러한 여아 중 하나였다. 그가 강화로 내려오자 그의 부인은 두 딸 이인순(10세)과 이의순(7세)을 데리고 강화도로 내려 왔다. 강화에 내려 온 직후에는 셋째 딸을 낳았다.[82] 여학과 설치 후 첫째와 둘째 딸은 여학과에 입학하였다.[83]

1905년에 여학과를 개설했지만 처음에 교사(校舍)를 구하지 못했다. 그래서 처음에 민가를 빌려 사용했다. 그런데 1906년 봄에 집 주인이 나가길 독촉하자 이동휘는 무용지물로 방치된 강화읍 포량창(砲粮倉)을 보수해 여학과 교사로 사용할 수 있도록 학부에 청원하였다.[84] 하지만 이 청원은 수용되지 않은 것 같다. 1907년 군대 해산 뒤 강화 의병을 진압하기 위해 출동한 일본군이 여학교인 이동휘의 집을 불태웠다는 기사로 보아[85] 그때까지 그의 거처를 여학과 교사로 사용해 왔던 것으로 짐작된다.

1906년 4월에는 수업연한 2년의 사범과를 특설하였다. 설립 목적은 심상 및 고등 소학교와 중학교 정과(正科) 교원을 양성하는 것이었다.[86] 입학자격은 18세 이상 35세 이하인 자이며, 입학시험 과목은 독서·작문(국한)·역사·지지문대(地誌問對)(국한)·수학(사칙 이내) 등 5과목이었다. 다만, 고등소학교 및 중학교(보통학) 졸업장을 지닌 자는 입학시험을 면제하였다. 교과목은 윤리학·수신학·교육학·경제원론·법학통론을 비롯해 모두 17개였다. 이러한 양성제도는 한성사범

였다. 김세한, 『영화70년사』, 서울 : 영화여자중학교, 1963, 35, 47~48쪽; 이화100년사편찬위원회, 『이화100년사』, 서울: 이화여대 출판부, 1994, 83쪽; L. A. Miller, "Evangelistic Work and Day Schools, Chemulpo and West Korea District", Annual Report of the Korea Woman's Conference of the Methodist Episcopal Church, May, 1903, p.36; E. M. Cable, op. cit., 1905b, p.61.

82) 이영일, 『이동휘 성재선생』, 1981, 21~22쪽.

83) 1906년 현재 재학 중이었다. 『황성신문』 1906년 4월 12일, 「보교시험」 및 1906년 10월 20일, 「시상우등」.

84) 『황성신문』 1906년 4월 19일, 「교장청사」. 포량청은 포량고를 지칭하는데, 무기와 군량을 저장하던 창고이다. 강화 읍내와 전등사 내에 있었다.

85) 『대한매일신보』(한글판) 1907년 8월 31일, 「삼형뎨포살」.

86) 모집광고에서는 중학교를 '보통학교'라고 표기하고 있다. 당시엔 소학교 체제였고 1907년에 보창학교 보통과를 중학과로 변경하고 있는 것으로 보아 여기서 보통학교는 중학교 수준의 학교를 지칭한 것으로 보인다.

학교와 비교해 보아도 손색이 없는 것이었다. 오히려 소학교뿐만 아니라 중학교의 교원을 양성하고자 했기에 윤리학·경제원론·법학통론·외국어 등 더 수준 높은 교과목을 편성해 놓았다. 또한 한성사범학교와 다르게 입학시험 과목에 수학이 포함되어 있으며, 지원자의 연령 상한선도 열 살이나 더 많다(〈표 1-2〉). 보창학교의 사범과 설치는 당시 급증하는 교원 수요에 대응하기 위한 것이었다. 1905년 이후 전국에서 수많은 사립학교가 설립되면서 새로운 지식과 자질을 갖춘 교원을 양성해 내는 일은 매우 시급한 과제였다. 강화에서도 마찬가지였다. 많은 강화 사민들은 1905년부터 보창학교 지교 설립을 청원해 왔다. 그 결과, 강화 내 지교만 해도 1907년에 14~32개, 1908년 초에 21개에 달했다.[87] 지교 설립에 따른 교원 수요가 급증하자 1908년에 보창학교는 사범속성과를 운영하였다. 그리고 9월에 황학희·방영수 등 30여 명의 속성과 졸업생을 배출하여 보창학교 각 지교 교사로 파견하였다.[88]

〈표 1-2〉 한성사범학교 본과와 보창학교 사범과의 양성제도 비교[89]

학교	목적	수업연한	입학자격	입학시험	교과목
한성사범학교 본과(1895)	소학교 교원 양성	2년 (1899 → 4년)	20~25세	국문 한문 본국 역사 지지	수신 교육 국문 한문 역사 지리 수학 물리 박물 화학 습자 작문 체조(보통, 병식)
보창학교 사범과 (1906. 4)	소학교·중학교 교원 양성	2년	18~35세	독서 작문(국한) 역사 지지문대(국한) 수학	윤리학 수신학 독서 작문 지지 역사 교육학 물리학 화학 생리학 경제원론 법학통론 수학 도화 창가 체조(병식, 기계) 외국어(일, 영)

이처럼 보창학교 본교는 1906년 4월 현재 소학과·보통과(중학과)·여학과·사범과 등을 거느린 큰 학교로 성장했다. 이에 정부는 학교의 확장에 따른 재원을

87) Ⅳ장 〈표 1-5〉 참조 및 『대한매일신보』 1908년 3월 18일, 「강군학풍」.

88) 황학희는 1909년에 강화 월호보창학교 학감으로 재직하고 있었다. 『대한매일신보』 1908년 9월 24일, 「보창우창」 및 1909년 2월 3일, 「보창시험」.

89) 1906년 하반기에 일제에 의해 교과과정이 전면적으로 개편되기 전이므로 1895년 규정과 비교하였다. 「한성사범학교규칙」, 『관보』 제121호, 1895년 7월 24일; 『황성신문』 1906년 4월 3일, 「사범학원모집광고」; 『황성신문』 1899년 4월 26일, 「학부령 제8호」를 참조해 작성함.

적극 지원하였다. 정부는 1906년 봄에 전등사 소속이었던 전 진해사(鎭海寺) 논 32두락과 밭 15두락, 그리고 적석사 소유 논 9석 5두락과 밭 11두락 및 임야 일부를 보창학교로 이속시켰다. 이 토지의 도조는 보창학교의 가장 중요한 재원으로 이때부터 보창학교의 경비 부족이 해소되어 학교가 더욱 확장될 수 있었다.[90] 정부의 지원에는 이동휘에 대한 신임이 두터운 황실의 영향력이 작용한 것으로 보인다.

4. 일본군의 탄압과 재건, 그리고 의무교육시행안

이렇게 1905년 이후 본격적인 학교 체제를 갖추고 성장해 온 보창학교는 1907년 여름에 정치적 소용돌이에 휩싸이게 된다. 그것은 1907년 7월 말의 군대 해산과 뒤이어 발발한 8월의 강화 의병 봉기였다. 이때 진위대 근무 시절 이동휘의 부하 장졸들과 많은 기독교인이 희생되었다.[91] 보창학교 교사 중에는 군인 출신들이 많았고[92] 학생들도 인근의 군인과 기독교인 자제들이 많았다. 일본군의 강화읍 점령과 무자비한 탄압 과정에서 교사와 학생들은 뿔뿔이 흩어졌다. 보창학교 건물과 시설 및 여학과 교사(이동휘의 집)도 소실되었다.[93] 교장 이동휘는 진위대 군인 및 기독교인들과 의병 봉기를 계획하고 선동한 협의로 8월 13일 체포되어 12월 2일까지 경시청에 감금되었다. 이처럼 교장과 교사, 학생, 시설이 심각한 피해를 입어 1908년 초까지 보창학교의 교황(校況)은 그야말로 '시들어 없어진'(凋殘) 상태가 되었다.[94]

이동휘는 석방 후 1908년 1월에 개성 보창학교를 거쳐 2월에 강화에 도착하였

90) 『황성신문』 1906년 3월 20일, 「승답이교」, 1906년 5월 19일, 「사답속교」, 1908년 10월 18일, 「학훈기찰」; 박헌용 편, 앞의 책, 제12장 23쪽.

91) 당시 기독교 교인들도 많이 희생되었는데, 대표적인 희생자는 감리교 권사 김동수와 두 동생이었다. 강화에 진주한 일본군은 평소 일진회를 규탄하는 연설을 자주 하였던 삼형제를 체포하여 8월 21일 더리미 해안에서 살해하였다. 이덕주, 『한국 토착교회 형성사 연구』, 서울: 기독교역사연구소, 2000, 173쪽. 강화도 군민 봉기에 대해서는 고택, 「군대해산」, 『신동아』, 1970년 1월호, 364~375쪽; 최취수, 「1910년 전후 강화지역 의병운동의 성격」, 『한국민족운동사 연구』, 제2호, 1988, 63~68쪽 및 반병률, 『성재 이동휘 일대기』, 서울: 범우사, 1998, 59~66쪽 참조.

92) 고택, 같은 글, 360쪽.

93) 『대한매일신보』(한글판) 1907년 8월 31일, 「강화쇼식」 및 「삼형뎨포살」.

94) 『황성신문』 1908년 2월 22일, 「보창재창」.

다. 그는 다시 강화 보창학교 재건에 착수했다. 그는 파괴된 학교를 다시 수리하고, 학부형과 주민들에게 눈물을 흘리며 간절히 권면하여 흩어진 학생들을 다시 모집하였다. 마침내 2월 18일에 개학식을 거행할 수 있었다. 이날 교장의 혈성(血誠)에 감격하여 내외 신사 100여 명과 주민 1천여 명이 참석하였다. 개학식 이후 자녀를 보창학교에 입학시키려는 주민들이 전보다 더 많아졌다.[95)]

개학식 이후 교장 이동휘와 강대흠·황범주 등이 강화지역 의무교육을 추진하기 위해 학무회를 발기하였다. 이어 2월 24일 군내 각 신사와 면장·이장 등 수백 명이 군청에 모여 학무회 창립회의를 개최했다. 이동휘의 개회 취지 설명과 군수 고청용의 권면 연설, 일본헌병대장과 순사부장의 연설이 있은 다음에, 학무회 규칙을 통과시키고 임원을 선거하였다. 회장은 강대흠, 부회장은 조상석, 총무는 황범주가 선출되었다. 회장 강대흠과 부회장 조상석은 군대해산 전까지 육군보병 정위로 강화 진위대 중대장을 지냈던 이동휘의 부하였다.[96)] 황범주는 1906년에 강화 사립중성학교 교사로 활동했고 1907년에는 강화 양천전습소와 농사모범장 설립을 발기한 개명한 교육자였다.[97)] 임원 선거가 끝난 다음에 이동휘는 의무교육이 긴급히 요구된다는 점과 신구 교육의 장단점에 대해 일장 연설을 하였다.[98)] 그리하여 마침내 강화지역 의무교육시행안을 끌어낼 수 있었다.

이렇게 이동휘는 학무회를 조직하고 강화지역 의무교육안을 마련하는 데 주도적인 역할을 하였다. 그런데 이미 1906년에 전국의 의무교육안은 대한자강회에 의해 마련된 바 있다. 대한자강회는 지방 관료와 몇몇 유지에 의존하는 기존의 학교설립 및 흥학운동의 한계를 극복하기 위해 1906년 10월에 의무교육시행안을 정부에 제출하였다. 이 안은 1907년 1월 중추원 회의까지 통과했지만, 7월에 일제에 의해 끝내 거부되었다.[99)] 이후 학교설립 및 의무교육 운동은 의무교육령이 반포

---

95) 같은 기사.

96) 『관보』 제2948호, 1904년 10월 4일, 「서임급사령」; 「황성신문」, 1904년 7월 29일, 「서임급사령」.

97) 『황성신문』 1905년 2월 15일, 「육영학교보조금」, 1906년 4월 17일, 「강부중교」; 『대한매일신보』 1907년 12월 13일, 광고.

98) 『황성신문』 1908년 3월 8일, 「강화의무교육」; 『대한매일신보』 1908년 3월 18일, 「강군학풍」.

99) 당시 전국 및 강화지역 의무교육 추진과정에 대해선 안규, 「한국 의무교육 성립과정에 관한 연구」, 성균관대학교 대학원 박사학위논문, 1984, 22~29쪽 및 43~44쪽; 구희진, 「대한제국기 국민교육의 추진과 굴절」, 『역사교육』 제109호, 2009, 205~208쪽을 참조. 이토 히로부미는 국왕 조칙에 입학을 강제하는 조항이 들어가는 것을 극력 반대했다.

되지 않은 상태에서 민간에 의해 추진되었다. 강화지역의 의무교육 운동은 그 대표적인 것이었다.

〈표 1-3〉 대한자강회와 강화학무회의 의무교육시행안 비교[100)]

구분	대한자강회안(1906. 10)	강화 보창학교안(1908. 2)
의무교육 구역	학구(學區): 적당한 행정 구역	16면 114동을 56구역으로 구분
학교 설치	1학구 당 구립소학교 설립	구역 당 1개교: 기존 보창학교 지교 21개, 진명·계명·창화·공화학교 4개, 31개교 증설
학교 설비 및 유지 비용	구내 모든 주민 부담 학무위원이 주민의 빈부 등급을 정해 부과 징수함	의무 전곡(각 구역 주민), 특별의연금(지사), 월사금(학생)
운영기구	학무위원: 학구당 20인 이내, 주민의 선거, 교과서 선정 등 일체 사무 담당, 학령 아동의 조사 및 취학 독려	학무회: 회장 강대흠, 부회장 조상석, 총무 황범주(1908. 2 조직)
학령 아동	남녀 만 7~15세(8년간) 초등과(처음 5년) 고등과(나머지 3년) 학령아동 보호자: 부모 혹은 무모 대리인	15세 이하
의무교육 연한	5년간(초등과, 7~12세) 의무취학 면제: 질환자, 기타 학무위원회 인정 자	학령 아동은 각 구역 학교에 강제 취학 * 15세 이상 20세 이하 한문 해석 가능자는 보창학교 중학과, 20세 이상 40세 이하 한문에 능숙한 자는 중성학교 내 사범속성과에 입학케 함
취학의무 위반자	상당한 벌칙 제정해 실시	미상
경과 조항	남자: 현재 7~15세인 자는 연령에 관계없이 초등과 수료를 의무교육으로 함 여자: 9세 이상은 지원자 아니면 취학 의무 면제	미상

100) 『황성신문』 1906년 10월 30일, 「자강건의」; 『황성신문』, 1908년 3월 8일, 「강화의무교육」; 『대한매일신보』 1908년 3월 18일, 「강군학풍」을 참조해 작성함. 강화지역 실시안에서 15세 이상 학생은 특정 상급학교의 입학을 지정하고 있기에, 의무교육 학령아동은 15세 이하인 자로 판단했다.

이동휘는 1906년 대한자강회 창립 초기부터 회원으로 활동했으며, 1907년 3월에 강화지회가 설치되자 지회 부회장을 맡았다.[101] 대한자강회에서는 지회가 독자적으로 활동할 수 있는 영역이 없을 정도로 지회에 대한 본회의 통제가 엄격하였다.[102] 대한자강회는 1907년 7월 해체되었다. 하지만 그 사업은 이동휘를 통해 강화지회에 그대로 수용된 것으로 보인다. 〈표 1-3〉에서 드러나듯이, 강화학무회의 의무교육시행안은 대한자강회안을 그대로 계승하되 강화지역 실정에 맞게 현실화한 것이다. 의무교육 운영기구로 학무회를 설치하고, 강화지역을 56개 구역으로 나눠 각 구역 당 하나의 학교를 두었으며, 15세 이하 학령아동은 의무적으로 취학하게 하며, 필요한 재정은 각 구역 주민의 의무 전곡(錢穀)과 지사의 특별의연금 및 학생의 월사금으로 충당케 하였다. 강화 의무교육시행안에서 보창학교는 의무교육 시행을 위한 중추 학교로 자리 잡고 있다. 보창학교 지교 21개교가 각 구역학교로 선정되었으며, 보창학교 중학과는 의무교육 이후 상급학교로 지정되었다. 그리고 각 구역학교에 '국문야학교'를 설치하여 의무교육에서 소외된 일반노동자들에게 교육기회를 제공할 계획도 있었다. 보창학교 본교는 이미 야학과를 설치해 산술과 어학을 가르쳐왔는데 학생이 410명에 달했다.[103]

이렇게 기존의 보창학교를 중심으로 야심 차게 출범한 강화 의무교육시행안이 실제로 실현되었는지는 미지수이다. 먼저, 핵심 인사인 이동휘가 1908년 8월부터 1910년까지 계속 강화를 떠나 있었다는 사실이 고려되어야 한다. 그는 이 기간에 함경도에서 서북학회 모금위원 혹은 선교사의 조사로서 서북학회 지회와 학교 설립을 지원하고 기독교를 전도하는 일에 전념하였다.[104] 따라서 사실상 강화지역 교육 사업에서 손을 놓을 수밖에 없었다. 그는 1908년 5월에 보창학교 본교를 송정

---

101) 『대한자강회월보』 제2호, 1906년 8월, 72쪽 및 제10호, 1907년 4월, 45쪽; 丹羽賢太郎, 「復命書」, 『機密書類綴』, 1907. 8. 23.

102) 전재관, 「한말 애국계몽단체 지회의 분포와 구성」, 『숭실사학』 제10집, 1997, 161쪽.

103) 『황성신문』 1908년 3월 10일, 「겸설야학」; 『대한매일신보』 1908년 3월 5일, 「야교부흥」.

104) 그는 1908년 8월부터 1909년 5월 말까지 서북학회의 모금위원 자격으로 고향인 함경도에 파견되어 지회와 학교 설립을 독려하고 지원하는 일에 전념하였다. 그는 귀경 후 잠시 평안도 교육시찰을 다녀온 다음에, 1909년 9월부터 다시 함경도에서 캐나다 장로회 선교사 그리어슨(R. Grierson)의 조사(매서인) 신분으로 본격적으로 기독교 전도와 교육진흥 활동을 전개하였다. 강제합방 직후에는 전도사 신분으로 그리어슨과 함께 계속 함경도 지방을 순회하였다. 반병률, 앞의 책, 70~74쪽; 서정민, 앞의 책, 336~341쪽.

지교로 옮기려는 구상까지 밝히며 본교 교무를 송정 지교 교감 고성근에게 맡겼고, 1909년 9월에는 학무회 총무였던 황범주에게 교무를 위탁했다.[105] 이와 함께 학무회 창립회의 석상에서 결단코 의무교육을 시행하겠다고 외치던 강화군수 고청용도 1908년 9월 초에 용인 군수로 전출되었다.[106] 두 명의 핵심인사가 더 이상 의무교육을 추진해 나갈 수 없었던 것이다.

또한 일제가 학무위원제도를 만들어 조선인들의 교육자치 요구를 공립 보통학교로 흡수하기 시작했다는 점도 의무교육 실현의 장애요인으로 작용하였다. 일제는 1908년 6월에 '학무위원규정준칙'을 공포해 관공립 보통학교 소재지에 학무위원을 두고 학령아동의 취학을 독려하게 하였다.[107] 학무위원은 각 학교당 7명 이하를 두게 했다. 강화지역의 경우, 1909년 4월에 강화공립보통학교 학무위원으로 고성근·권태형·유종근이 위촉되었다.[108] 고성근은 보창학교 송정 지교 교감으로 이동휘가 본교 교무를 위탁할 정도로 명망이 높은 인사였으며, 권태형도 보창학교 연동 지교 교감이었다.[109] 보창학교를 중심으로 강화 의무교육을 추진해야 할 핵심 인사들이 공립학교 취학을 독려하는 일에 동원되고 있는 것이다.

무엇보다도 의무교육을 실현할 재정을 확보하기가 힘들었다. 강화 의무교육시행안은 31개 학교의 신설을 전제로 하였다. 당시 의무교육기관으로 활용할 56개교 가운데 새로 31개교를 신설한다는 것은 사실상 어려웠다. 보창학교 본교조차도 안정적인 재정 확보에 어려움을 겪고 있었다. 보창학교에 대한 경리원의 보조금은 우여곡절 끝에 1908년부터 사실상 중단되었고,[110] 적석사(積石寺) 부속 토지로부

---

105) 교무는 고성근에게 위탁했으나 학교를 이전하지는 않았다. 당시 송정 지교는 교실을 신축하여 수백 명을 수용할 여력이 있었지만, 1908년 9월 보창학교 본교 중학과에서는 학생들을 가르치고 있었고 사범속성과에서는 졸업생을 배출한 것으로 보아 여전히 강화읍에 자리잡고 있었다. 『황성신문』 1908년 5월 22일, 「동지열심」; 『대한매일신보』 1909년 9월 3일, 「보창익창」; 『대한매일신보』 1908년 9월 24일, 「보창우창」.

106) 『황성신문』 1908년 9월 10일, 관보.

107) 『관보』 제4115호, 1908년 7월 2일, 학부훈령 제66호.

108) 『관보』 제4373호, 1909년 5월 11일, 휘보.

109) 유종근도 보창학교 월호 지교 교감 유경근의 오자일 가능성이 있다. 『황성신문』 1907년 2월 12일, 광고.

110) 일제의 황실재산 정리사업으로 1907년 11월에 경리원이 폐지되자 1908년부터 더 이상 보조금을 지급할 수 없었다. 보창학교의 보조금 지급 청원이 이어지자, 1908년 5월에 궁내부에서는 1908년까지 지급하기로 결정하였다. 그러나 6월에 모든 황실재산의 국유화가 공포되었고, 이후 7월부터는 황실재산의 청산 절차에 들어갔다. 따라서 경리원(궁내부) 보조는

터 받던 도조도 1908년 적석사와의 소유권 다툼으로 귀속 여부가 불투명해졌다.[111] 학교 재원이 부족해지자 1908년부터 1909년 9월까지 윤상건이 240환(=480원)을 기부했고, 1909년에는 홍원섭과 홍윤섭이 300환(600원)을 의연했으며, 그 이후로도 강화 유지들이 계속 기부하기로 약정하고 있었다.[112] 이처럼 보창학교 본교의 재정도 일부 유지들의 기부금에 의존하는 상태가 되었다.

이렇게 의무교육의 실행에 어려움을 겪고 있었지만, 보창학교는 1908~1910년 사이에도 강화지역 중추 학교로서의 역할을 계속 수행하였다. 1908년 5월에 보창학교는 인근 학교와 연합해 대규모 춘기운동회를 개최했다. 여기에 강화군 80여 개 학교와 인천·통진·개성의 20여 개 학교가 참가했고, 남녀학생 2,600여 명이 20여 종목을 겨루었다. 이날 태극기를 높이 게양하고 군악대까지 동원했으며, 관중은 만여 명에 달했다.[113] 이 연합운동회는 보창학교가 인근 학교에 미치는 영향력이 여전히 막대하다는 점을 보여주었다. 이후 1908년 9월 현재, 보창학교 중학과(중학교)에는 50여 명의 학생이 열심히 공부하고 있었고, 사범속성과 졸업생도 30여 명이 배출되었다.[114] 1909년 4월에는 보창학교 중학과(교) 제1회 졸업식을 거행하였다.[115]

1910년 5월에는 기존에 교무를 맡아 온 황범주가 교장으로, 그리고 이두혁이 교감으로 부임하였다.[116] 하지만 강제합방 이후에 재정적 기반이었던 적석사 토지의 도조권은 강화공립보통학교로 양여되고 말았다. 이후 보창학교는 재정난을 겪다가 결국 1915년에 문을 닫게 되었다.[117]

1908년에 사실상 중단된 것이나 다름없다. 『대한매일신보』(한글판) 1908년 5월 24일, 「금년만 지급」. 이윤상, 「1894~1910년 재정 제도와 운영의 변화」, 서울대학교 대학원 박사학위논문, 1996, 263~265쪽.

111) 『황성신문』 1908년 10월 18일, 「학훈기찰」.

112) 『황성신문』 1908년 5월 22일, 「동지열심」; 『대한매일신보』 1909년 9월 3일, 「보창익창」, 「윤씨열심」.

113) 『황성신문』 1908년 5월 12일, 「보창운동」 및 1908년 5월 17일, 「강화학교운동」; 『대한매일신보』(한글판) 1908년 5월 17일, 「굉장훈 운동」.

114) 『대한매일신보』 1908년 9월 24일, 「보창우창」.

115) 3학년 시험을 치른 뒤 졸업식을 거행하였다. 『대한매일신보』 1909년 4월 25일, 「보창졸업」; 『대한매일신보』(한글판) 1909년 4월 27일, 「보창졸업」.

116) 『황성신문』 1910년 5월 29일, 「보창재창」.

117) 박헌용 편, 앞의 책, 제12장 23쪽.

Ⅲ. 강화 보창학교 본교의 이전 과정

여기서는 보창학교 본교의 최초 설립 위치와 이전 과정을 실증하며, 그 특징을 파악하고자 한다. 육영학교(보창학교)가 처음 설립될 때 위치는 '대(隊) 내' 혹은 '영(營) 근처 빈 관아건물(空廨)'이라고 보도되고 있다.[118] 이후 『강도지』(1932)에서는 옛 동영(東營) 자리에 설립되었다고 하였다. 반면에 케이블 선교사는 스님들의 찬불가와 종소리가 울리던 이교도 사원에 세워졌다고 보고하였다.[119] 이 사원은 고려산 서쪽 사면에 위치한 적석사(강화군 내가면 고천리 74)를 지칭한 것으로 강화읍에서 상당히 떨어져 있다. 보창학교에서 적석사의 토지와 임야의 도조를 받아왔기에 적석사를 보창학교 교사로 착각한 것 같다. 따라서 위 사료들을 종합해 보면, 육영학교의 설립 시 위치는 '대' 내 혹은 '영' 근처의 빈 관청인 옛 동영 자리였다. 그렇다면 여기에서 대, 영 및 동영은 무엇이며, 이것들은 서로 어떤 관련이 있는가?

원래 동영이란 강화 별효사청(別驍士廳)에 소속된 군영 중 하나였다. 별효사청이란 강화 '진무영'에 소속된 특수 별동부대였던 별효사들을 관할하던 관청으로 산하에 동영과 별영을 두었다.[120] 진무영은 한성으로 통하는 강화 인근의 해안 경비를 위해 1,700년(숙종 26년)에 강화부에 설치한 군영이었다. 동영은 이 진무영 소속 별효사들이 기거하던 막사와 부속 시설을 일컫는다. 강화지역 별효사는 병인양요 이후 강화도 병력이 증강된 1868년(고종 5년)에 신설되었다. 이 때 별효사 201명이 처음으로 진무사(강화유수 겸직) 직속으로 편제되었다. 별효사는 신미양요를 거치며 1872년에 16초(哨)가 다시 증설되었다.[121] 그런데 1875년부터 진무사가 더 이상 무신으로 임명되지 않고 진무영 재정도 증액되지 않아[122] 수백 명이

---

118) 『황성신문』 1904년 9월 21일, 「대중학교」, 및 1904년 11월 15일, 「돈육가하」.

119) 박헌용 편, 앞의 책, 제12장 23쪽; E. M. Cable, op. cit., 1905a, p.37.

120) 박헌용 편, 앞의 책, 제10장, 6쪽. 원래 별효사는 숙종 때부터 설치되기 시작해 정조 때에는 총융청의 외영인 남양 · 파주 · 장단에 두었던 특수 부대로 이후 강화에도 설치되었다.

121) 18세기 황해도 별효위와 수원의 별효사 등이 모두 기병이었던 것으로 보아 강화 별효사에도 기마병이 다수 있었을 것으로 보인다. 박헌용 편, 앞의 책, 제2편 제13장, 34쪽; 연갑수, 「대원군 집권기(1863~1873) 서양세력에 대한 대응과 군비증강」, 서울대학교 대학원 박사학위논문, 1998, 153~155쪽; 노영구, 「18세기 기병 강화와 지방 무사층의 동향」, 『한국사학보』 제13호, 2002, 361쪽, 368쪽.

넘는 별동부대를 유지하기 힘들게 되었다. 이후 별효사는 폐지되고, 그들이 기거하던 동영은 진무영 별초사(別抄士) 장관 등의 처소로 사용되었다.[123]

강화 진무영은 갑오개혁기의 군제 개혁으로 폐지되었다. 1896년에 강화지역엔 새롭게 '지방대'가 설치되었고, 강화 지방대는 다시 1900년에 '진위대'로 개편되었다. 강화에는 진위대 제1연대 본부와 제1대대가 주둔하였다.[124] 1903년 5월에 이동휘가 바로 이 강화 진위대 제1연대 제1대대장으로 부임했다.[125] 군제 개편 과정에서 이전의 진무영 본영 및 부속 시설들도 강화 진위대로 이관되었다. 그래서 별효사청 별영은 진위대 신영(新營)으로 개칭되어 사용되었다.[126] 하지만 이동휘가 부임할 당시 동영은 별영과 다르게 진위대 시설로 사용되지 않고 비어 있었던 것으로 보인다. 그래서 언론에서도 '공해'(空廨)라고 보도한 것이다. 그는 바로 이 동영 자리에 육영학교를 설립했던 것이다. 그는 육군보병 참령으로서 진위대 대대장이었기에 부대 근처에 있던 옛날 군영 시설을 직권으로 전용할 수 있었을 것이다.

이렇게 보창학교 전신인 육영학교는 '진무영(중영)' 근처 혹은 '진위대' 내 '동영' 자리에서 개교하였다. 당시 언론에서 진위대 내에 설립했다고 보도한 것은 동영이 진위대로 이관된 시설이고 학생들도 군인 자제들이 많았기 때문인 것으로 보인다. 그렇다면 보창학교가 세워진 동영은 어떤 모습이었으며, 현재의 위치는 어디인가? [사진 1-1]은 1876년 현재 강화읍 전경과 견자산 아래의 별효사청 동영과 별영 모습을 보여준다. 이 사진은 1876년에 강화도조약을 체결할 당시 일본대표단 일원으로 강화도에 온 사진사(개척사 15등) 가와다 기이치(河田紀一)가 찍은 강화읍 전경 사진이다. 원래 연속해서 찍은 두 장의 사진을 합성한 사진이다.[127] [사진

122) 연갑수, 앞의 논문, 156쪽.

123) 박헌용 편, 앞의 책, 제2편 제10장, 6쪽.

124) 지방대는 대한제국 시기에 지방에 배치된 군대로 진위대가 주둔하지 않는 지역에만 두었다. 지방대는 1900년에 모두 진위대에 편입되었다. 이때 전국의 진위대 조직을 6개 연대로 재편하였는데, 제1연대는 강화, 제2연대는 수원, 제3연대는 대구, 제4연대는 평양, 제5연대는 북청, 제6연대는 의주에 연대본부를 두고, 각 연대에는 3개 대대(제6연대만 2개 대대)를 두었다. 1개 연대는 대략 3천여 명으로 당시 지방군은 18,000명 수준이었다. 박헌용 편, 앞의 책, 제2편 제13장, 34쪽; 서인한, 『대한제국의 군사제도』, 서울: 혜안, 2000, 196~212쪽 참조.

125) 『황성신문』 1903년 5월 19일, 「서임 及 사령」.

126) 박헌용 편, 앞의 책, 제10장, 6쪽. 별효사청 별영은 현재 강화 경찰서 자리이다(같은 책, 7쪽).

127) 원본은 日本公使館 編, 「江華島條約締結時朝鮮情景及修信使寫眞」, 1876(서울대학교 규장각 소장, M/F 83-16-25-M). 원본사진 두 장을 합성한 사진은 강화역사문화연구소 홈페이지

1-1]에서 별효사청 별영은 당시 주택가에 근접해 있으며, 동영은 그로부터 조금 떨어진 견자산 바로 아래쪽에 자리 잡고 있다. 사진에서 보기엔 동영이 읍내에서 멀리 떨어져 있는 것처럼 보이지만, 실제 직선거리로 1km 이내이며 현재는 관공서와 주택이 밀집한 읍내 중심부이다(부록 사진). 이처럼 읍내에 근접해 있었기에 읍내 부대원과 주민들의 자제가 다니기에 불편하지 않았을 것으로 보인다. 동영 건물은 중앙의 마당을 둘러싼 사각형 기와집 구조로 되어 있다. 학생 200명 정도는 수용할 수 있는 규모로 보인다.

[사진 1-1] 강화 읍내 전경 및 별효사청 동영과 별영 모습, 1876년

동영의 현재 위치에 대해서는 옛 강화교육청 자리였다는 견해와 옛 강화군청 관사 자리였다는 주장이 있다.[128] 옛 강화교육청 자리에는 현재 강화교육지원청 미래교육지원센터가 들어서 있는데, 견자산 아래쪽에 위치하며 읍내 중심부를 향하고 있다(강화읍 관청리 200번지 일대). 반면에 옛 강화군청 관사 자리는 견자산 남동쪽 살채이 마을 부근으로 읍내 중심부와 반대 방향이며 읍내에서 더 떨어져 있다(강화읍 관청리 96 일대).[129] 〈부록〉의 [사진 1]은 위 [사진 1-1]과 같은 구도로 필자가 견자산에서 직접 찍은 사진이다. 양자를 비교해 보면, 과거의 동영 자리와

에 게시되어 있다(느티낭구, 「강화 진무영의 특수기동대-별효사」, 강화역사문화연구소 자유게시판 http://www.ganghwado.org/90634, 2013년 인출). 필자는 원본사진 두 장을 규장각에서 직접 확인했는데, 사진 속 건물명과 지명, 일부 색상은 강화역사문화연구소(느티낭구)에서 추가한 것이다. 여기선 편의상 건물명과 지명이 표시된 강화역사문화연구소 자료를 사용하였다.

128) 각각 강화사편찬위원회, 『강화사』, 강화문화원, 1976, 22쪽 이하 사진 및 397쪽 및 느티낭구, 같은 글.

129) 옛 강화군청 관사 자리의 주소는 군청 직원이 확인해 주었음.

현재의 강화교육지원청 미래교육지원센터 자리가 정확히 일치함을 알 수 있다. 결국, 보창학교의 최초 위치는 현재 견자산 아래 강화교육지원청 미래교육지원센터 자리로 강화읍 관청리 200 일대이다. 보창학교 교사로 사용된 옛 동영 건물은 현재 남아 있지 않다.

[사진 1-2] 강화 진무영 중영 전경. 가운데 원 안의 오른쪽 건물이 열무당이고 왼쪽은 중영 부속 건물. 왼쪽 원은 중영의 동헌 및 부속 건물. 뒤쪽 산은 북산이며 그 아래에 고려 궁지가 있다 (「江華島條約締結時朝鮮情景及修信使寫眞」, 1876).

이렇게 보창학교(육영학교)는 1904년에 견자산 아래 옛날 동영 자리에 설립되었다. 이후 1907년 7월까지 계속 동영 자리에 있었다. 그런데 1907년 7월 군대 해산과 8월 강화 군민들의 대규모 봉기 이후 일본군의 강경 진압으로 보창학교도 큰 피해를 입게 되었다. 여학생 교사로 사용되던 이동휘의 거처가 전소되었고[130] 남학사도 심각한 피해를 입었다. 당시 강화읍을 점령한 일본군은 강화읍 4대문을 폐쇄하고 주민들의 출입을 엄격히 통제했다. 그래서 땔감장수도 들어가지 못해 땔감이 부족해지자 일본군은 점령 중인 보창학교 책상과 의자를 땔감으로 사용했

130) 『대한매일신보』(한글판) 1907년 8월 31일, 「삼형데 포살」.

다.[131] 여기엔 단지 땔감의 부족 때문만이 아니라 군민 봉기를 계획하고 선동한 이동휘에 대한 반감이 크게 작용했을 것으로 보인다.

이렇게 보창학교는 한동안 황폐해진 채로 남아 있었다. 이후 1907년 11월에 이르러 군부는 해산된 진위대 영사(營舍)를 보창학교 교사로 사용할 수 있게 인가하였다.[132] 이는 진위대 해산과 일본군의 탄압으로 돌아선 민심을 수습하기 위한 속셈이었던 것으로 보인다. 이제 보창학교는 진위대 영사(營舍)로 이전하였다. 그렇다면 여기서 진위대 영사는 구체적으로 어디를 지칭한 것일까?

『강도지』에 따르면, 1907년 일본군의 강화 점령 이후 보창학교는 열무당(閱武堂)으로 이전했다고 한다.[133] 열무당은 진무영의 진무사가 연병장에서 병사들의 사열을 받던 사열대이다. 이 열무당은 진무영 본영인 중영(中營) 안에 설치되어 있었다.[134] 중영에는 열무당 이외에 야전사령관 격인 중군(中軍)이 업무를 보는 동헌(만하헌 挽河軒)과 그 아래에 비장(裨將), 이교(吏校), 졸오(卒伍) 등이 활동하는 부속 건물들이 각각 따로 있었다.[135] 이 부속 건물 중에는 1876년 초에 조일회담을 하던 장소인 집사청도 있었다.[136] 이렇게 진무영 중영 안에는 여러 건물이 모여 있었다([사진 1-2와 3]). 따라서 보창학교가 새로 이전한 곳은 열무당 한 곳이 아니라 진무영 중영 전체라고 보는 것이 타당하다. 사실 열무당은 사열대이기에 사면이 트여 있어 교사로 사용하기 어렵고 학생들을 다 수용할만한 규모도 아니었다. 『강도지』에서도 열무당과 진무영을 동일한 것으로 기술하고 있다.[137] 강화 진무영은 지방대를 거쳐 진위대로 개편된 것이고 그 부속 시설들은 진위대로 이관

131) 『대한매일신보』 1907년 8월 30일, 「강도 여문」 및 1907년 8월 31일, 「강화쇼식」(한글판).

132) 『황성신문』 1907년 11월 6일, 「영사 인교」.

133) 박헌용 편, 앞의 책, 제2편 제12장 23쪽. 열무당은 일제시기엔 양로당으로 사용되었다.

134) 같은 책, 제2편 제10장, 5~6쪽. 중영은 중군 이하 소속 장졸들이 머물던 진무영 본영이다. 진무영에는 강화도의 중영(본영) 이외에 부평, 통진, 풍덕, 연안에 총 4개의 외영을 두고 있었다. 진무영 본영의 지휘체계는 강화유수가 겸임하는 진무사를 정점으로 중군, 천총, 초관, 기총, 대장, 군병으로 이루어졌다. (송양섭, 「17세기 강화도 방어체제의 확립과 진무영의 창설」, 『한국사학보』 제13호, 2002, 245~246쪽). 열무당을 이전해 새로 지은 연무당 상량문에 "惟玆 中軍之地 厥有閱武之堂 三面之人家相連"이라 하여 중영 안에 열무당이 있었음을 밝히고 있다(박헌용 편, 같은 책, 5쪽).

135) 박헌용 편, 같은 책, 제10장, 6쪽.

136) 신헌 저, 김종학 역, 『심행일기』, 서울: 푸른역사, 2010, 43~44쪽.

137) 박헌용 편, 앞의 책, 제10장, 5쪽. 강화문화원에서 발행한 『강화사』 1976년에 396쪽에서도 진무영과 열무당을 동일한 것으로 기록하고 있다.

되었기에, 결국 앞에서 언급한 진위대 영사는 바로 옛 진무영 중영 건물들을 지칭한 것이다.

[사진 1-3] 강화 진무영 열무당(중앙) 및 중영 부속 건물
(「江華島條約締結時朝鮮情景及修信使寫眞」, 1876년)

〈표 1-4〉 강화 보창학교 본교의 이전 상황

시기	옛 학교 자리	현재 위치	비고
1904~1907년	진무영 별효사청 동영	강화군 강화읍 동문안길 20번길 16 일대(구: 강화군 강화읍 관청리 200)	현 강화교육지원청 미래교육지원센터 자리(구 강화교육청 자리)
1907~1911년	진무영 중영 (진위대 영사)	강화군 강화읍 강화대로 440번길 10 일대(구: 강화군 강화읍 관청리 552)	현 강화읍사무소 일대
1911~1915년 (폐교)	강화유수부 이아	강화군 강화읍 북문길 42 일대(구: 강화군 강화읍 관청리 743)	현 고려궁지 내 강화유수부 이방청(인천 유형문화재)

[사진 1-2]와 [사진 1-3]에서 보듯 열무당과 중영 동헌 및 부속 건물들은 바로 인접해 있었다. 이곳은 현재 강화읍 중심지로서 뒤로는 북산을 이고 앞으로는 강화중앙시장이 자리 잡고 있다. 열무당이 있던 곳은 현재 강화중앙시장 바로 위쪽이고(강화읍 관청리 523 일대), 동헌 및 부속 건물들이 있던 곳은 현재 강화읍사무소 인근 지역이다(강화군 강화읍 관청리 552 일대).[138)]

강제합방 이후 1911년에 다시 보창학교 본교는 옛날 이아(貳衙) 건물로 이전하였다.[139)] 이것은 강화유수부 안에 있던 행정 관서로 판관과 행정실무자들이 집무를 보던 곳이다. 이곳은 옛 열무당에서 멀지 않은 곳으로 지금도 강화 고려궁지 안에 인천 유형문화재(제26호)로 남아 있다(부록 [사진 4]).[140)]

[그림 1-1] 강화 보창학교 본교의 강화읍 이전 경로(지도출처: 네이버)

138) 진무영 열무당 부지는 과거에 강화군 농협 건물로 사용되었다. 최근에는 교회 건물이 있었으나, 지금은 강화군청 관용차 주차장으로 사용 중이다. 강화사편찬위원회, 『강화사』, 강화: 강화문화원, 1976, 396~397쪽 참조.

139) 박헌용 편, 앞의 책, 같은 쪽.

140) 강화역사문화연구소, 문화재마당 참조(http://www.ganghwado.org/5376).

이렇게 보창학교 본교는 진무영 산하 별효사청 동영에서 출발해 이후 진무영 중영(=진위대 영사), 강화유수부 이아 자리로 이전하였다. 보창학교는 당시엔 해산되거나 없어진 읍내의 군대나 관청 자리에 세워졌던 것이다. 특히 학교 설립 시부터 강제합방 이전까지 학교 위치는 진무영・진위대 등 과거 군영이 있던 곳이었다. 이렇게 보창학교의 위치는 강화지역의 군사적 특수성을 그대로 반영하고 있다. 강화읍에는 숙종 이후 대대로 진무영・지방대・진위대 등 수도권 해안 방위를 위한 군영이 자리 잡고 있었다. 이동휘는 육군참령으로 진위대 대대장이었기에 학교 설립 시에 이러한 특수성을 충분히 활용하였고, 학교 이전 과정에서도 그 특수성은 그대로 유지된 것으로 볼 수 있다.

강화 보창학교 본교의 이전 경로를 현재 지도상에 표시해 보면 [그림 1-1]과 같다.[141] 처음에 견자산 아래쪽에서 개교해 강화읍사무소 자리를 거쳐 고려궁지 쪽으로 이동하고 있다. 세 지점은 서로 반경 약 1km 원 안에 근접해 있으며, 현재 모두 강화읍 중심부에 위치하고 있다.

Ⅳ. 강화지역 보창학교 지교의 등장과 성장

1. 강화지역 지교의 등장과 확산

1905년 봄을 지나며 보창학교가 전국적으로 유명한 사립학교로 발돋움하자, 강화 각처에서 지교 설립을 청원하기 시작했다. 그래서 이동휘는 1905년 6월경에 우선 갑호(갑곶), 월호(월곶), 산호(철곶) 세 곳에 직접 지교를 설립했다. 세 곳에서 모집한 학생은 모두 100여 명에 이르렀다.[142] 세 곳은 강화 교통의 요충지로 인구가 많고 교사로 이용할 수 있는 군사시설들도 남아 있어 지교 설립지로 적합한 곳이었다. 세 곳은 모두 한성과 인천 혹은 황해도를 잇는 해상교통의 요충지였는데[143] 갑곶은 강화의 관문 역할도 했다. 또한 세 곳에는 월곶진・철곶보・갑곶돈

141) 인터넷 포털 네이버 지도상에 보창학교 이전 경로를 그려 넣어 만들었음.
142) 『황성신문』 1905년 7월 5일, 「연설지교」.

등 해안 방어 진지가 있어 많은 장졸들이 거주했다.[144] 특히 철곶의 산이포는 1900년 당시 인구가 1천 명에 달해 강화읍 다음으로 인구가 많았다.[145] 이와 함께 철곶리(산이포)와 월곶리에는 각각 1900년과 1904년에 감리교회가 개척되어[146] 이동휘와 같은 감리교 교인들이 많았다는 점도 고려되었을 것이다.

설립 후 얼마 지나지 않아 갑호·월호·산호지교의 학생 수가 크게 늘어나 기존의 교사에 모두 수용할 수 없게 되었다. 이에 이동휘는 1905년 7월 1일, 세 지역의 경리원 소관 공공건물(公廨)을 영구히 교사로 사용할 수 있게 해달라는 청원서를 경리원에 제출했다. 이에 경리원에서는 곧바로 강화부윤 윤철규에게 해당 건물을 즉시 사용할 수 있게 하라는 훈령을 내리고, 이동휘에게도 즉각 이 사실을 알리며 더욱 흥학에 힘쓸 것을 지시하였다.[147] 이처럼 당시 황실재산을 총괄하던 경리원에서 지교 운영을 적극 지원하고 나섰다. 당시 이동휘에 대한 고종의 신임이 두터웠고, 그는 또한 고종의 총애를 받던 이용익과는 동향 출신으로 막역한 사이였다. 당시 경리원 최고 책임자인 경리원경은 이용익이었다.[148] 이런 관계로 경리원에서는 보창학교 지교 운영을 적극적으로 지원했던 것으로 보인다. 경리원과 더불어 지역주민들도 세 곳의 지교 운영을 지원하였다. 1905년에 산호지교에 주민 20여 명은 총 1,100여 원을 기부했고, 1908년 월호지교 중건 시에는 한성의 서점과 단체, 선교사, 경향 각처 인사들이 220여 원과 교과서 90부를 기부했다.[149] 이처럼 세 곳의 지교는 신교육 보급을 위한 이동휘의 열성에 황실(경리원)과 주민들의 협력

143) 참고로 일제시기 해상 교통로를 보면 다음과 같다. (1) 연백(백석포)－고미포－당두포(당머리)－**철산리**(산이포)－**월곶**－초지－영종－인천 선 (2) 서도(주문)－석모리－인화포－**철산리**(산이포)－**월곶**－서울마포 선 (3) **월곶**－서울마포 선. 강화사편찬위원회, 앞의 책, 587쪽.

144) 조선시대에 월곶진에는 모두 128명, 그리고 철곶보에는 90명의 장졸이 배치되었다. 같은 책, 404~408쪽; 강화문화원 편, 『강도의 맥』, 강화: 강화문화원, 1998, 78~80쪽.

145) 이덕주·조이제, 앞의 책, 130쪽.

146) 같은 책, 130쪽, 135쪽.

147) 『京畿道各郡訴狀』(奎 19148), 1905년 7월 10일; 『訓令照會存案 제64책』(宮內府 經理院 編, 奎19143), 1905년 7월 11일.

148) 당시 일제의 보고서에서는 이동휘를 이용익의 압객(狎客), 즉 허물없이 친한 사이라고 표현하고 있다. 丹羽賢太郎, 「復命書」, 『機密書類綴』(1907. 8. 23). 이용익은 1905년 5월에 군부대신 겸 제실회계심사국장에 임명되었고, 6월에는 경리원경 서리까지 맡아 막강한 권력을 갖고 있었다. 조익순·이원창, 『고종황제의 충신 이용익의 재평가』, 서울: 해남, 2002, 128~129쪽.

149) 『황성신문』 1905년 8월 8일자 및 11월 7일, 광고; 『대한매일신보』(한글판) 1908년 12월 30일, 광고.

이 더해져 설립, 운영될 수 있었다.

1905년에 세 곳의 지교가 설립되어 순조롭게 운영되자, 이후 지교는 강화 전역으로 확산하기 시작한다. 하지만 이제 이동휘가 직접 설립하기보다는 그의 권면에 감복한 주민들이 새로 학교를 세우면 이를 지교로 승인해 주는 방식을 취하였다. 구체적인 승인 방식은 학교 설립자를 지교 교감으로 임명하는 것이었다.[150] 보창학교 본교에서는 매주 토요일 오후에 연설회를 열었다. 이동휘는 여기서 뽑힌 우수한 학생들을 대동하고 강화 각지를 순회하며 학교 설립과 신교육의 중요성을 역설하였다. 이에 호응한 각 면의 주민들이 많은 학교를 세웠다.[151] 또한 그는 강화읍 잠두교회 신자들인 윤명삼·유경근·유봉진과 상도면 조산교회 교인 김광찬 등 감리교인 8인과 의형제를 맺고 이들과 강화 각지를 순회하며 계몽 연설을 하였다. 당시 '이동휘가 눈물 한번 흘리면 교회 하나, 학교 하나가 섰다'라는 말이 유행이었다고 한다.[152] 이렇게 주민들이 설립한 학교가 보창학교 지교로 명명된 사례는 흥천보창학교·오산보창학교·주문보창학교 등이 확인되고 있다(〈표 1-6〉).

또 다른 지교 설립 방식은 주민들이 먼저 보창학교 지교 설립을 청원한 후에 주민들이 직접 설립하는 방식이다. 그 대표적인 사례는 1906년에 설립된 송정보창학교이다. 송정면의 자산가인 고성근은 이동휘에게 지교 설립을 청원하고서 자신이 건물과 경비를 자담하여 학교를 설립했다. 이에 이동휘는 본교 학생들을 직접 인솔하고 가서 송정지교 개교식을 거행하였다.[153]

이렇게 1905년 이후에 보창학교 지교는 세 가지 방식을 통해 각 면·리에 확산되었다. 그런데 당시 강화 내 지교는 정확히 몇 개인지 확실치 않다. 〈표 1-5〉를 보면, 지교 수는 출처별로 다르게 나타나고 있다. 대체로 지교는 1907년에 급증해 1908년부터 줄어들기 시작했으며, 가장 많을 때는 1907년으로 많게는 20~30개 수

150) 1907년 2월, 강화지역 10개 지교가 공개되었는데, 교장은 이동휘 1명이었고 나머지는 모두 교감으로 제시되고 있다. 『황성신문』 1907년 2월 12일, 광고.

151) 고택, 앞의 글, 360쪽.

152) 강화 교인 정규은 권사의 증언. 이덕주·조이제, 앞의 책, 189쪽, 각주 25. 다른 사료에서도 "교육을 부르짖음에 흘린 한 번의 눈물이 하나의 학교를 설립하고, 한 번의 연설이 한 사회를 설립하니(皆曰教育教育至有一涕泣而一學校成, 一演說而一社會立)"라고 하여 그가 눈물의 연설가였음을 보여준다. 패동야인, 「送李東暉先生之北」, 『서북학회월보』, 1909년 10월호, 26쪽.

153) 『황성신문』 1906년 7월 13일, 「고씨미거」.

준을 유지하고 있다. 그런데 보창학교가 폐교된 이후 생산된 사료에서는 대부분 이동휘가 강화지역에 설립한 학교가 70여 개 이상이었다고 기록하고 있다. 보창학교가 운영되고 있던 1905~1909년에 생산된 사료에서 명시한 지교 수가 더 정확한 것으로 보인다.

〈표 1-5〉 강화지역 보창학교 지교 수 연도별 상황[154)]

출처 구분	1905년	1906년	1907년	1908년	비고(전체 설립)
케이블 보고(1905. 12, 1906. 6) 황성신문 보도(1907. 5, 1908. 3)	지교 출범	3	32	21	–
스크랜튼 보고(1907. 6)	–	–	14	–	–
내부 경무국 보고(1909. 3)	–	–	24	–	–
박헌용 편(1932)/ 유자후(1947)/유석인(1965)	–	–	–	–	72(교회내 32) / 70 이상 / 73

1907년 5월 보창학교에서 개최한 각 학교 연합운동회에 참가한 강화 내 보창학교 지교는 32개교였다. 1년 뒤 동일한 연합운동회에 참가한 강화 각지의 공사립 학교는 80여 개였다.[155)] 이들 80여 개 학교가 모두 보창학교 지교일 수는 없다. 불과 1년 만에 지교 수가 갑자기 두 배 이상으로 늘어나는 것은 사실상 어렵기 때문이다. 80여 개 학교는 당시 강회지역에 설립・운영되고 있던 전체 공사립 학교였던 것이다. 폐교 이후 만들어진 사료는 당시 강화지역에 설립된 사립학교 전체 수와 보창학교 지교 수를 혼동한 것으로 보인다. 다만 이러한 사료들은 당시 이동휘의 영향력이 강화지역 각 학교에 강하게 미치고 있었다는 것을 시사한다.

이 연구에서 직접 이름을 확인한 보창학교 지교는 모두 13개였다(〈표 1-6〉). 1905년에 처음으로 갑호・월호・산호보창학교가 설립되었고, 이후 1906년에 7개교, 1907년에 2개교, 1908년에 1개교가 설립된 것으로 확인되었다. 1906년에 강화

---

154) E. M. Cable, op.cit., 1905a & 1906; 『황성신문』 1907년 5월 27일, 「강화대운동경황」, 1908년 3월 8일, 「강화의무교육」; 內部 警務局 編, 「暴徒史編輯資料」, 1909, p.505; 박헌용 편, 앞의 책, 제12장 21쪽; 유자후, 앞의 책, 126쪽; 유석인, 『애국의 별들』, 서울: 교문사, 1965, 179~180쪽; W. B. Scranton, "Seoul and Chemulpo District", Official Minutes of the Third Annual Session Korea Mission Conference, Methodist Episcopal Church, Seoul, Korea, 1907, p.34.

155) 『황성신문』 1907년 5월 27일자, 「강화운동경황」 및 1908년 5월 17일, 「강화학교운동」; 『대한매일신보』(한글판) 1908년 5월 17일, 「굉장훈 운동」.

지역 면(面) 수가 모두 21개였기에 전체 60% 이상의 면에 설립되었음을 알 수 있다. 오늘날 읍면 수(13개)로 치면 1면당 1개교가 설립된 셈이 된다.

〈표 1-6〉 강화 내 보창학교 지교의 종합 상황[156)]

*학교명	**설립자	설립 시기	***위치	설립 방식	校舍 · 학생 수	변천 과정	자료 출처
갑호 보창 학교	이동휘	1905. 6경	부내면 갑곶리	청원 후 직접 설립	30여 명	-	황성 1905. 7 5, 1907. 2. 12
월호 보창 학교	유경근 이동휘	1905. 6경	부내면 월곶리	청원 후 직접 설립	30여 명	1905 광창학교를 전환해 직접 설립. 1908 중건 1909년 광명학교로 개명 1914 폐교	강도지, 제12장; 황성 1905. 7. 5, 1908. 12. 30

156) 조현욱은 『황성신문』(1907년 2월 12일자 의연금광고)에 명시된 10개 강화 지교명과 교감 이름을 확인한 바 있다(앞의 논문, 95쪽). 그리고 김형목은 7개 강화 지교 목록을 제시하고 있다(앞의 논문, 18~19쪽). 하지만 광명학교는 월호지교가 1909년에, 그리고 집일학교는 오산지교가 1913년에 전환된 학교로 동일 학교인데(박헌용 편, 앞의 책, 제12장 24~25쪽) 중복 제시되고 있다. 따라서 그가 실제 확인한 지교는 5개이다. 또한 이 5개 가운데 일부 지교의 소재지(2곳) · 설립자(2명) · 학생 수(3곳) · 교사진(실제는 교장, 교감, 상급생임)(4곳) 정보를 제시하고 있지만, 전반적으로 그 정보는 매우 제한적이다. 본고는 기존 사료들을 재검토하고 새로운 사료를 추가해 종합상황표를 만들었다.
위 표의 설립 방식에서 '청원 후 직접 설립'은 주민들의 청원을 받아 이동휘가 직접 설립한 것, '청원 후 주민 설립'은 주민의 청원 후 주민이 주도해 설립한 것, '주민 설립 후 승인'은 주민들이 지교를 신설해서 승인을 받는 방식을 의미함. 학교 위치는 당시 행정구역상의 위치이다. 자료 출처에서 황성은 황성신문, 시대는 시대일보, 동아는 동아일보의 약칭임
*학교명은 당시 사용된 이름을 따랐다. 다만, 이름이 드러나지 않은 지교는 지역(마을) 이름을 붙였다. **『강도지』에서는 1905년 유경근이 광창학교를 설립해 1906년 보창지교로 변경했다고 한다(연도는 각각 1904년과 1905년을 착각한 것임)(박헌용 편, 앞의 책, 제12장, 24쪽). 그런데 유경근의 청원 후 이동휘가 경리원에 요청해 교사를 마련하는 등 지교 설립에 적극 개입하고 있기에 이동휘도 설립자로 간주했다. 『황성신문』 1907년 2월 12일자 광고에 실린 강화 지교 10곳 중 갑호 · 월호 · 산호지교 이외에 7교의 설립자는 각 교의 교감으로 보았다. 각 지교의 교장은 모두 이동휘였다. 이들의 설립 시기는 1906년 무렵으로 간주했다. 1907년 2월에 의연금을 내고 있다는 것은 적어도 1906년 가을에 설립되었다는 점을 시사하기 때문이다. ***학교위치는 해당 사료 내용과 『강도지』(1932) 제1장 연혁과 현재 강화 지도를 참조해 확인했다. ****오산지교 설립 시기는 『강도지』에 1909년으로 되어 있으나, 1907년 2월 현재 오산지교 이름으로 황성신문을 구독하고 있으므로 1906년에 이미 설립된 것으로 보았다(『황성신문』 1907년 2월 27일, 광고.). 주문지교는 원래 1905년에 주문교회 개척자 김근영이 세운 학교였는데(이덕주 · 조이제, 앞의 책, 224쪽), 『강도지』와 신문 보도로 보아 1907년에 같은 교회 신자인 박용세가 다시 보창학교로 승인받은 것으로 보인다.

*학교명	**설립자	설립 시기	***위치	설립 방식	校舍 · 학생 수	변천 과정	자료 출처
산호 보창 학교	이동휘	1905. 6경	북사면 철산리	청원 후 직접 설립	30여 명	–	황성 1905. 7 5, 8. 8, 1906. 10. 19; 훈령조회존안 제64책
오산 (고상) 보창 학교	한병렬	**** 1906	내가면 오상리	주민 설립 후 승인	50여 명 (1907)	1913 집일학교(교회 관리로 전환) – 교장 한병렬	강도지, 제12장; 황성, 1907. 7. 10
송정 보창 학교	고성근	1906. 6	송정면 하도리	청원 후 주민 설립	초가 12간 80여 명 (1908)	고성근이 건물 경비 부담 16년간 유지 1921 루시아서당으로 전환	강도지, 제12장; 황성 1906. 7. 13, 1908. 7. 9
강후 보창 학교	이두영	1906경	간점면 창후리	–	–	–	황성 1907. 2. 12
망월 보창 학교	고태현	1906경	내가면 망월리	–	–	–	황성 1907. 2. 12; 강도지 제1장
연동 보창 학교	권태형	1906경	선원면 연리 (연동)	–	–	–	황성 1907. 2. 12
장정 보창 학교	이채건	1906경	하음면 장정리	–	–	–	황성 1907. 2. 12
숭뢰 보창 학교	박성원	1906경	송정면 숭뢰리	–	–	–	황성 1907. 2. 12
연영 보창 학교	황재신	1907경	내가면 고천리 (고부)	–	–	–	황성 1908. 4. 29
주문 보창 학교	박용세	1907	서도면 주문리	주민 설립 후 승인	–	1908 인가(영생학교 – 선교회 관리로 전환)	강도지, 제12장; 시대 1926. 5. 6; 동아 1926. 6. 20
흥천 보창 학교	김용하 전병규	1908	위량면 삼홍리 (홍천)	주민 설립 후 승인	초가 6간 수십 명 (1908)	1909 합일학교로 개칭 (교회 관리로 전환) 1918 흥천학교로 개칭(교장 전병규) 1930 공립 보통학교에 양여	강도지, 제12장

2. 강화지역 지교의 지리적 분포

지리적 위치로 보면, 보창학교 지교는 본교가 위치한 강화읍과 송해면 인근에 5개교(갑호 · 월호 · 송정 · 숭뢰 · 장정지교)가 있고, 내가면(오산 · 연영지교), 하점면(강후 · 망월지교), 양도면(흥천지교) 등 3개 면의 서해안 인접지역에 5개교가 위치하고 있다. 그리고 양사면과 선원면에 각 1개교가 있다. 특히 강화읍에서 서쪽으로 가장 멀리 떨어진 서도면 주문도에도 지교가 설립되었는데(〈표 1-6〉 및 [그림 1-2]), 이는 강화 거의 모든 면에 지교가 설립되었을 것이라는 점을 시사한다.

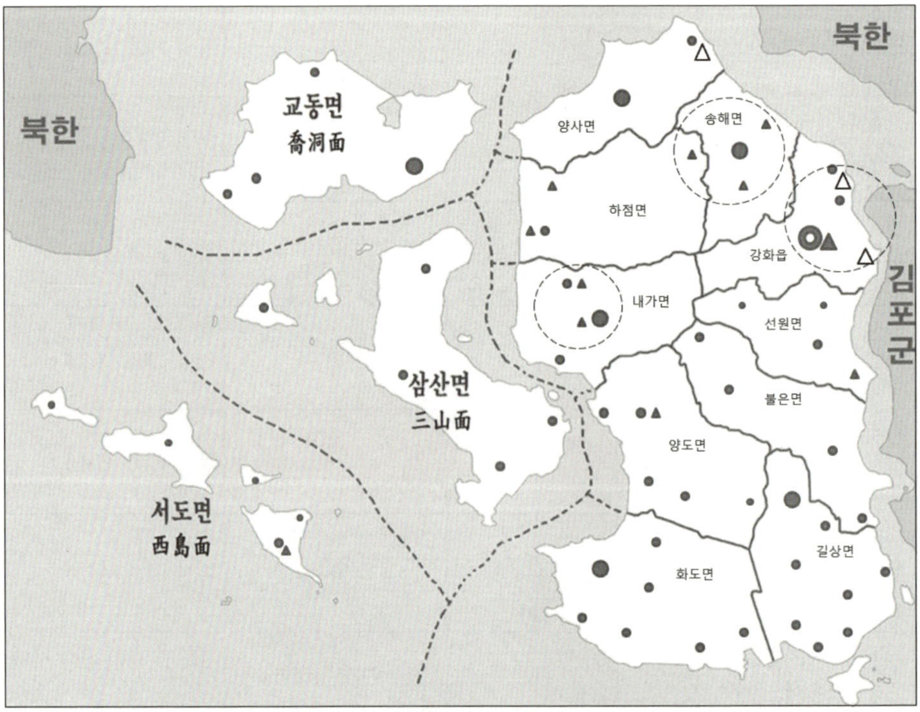

[그림 1-2] 강화 보창학교(본교 지교)와 감리교회의 지리적 분포, 1894~1910
(▲△: 보창학교 14교, ●◉: 감리교회 51개, 점선 원○: 감리교 선교거점)

강화지역 지교의 지리적 분포에서 또 한 가지 흥미로운 점은 보창학교 위치와 감리교회 위치가 밀접히 연관되어 있다는 점이다. 14개교(본교 포함) 가운데 12개교는 학교소재지 리(里)나 인접 지역에 감리교회가 위치하고 있다(〈표 1-7〉). [그림 1-2]는 보창학교 위치와 당시 감리교회 위치를 지도상에 표시해 본 것이다.[157) 이를 보면 감리교회 주변에 보창학교가 위치하고 있음이 선명하게 드러난다. 특별히 강화 감리교 4대 선교거점이었던 송정면(송해면) 홍의교회, 강화읍(부내면) 잠두교회, 내가면 고부교회 인근에 모두 8개의 보창학교가 집결해 있다. 이처럼 보창학교 지교 확산의 이면에는 강화지역 감리교의 급속한 성장이 놓여 있었던 것이다. 실제로 이동휘가 신자로 있던 강화 감리교는 강화에서 교세가 가장 큰 종교였다. 1909년 무렵 강화 감리교인 수는 5천여 명으로 서울과 평양, 해주 다음으로 많았고, 전체 강화주민(28,851명)의 17.2%가 감리교인이었다. 당시 전국 기독교인의 비중이 전체 인구의 1.2%에 불과했다는 점을 감안하면 강화에서 감리교인의 비중이 얼마나 컸는지 알 수 있다.[158)] 지금도 감리교는 강화지역 최대 종교로 2012년 현재 무려 117개의 감리교회가 있었다.[159)]

〈표 1-7〉 강화 보창학교 본교 및 지교의 설립지역 및 인근 교회 상황[160)]

1906년 면이름	현재 읍면이름	지교명	인근 교회				비고
			교회명	설립연도	설립자	교파	
부내면	강화읍	보창학교 본교	잠두교회	1900	주선일 등	감리교	강화 선교 구심점
		갑호보창학교	잠두교회	1900	주선일 등	감리교	
		월호보창학교	월곶교회 대묘동교회	1904 1907	김우제와 유경근 등	감리교	
장령면		·	·	·	·	·	
송정면	송해면	송정보창학교	홍의교회	1896	박능일	감리교	동북부 선교 거점
		숭뢰보창학교	홍의교회	1896	박능일	감리교	
삼해면		·	·	·	·	·	

157) 〈표 1-6〉에 나타난 지교 위치와, 1893년 강화 선교 이후 1910년까지 설립된 감리교회(이덕주 · 조이제, 앞의 책, 238쪽) 및 현재 강화군 지도를 참조해서 백지도(위키백과 제공)에 직접 그려 넣어 만들었음.

158) 이덕주 · 조이제, 같은 책, 235쪽.

159) 강화군청, 「종교단체 현황」, 2013. 1.

160) 강화지역 교회 상황은 이덕주 · 조이제, 앞의 책을 참조함. 1906년 면 이름은 고재형 저, 김형우 · 강신엽 역, 『역주 심도기행』, 인천: 인천대학교 인천학연구원, 2008을 참조함. 고재형은 1906년 봄 강화부 전체의 산천과 고적을 탐방하고 한시와 주석으로 각 마을의 역사와 모습을 소개하였다. · 는 미상을 나타냄.

1906년 면이름	현재 읍면이름	지교명	인근 교회				비고
			교회명	설립연도	설립자	교파	
하음면	하점면	장정보창학교	홍의교회	1896	박능일	감리교	
간점면		강후보창학교	·	·	·	·	
		망월보창학교	망월교회	1900	고태현 김치정 등	감리교	망월리는 당시엔 내가면 소속
북사면	양사면	산호보창학교	산이포교회	1900	·	감리교	
서사면		·	·	·	·	·	
외가면	내가면	·	·	·	·	·	
내가면		오산보창학교	오상(구상)교회	1905	김제은	감리교	
		연영보창학교	고부교회	1897 이전	황영일	감리교	중서부 선교 거점
위량면	양도면	홍천보창학교	홍천교회	1902	김용하 전병규	감리교	
상도면		·	·	·	·	·	
선원면	선원면	연동보창학교	·	·	·	·	
하도면	화도면	·	·	·	·	·	
인정면	불은면	·	·	·	·	·	
불은면		·	·	·	·	·	
길상면	길상면	·	·	·	·	·	
화개면	교동면	·	·	·	·	·	
수정면		·	·	·	·	·	
삼산면	삼산면	·	·	·	·	·	
서도면	서도면	주문보창학교	주문교회	1902	윤정일	감리교	
21개 면	13개 읍면	13개 지교	10개 교회				

3. 강화지역 지교 설립자의 사회적 배경

〈표 1-8〉에 나타난 보창학교 지교 설립자는 모두 13명이다(공동설립자 포함, 중복자 제외). 이들 중 10명의 사회적 배경을 파악하였다. 이들의 종교적 배경을 보면, 가장 눈에 띄는 점은 감리교인이 5명, 성공회 교인이 1명으로 개신교 특히 감리교인

이 1/2을 차지하고 있다는 것이다. 이들은 감리교회 설립자이거나 속장·권사 등 교회에서 높은 직분을 맡고 있다. 특히 유경근(월호보창학교)과 김용하·전병규(흥천보창학교), 고태현(망월보창학교) 등은 감리교회를 직접 세운 사람들이다.

〈표 1-8〉 강화 보창학교 지교 설립자의 사회적 배경161)

지교 이름	설립자	사회적 배경		비고	자료 출처
		경력	종교		
갑호보창학교	이동휘	강화진위대 대대장(1903) 대한자강회 강화지부 부회장(1906) 한북흥학회 부회장(1907) 신민회 및 서북학회 창립인사(1907, 1908)	감리교: 잠두교회 권사		서북월보 1908. 6; 황성, 1903. 5. 19 및 1907. 3. 30; 丹羽賢太郎(1907)
월호보창학교	이동휘	상동	상동		상동
	유경근	강화공립보통학교 학무위원(1909) 기호흥학회 강화지회 회원(1909) 3.1운동 김포지구 책임자 만세운동 주도(1919) 대동단 가담 활동(1920)	감리교: 월곶교회 개척교인 및 속장 잠두교회 교인	이동휘 의형제	강도지, 제12장; 독립운동자 공적자료; 기호월보 제6호; 이덕주·조이제(1994) 187; 신편 강화사(2003), 부록
산호보창학교	이동휘	상동	상동		상동
송정보창학교	고성근	양천전습소·농사모범장 설립 발기인(1907) 강화공립보통학교 학무위원(1909) 기호흥학회 강화지회원(1909) 청심보명단 대리·특약점 운영(1907~) 송정 면장(1913)	성공회 교인	대한 학회월보 구독	강도지, 제12·18장; 대매 1907. 12. 13, 12. 20; 대한월보 1908. 7; 기호월보 제6호; 이덕주·조이제(1994) 189
연동보창학교	권태형	강화공립보통학교 학무위원(1909) 기호흥학회 강화지회원(1909)	·	황성신문 구독	황성 1907. 2. 12, 3. 4; 기호월보 제6호
오산(고상) 보창학교	한병렬	유지 인천감리 역임 내가면 면장(1909)	·	양반가문, 황성신문 구독, 면민들이 송덕비 건립	강도지, 제12장; 황성 1910. 3. 12

161) 황성은 황성신문, 대매는 대한매일신보, 매일은 매일신보, 서북월보는 서북학회월보, 기호월보는 기호흥학회월보, 대한월보는 대한학회월보를 나타냄. ·는 미상을 나타냄.

지교 이름	설립자	사회적 배경		비고	자료 출처
		경력	종교		
흥천보창학교	김용하	학자 강화6군자	감리교: 흥천교회 설립	이동휘 권면	강도지, 제12장; 기호월보 제6호; 이덕주·조이제(1994) 190; 강화인물사, 460
	전병규	지사 강화6군자 기호흥학회 회원(1909) 동아일보 교육공로자상(1927)			
주문보창학교	박용세	지사, 주문도人	감리교: 주문교회 속장	독학, 호학	강도지, 제12·18장; 이덕주·조이제(1994) 227, 242
강후보창학교	이두영	빈민 자선(1919)	·		황성 1907. 2. 12; 매일 1919. 10. 2
망월보창학교	고태현	장로목사(1928)	감리교: 망월교회 설립		황성 1907. 2. 12; 이덕주·조이제(1994) 203; 매일 1928. 10. 9
숭뢰보창학교	박성원	·	·		황성 1907. 2. 12
연영보창학교	황재신	·	·		황성 1908. 4. 29
장정보창학교	이채건	·	·		황성 1907. 2. 12

월호보창학교 공동설립자 유경근은 1904년에 감리교 선교사 케이블로부터 세례를 받고 감리교인이 되었다.[162] 그는 원래 강화읍 잠두교회 신자였는데 인근의 월곶에 감리교회를 개척하였다. 그는 이동휘와 의형제를 맺고 교회와 학교설립운동을 적극 전개하였다. 이후 1919년에 강화읍(부내면)에서 3.1운동을 주도했고, 대동단에 가입해 러시아에 있던 이동휘의 밀명을 받아 독립군 지원자를 모집하는 활동을 수행했다.[163] 김용하와 전병규는 양도면(위량면) 흥천마을 사람으로 원래 강화6군자라는 칭송을 받을 정도로 인품이 뛰어난 유학자였다.[164] 그런데 감리교

162) 국사편찬위원회 편, 『한민족독립운동사자료집 6』(대동단사건 Ⅱ), 「유경근 신문조서」, 1988.

163) 그는 체포되어 징역 3년, 집행유예 3년을 선고받았다. 「독립운동자 공적자료」(국가보훈처 공훈전자사료관 http://e-gonghun.mpva.go.kr).

164) 강화6군자는 강화에서 덕망이 높고 선행을 많이 해서 주민들로부터 존경을 받던 여섯 명의 군자를 말한다. 전택부, 앞의 책, 93쪽.

로 개종하여 흥천마을에 교회를 세우고 교회 옆에 초가 6칸을 빌려 보창학교도 세웠다. 그들이 학교를 세운 데에는 이동휘의 영향이 컸다고 한다.[165] 그리고 본교 및 지교설립자 이동휘는 앞서 언급한 것처럼 잠두교회의 권사로서 강화의 바울이라고 불릴 정도로 독실한 감리교 신자였고 1909년 이후에는 선교사의 조사 혹은 전도사로서 직접 함경도 기독교 전도 및 학교설립운동에 전념했다. 주문보창학교 설립자 박용세는 초기 주문교회 개척에 공헌한 박순병의 아들로 당시 주문교회 속장이었다. 이들과 달리 송정보창학교 설립자 고성근은 성공회 신자였다. 성공회는 당시 강화지역 2대 개신교였다. 고성근은 자수성가한 자산가로 1908년에는 보창학교 본교 교무를 위임받을 정도로 이동휘의 신임이 두터웠다.

이와 함께 지교 설립자들의 사회적 배경에서 드러나는 또 다른 특징은 상당수가 계몽학회의 강화지회 회원으로 활동하고 있다는 점이다. 지교설립자들이 가장 많이 가담한 학회는 기호흥학회였다. 유경근(월호보창학교)·전병규(흥천보창학교)·고성근(송정보창학교)·권태형(연동보창학교) 등 4인은 기호흥학회 강화지회 회원이었다. 기호흥학회 강화지회는 1908년 10월에 강화학무회에서 지회 발기회를 개최한 다음에, 한성의 기호흥학회 총회에서 공식 승인되었다. 강회지회에서 열성적인 주도 인물은 학무회 회장 강대흡, 총무 황범주 그리고 권태형, 전병규 등이었다.[166] 권태형과 전병규는 지교 설립자이며, 황범주는 1910년에 본교 교장으로 부임했기에, 지회의 주도 인물 4인 중 3명이 보창학교와 직접 관계된 인사이다. 강대흡도 이동휘의 부하 출신으로 강화 의무교육 추진기구인 학무회 회장이었기에 보창학교와 간접적으로 관련되어 있다. 그리고 본교 교장 이동휘는 이들과 달리 대한자강회 강화지회 부회장을 지냈다. 또한 그는 일찍이 개혁당, 대한보안회로부터 시작해서 한북흥학회, 신민회, 서북학회 등에서 주도적으로 활동하였다.

이밖에 한병렬은 인천 감리(監理)를 지냈던 인물로 내가면 면장 재직 시에는 면민들이 송덕비를 세워줄 정도로 덕망이 높은 인물이었다. 그는 황성신문을 구독하고 있는 점으로 보아 개명한 관리 출신으로 시국에도 큰 관심을 갖고 오산보창학

165) 이들은 이동휘의 '봉갈'(棒喝; 몽둥이로 꾸짖음)로 보창학교를 세웠다고 한 점으로 보아, 이동휘의 연설에 큰 충격을 받고 학교 설립을 결심한 것으로 보인다. 박헌용 편, 앞의 책, 제12장 24쪽.

166) 『기호흥학회월보』, 제5호, 1908년 12월, 「회중기사」, 47~48쪽.

교를 세운 것으로 보인다. 1907년에 그는 교직원 및 학생들과 함께 국채보상의연금을 기부하기도 했다.[167] 그리고 이두영도 일제하에 강화지역 빈민 구제에 크게 기여한 점으로 미루어 보아 주민들로부터 신망이 두터운 인물이었던 것 같다.

강제합방 이후 보창학교 설립자들의 행로는 크게 세 갈래로 분화되었다. 이동휘와 유경근처럼 국내외 독립운동에 투신하거나, 한병렬과 전병규처럼 보창학교 후신인 학교(집일학교, 홍천학교) 교장으로 교육계에 계속 종사하거나, 아니면 고성근이나 박용세, 고태현처럼 각각 면장(송정면)이나 교회지도자(진촌교회, 망월교회)로서 지역사회에 헌신하였다.[168]

이상에서 보창학교 지교의 지리상 분포와 설립자의 사회적 배경을 분석해 보았을 때, 보창학교 지교 확산의 추진력은 두 개의 축, 즉 기독교 특히 감리교 세력과 계몽운동 세력으로부터 확보되었다. 신식학교 설립운동에 적극 호응한 감리교인들과 강화에서 계몽학회에 적극 동참한 유지들이 지교 확산의 주축이었다. 여기에 한 가지를 추가하자면, 강화지역의 경제적 여건을 들 수 있다. 강화는 조선시대에 물산이 풍부한 곳으로 알려져 왔다. 조선 후기에 강화에는 각종 수리시설이 급격히 확충되어 논농사가 활발히 확장되었다. 또한 강화는 토지가 비옥하고 사람들이 근면하여 한번 풍년이 들면 그 해 곡식으로 3년간 생활에 걱정이 없을 정도였다고 한다. 서해안의 넓은 갯벌과 풍족한 어장은 주민들의 생활을 윤택하게 하였다.[169] 이렇게 강화지역은 학교 설립과 운영에 필요한 경비를 주민들이 적극적으로 지원할 만한 경제적 여건을 갖추고 있었다. 비교적 풍부한 경제적 여건을 배경으로 보창학교는 강화 각처로 급속히 확산할 수 있었던 것이다.

---

167) 『황성신문』 1907년 4월 1일, 사고.

168) 전병규는 오랫동안 홍천교회 목회자로도 활동했다. 지교설립자들의 일제하 목회 경력에 대해서는 이덕주 · 조이제, 앞의 책, 250~256쪽 참조.

169) 강화군 군사편찬위원회, 『신편 강화사 상권』, 강화: 강화군편찬위원회, 2003, 「조선시대 강화의 생활상」; 고택, 앞의 글, 359쪽; 강화문화원 편, 앞의 책, 254쪽. 강화는 홍어 · 숭어 · 민어 · 쌀새우 · 대합 · 조개 · 굴과 같은 해산물이 풍부했다. 일제 강점기에는 철산리와 교산리 등에서 어항이 번성했는데, 출어기에 출항하는 어선들의 모습은 장관을 이루었다고 한다.

4. 강화지역 지교의 학과체제와 운영

보창학교는 본교에 1명의 교장을 두고 각 지교에 교감만을 두는 체제를 갖추었다. 지교는 모두 강화읍 본교의 통제를 받았다.[170] 이 점은 학과 편제에서도 확인된다. 지교의 학과 편제는 본교와 비슷하였다. 본교의 일반과정은 보통과·초등소학과·고등소학과로 이루어졌다. 4개 지교의 학과 편제를 정리한 〈표 1-9〉를 보면, 지교의 학과도 본교처럼 보통과와 소학과로 편제되었다. 산호지교의 소학과와 고등과는 본교의 초등소학과와 고등소학과에 대응하는 과정이며, 야학과를 개설한 것도 본교와 동일하다. 오산지교의 중등소학과는 본교의 고등소학과에 해당한다. 월호지교의 초등보통과는 본교에서는 보이지 않은 학과이다. 그런데 이것은 4년제 심상과로도 보도되고 있기에 초등소학과와 고등소학과를 통합한 과정으로 보인다.

〈표 1-9〉 강화지역 보창학교 지교의 설치학과 운영 상황[171]

지교이름	설치 학과	졸업생 배출	자료 출처
월호보창학교	초등보통과(=심상과 1~4학년) (1909 현재)	1909년 4월 초등보통과: 우등 4명 급제 4명	대매 1909. 2. 3; 기호흥학회월보 제10호, 1909, 36쪽
오산보창학교	보통과 중등소학과 초등소학과(1907~1908년 현재)	미상	황성 1907. 7. 31, 1908. 2 29, 1908. 8. 1
송정보창학교	보통과(1906) 측량과(1908)	1908년 6월 보통과 1회: 우등 9명 급제 21명 1908년 11월 측량과: 우등 15명 포함 57명	대매, 1906. 10. 23; 황성 1908. 7. 9, 9. 12; 1908. 7. 9, 12. 8
산호보창학교	고등과 소학과 야학과 (1908 현재)	미상	대매(한글판) 1908. 8. 23

송정지교는 보통과와 측량과를 설치하였다. 1908년 6월에 보통과 학생 수는 80여 명에 달했으며 보통과 1회 졸업생 30명을 배출하였다. 그리고 측량과는 본교에 개설되지 않은 독특한 학과이다. 1908년 9월에 고성근 교감은 유지 김용호와 함께 측량과를 설치했다.[172] 그 이유는 같은 해 3월에 삼림법이 공포되어 측량기술 인력

170) 『황성신문』 1907년 2월 12일, 광고; E. M. Cable, op. cit., 1905a. p.37.
171) 황성은 황성신문, 대매는 대한매일신보를 나타냄.

을 시급히 양성해야 했기 때문이었다. 삼림법 제19조에 따르면, 삼림과 산야 소유자는 3년 이내에 지적과 면적의 약도를 첨부해 농상공부 대신에게 신고하지 않으면 모두 국유지로 편입되도록 하였다[173]. 그래서 고성근과 김용호는 각 동리에서 두 명씩 측량과에 입학시켜 측량기술을 가르친 다음에 다시 각 동리에 파견할 생각이었다. 측량과는 개설한 지 3개월 만에 졸업생 57명을 배출하는 성과를 거두었다. 이와 같이 송정지교는 지교 중에서 가장 뛰어난 교육성과를 거두고 있었다. 오산보창학교도 보창학교 본교처럼 보통과・초등소학과・중등(고등)소학과 편제를 갖추었다. 학생 수는 1907년 6월 현재 50여 명이었다. 그리고 1907년과 1908년에 연합운동회를 주최할 정도로 내가면에서 주도적인 사립학교로 성장하였다. 1908년 연합운동회에는 인근 13개교가 참가했다.[174]

그런데 월호지교는 1908년 가을에 실화(失火)로 교사가 대부분 소실되었다. 이에 유경근이 동분서주하여 중건 의연금을 모집하였다. 여기에 선교사 존스, 한성광학서포 등 5개의 서점, 3개의 회사, 일반인 18인이 동참하여, 1909년 2월에 학교는 다시 재건되었다.[175] 이후 1909년 봄에 초등보통과 졸업생 8명을 배출하였다. 1908년 10월에 월호지교는 송정・산호지교와 함께 황해도 금천보창학교가 개최한 연합운동회에 참가하기도 했다.[176]

이렇게 송정・월호・산호・오산지교는 학과 편제를 갖추고 비교적 활발하게 운영되고 있었다. 그렇지만 일부 지교는 1908년부터 다른 학교로 전환되기 시작했다(〈표 1-6〉). 이후 일제시기까지 보창학교 지교들은 크게 세 가지 경로를 거쳐 변천해 갔다.

첫째는 보창학교 본교처럼 얼마 지나지 않아 일제 치하에서 경영난에 직면해 폐교된 형태이다. 월호지교가 여기에 해당한다. 전술하였듯이 월호지교는 1908년 중건되었다. 하지만 1년 뒤에 사립 광명학교로 학교 이름을 바꾸었고, 1913년에 경영난으로 결국 폐교되었다.[177]

172) 『황성신문』 1908년 9월 12일, 「측량공립」; 조현욱, 앞의 논문, 96쪽.
173) 『황성신문』 1908년 3월 29일, 「법률 제1호 삼림법」.
174) 『황성신문』 1907년 7월 10일, 「보창교운동」; 『대한매일신보』(한글판) 1908년 5월 6일, 「학교운동」.
175) 『대한매일신보』 1908년 12월 30일, 광고 및 1909년 2월 25일, 「유씨열성」.
176) 『대한매일신보』 1908년 11월 27일, 「해서성황」.

둘째는 송정지교처럼 강제합방 이후에도 오랫동안 운영되어 갔지만, 끝내 조선총독부의 인가를 받지 못하고 서당으로 전환된 경우이다. 송정지교는 비교적 재정상태가 양호하여 16년간 유지되었다. 하지만 보통학교로 인가를 받지 못하고 1921년에 루시아서당으로 전환되었다. 결국 인근에 공립 보통학교가 신설되면서 폐교되었다.[178)]

셋째는 감리교인들의 학교 참여가 확대되면서 결국 감리교 관리로 넘어간 경우이다. 이 학교들은 감리교 선교회의 지원을 받아 상당 기간 계속 운영되었다. 하지만 이것도 인근에 공립 보통학교가 세워지면서 결국 흡수 폐교되고 만다. 이런 경로를 밟은 지교는 세 개가 확인되었다. 주문지교는 설립된 지 일 년이 지난 1908년에 감리교 관리와 보조를 받는 '영생학교'로 전환되었다. 이후 선교회의 지원으로 재정 기반이 튼튼했으나 1935년에 인근에 공립학교가 설립되자 교세가 악화하여 흡수 폐교되었다. 홍천지교도 1909년에 감리교인인 학부형들의 참여가 늘어나면서 교회 관리를 받는 '흥천합일학교'로 전환되었다. 일제시기에는 보통과 6년제 학교로 인가를 받았으나 1929년에 인근에 양도공립보통학교가 세워지면서 결국 흡수되고 말았다. 오산지교도 일제시기에 경영난에 봉착하자 감리교인들이 학교 경영을 적극적으로 지원했고, 1913년에 교회 관리를 받는 '집일학교'로 바뀌었다. 이후 학교 소속을 놓고 교인들과 주민들 사이에 일어난 분쟁이 잘 해결되었으나 1932년에 인근에 내가공립보통학교 세워지면서 결국 폐교되고 말았다.[179)]

V. 맺음말

이 장에서는 학교사적인 관점에서 한말 강화지역 사립 보창학교의 등장과 성장 과정을 분석하고 그 특질을 파악하고자 했다. 사립 보창학교는 1904년에 8월에

---

177) 박헌용 편 앞의 책, 24쪽.

178) 같은 책, 26쪽; 강화사편찬위원회, 앞의 책, 609쪽; 강화교육청 학무과, 『강화교육사』, 인천: 강화교육청, 2001, 223쪽.

179) 박헌용 편, 같은 책, 24~26쪽; 강화사편찬위원회, 같은 책, 607~609쪽; 강화교육청 학무과, 같은 책, 221~222쪽.

진위대 대대장 이동휘(육군보병 참령)가 강화읍에 세운 육영학교에서 출발하였다. 육영학교는 이동휘가 부하 가족들과 주민들을 위해 부대 근처에 설립한 신식학교였다. 그는 읍내 선교계 사립학교들의 영향을 받아 부임 전 품었던 국민개학의 뜻을 이루고자 했다. 육영학교는 1905년에 2월에 학교체제를 정비했다. 학과를 소학과와 보통과로 구분했고 일어과와 영어과를 특설했다. 그리고 입학 자격요건을 새로 명시하고, 기부금을 모집하기 시작했다. 학교체제를 정비하고 난 뒤 1905년 3월에 이동휘는 진위대 대대장직에서 사임하고 곧바로 강화읍 잠두교회에서 기독교 감리교로 개종했다. 이후 이동휘는 강화지역에서 학교설립 및 교육진흥에 심혈을 기울이기 시작했다. 1905년 3월 하순에 육영학교에서 대규모 강연회를 개최했다. 이 강연회는 육영학교가 계몽의 수단으로 운영되었고 강화지역 중추 학교로 성장했으며 감리교와 밀접한 관계 속에서 운영되기 시작했음을 보여주었다.

대강연회를 성공적으로 마친 뒤 1905년 5월에 교장 이동휘는 학생들을 인솔하여 상경했다. 가장 중요한 목적은 군직 사임 후 이룩한 교육성과를 직접 보고하기 위해 고종을 알현하는 것이었다. 고종은 이때 보창학교라는 교명과 연금 형식으로 내탕금을 하사했다. 이에 따라 경리원에서 학교 재정을 지원하기 시작했다. 이때부터 보창학교는 지방에서 가장 유명한 사립학교라는 평가를 받기 시작했다.

1905년 초에 마련된 소학과와 보통과 체제는 이후에도 비슷하게 유지되었다. 식료 이외의 제반 비용은 무료였고, 기숙사를 설치했다. 기독교인들에게도 자녀 입학을 적극 권장했다. 1906년 가을부터 소학과를 초등과와 고등과로 구분했고, 1907년 3월경에는 보통과를 중학과로 개편하여 초등소학과·고등소학과·중학과 체제가 확립되었다. 이 무렵 학생 수는 200여 명에 달했다. 1907년 4월에 소학과 제1회 졸업생 37명을 배출했다. 그리고 초등소학과 졸업생은 고등소학과에, 고등소학과 졸업생은 중학과에 다시 입학했다. 소학과 수업연한은 초등과와 고등과 각각 2년이었다. 보통과(중학과)는 3년이었다. 1908년에 중학과는 보창중학교로도 불렸고, 학생 수는 50여 명에 달했다.

1905년 7월경에는 여학과를 설치했다. 처음에 학생 수는 이동휘의 두 딸을 포함해 10여 명이었다. 여학과 설립은 여학교를 운영해 온 강화읍 잠두교회 및 제물포 내리교회의 영향을 받은 것으로 보였다. 교사(校舍)로는 이동휘의 거처를 사용했다. 1906년 4월에는 소학교와 중학교 교원을 양성할 목적으로 수업연한 2년의 사범과를 특설했다. 이는 수업연한・입학자격・교과목 등을 관립한성사범학교와 비교해 보아도 손색이 없었다. 1908년에는 사범속성과까지 운영했다. 속성과 졸업생은 보창학교 지교 교사로 파견되었다. 그리고 1906년 6월 무렵에는 기존의 특별과정으로 일어과와 영어과 외에 중국어과를 특설했다. 1906년 봄부터 정부는 전등사와 적석사 토지를 보창학교로 이속시켜 안정적인 재원을 마련해 주었다.

1907년 8월 보창학교는 강화 의병에 대한 일본군의 탄압 과정에서 교장과 교사, 학생, 시설이 심각한 피해를 입었다. 그 결과 1908년 1월까지 학교운영은 거의 마비되었다. 의병 봉기를 계획하고 선동한 혐의로 체포된 이동휘는 1908년 2월에 다시 강화에 돌아왔다. 그는 보창학교를 재건하여 2월 18일에 다시 개학식을 거행했다. 개학식 직후 이동휘는 강대흠, 황범주와 함께 강화학무회를 발기했다. 그리고 학무회 창립회의를 거쳐 의무교육안을 마련했다. 이 안은 1906년의 대한자강회 의무교육안을 그대로 계승하되 강화 실정에 맞게 구체화한 것이었다. 여기에서 보창학교 본교 및 지교는 의무교육 추진을 위한 핵심 학교로 지정되었다. 하지만 이동휘의 장기 부재와 일제의 학무위원제도 및 재정적인 어려움으로 이 안이 실현되었는지는 미지수였다.

1908년부터 1910년 사이에도 보창학교는 강화지역 중추 학교로서의 역할을 계속 수행했다. 1908년 5월에 대규모 연합운동회를 개최했고, 이어 9월에 사범속성과 졸업생 30여 명을 배출했으며, 1909년 4월에는 중학과 제1회 졸업식도 거행했다. 그렇지만 이동휘의 오랜 공석으로 1908년에는 고성근이, 그리고 1909년엔 황범주가 교무를 위임받았다. 다음 해 5월에 황범주가 교장이 되었다. 강제합방 이후 보창학교 본교는 재정적 기반이었던 적석사 토지의 도조권이 강화공립보통학교로 넘어가면서 재정난을 겪다가 결국 1915년에 문을 닫았다.

보창학교 본교의 이전 과정을 살펴본 결과, 보창학교 본교는 강화 진무영 산하 별효사청 동영 자리에서 출발해 1907년에 진무영 중영(=진위대 영사) 자리로, 그리고 1911년에는 강화유수부 이아 자리로 옮겨갔다. 강제합방 이전까지 학교 위치는 진무영, 진위대 등 과거 군영이 있던 곳이었다. 이렇게 보창학교 본교의 이전 과정은 강화지역의 군사적 특수성을 그대로 반영하고 있었다.

1905년 6월경에 이동휘는 갑호(갑곶), 월호(월곶), 산호(철곶)에 직접 지교를 설립했다. 세 곳에서 모집한 학생은 모두 100여 명에 이르렀다. 세 곳은 교통의 요충지로 인구가 많고, 감리교인들이 많은 곳이었다. 경리원에서는 세 곳에 있는 경리원 소관 관청 건물을 영구히 교사로 사용하게 했다. 주민들도 지교 운영을 지원했다. 세 지교는 이동휘의 열성에 황실(경리원)과 주민들의 협력이 더해져 등장했다.

이후 지교는 강화의 다른 지역으로도 급속히 확산하였다. 하지만 이제 이동휘가 직접 설립하기보다는 그의 권면에 감복한 주민들이 새로 지교를 세우면 이를 승인해 주는 방식 또는 주민들이 지교 설립을 청원한 뒤에 주민들이 직접 설립하는 방식을 통해 확산하였다. 지교는 1907년에 급증해 1908년부터 줄어들기 시작했다. 지교 수가 가장 많을 때는 1907년으로 20~30개 수준을 유지했다. 직접 이름이 확인된 지교는 모두 13개였다. 오늘날 읍면 수(13개)로 치면 1개당 1개교가 설립된 셈이었다. 지리적으로 보면, 강화읍에서부터 서쪽으로 가장 멀리 떨어진 서도면 주문도까지 지교가 설립되었다. 지리적 분포에서 흥미로운 점은 보창학교 위치와 감리교회 위치가 밀접히 연관되어 있다는 점이었다. 14개교(본교 포함) 가운데 12개교가 감리교회에 인접해 있었다. 특별히 강화 감리교 4대 선교거점에 8개의 보창학교가 모여 있었다. 지교의 급속한 확산 배경에는 강화 감리교의 성장이 자리 잡고 있었다.

지교 설립자 10명의 사회적 배경에서 가장 눈에 띄는 것은 감리교인이 5명, 성공회 교인이 1명으로 개신교 특히 감리교인이 절반을 차지한 점이었다. 이들은 감리교회 설립자이거나 속장, 권사 등 교회에서 높은 직분을 맡고 있었다. 또 다른 특징은 상당수가 기호흥학회 강화지회 회원으로 활동하고 있다는 점이었다. 강제합방 이후 보창학교 설립자들의 행로는 국내외 독립운동에 투신하거나, 보창학교 후신인 학교 교장으로 교육계에 종사하거나, 아니면 면장이나 교회지도자로 지역사회에 헌신하는 등 세 가지로 분화되었다. 지교 확산의 추진력은 강화지역 감리교 세력과 계몽운동 세력으로부터 확보되었다. 여기에 비교적 풍부한 강화지역 경제적 상황도 일조했다.

보창학교는 본교에 교장을 두고, 지교에는 교감만을 두는 체제를 갖추었다. 지교는 모두 강화읍 본교의 통제를 받았다. 지교의 학과 편제는 본교와 비슷했다. 송정지교의 측량과만이 본교에 개설되지 않은 학과였다. 특히 송정·월호·산호·오산지교는 본교와 비슷한 학과편제를 갖추고 비교적 활발히 운영되었다. 그렇지만 일부 지교는 1908년부터 다른 학교로 전환되기 시작했다. 이후 일제시기에 보창학교 지교들은 크게 세 가지 경로를 거쳐 변천되어 갔다. 첫째는 본교처럼 강제합방 이후 얼마 지나지 않아 경영난에 직면해 폐교된 형태이고, 둘째는 일제시기에 오랫동안 운영되다가 총독부의 인가를 받지 못하고 결국 서당으로 전환된 경우이며, 셋째는 감리교인들의 참여가 확대되면서 감리교 관리로 넘어간 경우였다. 일제시기에 계속 운영된 이들 학교는 인근에 공립 보통학교가 세워지면서 결국 대부분 흡수 폐교되고 말았다.

이렇게 강화 보창학교의 등장과 성장, 변천 과정은 당시 다른 사립학교에서는 찾아보기 힘든 독특한 사례이다. 현역 육군장교가 부대 근처에 설립한 조그만 학교가 설립된 지 2년 만에 소학과・보통과(중학과)・여학과・사범과 및 어학과정을 거느린 전국적으로 유명한 학교로 성장했다. 멀리 떨어진 조그만 섬까지 지교가 설립되어 많을 때는 20~30개 수준을 유지했다. 더구나 1907년 여름에 일제에 의해 철저히 파괴됐지만, 다음 해 초에 다시 재건되어 획기적인 의무교육시행안을 마련하는 등 1910년까지 강화지역 교육을 선도했다. 그리고 일제시기에도 몇몇 지교들은 다른 학교로 전환되어 공립 보통학교가 정착될 때까지 시골 거점학교로서의 역할을 다하였다. 이러한 일련의 과정에 가장 큰 영향을 미친 것은 설립자 이동휘의 교육구국을 위한 불굴의 노력과 의지였다. 눈물과 열성의 구국운동가였던 이동휘의 카리스마는 강화 사람들을 교육진흥운동의 장으로 끌어들이는 강력한 힘이었다. 이 점은 그에 관한 수많은 회고와 기록이 생생하게 증언하고 있다.

하지만 이동휘의 개인적 요인만으로 강화 보창학교의 폭발적인 성장과 확산 과정을 전부 해명하기는 힘들다. 어떻게 여러 개의 섬으로 이뤄진 시골 지역에서 짧은 기간에 하나의 학교가 이렇게 폭발적으로 성장할 수 있는가? 여기서 이동휘의 개인적 요인과 함께 강화의 종교적・군사적・경제적 특수성이 상호작용하고 있었다는 점이 새롭게 조명될 필요가 있다. 미 북감리회의 선교구역으로 획정된 강화지역에는 이미 주체적이고 적극적으로 감리교를 수용한 수많은 강화 사민들이 존재하고 있었다. 이동휘는 강화에서 감리교로 개종해 강화의 종교적 자양분을 적극적으로 흡수했다. 그는 기독교를 통해 신문물을 접한 감리교인들을 통해 강화읍을 비롯한 강화 전역에 보창학교 네트워크를 형성할 수 있었다. 보창학교의 설립과 운영, 확산의 핵심 파트너는 강화 각지의 감리교인들이었다. 교사들은 대부분 기독교인이었으며, 학교행사에 기독교인이 적극 참여했고, 보창학교(본교, 지교)와 감리교회의 지리적 연관성이 매우 높았으며, 지교 설립자의 절반이 감리교인이었다. 이와 같은 네트워크에 기호흥학회 회원들로 대표되는 민족적 성향이 강한 유지들도 동참했다. 그들은 교장으로서 학교운영을 전담하거나, 지회 설립에도 적극 가담했고, 강화학무회 임원으로서 보창학교 중심의 의무교육시행안을 마련했으며, 부족한 학교재정을 위해 거액을 기부하기도 했다.

또한 강화는 대대로 군사요충지로서 진무영·진위대 등 수도방위를 위한 중추부대가 주둔해 왔다. 이러한 군사적 요인도 보창학교의 성장에 기여한 하나의 힘이었다. 산재한 군사 관련 시설과 진위대 장교들은 교사(校舍)와 교원 등 물적·인적 인프라로 활용되고, 군인 가족들은 학습자로 충원될 수 있었다. 여기에 강화의 비옥하고 넓은 농토, 서해안의 풍부한 갯벌과 어장 등 비교적 풍족한 경제적 여건은 학교 설립과 운영에 필요한 경제적 자양분을 제공했다. 이러한 강화 '내적 요인' 이외에 황실(고종과 경리원)의 측면 지원이라는 '외적 요인'도 보창학교의 성장을 뒷받침했다. 황실은 교명을 하사하고 본교의 재정 지원(직접 경비 지원 및 토지도조권 부여)과 일부 지교의 시설 지원을 아끼지 않았다. 이는 황실과 이동휘 사이에 형성된 상호 신뢰 관계를 통해 이루어졌다.

결론적으로 강화지역 보창학교의 등장과 폭발적인 성장은 강화라는 지역의 종교적·군사적·경제적 공간 안에서 이동휘와 계몽학회 회원으로 대표되는 민족주의자, 감리교로 대표되는 기독교, 그리고 고종으로 대표되는 황실의 특별한 만남에 의해 이루어진 것이었다. 강화지역 보창학교의 성장과 확산을 일으킨 근본적인 힘은 바로 이 삼자의 특별한 만남이었다. 하지만 이것은 처음부터 의도된 것이라기보다는 누란의 국가위기 속에서 성사된 일종의 '역사적인 조우(遭遇)'였던 것으로 보인다.

다음 장에서는 강화 보창학교의 전반적인 학사 운영에 대한 추가 분석을 통해 이러한 특질이 어떻게 발현되고 있었는지를 밝혀보고자 한다.*

---

* 이 글은 김성학, 「한말 강화지역 사립보창학교의 등장과 성장－민족과 기독교, 황실의 조우」, 『한국교육사학』 제36권 제3호, 2014에 수록된 것을 부분적으로 가필한 것임.

CHAPTER 제 02 장

강화 사립 보창학교의 교육과정 운영과 성과

-한 시골 사립학교의 큰 성취-

Ⅰ. 머리말

한말의 사립학교는 관공립학교와 더불어 근대교육의 한 축을 담당했다. 특히 1905년 이후 전국에 설립된 수많은 민간 및 종교계 사립학교는 일제의 지배력이 강화되는 관공립학교에 대한 대체재로 급부상했다. 당시 사립학교 강사로 활동했던 이만규(1889~1978)는 그 정황을 다음과 같이 생생하게 기술하고 있다.

> ... 열렬한 애국자들은 각처로 다니며 비분강개한 연설을 하다가 눈물을 흘리고 주먹을 치며 교육을 부르짖었다. 이리하여 반도에 가득한 기운은 교육열이었었다. 당시에 이동휘 같은 애국자가 함경도 같은 지방을 한번 돌면 학교가 백여 처씩 일어났었다... ...그때 그네들은 황지를 다듬는 개척자의 정신과 적진을 향하는 군인의 혼담을 가지고 나아갔던 것이다. 이같이 돈 가진 이들의 염치감과 지식 가진 이들의 의무심과 지사들의 희생열로 말미암아 도시로부터 향곡까지 학교가 비 갠 뒤의 댓순처럼 일어났었다. 그 수는 실로 3천에 이르렀으며 융희 4년 5월에 사립학교령을 내리어 정리할 때에 겨우 1년 9개월 동안에 인가 맡은 사립학교만도 2천 2백 5십이라는 놀랄만한 숫자가 드러났었다.[1)]

그는 을사늑약 이후 조선에 충만한 기운은 교육열이었으며, 이는 지식인의 의무감, 지사들의 희생정신, 재력가의 염치심이 어우러져 수천 개의 사립학교 설립으로

1) 이만규, 『조선교육사』 하, 서울: 을유문화사, 1949, 152-153쪽. 원문의 한문은 한글로 바꿈. 인용문에서 융희 4년은 융희 2년의 오기이다.

발현되었다고 보았다. 당시 사립학교의 설립 정신이 모두 같지 않았으며, 설립된 사립학교의 정확한 수효도 논란의 여지가 있다.[2] 하지만 국권이 침탈되던 불과 5년 남짓한 시기에 많은 사립학교가 '지식인 · 지사 · 재력가' 등의 협력으로 요원의 불길처럼 확산한 것은 다른 나라에서 유례를 찾아보기 힘든 현상이다.

일찍이 연구자들도 이 점에 주목해 왔고, 이에 대해 비교적 많은 연구가 이루어져 왔다. 기존 연구들은 국권회복운동이나 계몽운동의 관점에서 당시 사립학교의 전반적인 설립 및 운영 실태와 성격, 그리고 그에 대한 일제의 탄압과 조선인의 대응 등을 주로 다루어 왔다.[3] 이후 특정 지역의 사립학교 설립 운동을 고찰하거나 사립학교의 교육규모, 설립주체와 재정 등을 분석하고, 혹은 학회 지회와의 관련성을 살펴보는 등 점차 논의가 심화되고 있다.[4]

이처럼 많은 연구성과에도 불구하고 여전히 개별 사립학교의 설립과 운영에 관한 실증 연구는 부족한 편이다. 그나마 대성학교, 오산학교와 같이 교육구국운동사에 큰 발자취를 남긴 학교나 배재학당 · 이화학당 · 보성학교 · 양정의숙 등 근대교육사에서 중요한 위상을 차지하는 몇몇 학교, 또는 지방 선교계 학교 등에 관심을

---

2) 당시 사립학교는 국권회복운동의 일환으로 설립된 학교가 많았지만, 시세에 편승하여 입신출세에 필요한 지식만을 전수하는 사립학교도 적지 않았다. 예컨대 일진회가 설립한 사립학교와 일부 소규모 사립학교는 국어 대신 일본어를 가르쳤다. 그리고 각종 사료에서 설치근거를 확인한 사립학교는 1906년부터 1910년까지 총 1,314개교였고 1910년 7월 현재 학부로부터 인가를 받은 사립학교는 2,237개교였던 것으로 보아, 당시 어느 정도 내실을 갖춘 사립학교는 2,000개 정도였을 것으로 추정된다. 『관보』 제4756호, 1910년 8월 13일, 「학사」 및 김영우, 『한국 개화기의 교육』, 서울: 교육과학사, 1997, 555쪽, 610-611쪽.

3) 김영우, 「한말의 사립학교에 관한 연구(Ⅰ), (Ⅱ)」, 『교육연구』 제1집, 제3집, 공주대학교 교육연구소, 1984, 1986; 김정해, 「1895~1910 사립학교의 설립과 운영」, 『역사교육논집』 11권, 1987; 유한철, 「한말 사립학교령 이후 일제의 사학탄압과 그 특징」, 『한국독립운동사연구』 2, 1988; 손인수, 『한국근대교육사』(5판), 서울: 연세대학교 출판부, 1992; 변승웅, 「근대사립학교 연구: 대한제국기 민족계 학교를 중심으로」, 건국대학교 대학원 박사학위논문, 1993; 유한철, 「1906년 광무황제의 사학설립 조칙과 문명학교 설립 사례」, 우송 조동걸선생 정년기념논총 간행위원회, 『한국민족운동사연구』, 서울: 나남, 1997.

4) 김형목, 「대한제국기 강화지역의 사립학교 설립운동」, 『한국독립운동사연구』 제24집, 2005; 김형목, 「한말 경기도 사립학교 설립운동의 전개와 성격」, 『한국독립운동사연구』 제32집, 2009; 송준식, 「한말 경남지역 근대교육의 보급과 확산」, 『교육사상연구』 제27권 3호, 2013; 김형목, 『대한제국기 충청지역 근대교육운동』, 서울: 선인, 2016; 임인재, 「개화기 사립학교 설립 연구(1894~1915)」, 한양대학교 대학원 박사학위논문, 2022; 최기영, 「한말 서울 소재 사립학교 교육규모」, 『한국근대계몽운동연구』, 서울: 일조각, 1997; 정진숙, 「20세기 초 한국인 설립 사립학교 연구」, 서울대학교 대학원 박사학위논문, 2019; 조현욱, 「오산학교와 서북학회 정주지회」, 『문명연지』제3권 1호, 한국문명학회, 2002; 김건실. 「대한제국기 정안립의 계몽운동과 학교 설립」, 『한국근현대사연구』 102, 2022.

집중해 왔다.[5] 이제 다양한 개별 사립학교에 대한 학교사적 연구가 더욱 심화될 필요가 있다. 개별 사립학교의 교육과정 운영과 졸업생, 재정 등에 대한 세밀한 연구를 통해 당시 사립학교의 실체와 특질을 밝히는 작업이 요청되고 있다.[6] 특히 교육구국운동에서 많은 업적을 남겼으나 강제합방 이후 폐교되어 그 실체가 온전히 밝혀지지 않은 사립학교의 경우 더욱 그러하다. 그 대표적인 학교 중 하나는 1904년에 독립운동가이자 기독교도인 이동휘에 의해 설립되어 1915년까지 운영된 강화 사립 보창학교이다.

강화 보창학교는 당시 교육구국운동 과정에서 대성학교, 오산학교 등에 견줄 수 있는 사립학교였던 것으로 보인다.[7] 유자후(1895~?)[8]의 회고에 따르면, 이 학교는 이종호의 보성학교, 이준의 보광학교와 함께 신교육의 보물이자 국가의 보물이라고 불릴 정도로[9] 국권침탈기에 조선인들에게 자부심을 갖게 하는 사립학교였다. 그렇기에 당시 보창학교 본교를 모델로 해서 강화도뿐만 아니라 황해도・충청도・함경도 등 전국에 지교가 설립되었다. 그런데 당시의 명성에 비해 보창학교 본교의 교육과정이 실제로 어떻게 운영되었는지는 많이 알려져 있지 않다.[10] 기존

5) 박의수, 「개화기 대성학교의 교육사적 의의」, 『한국교육사학』, 제19권, 1997; 조현욱, 같은 논문; 류방란, 「개화기 배재학당의 교육과정 운영」, 『교육사학연구』, 제8권 1호, 1998; 장희영, 「유관순의 삶에 미친 이화학당교육의 영향」, 『유관순 연구』15, 백석대학교 유관순연구소, 2010; 배항섭, 「고종과 보성전문학교의 창립 및 초기 운영」, 『사총』 제59집, 역사학연구회, 2004; 김효전, 「양정의숙의 법학교육」, 『법사학연구』 45, 2012; 송현강, 「한말・일제강점기 군산 영명학교・멜볼딘여학교의 설립과 발전」, 『역사학연구』 59, 2015; 이재근, 「남장로교의 전주 신흥학교・기전여학교 설립과 발전(1901~1937)」, 『한국기독교와 역사』 42, 2015.

6) 최근에 흥사단에서 세운 융희학교(1908년 설립)의 '학사서류'를 발굴하여 학생 및 교과과정, 학력평가 실태를 상세히 분석하고 있는 연구는 이런 점에서 의의가 있다. 다만 졸업생들에 대한 분석이 결여된 점은 아쉽다. 최덕수, 「대한제국기 융희학교의 학사운영과 졸업생들의 사회적 진출」, 『한국사학보』 제68호, 2017.

7) 이동휘의 학교설립운동은 국권회복운동의 일환이었다는 점이 공통적으로 지적되고 있는데, 그 핵심기관이 강화 보창학교이다. 김성학, 「한말 강화지역 사립보창학교의 등장과 성장-민족과 기독교, 황실의 조우」, 『한국교육사학』 제36권 3호, 2014, 2~3쪽 참조.

8) 유자후는 이준 열사의 사위이다. 신학문에 해박한 저술가로 『조선화폐고』(1947), 『율곡선생전』(1947), 『해아밀사(海牙密使)』(1947) 등을 저술하였다.(출처: 한국민족문화대백과).

9) "이때 세상 사람들의 입에서 3보(三普)의 학교는 교육의 3보(三寶)라는 말이 교육문화의 숙어로 유행하다시피 된 것은 보성, 보광, 보창 등의 학교를 지칭한 것이었었다. 여하간 우리나라의 교육문화사상에 있어서 이 교육의 3보(三普)는 국가의 3보(三寶)라는 설을 전하게 된 것은 이때의 일이었다" 유자후, 『이준선생전』, 서울: 동방문화사, 1947, 190-191쪽.

10) 조현욱이 이동휘의 교육진흥운동을 살펴보면서 보창학교 운동회를 비교적 구체적으로 소개한 점은 의의가 있다. 조현욱, 「한말 이동휘의 교육진흥운동」, 『문명연지』 제5권 1호, 2004.

연구에서는 대부분 국권회복을 위한 학교설립운동에 초점을 맞추어 보창학교를 다루고 있다.[11] 또 학교사적 관점에서 강화지역 보창학교의 설립과 성장 과정에 관한 포괄적인 연구가 수행된 바 있지만[12] 보창학교 교육실천의 핵심 요소인 교육과정에 대해서는 아직 본격적인 연구가 이루어지지 않은 상태이다.

또 하나, 기존 연구에서 크게 주목하지 않은 것은 일정한 교육과정 운영을 통해 이룩한 교육성과에 관한 문제이다. 여기에서 교육성과는 학생들의 학업성취, 졸업장 취득, 상급학교 진학 등을 지칭하는 것이 아니라 특정한 인간을 육성하려는 교육목표가 교육과정 운영을 통해 얼마나 실현되었느냐를 의미한다. 이러한 의미의 교육성과는 본질적으로 교육과정을 이수한 뒤 졸업생들이 살아가는 삶의 모습에서 확인할 수 있을 것이다. 한말 사립학교 교육의 기조는 대체로 애국심과 민족의식을 갖춘 민족주의적 인재의 양성이었다. 그런데 1910년 강제합방으로 말미암아 그 교육성과는 일제 치하에서 실현될 수밖에 없었다. 그렇다면 한말 사립학교에서 민족주의 교육의 세례를 받은 십대 안팎의 학생들은 이후 일제 치하에서 2·30대를 살아가며 어떠한 삶의 모습을 보여주었는가? 그들은 식민지체제에 저항하는 세력으로 성장해 갔는가, 아니면 정반대의 삶을 살아갔는가? 과연 그들은 어떠한 인간으로 어떤 삶을 살아갔는가? 이러한 질문에 대한 해명은 한말 사립학교의 교육성과를 확인하는 데 필요한 일이지만 그동안 학계에서 소홀히 취급했던 것이 아닌가 한다. 강화 보창학교에 관한 연구도 예외가 아니다. 이런 측면에서 보창학교 졸업생들의 일제시기 삶의 경로를 추적, 분석하는 일은 매우 필요한 작업이다.

이 연구에서는 이러한 문제 인식에서 한말 강화읍에 설립된 사립 보창학교 본교의 교육과정 운영 상황을 살펴보고, 그 성과를 확인하고자 한다. 이를 바탕으로 한말 사립학교 교육의 역사적 의미를 찾아보고자 한다. 이를 위해 첫째로, 보창학

---

11) 이동휘는 보창학교 교장으로 있으면서 4개 애국계몽단체의 임원으로 국권회복운동에 적극 가담했다(전재관, 「한말 애국계몽단체 지회의 분포와 구성」, 『숭실사학』 제10집, 1997, 184쪽). 따라서 일차적으로 국권회복운동과 보창학교의 관련성을 밝히는 작업이 요청되었을 것이다. 조현욱, 「한말 이동휘의 교육진흥운동」, 『문명연지』 제5권 1호, 2004; 이기훈, 「강화도에서 이동휘의 계몽운동」, 『도서문화』 제33집, 2009; 반병률, 『성재 이동휘 일대기』, 서울: 범우사, 1998; 김방, 『이동휘 연구』, 서울: 국학자료원, 1999; 이은용, 「성재 이동휘와 보창학교」, 『한국양명학회 학술대회 논문집』, 2008년 11월.

12) 김성학, 앞의 논문. 이 책 앞 장 참조. 강화지역 보창학교의 설립과 폭발적인 성장은 민족주의자, 기독교, 그리고 황실의 복합적인 상호작용에 의해 이루어진 것임을 밝혔다.

교 교육과정의 운영 상황을 교과과정과 교과외 과정으로 구분해서 살펴볼 것이다. 구체적으로 교과목의 편성과 운영, 교사진의 구성과 특징, 교육방법 및 평가 실태, 운동회와 웅변·연설회의 운영 실태 등을 고찰한다. 둘째로, 보창학교 교육과정의 운영 성과를 확인하기 위해 졸업생들의 진로 및 사회활동을 분석할 것이다. 주요 대상은 유일하게 명단이 남아 있는 1907년 초등소학과와 고등소학과 졸업생과 1908년 사범속성과 졸업생이다.

이 연구에서는 보창학교의 학적부 등이 남아 있지 않기에 각종 사료를 비교 분석 및 종합해서 큰 흐름을 도출하는 방법적 전략을 사용하고자 한다. 주요 사료는 신문기사, 선교사 보고서, 졸업생의 회고록, 이동휘전서 수록 사료, 학회지, 정부문서, 사찬읍지, 강화군사 및 교과서 등이다.

Ⅱ. 강화 보창학교 교과과정의 운영

1. 교과목 편성과 운영

보창학교에서는 어떤 교과목을 편성해 가르쳤는가? 이 점은 교육과정 운영의 특징을 파악하기 위해 우선 해명되어야 할 문제이다. 1904년 육영학교(보창학교의 전신)[13] 설립 당시 개설된 교과목은 본국지지·본국역사·만국지지·만국역사·산술 등이었다.[14] 당시 소학교령에서 규정한 소학교 고등과 교과목은 본국지리·본국역사·산술을 비롯해 수신·독서·작문·습자·외국지리·외국역사·이과·도화·체조 등이었다(여학생은 재봉 추가). 이것에 비추어 보면, 육영학교에서는 당시 소학교 고등과 교과목 가운데 일부를 개설하고 있음을 알 수 있다. 그런데 소학교령에서 외국지리와 외국역사는 시의에 따라 제외할 수 있는 선택과목이었다.[15] 반면에 육영학교에서는 이 교과목들을 우선적으로 개설하고 있다. 이러한

13) 육영학교는 1905년 5월에 보창학교로 이름을 바꿨다. 따라서 교명이 변경되기 전인 경우 육영학교로 표기한다.

14) 『황성신문』 1904년 11월 15일, 「교육가하」; 『대한매일신보』(한글판) 1904년 11월 16일, 「열심교육」.

교과목 편성에는 육영학교의 설립 목적이 반영된 것으로 보인다. 당시 역사와 지리 과목은 민족의식과 독립정신을 고취하기 위해 많이 개설하는 과목이었다.

1905년 2월, 육영학교(보창학교)는 기존의 소학과에 보통과·일어과·영어과를 추가 증설했다. 또한 7월에는 여학과를 설치하였다.[16] 이렇게 학과를 증설하면서 어떤 교과목을 편성해 가르쳤는지 잘 알려져 있지 않다. 그런데 당시 강화지역 담당 미국 감리교 감리사 케이블(E. M. Cable)이 선교부에 보고한 글이 남아 있다.[17] 이것은 그가 직접 보창학교를 방문해서 보고 들은 것을 바탕으로 작성한 것이다. 여기에서 드러나는 보창학교 교과과정의 특징을 살펴보면 다음과 같다.

〈표 2-1〉 강화 보창학교의 교과목 및 입학시험 과목 상황[18]

과목 구분	시기	학과	과목 명	전체 학생수
교과목	1904년 11월	소학과 (주간 야간)	본국지지 및 역사 만국지지 및 역사 산술	40여 명
교과목	1905년 12월	전체	국문(Korean script) 중국고전 산술 본국역사 본국지리 초등과학 일본어 영어 웅변(oratory) 병식체조(군사훈련)	200여 명
교과목	1906년 4월	사범과	윤리학 수신학 독서 작문 지지 역사 교육학 물리학 화학 생리학 경제원론 법학통론 수학 도화 창가 체조(병식, 기계) 외국어(일, 영)	210명(6월)
입학시험 과목	1905년 2월	일어과 영어과	한문 국문 작문 습자	80여 명
입학시험 과목	1906년 4월	사범과	독서 작문(국한) 역사 지지문대(問對)(국한) 수학(사칙이내)	210명(6월)

15) 『관보』 제119호, 1895년 7월 22일, 칙령 제145호 소학교령 제9조. 참고로 소학교 심상과 교과목들은 수신, 독서, 작문, 습자, 산술, 체조였다. 여학생에게는 재봉을 추가함.

16) 김성학, 앞의 논문, 14-17쪽.

17) E. M. Cable, op. cit, 1905 및 1906.

18) 『황성신문』 1904년 11월 15일, 「교육가하」 및 1905년 2월 15일, 광고, 1906년 4월 3일, 「사범학원모집광고」; E. M. Cable, "The Kang Wha Boy's Day School", ***The Korean Mission Field***, 2(2), Dec. 1905, p.37; E. M. Cable, "The Longing for Education", ***The Korean Mission Field***, 2(8), June. 1906, p.145 등을 바탕으로 작성함.

케이블의 보고에 따르면, 1905년 12월 현재 보창학교에서 가르친 교과목은 10과목으로 늘어났다(〈표 2-1〉). 그리고 학생 수는 200여 명으로 1년 전에 비해 다섯 배나 증가했다.[19] 교과목 편성상 눈에 띄는 점은 먼저, 당시 소학교령에 규정된 소학교 고등과 수준의 교과목 체계를 갖추었다는 점이다. 1년 전부터 가르쳤던 본국지리・본국역사・산술 과목은 계속 개설되었고, 여기에 국문・초등과학(이과)・병식체조(군사훈련)・웅변・중국고전(Chinese classics)이 새로 추가되었다. 국문과 중국고전에는 독서・작문・습자・수신 등이 포함될 수 있다. 그렇다면 결국 당시 소학교 고등과 교과목 리스트에서 사실상 도화만 빠진 셈이 된다.

1905년 교과과정에 일본어와 영어가 새로 개설되고 있다는 점도 특기할 만하다. 연초에 일어과와 영어과를 설치한 다음에 실제로 일어와 영어 과목을 가르친 것을 알 수 있다. 이렇게 새로운 학과의 설치와 소학교 고등과 수준 정도의 과목들을 증설하면서 학교 측에 교과목 개설 부담이 커진 것 같다. 그래서 설립 당시부터 가르치던 만국지지와 만국역사가 교과과정에서 제외되고 있다.

1905년 교과과정 상에는 전통 과목인 '중국고전'이라는 과목이 여전히 남아 있다. 당시 전체 교사 6명 가운데 4명이 중국고전을 가르치고, 2명이 나머지 과목을 담당했다.[20] 이 4명의 교사는 중국고전 안에서 몇 가지 하위과목을 가르쳤을 것으로 보인다. 교과목 이름도 '유교경전'이 아니라 중국고전으로 표기되었다. 이 교과목은 한문(작문, 습자)과 유교경전 및 행위규범(수신) 등을 종합적으로 가르치는 통합교과였던 것 같다. 그렇다면, 1905년 말까지 보창학교의 교과과정은 전통교육에서 완전히 탈피하지 못한 상태였다고 볼 수 있다. 이런 현상은 보창학교에만 국한된 것은 아니었다. 다른 기독교계 소학교에서도 초창기에 불가피하게 유교경전 읽기를 수용했다. 그 이유는 그 안에 서양의 교양교육과 같은 정신적 도야의 가치가 있음을 인정했기 때문이다.[21] 1905년 이후 '중국고전' 안에서 점차 유교경전 내용은 탈락하고 한문(작문, 습자) 교과로 변모해 간 것으로 보인다. 1908년에는 중학과에 '한문' 교사(이원규)가 재직하고 있었다.[22] 학생들의 한문 실력은 입학

19) ibid, 1905, p.37.

20) ibid.

21) 류방란, 「개화기 기독교계 학교의 발달－소학교를 중심으로」, 『한국문화』 제28집, 2001, 266~267쪽.

단계에서부터 여전히 중시되었다. 1906년 사범과 입학시험에서 작문과 지지문대(地誌 問對) 시험은 모두 국문과 한문으로 치렀다.

1905년 보창학교 교과과정에서 병식체조가 중시되고 있었다. 당시 법령상 소학교 체조과에서는 처음에 적절한 유희를 하고, 점차 보통체조를 가하되 편의상 병식체조를 가할 수 있게 했고, 고등과에서는 병식체조를 주로 가르치게 했다.[23] 병식체조는 일본에서 수용된 것으로 군사훈련과 군대식 체조로 이루어져 있었다.[24] 보창학교에서는 신체훈련에 많은 관심을 기울였는데, 특히 병식체조의 일환으로 매일 오후 수업 후 1시간씩 군사훈련을 실시했다.[25] 병식체조에서 익힌 군사훈련을 바탕으로 학교운동회에서 모의전투 종목을 실시했다. 이는 실전을 방불케 한 것으로 보창학교 교육의 군사적 성격을 잘 보여준다. 이상과 같은 교과목 이외에 1905년에 보창학교에서는 웅변 과목을 가르치고 있었다. 이를 방과 후 활동과 연계시켜 매우 강조했다(운동회와 웅변 활동은 교과외 활동에서 상술함).

이상과 같이, 보창학교에서는 1904년 설립 시에 소학교 고등과 교과목 가운데 일부를 개설했는데, 1905년에 학과를 확대하면서 그에 맞는 교과과정 체계를 갖춘 것으로 보인다. 소학교 고등과 수준의 교과과정을 갖추었고, 일어과・영어과에 대응하는 교과목도 개설한 것으로 확인되었다. 교과목 중에는 역사・지리・체조・웅변 등을 강조하고 있었다. 다만, 1905년에 설치한 학과 중 보통과(1907년 중학과로 개편)와 여학과의 교과목 체계는 확인되지 않았다. 그런데 후술하듯이 1906년 사범과에 중학교 심상과 수준의 교과목을 편성해 놓았고, 몇 년 뒤에 중학과 졸업생을 배출하고 있는 것으로 보아[26] 점차 보통과를 확대 개편하면서 그에 합당한 교과과정을 갖추어 간 것으로 보인다. 그리고 여학과의 경우는 소학과의 교과과정을 준용했을 것이다.

1906년 4월, 보창학교는 소학교와 중학교 교원을 양성하기 위해 사범과를 특설했다. 이로써 보창학교의 학과는 소학과・보통과・어학과・여학과・사범과로 이

22) 『대한매일신보』 1908년 9월 24일, 「보창우창」.
23) 『관보』 제138호, 1895년 8월 15일, 학부령 제3호 소학교교칙대강 제10조.
24) 김성학, 『한국 근대교육의 탄생』, 서울: 교육과학사, 2013, 112~113쪽.
25) E. M. Cable, op. cit, 1905, p.37.
26) 김성학, 앞의 논문, 15쪽.

어지는 체계로 완성되었다. 이후 학과 체계는 이를 바탕으로 조금씩 수정 보완되어 갔다. 1907년에 보통과가 중학과로 개편되고, 그 다음 해에 사범속성과가 설치되었다.[27)]

1906년 사범과 학생모집광고에 명시된 교과목은 17개였다. 이것을 한성사범학교 본과 교과목과 비교해 보면(〈표 2-2〉), 한성사범학교에만 있는 것은 국문, 한문, 습자, 박물이다. 앞 세 과목은 사범과의 독서와 작문에, 그리고 박물은 생리학에 대응될 수 있다. 따라서 사범과의 교과과정은 한성사범학교의 교과목을 거의 모두 포괄하고 있다. 그리고 사범과의 윤리학, 경제학, 도화, 외국어는 중학교 심상과의 과목들이며, 법학통론은 중학교 고등과에 포함된 과목이었다. 이렇게 사범과에서는 소학교뿐만 아니라 중학교 교원을 양성하기에 적당한 교과목들을 편성해 놓고 있었다.

〈표 2-2〉 보창학교 사범과와 한성사범학교 본과, 중학교 교과목 비교[28)]

<table>
<tr><th colspan="2">학교</th><th>목적</th><th>수업연한</th><th>교과목</th><th>비고</th></tr>
<tr><td colspan="2">보창학교 사범과
(1906. 4)</td><td>소학교·
중학교
교원 양성</td><td>2년</td><td>윤리학 수신학 교육학 독서 작문 역사 지지 수학 물리학 화학 생리학 경제원론 법학통론 도화 창가 체조(병식, 기계) 외국어(일, 영)</td><td></td></tr>
<tr><td colspan="2">한성사범학교
본과(1895)</td><td>소학교
교원 양성</td><td>2년
(1899 → 4년)</td><td>수신 교육 국문 한문 역사 지리 수학 물리 화학 박물 습자 작문 체조(보통, 병식)</td><td>시의에 따라 1개 내지 여러 개 제외 가능</td></tr>
<tr><td rowspan="2">중학교
(1900)</td><td>심상과</td><td rowspan="2">중등교육
교수</td><td>4</td><td>윤리 독서 작문 역사 지지 산술 물리 화학 경제 박물 도화 외국어 체조</td><td rowspan="2">시의에 따라 1~2과목 증감 가능</td></tr>
<tr><td>고등과</td><td>3</td><td>독서 산술 물리 화학 박물 경제 법률 정치 공업 농업 상업 의학 측량 외국어 체조</td></tr>
</table>

27) 김성학, 앞의 논문, 15쪽.

28) 1906년 하반기에 일제에 의해 교과과정이 전면적으로 개편되기 전의 규정과 비교했다. 『관보』 제121호, 1895년 7월 24일, 「한성사범학교규칙」; 『관보』 제1673호, 1900년 9월 7일, 「중학교규칙」; 『황성신문』 1906년 4월 3일, 「사범학원모집광고」; 『황성신문』 1899년 4월 26일, 「학부령 제8호」를 참조해 작성함.

전반적으로 1906년 사범과 교과과정은 한성사범학교 본과와 중학교 심상과 정도에 해당한 것이었다. 그렇다면 보창학교에서는 이러한 교과목을 실제로 가르쳤을까? 사범과는 2년 과정이었으므로 1학기에 4과목 정도는 개설해야 했다. 보창학교 교사는 1905년 말에 6명이었는데 1906년 6월경에 10명으로 늘어났다.[29] 사범과를 설치하면서 교사를 증원한 것으로 보인다.

보창학교는 새로운 교과목을 담당할 교사를 증원하는 한편 사범과에서 사용할 교과서를 직접 출판하였다. 그 구체적인 사례가 '법학통론' 과목 교과서이다. 1905년 11월에 보창학교에서는 『법학통론』을 직접 출판했다.[30] 이는 사범과 설치 5개월 전으로 사범과 개설을 위한 사전 준비가 이뤄지고 있었음을 보여준다. 서지 사항은 아래와 같다.

『법학통론』 서지 사항

- 저자: 유성준 술(述)
- 교열: 유치형
- 발행연월: 광무9(1905.11)
- 분량: 478쪽
- 기타: 학부 검정
- 편집: 한성인쇄주식회사 박문사
- 발행처: 경성, 박문사
- 출판: 강화부 사립보창학교
- 언어: 국한문

이 책은 유성준이 쓴 것(述)을 박문사(한성인쇄주식회사 겸)에서 편집, 발행했다.[31] 교열은 유치형이 보았다. 유치형은 서문에서 이 책은 한국인이 쓴 법학서의 효시라고 밝히고, 일반 치세와 중등교육에 도움이 되는 책이라고 했다. 이 책은 보창학교에서 사용하기 위해 출판한 것으로, 책표지에 '강화부 사립보창학교 출판'이라고 쓰여 있다. 저자 유성준은 유길준의 친동생으로 1897년에 도쿄부기(簿記)전문학교를 졸업하고, 이어 메이지법률학교에서 1년간 법학을 공부했다.[32] 그는

29) E. M. Cable, op. cit, 1905, p.37 및 1906, p.145.

30) 현재 연세대학교 · 고려대학교 · 부산대학교 도서관에 소장되어 있다. 박문사에서는 1905년 11월에 판매 광고를 내보냈는데, 가격은 1원이었다. 『대한매일신보』 1905년 11월 22일, 법학통론 발수광고.

31) 유성준 '著'라고 하지 않고 '述'이라고 한 것은 당시 강의용 교과서로 쓰여진 것이기 때문이다. 최종고, 「연구노트: 한국 최초의 법학통론」, 『법학』 제22권 4호, 서울대학교, 1982, 87쪽.

자서(自序)에서 “외국법학 대가의 서적을 참고하여 편성했다”고 밝혔다. 그는 일본 유학 시절에 접한 일본 서적들을 참고했을 것이다. 이렇게 출판된 『법학통론』 4질을 이동휘는 강화읍 사립 중성학교(中成學校)에도 기부하였다.[33]

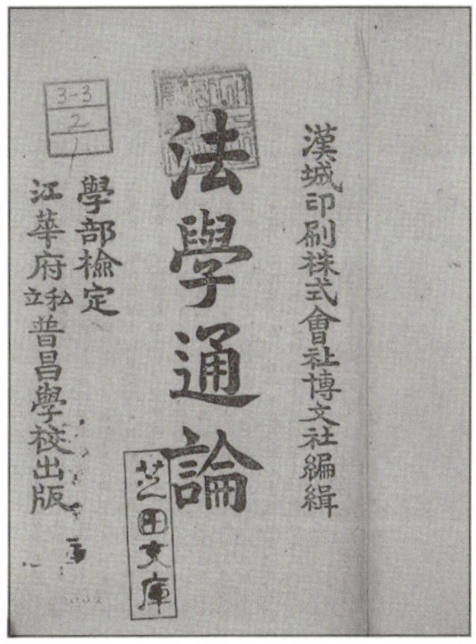

[그림 2-1]『법학통론』 표지

그런데 어떻게 『법학통론』이 강화 보창학교에서 출판될 수 있었을까? 저자 유성준이 보창학교와 어떤 관련이 있는지는 불분명하다. 한 가지 가능성은 교장 이동휘가 이준을 통해 유성준과 간접적으로 접촉했을 것이라는 점이다. 이준과 유성준은 모두 연동교회 사찰위원으로서 1904년에 설립된 국민교육회 핵심 회원이었다.[34] 이동휘는 감리교인으로 아직 국민교육회에 가입하지 않은 상태였다.[35] 그런데 이동휘는 이준과 같은 함경도 출신으로 그를 아저씨라 부를 정도로 매우 가까운 사이였고, 1902년부터 개혁당, 대한보안회, 대한협동회에서 줄곧 그와 함께 활동했다.[36]

이렇게 이준은 두 사람과 모두 동지적 관계를 맺고 있었다. 이준은 보창학교에서 법학교과서가 필요하다는 사정을 이동휘로부터 전해 듣고, 같은 연동교회 교인이자 국민교육회 동지인 유성준에게 보창학교에서 출판하도록 요청했을 가능성이 높다. 1905년, 유성준은 유배에서 풀려나기 전에 『법학통론』 초고의 교열을 친구에게 부탁했는데 1년 만에 돌려받은 상태였다. 그는 일찍이 1899년 일본에서 귀국한 뒤 사회발전에 법률의 힘이 크다는 점을 자각하고 법학 서적의 편찬에 착수했었

32) 그는 1906년에 학무국장, 1907년에 내부협판으로 승진했다. 그리고 같은 해 12월에 보성전문학교 2대 교장이 되었다. 『대한제국관원이력서』(http://db.history.go.kr) 및 『한국민족문화대백과사전』(http://encykorea.aks.ac.kr).

33) 『황성신문』 1906년 5월 29일, 광고. 사립중성학교에서는 ‘법률’ 과목을 개설했다. 『황성신문』 1906년 4월 17일, 「강부중교」.

34) 최기영, 『한국근대계몽운동연구』, 서울 일조각, 1997, 207~208쪽. 유성준은 1904년 5월에 연동교회에 입교했다.

35) 이동휘는 1906년 10월 추기 총회 무렵에 이갑, 안창호 및 현채, 유근, 유정수, 유승겸 등과 함께 국민교육회에 참여했다. 유자후, 『이준선생전』, 서울: 동방문화사, 1947, 119쪽.

36) 같은 책, 59쪽, 95~103쪽, 126쪽. 이동휘는 “어느 때 말하기를 우리 아저씨 이준 선생이 밤낮으로 우리나라의 국권을 회복하려면 1리 1교식 삼천리 강산에 삼천교는 세워야 하겠다고 하더니…”라고 말했다고 한다.

다.[37] 이 책은 보창학교뿐만 아니라 다른 학교에서도 널리 사용한 것 같다. 1907년에 나온 증정본은 유성준이 핵심 회원으로 있던 국민교육회에서 발행되었다.[38] 이 책은 국민교육회 산하 국민사범학교(1905. 10)와 법학강습소(1906. 5) 등에서도 사용했을 것이다.

이상에서 살펴본 것처럼, 보창학교에서는 1904년 이후 1906년까지 계속 학과를 증설해 가면서 그에 합당한 교과과정을 편성, 운영한 것으로 보인다. 또한 일부 교과서를 직접 출판할 정도로 교육의 내실을 갖추기 위해 노력하고 있었다. 교과목 편성 상 역사의식의 고취와 신체 훈련을 중시하였으나 기독교적 정체성은 나타나지 않았다. 전통교육의 영향력은 1905년 말까지 부분적으로 남아 있었던 것으로 보인다. 1906년에 완성된 교과과정 체계는 이후 보통과의 중학과로의 개편, 사범속성과의 부설 등 일부 학과의 개편에도 불구하고 보창학교 교과과정의 근간으로 계속 유지되어 갔을 것으로 보인다.

2. 교원의 구성과 특징

육영학교(보창학교) 설립 당시의 교사진은 정확히 알려져 있지 않다. 1904년 11월 현재, 명예교사 조희일(曺喜一) 한 명만이 확인되었다.[39] 그는 강화부 선원면 유지였는데 여러 해 일본을 유람하여 일본어에 능통했다.[40] 그는 이동휘가 열심히 교육하는 것을 보고 명예교사가 되기를 자원했다. 그는 주야간 과정을 가르쳤다.

1905년 2월에 소학과 · 보통과 · 일어과 · 영어과 편제를 갖추면서 교사 수도 늘어나기 시작했다. 2월 학생모집광고에 교장 이동휘와 일어 명예교사 조희일, 영어 명예교사 김만식 등 두 명의 교사가 명시되었다.[41] 이들은 육영학교를 대표해서

37) 유성준, 『법학통론』, 「自序」.

38) 연세대학교 도서관 소장.

39) 『황성신문』 1904년 11월 15일, 「돈육가하」.

40) 그는 1907년에 강화 선원면 신지동 상도에 있는 논 14두락을 13,000냥에 매도하고 있는 것으로 보아, 상당한 재력을 갖춘 유지였던 것으로 보인다. 『토지문기』, 조희일 발급, 광무 11(국립중앙도서관 소장).

41) 『황성신문』 1905년 2월 15일, 광고.

광고에 실린 것 같다. 이밖에 김동수와 황범주가 교사로 잠시 재직한 것으로 보인다.[42] 그리고 교감으로 김성은이 1905년 7월까지,[43] 그 후임으로 어용선이 1906년까지 재직했다. 이와 같이 1905년 현재 교원으로는 교장 이동휘, 교감 김성은(후임 어용선), 교사 조희일·김만식·김동수·황범주 등이 확인되었다. 1905년 12월 무렵 보창학교를 직접 방문한 케이블의 기록에 따르면 당시 교사는 모두 6명이었다.[44] 동일 인물인지는 알 수 없으나, 교장과 교감을 포함해 6명 정도의 교사는 유지한 것 같다.

그런데 1904~1905년 사이에 이들이 무슨 과목을 담당했는지 확실치 않다. 일어 명예교사 조희일과 영어 명예교사 김만식은 당연히 일본어와 영어를 담담했을 것이다. 또한 당시 황범주를 비롯한 교사들은 대부분 유학적 소양을 갖춘 인사들이기에 '중국고전'은 모두 가르칠 수 있었을 것이다. 전술했듯이 교사 6명 가운데 4명이 중국고전을 가르치고 있었다. 웅변 수업은 교장 이동휘가 직접 담당했다. 그렇다면 이제 나머지 국문·산술·본국역사·본국지리·기초과학·병식체조는 누가 가르쳤을까?

먼저 교장 이동휘는 학교 사정에 따라 영어나 병식체조도 직접 가르쳤을 가능성이 있다. 그의 모교인 육군무관학교에서는 학생들에게 외국어와 병식체조를 가르쳤다. 특히 육군무관학교 초창기에 우리말로 된 군사교범이 없어서 학생들이 외국서적을 읽을 수 있도록 외국어를 가르쳤다.[45] 실제로 이동휘는 그가 직접 세운 강화 산호보창학교(지교)에서 영어를 가르쳤다고 한다.[46]

교감 김성은과 어용선도 다년간 일본유학 경험이 있기에 충분히 여러 과목을

42) 『황성신문』 1905년 2월 15일, 「육영학교보조금」. 기부자 명단에 '교관' 황범주(黃範周)와 김동수(金東秀)가 포함되어 있다. 두 사람을 육영학교 교사로 보았다. 김동수는 잠두교회 교인으로서 그의 경력으로 보건대 성균관이나 향교 교관일 수 없으며 1905년에 잠두교회 교인이 된 이동휘와의 친분 관계로 잠시 육영학교 교관(교사)으로 활동한 것 같다. 황범주는 강화 유지로 일찍이 상상(성균관)에 올랐고 음서교관으로 활동한 적도 있다(박헌용 편, 『(속수증보) 강도지』, 강화: 최희면방, 1932, 「교열제가약전」, 1쪽).

43) 김성은의 부임 시점은 불분명하다. 1905년 5월에 교감으로 재직하고 있었는데 7월에 정부 파견 일본 시찰 요원으로 선발되면서 물러난 것으로 보인다. 『황성신문』 1905년 5월 13일, 광고; 『관보』 제3190호, 1905년 7월 13일, 서임급사령.

44) E. M. Cable, op. cit, 1905, p.37.

45) 임재찬, 『구한말 육군무관학교 연구』, 제일문화사, 1992, 57쪽, 95쪽, 129쪽

46) 김명배, 『개화기의 영어이야기』, 서울: 국제영어대학원대학교 출판부, 2006, 152쪽.

가르칠 수 있었다. 김성은은 일본 육군사관학교를 졸업하고 보창학교 부임 전에 육군무관학교 교관으로 있었다. 그는 교감 업무를 수행하면서 일본어·병식체조·기초과학·산술 중에 한두 과목을 가르쳤을 것으로 보인다. 그의 후임으로 부임한 어용선은 게이오기쥬쿠(慶應義塾)에서 보통학을 전공하고 도쿄전문학교에서 정치경제학을 1년간 수학했다. 이런 경력으로 보건대 그는 일본어·산술·본국역사·본국지리 등을 담당했을 가능성이 높다.

끝으로, 김동수는 강화읍내 잠두교회 권사로서 특별한 교육경력은 없었다. 하지만 그는 성경과 교회를 통해 신지식을 접하고 특히 『태서신사(泰西新史)』 번역본을 즐겨 읽었으며, 세계정세에 대해 사람들과 자주 토론하고 교단에서 강론을 펴는 때도 있었다. 당시 강화읍에 그를 찬양하고 추앙하는 사람이 많았다.[47] 1905년에 잠두교회에서 감리교로 개종한 이동휘가 그를 교사로 초빙한 것으로 보인다. 김동수는 역사 관련 과목을 담당했을 것 같다.

앞서 언급했듯이, 1906년 6월에 보창학교 교사는 10명으로 늘어났다.[48] 이때는 학과체제의 근간이 소학과·보통과(중학과)·어학과·여학과·사범과로 완성된 시기였다. 이후 새로운 학과가 설치되지 않았기에[49] 교사 수는 더 이상 늘어나지 않았을 것이다. 필자는 초창기 교원 6명을 포함해 보창학교에 재직한 적이 있는 교원(교장, 교감, 교사)을 모두 18명 확인할 수 있었다. 이 중 14명의 사회경력을 확인했다(〈표 2-3〉). 여기에서 드러나는 몇 가지 특징을 살펴보고자 한다.

47) 고택, 앞의 글, 361쪽 및 371, 375쪽. 김동수는 1905년 당시에 43세로 생활에 어려움이 없던 중류계층 이상의 사람이었다. 그는 키가 거의 6척에다 몸집이 크고 음성이 중후하며 언변이 능숙하여 사람을 포섭하는 힘이 있었다고 한다. 그는 가끔 교단에 서서 모세가 이집트에서 핍박받는 이스라엘 백성을 구출하는 사례를 들어가며 은근히 일본의 악랄함을 비판하고 조선인의 장래를 걱정했다. 그가 강연할 때 신도들은 한 마디라도 놓칠까 봐 정신 차려 들었고, 강연 후에는 몰려 나와 그와 굳은 악수를 했다고 한다. 그리고 그가 즐겨 읽은 『태서신사』는 1897년에 학부에서 한문과 한글로 펴낸 서양사 서적이었다. 이 책은 원래 중국에서 R. Mackenzie, ***The 19th Century: A History***, London: T. Nelson and Sons, 1880을 번역한 『태서신사람요』를 학부에서 다시 번역한 것이다. 학부에서는 이 책을 널리 공립학교에 보급하고자 했고, 실제로 당시 많은 사람들이 이 책을 읽었다. 유수진, 「대한제국기 『태서신사』 편찬과정과 영향 연구」, 고려대학교 대학원 석사학위논문, 2012, 1~4쪽 참조.

48) E. M. Cable, op. cit, 1905, p.37 및 1906, p.145.

49) 1907년 보통과가 중학과로 개편되고, 1908년 사범과에 '속성과'가 부설되었을 뿐이다.

〈표 2-3〉 강화 보창학교 본교 교원 상황[50]

이름	직위	시기(시점)	담당 과목	주요 경력	자료 출처
이동휘(李東輝)	교장	1904. 8~1910. 5	·	육군무관학교 졸(1897) 잠두교회 권사 강화진위대 대대장(1903~1905) 대한자강회 강화지부 부회장(1906) 한북흥학회 부회장(1907) 신민회 및 서북학회 창립인사(1907, 1908) 강화 의병 지도(1907)	서북월보 1908. 6; 황성 1903. 5. 19 및 1907. 3. 30, 1910. 5. 29; 丹羽賢太郎, 1907
황범주(黃範周)	교장 교사	1910. 5 1905. 2	·	소과 합격 음서교관 강화 중성학교 교사(1906. 4) 양천전습소 및 농사모범장 설립 발기인(1907. 12) 강화학무회 총무(1908. 2) 기호흥학회 강화지회원(1909. 1)	강도지, 「교열제가약전」, 1쪽; 황성 1910. 5. 29, 1905. 2. 15, 1906. 4. 17, 1907. 12. 13, 1908. 3. 8; 기호월보 제6호
김성은(金成殷)	교감	1905. 5	·	일본 육군사관학교 졸업 육군무관학교 교관(1904. 4) 육군공병 참령에서 부령 승진(1905. 5) 일본시찰위원(1905. 7)	황성 1905. 5. 13; 공사관 17권; 관보 1904. 4. 12, 1905. 5. 2, 1905. 7. 13
어용선(魚瑢善)	교감겸 교사	1905~1906	·	도쿄 경응의숙 보통학 졸(1895~1897) 도쿄전문학교 정치경제학 1년 수학(1897) 사립광흥학교 교감 겸 교사(1899~1901) 학부시학관(1906. 5) 관립한성일어학교 교관(1907. 6) 내각 서기관(1907. 7) 화동학교 교장(1908. 7~1910) 장단보창학교장(1919. 1) 대한자강회 총무(1906. 9) 기호흥학회 회계 검정위원(1908. 5)	관원이력 33책; 자강월보 제3호; 기호월보 제1호
김성초(金性初)	교감	1907. 2	·	을사5적 암살의거 행동대원(1905) 금천군 조포보창학교 교사(1908. 12)	황성 1907. 2. 12, 1908. 12. 22; 한국독립운동사편찬위원회, 2009, 147
이두혁(李斗赫)	교감	1910. 5	·	·	황성 1910. 5. 29

50) 교사 중 갈현대는 고택, 「군대해산」, 『신동아』, 1970년 1월호, 360쪽에만 나타난다. 교사(중)은 중학과 교사를, 그리고 · 는 미상을 나타냄. 황성은 황성신문, 대매는 대한매일신보, 서북월보는 서북학회월보, 기호월보는 기호흥학회월보, 자강월보는 대한자강회월보, 대한회보는 대한협회회보, 관원이력은 대한제국관원이력서, 공사관은 주한일본공사관기록, 총독부 직원록은 조선총독부 및 소속관서 직원록, 왜정시대는 왜정시대인물사료를 각각 나타낸다.

이름	직위	시기(시점)	담당과목	주요 경력	자료 출처
조희일(曹喜一)	명예교사	1904. 11 ~1905	일어	여러 해 일본 유람 경험	황성 1904. 11. 15, 1905. 2. 15
김만식(金萬植)	명예교사	1905. 2	영어	대한자강회 회원(1906) 강화 중성학교 교사(1906)	황성 1905. 2. 15, 1906. 4. 17; 자강월보 제2호
김동수(金東秀)	교사	1906. 2	·	잠두교회 권사 강화의병(1907)	고택, 371; 대매1907. 8. 31
이태하(李泰夏)	교사	1906. 3~1906. 10	일어	중교의숙 일어과 입학(1900) 관립일어학교 3년 수학(1902~1905) 농상공부 서기(1906. 10)	관원이력 29책
고시준(高時駿)	교사	1907. 2	·	·	황성 1907. 2. 12
서상칠(徐相七)	교사	1907. 2	·	학부교원검정 합격(한문 전과 1908. 6) 강화공립보통학교 부훈도(1908~1910)	황성 1907. 2. 12; 관보 1908. 6. 27; 대한제국직원록 1908; 총독부직원록 1910
송석린(宋錫麟)	교사	1907. 2	·	·	황성 1907. 2. 12
신상민(申尙敏)	교사(중)	1908. 9	·	평양 엡윗청년회원(1905) 을사늑약 반대 상소운동 구금(1905) 대한자강회 회원(1906. 8) 서우학회 회원(1906. 12) 대한협회 회원(1908. 7) 경신중학교 졸업(1908. 6) 양양 현산학교 교사(1908. 10) 길주 보성중학교 교사(1910. 3)	황성 1908. 7. 9 및 9. 24, 1908. 10. 3, 1910. 3. 24; 공사관 1906. 1. 26; 자강월보 제2호; 서우 제1호; 대한회보 제4호; 이명화, 2006, 70
이원규(李元圭)	교사(중)	1908. 9	한문	한성사범학교 속성과 졸(1895. 11) 관립 소학교 교원(1896. 6~1905. 10) 진위공립보통학교 훈도(1909. 5) 수원공립보통학교 훈도(1910)	관원이력 29책; 황성 1905. 11. 4, 1909. 5. 28; 총독부직원록 1910
박중화(朴重華)	교사(교감?)	·	·	도쿄보통학교 입학(1897) 시즈오카(靜岡)현립 중학교 입학(1900) 시즈오카농학교(農學校) 입학(1903) 신민회 회원(1907) 청년학우회 회장(1909) 대동청년당 당원(1909) 보성중학교 교감(1907) 교장(1908대리~1910현)	왜정시대 1권; 황성 1907. 12. 24, 1908. 4. 1, 1910. 8. 14
갈현대	교사	·	·	·	고택, 1907, 360
김승조(金承祚)	교사	·	·	기호학교 특별과 졸업(1910. 1)	황성 1910. 1. 12

첫째, 1교장 1교감 체제를 이루고 있으며, 교장 이동휘는 1904년 8월부터 1910년 5월경까지 오랫동안 직위를 유지했으나 교감들의 재직기간은 보통 1년 정도로 짧았다. 그런데 1908~1909년 사이에 재직한 교감이 누구인지 드러나지 않는다. 이때는 일종의 대리교장을 두고 교감은 따로 없었던 것으로 보인다. 이동휘는 1908년 이후 계속 서북학회 모금위원 혹은 선교사의 조사로서 함경도에서 교육진흥 및 기독교 전도에 매진했다.[51] 그래서 보창학교 교무를 1908년에 송정보창학교 교감 고성근에게, 그리고 1909년에 강화학무회 총무 황범주에게 위탁했다. 그들이 일종의 대리교장 역할을 수행한 것이다.

둘째, 교장 이동휘와 황범주는 모두 민족적 성향이 강한 인사였다. 이동휘는 당시 널리 알려진 기독교 민족주의자였으며, 1910년에 부임한 황범주는 유학적 소양을 지닌 개명한 민족적 교육자였다.[52] 황범주는 강화 출신으로 일찍이 소과에 합격하여 음서교관을 지낸 적이 있고 시서에 뛰어났으며 한성의 사대부들과도 널리 교제했다.[53] 그는 1906년 3월에 강화 동아개진교육회 지회장인 사촌 형 황익주와 함께 강화향교 안에 사립 중성학교를 설립하고 직접 교사로 활동했다. 1907년 무렵에는 강화 유지에게 권유해서 보창학교 지교를 설립하기도 했다.[54] 이후 1908년 2월에 이동휘와 함께 강화학무회를 발기하고 총무를 맡았으며, 10월에는 기호흥학회 강화지회가 설립 인가를 받는 데 큰 역할을 했다.[55]

셋째, 교감들은 교직경험이 있는 전문학교 수준의 일본유학 출신자이거나, 독립운동가로서 학생들의 사표가 될 수 있는 인물이었다. 김성은은 일본 육군사관학교

---

51) 반병률, 『성재 이동휘 일대기』, 서울: 범우사, 1998, 70~74쪽; 서정민, 『이동휘와 기독교』, 서울: 연세대학교 출판부, 2007, 336~341쪽.

52) 『황성신문』 1908년 5월 22일, 「동지열심」, 1910년 5월 29일, 「보창재창」; 『대한매일신보』 1909년 9월 3일, 「보창익창」.

53) 박헌용 편, 앞의 책, 「교열제가약전」, 1쪽. 그는 1902년 2월에서 8월까지 잠시 상공학교 교관으로 재직한 바 있다. 『황성신문』 1902년 2월 14일 및 1902년 8월 8일, 서임및사령.

54) 『황성신문』 1908년 2월 7일, 「빙공영사」. 그는 이성렬 씨에게 권유해서 이 씨 사저에 보창지교를 세우고 부근 주민의 보세를 학교로 이관시켜 경비를 충당했다. 그런데 1907년 가을 추수 시에 황범주 자신이 무리하게 보세를 거두는 과정에서 잡음이 생기기도 했다.

55) 『황성신문』 1906년 4월 17일, 「강부중교」 및 1906년 4월 21일, 「윤청설교」; 『기호흥학회월보』 제5호, 1908년 12월, 47~48쪽. 중성학교가 1904년에 설립되었다는 기록이 있으나(박헌용 편, 『(속수증보)강도지』, 강화: 최희면방, 1932, 제2편 제12장, 24쪽), 『황성신문』 1906년 5월 29일자 광고에서 설립된 지 3개월이 되었다고 밝히고 있다. 중성학교는 15~30세인 자를 대상으로 하는 중학교 수준의 학교로 소학교를 지교로 설치했다.

출신 참령으로 보창학교 부임 전에 육군무관학교 교관을 지냈고, 그의 후임 어용선은 일본 게이오기쥬쿠를 졸업하고 도쿄전문학교에서 1년 동안 수학했으며 보창학교 부임 전에 사립 광흥학교에서 2년 동안 교감 겸 교사로 활동했다. 어용선의 후임으로는 1906년 5월경에 박종화가 부임해 몇 달 정도 교감으로 있었을 가능성이 있다. 그는 도쿄보통학교와 시즈오카현립 중학교 및 시즈오카농학교(1903년 입학) 등에서 오랫동안 수학했다.

1907년 초에는 김성초가 교감으로 부임했다. 그는 보창학교 부임 전 특별한 교육경력이 확인되지 않는다. 그는 1905년 을사늑약 체결 직후 기산도(奇山濤) 등과 함께 을사5적 처단의거에 행동대원으로서 적극 가담했다.[56] 거사 후 그는 강화로 피신해 이동휘를 찾아간 것으로 보인다. 당시 행동대장 격인 기산도는 지방에서 올라온 기독교인으로 상동교회에 드나들며 상동청년회(엡윗청년회)에서 활동했다. 행동대원인 김성초도 감리교회 엡윗청년회 회원일 가능성이 있다.[57] 당시 감리교인으로서 상동청년회 준회원이었던 이동휘는[58] 그의 항일투쟁을 높이 평가하고 학생들의 귀감으로 삼기 위해 그를 교감으로 임명했을 것이다. 1908년에 그는 황해도로 건너가 금천군 조포 보창학교에서 교사로 활동했다. 그는 이 학교에 야학교를 개설해서 20여 명의 아이들을 가르쳤다.[59]

넷째, 교사들의 재임기간은 보통 1년 정도로 짧고, 초창기에는 명예교사가 존재했으나 점차 중등 수준의 정규학교 졸업자가 부임했다. 재직기간이 확인된 교사는

56) 기산도 등은 군부대신 이근택을 습격해 큰 상처를 입혔고 1906년 2월에 체포되었다. 당시 12명이 체포되고 김성초 등 8명은 피신해 화를 면했다. 체포된 사람들은 1906년 5월 13일에 재판을 받았다. 이때 기산도는 2년 6개월, 그리고 김석항은 3년의 징역형을 받았다. 김석항은 옥고를 치르다가 1907년 7월 옥중에서 순국했다. 한국독립운동사편찬위원회, 『한국독립운동의 역사 제14권』, 2009, 147~154쪽(http://search.i815.or.kr/Degae/Degae.jsp).

57) 당시 상동청년회에서는 엡윗청년회 전국연합회를 개최하고 을사늑약 반대 상소운동을 벌였는데, 이때 전국의 청년회 회원들이 상경했다(이현주, 「상동청년회와 전덕기의 민족운동」, 『나라사랑』, 제97호, 1998, 172쪽). 엡윗청년회(Epworth League)는 감리교 창시자 웨슬리의 출생지 이름을 따서 만든 것으로 1889년 미국 감리교회에서 처음 조직되었다. 한국에서는 1897년에 인천 제물포교회, 서울 상동교회와 정동교회, 평양 남산현교회 안에 엡윗청년회가 조직되었다. 1905년 청년회원들이 을사조약 반대 상소운동과 을사5적 처단운동 등 적극적인 항일 투쟁을 전개하자 당황한 선교사들은 엡윗청년회의 과격성을 우려하여 1906년에 해산시켰다. 이덕주 · 조이제, 『강화기독교100년사』, 강화기독교100주년 기념사업 역사편찬위원회, 1994, 172~174쪽 참조.

58) 한규무, 「상동청년회에 대한 연구」, 『역사학보』 제126집, 1990, 8080~83쪽.

59) 『황성신문』 1908년 12월 22일, 「양사열심」.

이태하와 신상민인데 이태하는 7개월, 그리고 신상민은 약 4개월(1908. 6~1908. 10) 동안 재직했다. 그리고 1904~1905년에는 조희일과 김만식 등 명예교사가 존재했다. 이후 부임한 인사들은 관립일어학교(이태하), 관립한성사범학교 속성과(이원규), 경신중학교(신상민), 기호학교 특별과(김승조) 등 한성에서 정규교육을 받은 인사들이었다.

다섯째, 교원(교장, 교감, 교사)들의 학력을 보면, 일본유학 출신자와 국내 신식학교 출신자가 대체로 균형을 이루고 있다. 학력이 밝혀진 8명 가운데 일본유학자는 3명, 국내 관사립학교 졸업자는 5명이었다. 다년간의 일본유람을 해외유학에 포함시킨다면 일본유학자는 4명에 이른다. 일본유학자들은 전문학교 수준의 학교를 나왔으며 유학 기간도 3~6년 정도로 비교적 길었다.

여섯째, 매우 뚜렷한 특징으로, 교원들은 보창학교 부임 전후에 다양한 애국계몽단체에서 활동했다(총 6명). 그들이 활동한 계몽단체로는 대한자강회(4명; 지부부회장, 총무, 회원)가 가장 많았다. 다음으로 기호흥학회(2명; 지회원, 회계검정위원), 서우·서북학회(2명), 신민회(2명), 한북흥학회·대한협회·청년학우회·대동청년당(각 1명) 순이었다(중복 체크함). 특히 대한자강회 가담 인사가 많은 것은 대한자강회 강화지회가 설치되고 이동휘가 부회장으로 있었다는 점과 관련이 있는 것 같다.[60] 이러한 사회적 배경은 교원들이 강한 민족적 성향을 지녔음을 시사하며, 이는 학생들에게 큰 영향을 미쳤을 것이다.

일곱째, 감리교 신자로서 부임 전후에 적극적인 항일운동을 전개한 교원도 재직했다. 1905년 말 케이블은 대부분의 보창학교 교사는 성실한(earnest) 기독교인이라고 기록했다.[61] 그런데 실제 사료에서 기독교 신자임이 명확히 드러난 교원은 교장 이동휘, 교사 김동수, 신상민 등 3명이었다. 김동수는 강화읍 잠두교회 권사였고, 신상민은 평양 감리교 엡윗청년회 회원이었다. 이동휘는 물론 이들 모두 항일운동에 투신했다. 전술했듯이 김동수는 강화읍에서 추앙받던 잠두교회 신자로 1907년 여름에 이동휘와 함께 강화 의병투쟁을 모의하고 실행했다.[62] 그는 일

60) 계몽단체 강화지회로는 대한자강회 지회(1907), 기호흥학회 지회(1908)가 설치되었는데(전재관, 「한말 애국계몽단체 지회의 분포와 구성」, 『숭실사학』, 10집, 1997, 178쪽), 이동휘는 기호흥학회에 가입하지 않았다.

61) 김성학, 앞의 논문, 11쪽; E. M. Cable, op. cit, 1905, p.37.

진회원의 밀고로 일본군에 체포되어 자기 두 동생과 함께 강화 더리미 해안에서 죽임을 당했다.[63] 그리고 신상민은 을사늑약 반대상소 운동에 적극 참여했다. 그는 을사늑약 체결 소식이 알려지자 상동청년회에서 개최한 엡윗청년회 전국연합회 평양 대표로 참석했다.[64] 당시 회의에서 을사늑약 반대상소를 올리기로 결정했는데, 그는 상소문에 5인 대표의 한 사람으로 서명했다. 그는 을사늑약이 승인되자 대한문 앞에서 청년회 회원들과 함께 조약 무효 및 관련자 처단을 주장하는 복명서를 올리고 격렬한 시위를 벌였다. 그는 일본군에 체포되어 구금되었다.[65] 이와 같이 부임 전후에 치열한 항일투쟁을 벌인 교원들은 보창학교 학생들에게 훌륭한 역할모델(role model)이 되었을 것이다. 그들은 보창학교 교원의 기독교 민족주의적 특질을 보여주는 대표적인 사례이다.

이렇게 보창학교 교원들은 대부분 일본이나 국내 신식학교에서 정규교육을 받은 인사들이고, 직접 항일투쟁을 벌이거나 애국계몽단체에서 활동한 민족적 인사와 기독교인이 많았다(총 8명). 강화지역의 지교 교원들도 이와 비슷한 성향을 갖고 있었던 것으로 보인다.[66]

---

62) 丹羽賢太郎, 「復命書」, 『機密書類綴』, 1907. 8. 23 (독립운동가자료, http://search.i815.or.kr). 그런데 1909년 경무국에서 편집한 『폭도사편집자료』 p.505에서는 김동수를 '이동휘의 부하'라고 기록했다. 그러나 강화 의병투쟁이 발생한 1907년 8월에 작성된 「復命書」에서는 동년 7월 24일에 이동휘가 기독교인인 김동수 등과 상의하고 읍내 열무당에서 격렬한 반일 대중 연설을 했으며, 7월 30일에는 전등사에서 김동수 등 기독교인 400여 명을 모아 합성친목회라는 이름으로 반일 선동 연설을 했다고 보고했다. 1909년에 김동수를 이동휘의 부하라고 한 점은 1907년의 복명서를 편집하는 과정에서 생긴 오류인 것 같다. 여기서는 1907년의 사료에 근거해 김동수는 진위대 병사가 아니라 강화읍 잠두교회 교인으로 간주했다.

63) 당시 강화에서 일진회 회원들과 기독교인들은 심한 갈등 관계에 있었다. 김동수는 친동생 김영구, 사촌동생 김남수와 함께 압송 도중 살해되었다. 그들은 모두 독실한 기독교인(잠두교회 교인)으로 각각 '아브라함', '솔로'(솔로몬), '요셉'이란 교명을 갖고 있었다. 당시 해변에서 희생된 사람은 모두 7명이었다. 『황성신문』 1907년 8월 30일, 「강화안도희망」; 『대한매일신보』 1907년 8월 31일, 「삼형제포살」; 이덕주 · 조이제, 앞의 책, 300~303쪽.

64) 당시 전국에서 상동교회에 모인 사람들은 전덕기, 정순만, 이준, 이동녕, 최재학, 계명륙, 김인집, 옥관빈, 이승길, 차병수, 신상민, 김태연, 표영각, 조성환, 서상팔, 이항직, 이희간, 기산도, 전병헌, 유두환, 김기홍, 김구 등이었다. 당시 김구도 진남포 엡윗청년회 대표로 참가했다. 김구, 『백범일기』, 도진순 주해, 서울: 돌베개, 2002, 193~194쪽.

65) 『대한매일신보』 1905년 11월 29일, 「사수독립」; 『駐韓日本公使館記錄』, 「時局ニ關スル上疏者取押ノ件」, 1905. 11. 28 및 「國事ニ關スル拘禁者責付ノ件」, 1906. 1. 26.

66) 일례로 홍천보창학교의 경우, 설립자 겸 교장 전병규와 설립자 겸 교사 김용하 및 교사 지선주는 모두 감리교인이었다. 또한 전병규는 유력한 기호흥학회 지회원이었다. 다만 전병규와 김용하는 강화6군자로 칭송받던 유학적 소양이 깊은 인사였고, 지선주는 감리교회

3. 교육방법 및 평가

졸업생의 회고에 따르면, 보창학교에는 군인 교사들이 많아 교육방법은 군대식이었다고 한다.[67] 그런데 앞서 18명의 교원 중에 군인 출신은 교장 이동휘와 교감 김성은 두 명이었다. 경력이 파악되지 않은 이두혁・고시준・송석린・갈현대 등 4명이 모두 군인 출신이라고 해도 군인 출신 교원은 모두 6명에 불과하다. 군인 출신이 많아 군대식 수업이 이뤄졌다는 주장은 과장된 것으로 보인다. 이런 주장은 학교 설립자이자 교장인 이동휘 자체가 육군무관학교를 졸업한 육군참령으로 강화 진위대 대대장 출신이었기에 자연스럽게 생겨난 선입견일 수 있다. 물론 보창학교의 규율은 전반적으로 엄격했을 것으로 보인다. 후술하겠지만 특히 학교운동회에서 실행한 '방어공격'과 같은 종목은 학생들이 편을 갈라 군인처럼 전투를 벌이는 일종의 모의전투였다. 이를 위해 평소에 병식체조 수업에서 엄격한 군대식 규율 아래 군사훈련을 자주 실시했다. 하지만 모든 수업에서 군대식 교육이 이루어졌다고 보기는 힘들다. 교원들의 종교적 성향도 고려될 필요가 있다. 교장 이동휘는 잠두교회 권사로서 독실한 기독교인이었고, 전술했듯이 교사들도 대부분 기독교인이었다는 기록이 있다. 이런 종교적 성향도 교육방법에 영향을 주었을 것으로 보인다. 특히 교실 안에서 이뤄지는 교과 수업은 학생들에 대한 애정과 기대를 바탕으로 실시되었을 가능성이 높다.[68] 이 점을 감안하면 보창학교의 교육방법은 엄격한 학교규율 아래 기독교적 사랑으로 이끄는 전인교육으로 특징 지워질 수 있다. 당시 4대 교육가로 인정받던 이동휘가 열정과 눈물로 학생과 동포들에게 호소한 것은 무엇보다도 '애국'이었다.[69] 국권 상실의 위기 속에서 애국적 인재를 시급히 양성

권사(김용하의 생질)로 학력이 불분명하다. 박용헌 편, 앞 책, 제12장, 24쪽; 『기호흥학회월보』 제6호, 1908년 12월, 48쪽; 이덕주・조이제, 앞 책, 190쪽, 250쪽.

67) 고택, 앞의 글, 360쪽.

68) 최린은 교장 이동휘에 대해 "그는 과연 늠름한 丈夫之風이었습니다. 체격과 얼굴이 어울려 훌륭한 장부입니다. 키는 중 키요 얼굴은 길쑥하고 이목 매우 청수합니다. 성격으로 말하면 아주 열렬합니다. 불덩이 같은 사람입니다. 그러나 종교가적 慈悲之風도 있습니다. 근일은 모르지만 그때의 그는 야소 독신자였습니다."라고 하여 그가 장부다운 성격을 지녔지만 독실한 기독교인으로 자애심도 있었다고 회고하고 있다. 최린, 「늠늠장부의 이동휘씨」, 『개벽』, 1925년 8월, 12쪽.

69) 1908년에 이동휘는 이종호, 현채, 이희직과 함께 4대교육가로 불리고 있었다. 송남자, 「送정익노씨 귀국」, 『태극학보』 제26호, 1908년 11월, 41쪽; 원세훈, 「성재 이동휘의 추억」,

해 내기 위해 엄격한 학교규율과 기독교적 사랑은 효과적이었으며 또한 불가피한 선택이었을 것으로 보인다.

보창학교에서는 학생들의 학업성취를 정기적으로 평가했다. 보창학교 본교와 지교에서는 매 학기시험을 치렀다. 〈표 2-4〉를 보면, 본교와 지교에서 실시한 시험의 종류는 하기시험・추기시험・동기시험 혹은 연종시험・학년시험 등이다. 이 가운데 대부분의 보창학교에서 시행한 시험은 제1학기 말 시험에 해당하는 하기시험과 제2학기 말 시험에 해당하는 동기시험・연종시험(12~2월)이었다. 하기시험은 보통 7~8월에 보았고, 동기시험과 연종시험은 12월에서 1~2월 사이에 치렀다. 동기시험과 연종시험은 서로 중복되지 않고 시험시기도 비슷한 것으로 보아 명칭만 다를 뿐 동일한 학기말 시험으로 간주된다. 동기시험은 오산지교에서, 그리고 연종시험은 본교와 월호지교에서 실시한 것으로 확인되었다. 본교와 송정지교에서 실시한 추기시험(10월)은 제2학기 중간고사와 같은 것으로 일부 학교에서 선택적으로 치른 것으로 보인다. 그리고 학년시험은 제3학기 말(3월)에 치르는 최종시험으로 그 결과에 따라 진급장을 수여했다.[70] 이 시험은 본교에서만 실시한 것으로 확인되었다.

이렇게 각종 시험을 치른 후에 각 학과별로 우등생과 급제생(합격생)을 발표했다(〈표 2-4〉). 본교와 송정지교는 우등생을 갑급우등과 을급우등으로 구분했다. 당시 법규에서는 각 과목의 성적을 10점 만점으로 해서 과목마다 4점 이상이고, 전체 평균이 6점 이상일 경우 합격으로 판정하도록 했다.[71] 보창학교도 이런 기준을 적용했을 것이다.

『삼천리』, 1935년 3월, 63쪽; 고택, 앞의 글, 360쪽.

70) 『황성신문』 1906년 4월 12일, 「보교시험」.

71) 『관보』 제3549호, 1906년 9월 4일, 학부령 제23호 「보통학교령시행규칙」 제13~15조.

〈표 2-4〉 강화 보창학교 본교 및 지교의 교과시험 실시 상황[72]

학교이름	시험유형	실시시기	학과	우등 및 급제자(수)	자료 출처
보창학교 본교	연종시험	1905. 12	보통과	4명(우등)	대매 1906. 1. 5
			소학과	7명(2학년 갑급2 을급2 1학년3)	
	학년시험	1906. 3	보통과	6명(우등 1학년)	황성 1906. 4. 12
			소학과	7명(우등 1학년3 2학년4)	
			여학과	3명(우등 1학년)	
	추기시험	1906. 10	보통과	14명(2학년 갑급6 을급5 1학년3)	황성 1906. 10. 20; 대매 1906. 10. 10
			여학과	3명(우등)	
월호보창학교	연종시험	1909. 1	심상과	18명(급제 1학년5 2학년2 3학년3 4학년6, 우등 4학년2)	대매 1909. 2. 3; 기호월보 제10호, 1909
오산보창학교	하기시험	1907. 7	보통과	7명(우등3 급제4)	황성 1907. 7. 31, 1908. 2 29, 1908. 8. 1
			중등소학과	7명(우등4 급제3)	
			초등소학과	3명(우등3)	
	동기시험	1908. 2	보통과	6명(우등4 급제2)	
			중등소학과	9명(우등6 급제3)	
			초등소학과	11명(우등7 급제4)	
	하기시험	1908. 7	보통과갑	5명(우등4 급제1)	
			보통과을	11명(우등5 급제6)	
			보통과병	11명(우등7 급제4)	
송정보창학교	추기시험	1906. 10	보통과	14명(2학년 갑급우등6 을급우등5, 1학년3)	대매, 1906. 10. 23
산호보창학교	하기시험	1908. 8	고등과	6명(우등3 급제3)	대매(한글판) 1908. 8. 23
			소학과	5명(우등2 급제3)	
			야학과	2명(우등)	

각 시험의 우등생에게는 표창장과 상품을 주어 격려했다. 보창학교 본교에서는 1906년 3월 학년시험을 치른 다음에 진급식을 거행했는데, 우등생에게 상장(포증서)과 상품을 수여했다. 같은 해 추기시험 우등생에게는 지필묵과 공책을 시상했다.[73] 1908년 산호지교 하기시험과 1909년 월호지교 연종시험에서는 우등생뿐만

72) 황성은 황성신문, 대매는 대한매일신보, 기호월보는 기호흥학회월보를 나타낸다.
73) 『황성신문』 1906년 4월 12일, 「보교시험」및 1906년 10월 20일, 「시상우등」.

아니라 급제생에게도 상품을 수여했다.[74)]

당시 보통학교령시행규칙에서는 1년을 제1학기(4~8월), 제2학기(9~12월), 제3학기(1~3월)로 구분하여, 매 학기 성적을 고사(考査)하여 성적고사표를 만들고, 그 종합성적에 따라 학년말에 수료증서 또는 졸업증서를 수여하게 했다.[75)] 보창학교에서는 학기말 시험과 학년말 시험, 혹은 중간시험을 통해 학생들의 학업성취를 확인하고 그 결과에 따라 합격과 진급, 졸업을 결정함으로써 당시 관련 법규에 맞는 학사 운영을 위해 노력하고 있었다.

Ⅲ. 강화 보창학교의 비교과과정 운영

1. 학교운동회의 활성화

강화 보창학교에서 정기적으로 실시한 대표적인 교과외 활동은 운동회이다. 보창학교는 설립 초기부터 운동회를 중시했다. 1905년 초 학교체제를 정비한 다음, 이동휘는 5월에 20여 명의 학생을 직접 인솔해서 학부주관 관공사립 소학교 연합운동회에 지방 학교로는 유일하게 참가했다. 이 연합운동회는 러일전쟁으로 고조된 위기 속에서 정부가 사회통합을 위해 꺼내든 대규모 학교행사인데, 황실의 특별한 신임을 받아 온 이동휘가 그동안 이룩한 교육성과를 보여주기 위해 특별히 참가한 것이다.[76)] 보창학교는 운동회에 참가하기 위해 사전에 많은 연습을 했을 것이다. 보창학교는 초창기부터 병식체조 등 체육활동을 중시해 왔다.

연합운동회를 마치고 강화에 돌아온 보창학교는 같은 해 6월 초에 직접 단독운동회를 개최했다. 이미 강화의 중추 학교로 성장한 보창학교는 이색적인 운동회 광경을 주민들에게 선보이고 그동안의 성원에 보답하고자 했을 것이다. 운동회 개최를 위해 강화주민(찬성원들)과 각계 인사들이 현금 90원(元)과 연필・철필・

74) 『대한매일신보』(한글판) 1908년 8월 23일, 「보챵학교시험」; 『대한매일신보』 1909년 2월 3일, 「보창시험」.
75) 「보통학교령시행규칙」제13조, 제17조, 제19조.
76) 김성학, 앞의 논문, 12-13쪽.

잉크·양지 등 많은 학용품을 지원했다.[77] 이렇게 시작된 학교운동회는 1909년까지 계속 실시되었다.

〈표 2-5〉 강화 보창학교 본교에서 개최하거나 참가한 학교운동회 상황[78]

연번	개최교	개최일	장소	종목	연합	시상	연설	비고	자료 출처
1*	관공 사립 각소 학교	1905. 05. 13	한성 훈련원	100보·200보 장애물경주 제광경주 멀리뛰기 높이뛰기 씨름 계산경주 2인3각 제등경주 연각경주 사환(射丸) 기취 납승(줄다리기)	○	○	○	고위관료 참석 지방학교는 보창학교가 유일	황성 1905. 5. 12, 5. 15
2	보창 학교	1905. 06. 07	강화읍	·	×	○	·		황성 1905. 6. 13
3*	관공 사립 각소 학교	1906. 05. 14	훈련원	1백보·2백보 장애물경주 제광경주 멀리뛰기 높이뛰기 산술경주 제등경주 기취 납승 체조	○	○	·	31교 연합 학생 4천여 명	황성 1906. 5. 15~16.
4	보창 학교	1906. 06. 16	개성 만월대	각종 운동	○	○	·	학생 내빈 500여 명	황성 1906. 6. 25
6	보창 학교	1907. 05. 21~22	강화 동문 외 연병장	방어공격 등 22개	○	·	○	인군39교+지교 32교 1180여 명 여학생 20여 명 서우학회 대표 파견	황성 1907. 5. 27
5*	분양 학교	1907. 06. 15	통진 장림평	·	○	○	○	분양 분남 보창 3교 및 사숙 연합 500여 명 이동휘 기부	대매(한) 1907. 7. 14; 대매 1907. 7. 16
8	보창 학교	1908. 05. 14	(강화 동문외 연병장)	방어공격 등 20여 개	○	·	○	강화80여+인천·통진·개성 20여교 학생 2,600여 명	황성 1908. 5. 17; 대(한) 1908. 5. 17

77) 『황성신문』 1905년 6월 13일, 광고.

78) 연번의 *는 보창학교가 개최하지 않고 단지 참가한 운동회임. · 는 미상, ○은 실행, ×는 미실행을 나타냄. '대매(한)'은 대한매일신보(한글판), '황성'은 황성신문을 나타냄. 1908년 분양학교 주최 운동회에 강화 학교들도 참가했는데, 보창학교는 전년에 참가했기에 1908년에도 참가한 것으로 보았다.

연번	개최교	개최일	장소	종목	연합	시상	연설	비고	자료 출처
7*	분양 학교	1908. 06. 03	마송리 동평	방어공격 연합체조 기계체조 창가 탈망 습구 2인3각 200보 경주 산술경주 기마 경주 결승도보경주 작문 산술 천침 자매 송기 등 18개	○	○	○	통진・강화・김포 13교 600여 명 관중 수만 여학생 참가 의연금 수백원	대매1908. 6. 16; 황성 1908. 6. 9
9*	강화 공사립 각학교	1909. 06. 07	·	·	○	○	○	남녀학생 1천 2백여 불참한 유발학도 종목 특설	대매 1909. 6. 30; 황성 1909. 6. 29

강화 보창학교 본교에서 직접 개최하거나, 참가한 학교운동회는 모두 9회가 확인되었다(〈표 2-5〉). 보창학교 본교가 개최한 운동회는 모두 4회이다. 이는 1905년부터 1908년까지 매년 5~6월에 실시되었다. 이 운동회는 대부분 강화에서 열렸지만, 1906년 6월의 연합운동회는 개성 만월대에서 개최되었다. 이날은 개성 보창학교 개교식을 거행한 날이었다. 이 연합운동회는 개성지교 교장 이동휘가 개교를 축하하고 내빈들에게 감사를 표하기 위한 것이었다.[79] 이는 강화 보창학교가 주관한 것으로 이제 운동회가 보창학교를 대표하는 행사가 되었음을 보여준다.

보창학교가 개최한 운동회는 맨 처음의 운동회를 제외하고 모두 '연합운동회' 형식으로 실시되었다. 1907년 봄부터 연합운동회는 인접 군의 학교들도 참가하는 대규모 행사가 되었다. 1907년 연합운동회에는 지교 32교와 인접 군의 공사립학교 38교가 참가했고, 운동회 종목은 22개에 참가학생은 1,200여 명에 달했다. 당시 한 내빈은 이 운동회를 평안남도 23군 연합운동회와 한성 관공사립학교 연합운동회에 비견되는 운동회라고 평가했다.[80] 1908년 연합운동회는 규모가 더욱 커졌다. 참가학교는 강화지역 80여 개, 인천・통진・개성 지역 20여 개교로 총 100여 개에 이르렀다. 참가학생은 2,600여 명으로 늘어났다. 연합운동회에 강화지역 주민(찬

79) 개성 지교는 이동휘가 개성 유지들과 협의해 제반 경비를 조달하고, 학부에 청원하여 어렵게 숭양서원에 교사(校舍) 마련할 수 있었다. 개교식에는 교사 마련에 도움을 준 학부편집국장 채범석과 학무과장 민건식 등 내빈들이 참석했다. 『황성신문』 1906년 5월 5일, 「보창지교」, 5월 28일, 「설교반대」, 6월 25일, 「보창운동」; 『대한매일신보』 1906년 6월 17일, 「개교왕참」.
80) 『황성신문』 1907년 5월 27일, 「강화대운동경황」.

성원), 기독교 교회, 의무사 등은 장막과 음식물을 적극 후원했고, 서우학회에서도 대표를 파견해 학생들을 격려했다.[81)]

보창학교 연합대운동회는 당시 관중뿐만 아니라 인근 참가학교의 교원과 학생들에게 큰 충격을 주는 것이었다. 1907년 5월 대운동회에 참가한 통진군 분남학교 교장 심계택과 풍덕군수 이윤종은 보창학교 학생들이 모두 단발한 것을 보고 큰 충격을 받아 그곳에서 스스로 상투를 잘랐다. 그러자 학생들도 모두 단발하고 모자를 사서 쓰자 강화읍에서 모자가 일시 품절되기도 했다.[82)] 보창학교 대운동회는 인근 지역에 연합운동회를 확산시키는 역할도 했다. 보창학교 대운동회에 영향을 받은 분남학교 교장 심계택과 인근 분양학교 교장이자 군수인 조동선은 1907년 6월 보창학교를 초청하여 연합운동회를 개최했다. 이동휘가 상품을 기부하고 군수가 운동회 경비를 지출했다. 이 자리에서 심계택과 조동선은 애국심을 고취하고 면학을 독려하는 격렬한 연설을 했다. 관중들은 이 운동회를 보고 감동을 받아 우는 사람도 있었다.[83)] 당시 관중들의 희망에 따라 이 분양학교 연합운동회는 매년 한 차례씩 개최되었다. 1908년 연합운동회는 더욱 규모가 커져 김포군 학교도 참가했고, 운동 종목도 18개에 이르렀으며 의연금도 수백 원에 달했다.

1909년에 보창학교에서 주최하는 연합운동회는 열리지 않았다. 이는 이동휘가 1908년 8월부터 계속 서북학회 모금위원이나 선교사 조사로서 강화지역을 떠나 있었기 때문일 것이다. 그래서 대신에 1909년에는 강화군수 한영복이 공사립학교 연합운동회를 주최하였다. 이미 강화지역에서 운동회는 보창학교를 통해 확고하게 자리 잡은 학교행사였기에 이제 보창학교가 주관하지 않아도 성황리에 실시될 수 있었다.

전술한 것처럼, 보창학교는 1905년에 한성의 관공사립 소학교 연합운동회에 참가했는데 이는 1906년에도 계속 이어졌다. 당시 보창학교는 '제광경주'에서 좋은 성적을 거두었고, 이동휘가 열심히 지도하여 학생들이 준수하며 '체조'가 전년보다 더욱 능숙해졌다는 평가를 받았다.[84)] 하지만 1907년 이후에 한성의 연합운동회에

81) 『서우』 제8호, 1907년 7월, 46쪽.

82) 『대한매일신보』 1907년 5월 25일, 「양시삭발」; 『만세보』 1907년 5월 25일, 「발분삭발」; 조현욱, 「한말 이동휘의 교육진흥운동」, 『문명연지』 제5권 1호, 2004, 104쪽.

83) 『대한매일신보』(한글판) 1907년 7월 14일, 「분양학교운동」.

참가했는지는 불분명하다. 1907년부터는 강화에서 자체적으로 대규모 연합운동회를 열었기 때문에 거기에 참가하지 않았을 것으로 보인다.

보창학교의 운동회는 강화읍 동문 밖 연병장(현 강화중학교 자리)에서 실시되었다. 이곳은 진위대 훈련장으로 동교장(東敎場)이라고 불렸던 곳이다. 당시 보도에 따르면 보창학교 연합운동회 종목은 방어공격 등 20여 개였다고 한다. 구체적인 종목들은 알려지지 않았지만, 보창학교가 참가한 다른 운동회(연번1, 3, 7)에서 유추해 볼 수 있다. 특히 보창학교 운동회의 영향을 받아 조직되었고 운동종목의 수도 비슷한 1908년 통진・강화・김포지역 연합운동회의 종목이 가장 유사할 것으로 보인다. 즉 방어공격・각종체조(연합체조, 기계체조)・유희적 경기(창가, 탈망, 습구, 2인3각)・각종 경주(200보경주, 산술경주, 기마경주, 결승도보경주)・교과 관련 경기(작문)와 여학생 종목(천침, 자매송기) 등이 실시됐을 가능성이 높다. 여기에 한성 연합운동회 종목 가운데 다른 곳에서도 많이 실시한 기취・제광경주・제등경주・줄다리기 등도 추가할 수 있을 것이다.

보창학교 운동회 종목 가운데 한성 연합운동회에서 볼 수 없는 것은 '방어공격'이라는 종목이다. 이것은 학생들을 아군과 적군으로 편성하여 나무와 종이로 만든 무기를 가지고 서로 전투를 벌이는 일종의 모의전투였다. 아군은 포병(50명), 보병(50명), 결사대(60명)로 편성하고, 포병과 보병에는 각각 소대장을 두었다. 학생들은 역할에 맞게 모자나 두건, 견장을 하고 복장을 갖추어 입었다. 적군은 적장을 중심으로 50명이 성을 둘러싸고 있고 바깥에는 200명이 일자진을 형성했다. 부상자를 치료할 적십자대(10명)도 두었다. 전투는 양군이 포격과 총격을 주고받다가, 뒤편에 있던 결사대가 적진과 성을 돌파하여 마침내 적기를 탈취하면 끝이 나는 것이었다. 적진 함락 후에 태극기를 높이 게양하고, 만세 삼창과 군가를 합창했다.[85] 보창학교에서 이 종목은 1907~1908년에 실시되었다. 그리고 같은 해 6월 통진・강화・김포 각 학교 연합운동회까지 전파되었다.

연합운동회에서 방어공격 종목은 보창학교 본교와 지교 학생들이 주도했을 것

84) 『황성신문』 1906년 5월 16일, 「관공사립소학교 연합운동 속문」.
85) 『황성신문』 1907년 5월 27일, 「강화대운동경황」, 1908년 5월 17일, 「강화학교운동」; 『대한매일신보』(한글판) 1908년 5월 17일, 「굉장훈 운동」.

으로 보인다. 보창학교 학생들은 매일 수업 후 1시간씩 실시한 군사훈련 시간에[86] 충분한 연습과 훈련을 했을 것이다. 방어공격은 단지 운동회 종목에 그치는 것이 아니라, 평소에 체조과를 열심히 가르쳐온 결과를 내빈들에게 선뵈는 것이었다. 당시 군사훈련과 군대식 체조를 가르치는 과목이 체조과였다. 보창학교 학생들은 이미 1905~1906년 한성 연합운동회에서 칭찬받을 정도로 체조 종목도 능숙하게 해내고 있었다.

방어공격은 운동경기의 대미를 장식하는 독특한 종목으로 마치 이동휘 휘하의 진위대 병사들이 행하던 군사훈련을 모방한 것 같다. 이는 보창학교 운동회의 군사적 성격을 잘 보여주고 있다. 하지만 이것으로 보창학교 운동회의 전체 성격을 단정할 수 없다. 이는 20여 개의 종목 가운데 하나였다. 보창학교 운동종목으로 유추된 것 중에는 탈망・습구・2인 3각・기취・제등경주・제광경주・기마경주・자매송기 등과 같이 함께 즐기면서 겨루는 다양한 운동종목들이 존재한다. 또한 체조나 줄다리기, 육상경기와 같이 신체활동 위주의 경기도 있고, 매우 독특한 것으로 학습과 운동을 결합시킨 산술경주・작문・천침 등도 눈에 띈다. 이렇게 보창학교 운동회는 군사훈련과 신체활동, 놀이, 학습이 결합된 독특한 형태로 전개되었을 것으로 짐작된다.

보창학교에서는 운동경기를 다 마치면 그 자리에서 연설회를 개최했다. 1907년 연합운동회의 경우, 교직원 대표로 어용선, 내빈대표로 노백린・강조원・유원표, 부인대표로 허 씨가 연사로 나왔다. 어용선은 1906년까지 보창학교 교감 겸 교사로 재직했고, 노백린은 이동휘의 요청에 따라 김희선과 함께 서우학회 총대로 공식 파견되었다. 그리고 유원표는 대한자강회 회원이고 강조원은 개성 배의학교 부교장이었다. 두 사람 모두 이동휘와 함께 개성교육회 평의원으로 활동했다.[87] 허 씨 부인은 강화읍 잠두교회 개척자이자 전도사인 김봉일의 부인으로 1905년 3월 육영학교 대강연회에서 토론에 참여한 적이 있다. 이렇게 연사들은 중앙의 학회나 인근 지역 교육계 혹은 여성계를 대표할 만한 인사였다. 이들의 연설회 내용이

86) E. M. Cable, op. cit, 1905, p.37.

87) 『서우』 제8호, 1907년 7월, 45쪽; 『황성신문』 1907년 5월 23자, 「숭양기념」, 1906년 8월 24일, 「유심기인」. 신문에 강조원은 姜祖源으로 표기되고 있는데, 이는 姜助遠의 오기인 것 같다.

상세히 보도되지는 않았으나, 도중에 발언권을 얻은 전 참판 이인철은 '국가가 이처럼 비참한 지경에 빠진 것은 정부가 나약하고 인민이 몽매하기 때문'이라고 통박했다. 그의 연설은 당시 연설회의 성격이 어땠는지 시사해 준다. 연설회는 단순히 학생과 교직원들을 치하하는 자리가 아니라 운동회에 모인 수많은 사람을 계몽하고 애국심을 고취하는 자리였다.

강화 보창학교 주최 운동회는 이렇게 복합적인 특성을 내포하고 있었다. 군사훈련의 실험실이 되기도 했고, 신체활동과 놀이, 학습이 융합되는 장이자 계몽과 애국심 고취의 마당이었다. 당시 보창학교에 다녔던 인사는 연합운동회의 모습을 다음과 같이 회고하고 있다.

> 봄이 되면 각 면 보창학교가 모인 연합운동회가 동교장(軍人訓鍊場)에서 열렸다. 휘넓은 들에는 박수와 만세소리로 흔천 동지하고 오정 때가 되면 읍내 각 학부형의 집에서 선생들을 대접하는 밥함지가 꼬리를 물고 나오는 것도 가관이었다. 이날은 엿장수 떡장수도 한몫 보는 판이지만 강화도 제일의 공동 명절이 되었고 이동휘 선생에게는 자기 출생 후 제일 기쁜 날인 것 같았다.[88)]

이처럼 졸업생에게는 '공동 명절'과 같았던 날로 기억되고 있다. 박수 소리와 만세 소리가 충만하고 많은 학부모가 선생님들의 점심 식사를 대접하고, 엿장수와 떡장수도 몰려들었던 즐거운 기억으로 남아 있다. 이동휘에게도 태어나 가장 기쁜 날인 것 같았다. 그는 1907년 연합운동회에서 연설회가 끝난 뒤 등단하여 42가지나 되는 유희를 했다.[89)] 하지만 당시 운동회가 오늘날의 축제와 같지는 않았다. 즐거움과 일체감뿐만 아니라 엄숙함과 격렬함, 계몽과 권면이 공존하는 복합적인 공간이었다.

---

88) 고택, 앞의 글, 360쪽. 고택은 강화 보창학교 졸업생이지만, 약력난의 입학, 졸업연도는 오류이다.

89) 『황성신문』 1907년 5월 27일, 「강화대운동경황」.

2. 웅변 · 연설회의 운영과 교가

교과외과정 중에 또 하나 특별한 활동은 '웅변(oratory)'이었다. 한말에 웅변술은 많은 사람의 관심을 끌던 신지식이었다. 1907년에 안국선이 쓴 『연설법방』은 이듬해에 3판까지 발행될 정도로 인기를 끌었고, 안창호도 청년시절에 『웅변법강론』을 지어 웅변 지식을 보급하고자 하였다.[90] 보창학교에서는 학생들에게 웅변을 매우 강조했다. 웅변 연습은 토요일 오후에 강당에서 실시되었다. 교장 이동휘가 웅변교육을 직접 담당했다. 그의 웅변은 "열화 갓흔 애국성(愛國聲)과 도도한 웅변은 듯는 자로 감분 흥기케 한다"고 회자될 만큼 전국적으로 명성이 자자했다.[91] 그는 웅변교육을 위해 학생들에게 연제를 며칠 전에 배포했다. 사전에 미리 준비하고 충분히 연습하게 한 다음에, 토요일에 실제로 다른 사람들 앞에서 연설하게 했다. 그리고 우수한 학생에게는 상을 주어 격려했다. 이동휘는 학생들이 연설에 익숙해지면 우수한 학생들을 데리고 학교설립 및 교육진흥을 촉구하기 위해 강화 각지를 돌아다니며 순회 연설을 했다.[92] 이는 일종의 현장 실습이었다.

보창학교 학생들은 연설회, 운동회와 같은 학교행사에서 교가나 군가를 자주 불렀다. 이런 노래를 자주 부르면 기억 속에 오래 남고 행동과 의식에 미치는 영향도 적지 않다. 현재 보창학교 교가로 알려진 노래는 두 가지이다. 하나는 이영일(이동휘의 자제)이 이동휘 전기에 수록해 놓은 것으로 보창학교 중학생들이 불렀다는 교육가이다(①). 다른 하나는 8~9세경에 보창학교를 다녔던 사람이 무수히 불렀다고 구술한 교가이다(②). 후자는 재학 연령으로 보건대 초등소학과 시절에 부른 것이다.

---

90) 유성수, 「역사적 고찰을 통한 화법 교육의 연구」, 전주대학교 교육대학원, 2000, 33~36쪽 참조.

91) 『독립신문』 1919년 9월 20일, 「이국무총리의 약력」.

92) 고택, 앞의 글, 360쪽.

① 대한국 만세에 부강기업은 국민을 교육함에 전혀 있도다. 우리는 덕을 닦고 지혜 길러서 문명에 선도자가 되여 봅시다./ 태평양과 대서양에 무한한 물은 산곡 간에 적은 물이 회합함이요 우리들의 모든 사업 성취하기는 천신만고 지난 후에 능히 하리라.[93)]

② 무쇠 구녁(주먹) 돌구녁 소년남자야/ 애국의 정신을 분발하여라/
때 달았네 때 달았네/ 우리나라 때 달았네.[94)]

③ 무쇠골격 돌근육 쇼년남ᄌᆞ야/ ᄋᆡ국의 정신을 분발ᄒᆞ여라/
다다랏네 다다랏네 우리나라에 쇼년의 활동시ᄃᆡ 다다랏네(1절)/
만인ᄃᆡ뎍 련습ᄒᆞ여 후일 젼공세우세 졀세영웅 대ᄉᆞ업이 우리 목뎍이 아닌가(후렴)[95)]

보창학교는 중학과(중학교), 소학과, 사범과, 어학과, 여학과 등을 운영했다. 이것은 각각 보창학교라는 이름 아래 설치된 과정이기 때문에, 과정마다 별도의 교가를 두지 않았을 것이다. 그런데 ①과 ②의 가사는 매우 다르다. ①과 ②를 다른 노래가사 ③과 비교해 보자. ③은 1909년에 일본유학생 야구단이 국내에서 사용한 운동가(제1절과 후렴)이다. 제목은 '소년남자가'로 전체가 5절로 되어 있다. 이것과 ②를 비교해 보면, ②는 후렴만 빠져 있을 뿐 소년남자가와 거의 동일하다. 그런데 이 소년남자가는 일본유학생 야구단만이 사용한 것은 아니다. 상동청년학원의 경우, 체조시간에 목총을 메고 북을 두드리며 군가를 부르면서 군사훈련(병식체조)을 실시했는데 당시 부른 군가는 바로 소년남자가와 동일했다.[96)] 이와 같이 소년남자가는 운동경기나 군사훈련 등 단체 활동을 하는 곳이면 어디서나 자주 불렀던 노래였다. 따라서 ②번의 구술 교가는 보창학교 교가라기보다는 운동가나 군가로 사용된 소년남자가였음을 알 수 있다.

---

93) 이영일, 『이동휘 성재선생』, 1981, 26쪽(윤병석, 『성재 이동휘전서, 상권』, 독립기념관 한국독립운동사연구소, 1998 수록본).

94) 1985년에 김보산 옹이 구술한 것이다. 최취수, 「1910년 전후 강화지역 의병운동의 성격」, 『한국민족운동사 연구』, 제2호, 1988, 60쪽에서 재인용.

95) 이 노래는 모두 5절까지 있다. 『대한매일신보』(한글판) 1909년 7월 24일, 「쇼년남ᄌᆞ가」; 『황성신문』 1909년 7월 22일, 「야구단운동가」.

96) 전택부, 『한국 기독교청년회 운동사』, 서울: 범우사, 1994, 99쪽에 수록된 군가 참조.

결국 보창학교 교가는 이동휘 전기에 수록된 '교육가'가 맞는 것으로 판단된다. 이 교육가의 내용을 보아도 교가에 더 적합하다. 국가의 부강은 국민의 교육에 달려 있으니 덕을 닦고 지혜를 길러 문명의 선도자가 되어 보자는 노래 가사는 당시 학교교육의 목적을 명료하게 보여주고 있으며 또한 전국적으로 전개되던 계몽운동의 특질도 그대로 담아내고 있다. 소년남자가는 교가는 아니지만 거의 교가처럼 자주 불렀던 운동가이자 군가였다. 무쇠처럼 단단한 몸을 만들어 애국정신을 발휘하고 후일에 전공을 세워 대사업을 이루자는 내용은 당시의 시대정신을 잘 담고 있다. 이와 같은 보창학교의 교가와 소년남자가를 학생들은 매일 부르면서 노래에 담긴 계몽 정신과 애국심을 내면화해 갔다.

Ⅳ. 강화 보창학교 졸업생의 진로 및 사회활동

지금까지 강화 보창학교의 교육목표를 명시한 사료가 확인된 적은 없다. 전술한 학사 운영 상황을 종합해 보면, 보창학교에서는 엄격한 학교규율과 기독교적 사랑을 바탕으로 강인한 몸과 기독교적 인성을 지닌 애국자를 양성하고자 했다. 이제 졸업생들의 상급학교 진학상황과 사회활동을 중심으로 그 교육성과를 확인해 보고자 한다.

현재 보창학교의 졸업생 명부는 전해지지 않는다. 유일하게 당시 신문기사에 일부 졸업생 명단이 남아 있다. 1907년 4월에 제1회 고등소학과 졸업생 19명과 초등소학과 졸업생 18명의 명단이 보도되었다.[97] 이들 37명 가운데 18명의 졸업 후 경력을 확인하였다. 또한 1908년 9월에는 사범속성과 졸업생 30여 명 가운데 2명의 이름이 보도되었다.[98] 이 중 1명의 경력을 확인하였다. 이밖에 한국사데이터베이스와 인물사전 등에서 추가로 졸업생 6명의 명단(휴학생 1명 포함)과 경력을 확인했다. 이렇게 확보된 25명(모두 1906~1909년 졸업)의 졸업 후 진로와 사회경력을 분석하였다. 경력 분석의 대상 시기는 일제시기까지로 하였다.

97) 『황성신문』 1907년 5월 4일, 「보교점창」.
98) 『대한매일신보』 1908년 9월 24자, 「보창우창」.

〈표 2-6〉 강화 보창학교 졸업생의 상급학교 진학 및 사회활동 상황[99)]

이름*	학과 (졸업연도)	상급학교 진학 상황	사회활동 및 경력	비고
주영섭 (朱永燮)	고등 소학과 (1907. 4)	한북학교(1907. 12현) 서북협성학교 사범속성과 졸업(제1회, 1908. 5)	대신 암살 기도(1906) 한북흥학회 회원(1908) 간도의병대 한인군인위원회 위원(1923 현재) 고려공산당 黑河비서장(1925 현재)	함남 북청 출신
김종만 (金鍾萬)	고등 소학과 (1907. 4)	미국 유학(1920)	협성신학교 교수(1927~1939 현재)	감리 교인
서병철 (徐丙哲)	고등 소학과 (1907. 4)	·	서우학회 입회(1907. 8) 임시정부 가담(1920) 상해에서 체포(1932)	
황완수 (黃完秀)	고등 소학과 (1907. 4)	서북협성학교 사범속성과 졸업(제2회, 1909. 4)	분향 학생연합친목회 발기인(1908) 중앙공우회 이사(1920)	경기 통진 출신
장기준 (張基俊)	고등 소학과 (1907. 4)	·	의병 가담 귀순(1908. 9) 러시아 연추(노우키에프스크) 인근에서 의병 활동(蛤什螞溝 內大洞의 사무소장, 1910)	
김현직 (金顯稷)	고등 소학과 (1907. 4)	·	부천군 영종 면장(1938)	
조종환 (趙鍾桓)	고등 소학과 (1907. 4)	상동 청년학원 졸업(1912) 배재학교 졸업(1914)	경성 상동 흥국학교 교사(1912~13) 강화군 양도면 흥천동 문일학교 교사(1913~14) 함안군 안신학교 교사(1914 ~17) 전주 신흥학교 교사(1918~1919) 강화에서 삼일운동 시위 주도(1919) 대동단 활동(1919)－1년 징역 영광군 사립강습소 강사(1922~23) 경성법학원 강사(1923. 8~)	감리 교인

99) ·는 미상을 나타냄. 김영섭, 박두성, 장석영, 조종범의 경력은 이은용(2008)이 소개한 바 있다. 그런데 일부 연도와 명칭에 오류가 있어 바로 잡고, 다른 사료로 보완했다. 박두성은 보창학교를 2년 넘게(1904.2~1906.5) 다닌 것으로 보아 고등소학과를 마친 후 보통과를 다니다 휴학한 것으로 보인다(『대한제국관원이력서』, 7책, 220쪽). 휴학 후 그는 이동휘의 주선으로 한성사범학교에 입학했다. 그리고 장석영은 당시 신문에 '張成英'로 보도되었으나(『황성신문』 1907년 5월 4일, 「보교점창」), 이는 '張錫英'의 오기이다. 조종범의 경력은 『한국감리교인물사전』의 기록을 따랐으나, 『황성신문』 기사에 의거해 송정보창학교 측량과도 졸업한 것으로 보았다. 김훈태의 졸업 학과와 연도는 미상이다. 그는 1907년 현재 11세로 1910년 전에 졸업한 것으로 추정된다. 각 인물별 자료 출처는 다음과 같다.

이름*	학과(졸업연도)	상급학교 진학 상황	사회활동 및 경력	비고
황남주(黃南周)	고등 소학과 (1907. 4)	·	경성고등보통학교 훈도(1913~16) 강화공립보통학교 훈도(1917~27) 경기도 창신공립보통학교 훈도(1930~31) 경기도 학무과 시학(1932)	
박용남(朴龍南)	고등 소학과 (1907. 4)	·	종로 우편사무원(1924)	

주영섭 경력은 『황성신문』 1907년 12월 15일, 1908년 5월 5일; 『태극학보』 제23호, 1908년 7월; 「趙龍琮 外 三名 捕縛ノ件 移牒」, 顧祕第二四號, 1906년 1월 20일; 朝鮮總督府 警務局, 「露支領 不逞鮮人의 義兵隊編成에 關한 件」, 高警 제617호, 1923년 2월 24일; 大谷和三郎(吉林總領事代理), 「不逞鮮人 行動에 關한 件」, 機密 第18號, 1925년 4월 30일, 김종만은 『동아일보』 1920년 5월 30일, 1939년 6월 10일, 서병철은 『서우』 제9호, 1907년 8월; 「上海假政府의 新聞發刊計劃에 관한 건」, 政一機密送 제37호, 1920년 10월 5일; 『동아일보』 1932년 12월 4일, 황완수는 『황성신문』 1908년 9월 2일; 『서북학회월보』 제12호, 1909년 5월; 『매일신보』, 1920년 2월 27일, 장기준은 문화군 보고, 『隆熙 元年 12월 暴徒 招撫에 關한 編冊』(1908. 9. 1), 1908년 1. 30; 鏡城分隊長 報告, 「咸鏡道 圖們江 對岸 賊狀에 關한 件」, 1910년 3월 8일(『한국독립운동사 자료17(의병편Ⅹ)』); 「安重根 및 共謀 嫌疑者에 대한 訊問에 關한 件」(『한국독립운동사 자료 7(안중근편Ⅱ)』), 김현직은 『조선총독부및소속관서직원록』 1938년도, 조종환은 「조종환신문조서(제1회)」, 1920. 2. 17(『한민족독립운동사자료집 6』(대동단사건); http://e-gonghun.mpva.go.kr, 김석부는 『황성신문』 1907년 8월 21일, 황남주는 『일본제국직원록』 1913~1916년도; 『조선총독부 및 소속관서 직원록』 1930년~1932년도, 그리고 박용남은 『동아일보』 1924년 1월 1일, 장석영은 『한국감리교인물사전』, 2002; 『삼천리』 제7권 제8호, 1935년 9월; 「중요사건의 검거상황－흥업구락부사건」(경성지방법원 검사국문서, 1938. 9); 「삼일신보 창간취지서」(경성지방법원 검사국문서, 1928. 3. 22); 『정동제일교회구십년사』, 1977; 『연희전문학교일람』 1939, 1941, 최의순은 『일본제국직원록』 1915; 『조선총독부및소속관서직원록』 1916~1926; 『매일신보』 1925년 5월 21일, 전세창은 『매일신보』, 1920년 6월 7일, 1939년 1월 21일, 유부영은 『조선총독부관보』 제1276호, 1931년 4월; 『매일신보』 1937년 12월 15일, 노시창은 『조선총독부및소속관서직원록』 1914~1916, 최석범은 『기호흥학회월보』 제7호 1909년 2; 「不逞鮮人 逮捕에 關한 件, 機密 第131號」 1925 및 「奉天 鮮人情報에 關한 件, 外務省文書課受 第381號」 1926(『일본외무성기록』), 이창용은 『독립운동자공적자료』; 『동아일보』 1933년 1월 26일, 김현구는 『조선총독부관보』 제805호, 1915년 4월 13일; 『매일신보』 1931년 4월 5일; 『조선총독부및소속관서직원록』 각 년도, 김영대는 『황성신문』 1908년 4월 24일; 『조선총독부및소속관서직원록』 각 년도, 황학희는 『대한매일신보』 1907년 4월 18일, 1908년 9월 24일 및 1909년 2월 3일, 김영섭은 『정동제일교회90년사』, 1977; 『한국감리교인물사전』, 2002; 『대한자강회월보』 제8호, 1907년 2월; 『동아일보』 1937년 7월 18일 및 1939년 12월 10일, 조종범은 『한국감리교인물사전』, 2002; 『황성신문』 1908년 12월 8일; 『매일신보』, 1938년 6월 12일, 박두성은 『대한제국관원이력서』 7책; 『한국감리교인물사전』, 2002; 『한민족문화대백과사전』, 조구원은 『왜정시대인물사료』 2권; 『매일신보』1919년 5월 6일; 『동아일보』 1927년 1월 16일, 박길양은 『왜정시대인물사료』 1권; 『한민족문화대백과사전』; 『동아일보』 1925년 3월 30일, 1925년 12월 4일, 김훈태는 『대한민국인사록』 10; 『왜정시대인물사료』1권 등을 참고해 작성함.

이름*	학과(졸업연도)	상급학교 진학 상황	사회활동 및 경력	비고
장석영(張錫英)	고등 소학과(1907. 4)	잠두의숙 입학(1902) 보성중학교 졸업(1907~1911) YMCA영어과 졸업(1913) 협성신학교 영문신학과 수료(1913~1915) 미국 스카릿대학 수학(1926) 콜롬비아대학교 학사(1927~1930, 교육학), 석사(1932, 철학) 유니언신학교 신학사(1933)	논산읍교회 청년지도 전도사(1915~1918) 서울 수표교회와 자교교회 주일학교장 겸 서울지방 종교교육 사업 관장(1918~1926) 뉴욕 삼일신보 창간 발기인(1928) 미국 감리교 목사 안수(1933) 연희전문학교 교목 겸 교수(1933~1942) 흥업구락부 사건으로 구속, 기소유예(1938) 개성 중앙남부교회 목사(1942~1945) 강화 신문리교회 목사(1945) 미군정장관 상임 최고고문 및 미소공동위원회 고문(1945) 연희대학교 교수 및 신과대학장(1945~1948) 감리교회 재건파 감독(1948~1949) 감리교신학교 교수(1949~1950) 정동제일교회 목사(1953~1955) 이화여대 교목 겸 교수(1955) 한국기독교협의회 회장(1962) 연세대학교 재단이사(1963~1967)	강화 출신 감리 교인
최의순(崔義淳)	초등 소학과(1907. 4)	·	파주·시흥 공립보통학교 부훈도(1915~1924) 김포군 속(1924~1926) 김포군 정구구락부 회장대리(1925)	
전세창(田世昌)	초등 소학과(1907. 4)	·	강화교우친목회원(토론회 연사 1920) 평택지역 성공회 신부(1939)	
유부영(劉富榮)	초등 소학과(1907. 4)	·	수원 사강리 감리교회 담임목사(1931~1937현)	감리 교인
노시창(盧始昌)	초등 소학과(1907. 4)	·	임시토지조사국 측지과 기수(1914~1916)	
최석범(崔錫範)	초등 소학과(1907. 4)	통진 분양학교 재학(1909)	정의부에서 봉천 군자금 모집 활동(1925~1926)	

이름*	학과 (졸업연도)	상급학교 진학 상황	사회활동 및 경력	비고
이창용 (李昌用)	초등 소학과 (1907. 4)	·	북경 조선혁명당총동맹 가입(1931) 만주전권대사 암살과 관동군사령부 폭파 미수사건으로 체포(1933), 징역 10년형 복역	황해도 신천 출신
김현구 (金顯九)	초등 소학과 (1907. 4)	경성고등보통학교부설 임시 교원양성소 졸업(1915)	해미·남이·심천 공립보통학교, 봉양 심상소학교 훈도 교장 등(1915~1939)	
김영대 (金永大)	초등 소학과 (1907. 4)	개성학당 졸(1908)	임시토지조사국 측량과 기수(1910~1916)	
황학희 (黃鶴熙)	사범 속성과 (1908. 9)	·	단지학생에 구휼금 기부(1907) 월호보창학교 학감(1909)	
김영섭 (金永燮)	보통과 (1904~1905 수학) 사범과 (1907)	강화공립소학교 졸업(1900) 한학 공부(1902~1904) 육군무관학교 수학(1905) 와세다대학 졸업(1911~1914) 아오야마학원 신학부 졸업(1914~1918) 미국 Hartford 신학교 졸업(1921~1923) 콜롬비아대학교 교육학 전공(1923~1925)	대한자강회 해주 지회원(1907. 2) 황해도 연안 사립봉남학교 교사(1907~1910) 인천 내리교회 부목사(1918~1919) 뉴욕 한인감리교회 목사(1923~1925) 중앙감리교회 목사(1925~1927) 협성신학교 교수 겸임 정동제일교회 목사(1927~1934, 1938~1943) 흥업구락부사건으로 2개월 옥고, 기소유예(1938) 감리교 감리사(1937~1939) 일본조선기독교감리교단 사무국장(1943)	강화 출신 감리 교인
조종법 (趙鐘範)	사범과 (송정지교 측량과, 1908. 11)	협성신학교 졸업	강화 월오지 사립학교 교사 집사목사(1919), 장로목사(1921) 감리교 감리사(1931~1937) 경기도, 강원도, 충청도 등에서 목회 당진에 호서중학교 설립(1950)	강화 출신 감리 교인
박두성 (朴斗星)	보통과 (1906. 5 휴학)	관립한성사범학교 속성과 졸업(1906. 9)	서울정동교회와 인천내리교회 교인 양현동관립보통학교 부교원(1906. 9) 어의동관립보통학교 부교원(1907. 6) 제생원 맹아부 훈도(1913~1935) 한글 점자 완성(1926) 인천 영화학교 교장(1936~1939) 점자 찬송가 완성(1936) 점자 신약성경 완성(1941)	강화 출신 감리 교인

이름*	학과 (졸업연도)	상급학교 진학 상황	사회활동 및 경력	비고
조구원 (趙龜元)	미상 (1909)	강화공립보통학교 졸업(1910) 인천공립상업학교 졸업(1916)	상주 금융조합 서기(1917) 경성 세창양행 서기(1920) 강화잠두합일학교 교사(1919, 1921) 독립선언문 인쇄 배포 검거(1919) 동아일보 강화지국 기자(1927)	강화 출신
박길양 (朴吉陽)	미상 (1908)	상동청년학원 중등과 졸업(16세, 1910)	강화 월곶리 사립학교 교사(3년간) 군자금 모금활동(1921) 검거 1년 6개월 옥고 동아일보 강화지국 기자(1925) 조선공산당 가담 검거(1925) 옥사(1928)	강화 출신
김훈태 (金訓泰)	미상(?)	·	일제 요시찰인으로 피검 복역(독립사상, 공산주의 찬동)	강화 출신

1. 상급학교 진학 상황

상급학교 진학 측면에서 가장 눈에 띄는 점은 한성의 애국계몽단체에서 설립, 운영하는 사립학교에 가장 많이 진학하고 있다는 점이다. 서북학회에서 설립한 서북협성학교에 2명, 상동청년회에서 설립한 상동청년학원에 2명이 진학하고 있다. 두 학교 모두 이동휘와 밀접한 관계가 있는 사립학교이다. 1906년에 함경도 출신인 이동휘는 한북흥학회의 창립을 주도했고, 서우학회와의 통합에도 주도적인 역할을 했다. 1908년에 두 학회가 서북학회로 통합되자 두 학회 산하의 한북학교와 서우학교는 서북협성학교로 새로 출범했다. 서북협성학교에는 1년제 사범속성과를 설치했다.[100] 주영섭과 황완수는 각각 서북협성학교 사범속성과를 제1회와 제2회로 졸업했다. 그리고 상동청년학원은 감리교 상동교회 안에 조직된 상동청년회에서 1904년에 설립한 학교이다. 이는 중등교육기관으로 3년제로 운영되었다. 이동휘는 감리교인으로 상동청년회 준회원으로 활동했다.[101] 그렇기에 그의 영향

100) 김영우, 『한국근대교원교육사 I』, 서울: 정민사, 1987, 124~127쪽.
101) 한규무, 「상동청년회에 대한 연구, 1897~1914」, 『역사학보』 제126호, 1990, 80~81, 87~88, 101~103쪽.

과 추천으로 소학과 졸업생 조종환과 박길양은 상동청년학원에 진학한 것으로 보인다. 조종환은 상동청년학원을 졸업한 후 다시 같은 감리교 계통의 배재학당으로 진학하고 있다.

관립학교에 진학한 사례는 2건이었다. 박두성은 보창학교를 휴학하고 곧장 관립 한성사범학교 속성과에 들어갔다. 초등소학과를 졸업한 김현구는 경성고등보통학교 부설 임시교원양성소를 졸업했다. 그는 초등소학과 졸업 후 중등 수준의 학교를 이수했을 것이다. 전술한 서북협성학교 사범속성과 졸업생 2명을 합하면, 모두 4명이 관사립 교원양성기관에 진학하고 있다. 당시 신식학교들이 급증하면서 교원 양성이 시급한 과제였는데, 보창학교 출신들은 이러한 사회적 요구에 잘 부응하고 있었다.

강화 인근의 사립학교와 공립학교로 진학한 사례는 각각 2건과 1건이 확인되었다. 최석범과 김영대는 각각 초등소학과를 졸업하고 인근 통진의 분양학교와 개성의 개성학당으로 진학했고, 조구원은 강화공립보통학교로 진학해 1년 만에 졸업하고 다시 인천공립상업학교에 들어갔다. 당시 초등소학과 졸업생은 고등소학과로 곧장 입학할 것이라고 보도되었다.[102] 하지만 이처럼 일부 학생들은 인근의 다른 학교로 진학하고 있었다.

보창학교 출신으로 해외유학을 떠난 인사는 3명이었다. 세 명은 모두 감리교인으로 1920~1930년대 초반에 미국으로 유학을 갔다는 공통점이 있다. 1920년에 감리교에서는 감리교 선교 100주년 기념사업으로 미국유학생 4명을 선발했다. 이때 고등소학과 졸업생인 김종만이 선발되어 미국 에모리대학으로 유학을 떠났다. 그리고 김영섭은 처음엔 보통과에 입학했다가 휴학하고 무관학교에 진학했는데, 을사늑약 이후 그만두고 다시 보창학교 사범과에 입학해 졸업했다. 이후 그는 일본 아오야마학원(青山學院)에서 신학을 공부했고, 1920년 미국에서 열린 세계감리교 총회에 한국 대표로 참석했다가 그대로 남아 1923년에 미국 동부의 하트포드(Hartford) 신학교를 졸업했다. 고등소학과를 졸업한 장석영도 김영섭과 비슷한 경로를 거쳐 갔다. 그는 졸업 후 보창학교와 연고가 있는 보성중학교로 진학했고, 황성기독교청년회 영어과와 감리교 협성신학교 영문신학과를 수료한 뒤 미국으로

102) 『황성신문』 1907년 5월 4일, 「보교점창」.

유학을 떠났다. 그는 컬럼비아대학에서 학사(교육학, 1930)와 석사(철학, 1932) 학위를 취득하고, 다시 1933년에 유니언신학교에서 신학사 학위를 받았다.

이렇게 보창학교 졸업생들은 이동휘의 영향력이 미치고 있는 한성이나 통진, 개성의 사립학교에 가장 많이 진학하고 있으나, 일부는 한성의 관립학교나 강화, 인천의 공립학교에도 진학하였다. 장기적으로는 신학을 공부하기 위해 미국 유학을 떠난 졸업생도 생겨났다. 그리고 학교 계통별로 보면, 교원양성이나 신학 계통의 학교에 가장 많이 진학했고, 일부는 상업학교와 같은 실업 계통의 학교에도 진학했다.

2. 졸업 후 사회활동 및 경력

보창학교 졸업생들(25명)은 졸업 후 교육계(12명)와 독립운동(11명)에 가장 많이 투신하고 있었다(중복 산정; 〈표 2-6〉). 목회자가 5명에 이른다는 점도 보창학교의 기독교적 영향력을 보여준다. 그리고 총독부 하급관리(5명)와 기자(2명)도 배출되었다. 이렇게 그들의 사회활동은 교육자의 길, 독립운동의 길, 목회자의 길, 하급관리의 길로 분화되어 갔다. 이 네 가지 경로는 서로 중첩된 경우가 많았다. 교육자의 길을 걷다가 독립운동에 투신하거나 그 반대의 길을 걸어간 인사가 3명이었고(조종환, 조구원, 박길양), 목회자와 교육자의 길을 걷다 독립운동에 관계한 인사가 2명이었다(장석영, 김영섭). 그리고 공립학교 교사로 활동하다가 하급관리로 진출한 인사도 2명이었다(황남주, 최의순).

전체 25명 가운데 독립운동 경력자가 11명에 이른다는 점은 보창학교가 애국자 양성이라는 측면에서 상당한 성과를 거두었음을 보여준다. 이들은 만주와 러시아 및 중국에서 항일 무장투쟁에 가담하거나 국내에서 독립운동자금과 독립군 모집 활동을 전개했다.

먼저 국외에서 활동한 인사들을 보면, 주영섭은 1920년대에 간도의병대 한인군인위원회 위원과 고려공산당 흑하(黑河) 비서장으로 활동했고, 이창용은 북경 조선혁명당총동맹에 가입하여 1933년에 만주 전권대사 암살과 관동군사령부 폭파 미수사건으로 체포되어 10년을 복역했다. 서병철은 임시정부에서 활동하다 1932년 상해에서 체포되었다. 최석범은 만주 정의부에서 군자금 모집 활동을 벌였으며, 장기준은 1910년에 러시아 연추 인근에서 의병 활동을 했다. 이와 같이 이들은 해외에서 고려공산당·조선혁명당·상해임시정부·정의부 등 주요 독립운동 단체에서 치열한 독립운동을 전개하였다.

국내에서 보창학교 출신들은 교사나 교수 혹은 목사로 활동하면서 조선공산당·대동단·흥업구락부 등에 가담하여 독립운동을 하였다. 박길양은 상동청년학원을 졸업하고 강화 월곶에서 사립학교 교사로 지냈다. 그는 1921년에 삼남 지방을 순회하며 군자금을 모금하다 붙잡혀 1년 넘게 옥고를 치렀다. 그 뒤 조선공산당에 참여하다 구속되어 1928년 서대문형무소에서 옥사했다. 조종환은 상동청년학원과 배재학당을 졸업하고 경성·강화·함안·전주 등지에서 사립학교 교사로 활동했다. 그는 1919년에 강화 길상면에서 3.1만세시위를 주도했고, 그해 월호보창학교의 설립자이자 이동휘의 의형제였던 유경근을 통해 대동단에 가입하여 독립군 모집 활동을 벌였다. 조구원도 강화 잠두합일학교 교사로 활동하며 독립선언서를 인쇄하여 배포한 혐의로 검거되었다. 그리고 정동제일교회 목사였던 김영섭과 연희전문학교 교목 겸 교수였던 장석영은 흥업구락부에서 활동하다가 1938년 구속되어 옥고를 치렀다. 이들은 미국유학 시절부터 독립운동에 관계했다. 김영섭은 미국에서 이승만이 조직한 동지회의 간부로 활동했으며,[103] 장석영은 1928년 컬럼비아대학 사범대학에 다닐 때 오천석 등 미국유학생들과 함께 뉴욕에서 삼일신보 창간발기인으로 참여했다. 그들은 삼일신보를 발간하여 '대한민국의 독립을 완성하기 위해 한민족을 자각시키고 민론을 환기시켜 대동단결의 기세를 진작'하려고 했다.[104]

---

103) 김상태, 「1920~1930년대 동우회·흥업구락부 연구」, 『한국사론』 28권, 1992, 220쪽, 234쪽. 이승만은 1921년 구미 열강들이 참가한 워싱턴 회의에 실망하고 동년 12월 김영섭, 정한경, 남궁염, 허정 등과 논의해 조선독립을 위해서는 실력양성에 주력해야 한다는 결론을 내리고 워싱턴 등 여러 곳에 비밀단체를 조직했다. 이는 1923년 동지회 결성으로 이어졌다. 김영섭은 1921년부터 1925까지 미국에서 유학했는데, 1923년부터는 한인 감리교회 목사로도 활동하면서 동지회에 가담했다.

104) 「삼일신보 창간취지서」, 경성지방법원 검사국문서, 1928. 3. 22. 삼일신보의 사장은 허정, 고문은 이승만과 서재필, 편집부원은 김도연, 김양수, 이동제, 윤치영 등 25인이었다. 『동아일보』 1928년 7월 28일, 「재미동포 활동, 삼일신보 창간」.

보창학교 출신자들이 가장 많이 투신한 분야는 교육계였다. 교육계에 진출한 인사들은 대부분 독립운동(3명)이나 목회자(3명), 하급 관리(2명)로서의 경력도 함께 갖고 있었다. 교육계 진출자들은 각종 사립학교에 가장 많이 재직했다(7명). 일부는 관립 교원양성기관 진학 후 관공립학교로 진출하거나(4명), 미국유학 후 감리교 신학교나 선교계 전문학교 교수로 재직했다(4명). 특수학교 교사도 1명 있었다.[105] 교육계 직위로 보면, 사립학교 교장(박두성), 공립 보통학교 교장(김현구), 사립중학교 설립자(조종범), 사립대학교 재단이사(장석영)도 배출되었다. 특히 박두성은 한글점자를 창안하고 점자 찬송가와 신약성경을 완성하여 시각장애인의 정신적 지주로 칭송받으며 '시각장애인의 세종대왕'으로 불리고 있다.[106]

다음으로 보창학교 출신자들의 경력상 특이점은 일반계 학교임에도 불구하고 목회자가 비교적 많다는 점이다. 목회자로는 김영섭·장석영·유부영·조종범·전세창 등이 확인되었다. 성공회 신부였던 전세창을 제외하고 나머지 4명은 모두 감리교 목사였다. 김영섭은 1923년 미국 하트포드 신학교 졸업 후 미국 감리교 뉴욕 동부연회에서 목사 안수를 받았다. 그는 아펜젤러가 세운 정동제일교회에서 12년간(1927~1934, 1938~1943) 목회를 담임했다. 그는 3.1운동 이후 1943년까지 김종우 목사와 함께 번갈아 가며 정동제일교회를 이끌어 간 목회자였다. 이 밖에도 그는 인천 내리교회, 뉴욕 한인감리교회, 서울 중앙감리교회에서 줄곧 목회자의 삶을 살았다. 장석영은 1933년 미국 유니언신학교를 졸업하고 미국 감리교 뉴저지 연회에서 목사안수를 받았다. 귀국 후 같은 해 5월 연희전문학교 교목 겸 교수로 부임하여 1942년까지 줄곧 재직했다. 이후 개성 중앙남부교회 목사(1942~1945), 강화 신문리교회 목사(1945)를 지냈고, 광복 이후에는 연희대학교 교수 및 신과대학장(1945~1948), 정동제일교회 목사(1953~1955), 이화여대 교목 겸 교수(1955), 한국기독교협의회 회장(1962) 등을 역임했다.[107] 그리고 유부영은 수원 사강리 감

105) 한 사람이 여러 유형의 학교에서 활동한 경우 중복 산정했다.

106) 구십년사편찬위원회, 『정동제일교회 구십년사』, 서울: 기독교대한감리회 정동제일교회, 1977, 154쪽.

107) 같은 책, 184~185쪽, 241~243쪽; 역사위원회, 『한국 감리교 인물사전』, 서울: 기독교대한감리회, 2002, 62~63쪽, 402~403쪽. 김영섭과 장석영은 둘 다 강화읍 출신으로 특이할 정도로 매우 비슷한 삶을 살았다. 그들은 한말에 강화 보창학교를 졸업하고 감리교 신자가 되었으며, 미국유학을 떠나 신학교를 졸업하고 콜롬비아 대학에서 교육학도 전공했고 미국에서

리교회 담임목사로 재직하였고, 조종범은 협성신학교를 졸업하고 경기도・강원도・충청도 등에서 감리교 목사와 감리사로서 활동했다.

이처럼 강화 보창학교는 일반계 학교로서 기독교조선감리회의 모교회인 정동제일교회 목사 2명(김영섭, 장석영)과 감리사 2명(김영섭, 조종범)을 배출할 정도로 학생들에게 미친 기독교적 영향력은 강력했던 것으로 보인다. 목회자는 아니지만 앞서 박두성과 조종환도 감리교인이기에 모두 7명이 기독교인이며 그 가운데 6명이 감리교인이었다. 문헌으로 확인되진 않지만, 나머지 졸업생 중에도 감리교인이 매우 많았을 것으로 보인다. 이들은 교장 이동휘가 감리교인이며 교사들도 감리교인이 많았던 보창학교에서 감리교로 개종하거나 감리교에 대한 호감을 키웠을 것이다. 실제로 조종범은 이동휘의 권고로 감리교를 믿게 되었다. 또한 장석영은 이동휘가 상급학교 진학을 손수 주선해 줄 정도로 총애했는데, 보창학교를 졸업한 뒤 데밍(C. S. Deming) 선교사한테 직접 세례를 받았다(1909년).[108] 김영섭은 1910년 황해도 연안의 사립 봉남학교 교사로 근무하다 여름방학을 맞아 강화로 가는 도중에 풍랑을 만나 죽음 직전에 기독교로 회심했다. 그는 1911년 아예 교사직을 그만두고 교역자가 되기 위해 일본 유학을 떠났는데, 이때에 이동휘가 많이 지도해 주었다고 한다.[109]

감리교 목사 안수를 받았다. 귀국해서도 김영섭은 중앙감리교회와 정동제일교회 목사로, 장석영은 연희전문학교 교목으로서 목회자의 길을 걸었다. 그리고 둘 다 1938년 흥업구락부 사건에 관계되어 구속되었다. 당시 일제는 흥업구락부 관계자 54명 전원의 이름으로 사상전향서를 받고 기소유예 처분을 내렸다. 이후 김영섭과 장석영의 행로는 달라지기 시작했다. 일제는 기소유예가 내려지기 전에 그들을 회유하기 위해 각각 배재중학교와 이화고등여학교 교장으로 추천했다(『동아일보』 1938년 6월 26일, 「배재중학 이화고녀 양교장 경질 신청」). 실제로 교장으로 취임하지 못했지만, 김영섭은 이후 친일적 길을 걷게 된다. 그는 감리교 감독 정춘수가 앞장선 감리교의 친일화에 동참했다(반민족문제연구소, 『친일파 99인(1)』, 서울: 돌베개, 1993, 162쪽). 그는 광복 후 일제하 일본기독교조선교단을 유지하려는 친일인사들이 조직한 남부대회에서 부회장직을 맡았다. 반면에, 장석영은 1942년 일제에 의해 불온사상을 선동하고 배일교육을 한다는 혐의로 연희전문학교에서 쫓겨났고, 광복 후 연희대학교 교수로 다시 복귀하고 1948년에는 감리교 재건파(일제의 감리교 탄압에 항거했던 인사들이 조직한 단체) 감독으로 추대되었다(역사위원회, 같은 책, 63쪽; 구십년사편찬위원회, 같은 책, 234~236쪽, 242쪽; 반민족문제연구소, 『친일파 99인(3)』, 서울: 돌베개, 1993, 190~191쪽; 유동식, 『한국감리교회의 역사Ⅱ』, 서울: 도서출판 kmc, 2005, 647쪽, 657쪽, 666쪽, 680~685쪽).

108) 역사위원회, 같은 책, 401쪽, 461쪽.

109) 같은 책, 186쪽. 이동휘는 1910년 8월 3일에 체포되어 강제합방이 선포된 8월 29일 이후에 석방되었다. 이후 그는 전도사 신분으로 각지를 순행했는데(반병률, 앞 책, 76~77쪽), 1910

보창학교 졸업자 중 일부는 하급관리로 진출하고 있었다. 하급관리 경력자는 모두 5명이었는데, 임시토지조사국 측량과 기수 2명, 우편사무원·군 속·학무과 시학이 각 1명이었다. 이 가운데 2명은 처음엔 공립 보통학교 교사로 재직했던 인사들이기에 처음부터 하급관리의 길을 걸어간 보창학교 졸업생은 많지 않았을 것으로 짐작된다.

V. 맺음말

본 장에서는 학교사적 관점에서 한말 보창학교의 교육과정 운영 실태와 그 성과를 분석하고, 당시 사립학교 교육의 역사적 의의를 찾아보고자 했다. 이를 위해 교과과정 측면에서 교과목의 편성과 운영, 교사진의 구성, 교육방법 및 평가 실태를 분석하고, 교과외 과정으로 운동회와 연설회의 운영 상황 및 교가의 특징을 살펴보았다. 그리고 졸업생의 진로 및 사회활동을 분석하였다. 그 결과는 다음과 같았다.

첫째, 소학과·보통과(중학과)·여학과·사범과 체제를 갖추어 가면서 각 학과 정도에 합당한 교과목을 편성해 간 것으로 확인되었다. 또한 『법학통론』 등 일부 교과서를 직접 출판할 정도로 교육의 내실을 갖추기 위해 노력하였다. 교과목 편성상 역사의식 고취와 군사훈련을 중시했으나 기독교 관련 과목은 가르치지 않았다. 전통교육의 영향력은 1905년 말까지 부분적으로 남아 있었다.

둘째, 사회경력이 확인된 14명의 교원을 분석한 결과, 그들은 대부분 일본과 국내에서 정규교육을 받은 인사들이었고, 항일투쟁이나 애국계몽운동을 전개한 기독교인·민족적 인사가 많았다(8명). 교장은 모두 민족적 성향이 강한 인물이었으며, 교감은 교직경험이 있는 전문학교 수준의 일본유학 출신이거나 사표가 될 만한 항일운동가였다. 전체 교원 중 일본유학자와 국내학교 출신이 대체로 균형을 이루었다.

년 하반기에 강화에도 잠시 들러 김영섭을 지도해 주었던 것으로 보인다.

셋째, 군인 출신 교원이 많아 군대식 수업이 이뤄졌다는 주장은 과장된 것이며 오히려 교육방법은 엄격한 규율 아래 기독교적 사랑을 베푸는 전인교육이었을 가능성이 높았다. 그리고 학생들의 학업성취를 정기적으로 평가하고 그 결과에 따라 합격과 진급, 졸업을 결정했다. 각 학과별로 우등생과 급제생을 선정하고 우등생에게는 표창장과 상품을 주어 격려했다.

넷째, 교과외과정으로 운동회와 웅변·연설회가 크게 활성화되었으며, 이를 통해 애국심과 계몽정신을 기르고자 하였다. 보창학교 운동회는 대부분 연합운동회 형태로 개최되었는데 다른 학교 참가자들에게 큰 문화적 충격을 주었으며 인근 지역으로 전파되었다. 당시 운동회는 신체활동과 학습, 유희가 융합된 장이었으며 군사훈련의 실험실이었다. 웅변교육은 사전 연제 배포, 연습, 실행의 순으로 체계적으로 진행되었고 현장실습 격인 순회연설회를 개최하였다.

다섯째, 졸업생 25명(1906~1909년 졸)의 상급학교 진학 상황을 분석한 결과, 지역별로는 이동휘의 영향력이 미치는 한성·경기 지역의 사립학교에 가장 많이 진학했고, 학교 계통별로는 교원양성과 신학 계통의 학교에 가장 많이 진학한 것으로 나타났다. 장기적으로 미국유학을 떠난 인사도 등장했는데 이들은 모두 신학을 전공했다.

여섯째, 졸업생 25명의 사회활동은 크게 세 개의 경로, 즉 교육자의 길, 독립운동의 길, 목회자의 길로 분화되었다. 그들이 가장 많이 투신한 분야는 교육계였다(12명, 48%; 중복 체크). 이 가운데 절반은 독립운동이나 목회자 경력을 함께 갖고 있었다. 그들은 각종 사립학교에서 가장 많이 활동했는데, 교장·설립자·재단이사·장애인교육선구자도 배출되었다. 그리고 독립운동 경력자(11명, 44%)는 만주와 러시아, 중국에서 반일 무장투쟁에 가담하거나 국내에서 독립운동자금 및 독립군모집 활동 등을 전개했다. 보창학교는 일반 학교임에도 불구하고 목회 진출자가 비교적 많았다(5명, 20%). 이들은 대부분 감리교 목사로서 감리교 모교회인 정동제일교회 담임목사도 2명 배출되었다.

이상의 연구결과들을 토대로 볼 때, 보창학교의 교육과정 운영은 상당히 내실을 갖춘 것으로 평가할 수 있다. 학과체제를 갖춰가면서 그에 합당한 교과목을 편성하고 관련 교과서도 출판하고 있으며, 국내외에서 정규교육을 받은 교사들이 엄격한 규율과 기독교적 사랑으로 가르치고, 이를 정기적으로 평가해서 진급과 졸업을 판정하였다. 이와 함께 운동회와 연설회 등 교과외 활동도 활성화되어 있었다. 이러한 교육과정 운영을 통해 길러내고자 한 인간은 종합해서 보면 강인한 몸과 민족의식, 기독교적 인성을 갖춘 애국자로 요약될 수 있다.

보창학교의 교육과정 운영은 졸업생들의 사회활동에 비추어 볼 때 큰 성과를 거둔 것으로 보인다. 그들은 일제시기에 대부분 특정 학과에 관계없이 교육자, 독립운동가, 목회자의 길을 걸었다. 졸업생의 44% 정도가 독립운동에 가담하였고, 일반학교인데도 졸업생의 20%가 목회자의 삶을 살았다는 사실은 민족의식과 기독교적 인성을 갖춘 인물을 양성하려는 목표가 의미 있게 달성되고 있으며, 졸업생 중 48%가 교육자 경력이 있다는 것은 일찍이 교육자에게 필요한 기본소양을 함양하기 위한 교육과정 운영 노력이 결실을 맺고 있음을 시사한다.

이와 같은 성과는 졸업생 전수조사에 의한 결과는 아닐지라도 시골 사립학교의 큰 성취라고 불러도 손색이 없을 것 같다. 특히 보창학교에서는 단 몇 년간의 교육으로 견고한 애국자 풀(pool)을 만들어 놓은 것으로 보인다. 이러한 성과는 하나의 좋은 학교가 단기간의 교육으로도 국가에 얼마나 큰 기여를 할 수 있는지를 보여준다. 이러한 결과를 확대해서 추론한다면, 한말에 많은 지사・지식인・재력가들이 전개한 사립학교 설립 및 교육실천 운동은 만시지탄은 있으나 결코 실패한 것은 아니라고 말할 수 있을 것이다. 비록 1910년 국권 상실로 중단되거나 변질될 수밖에 없었지만 그것은 당시의 역사적 소임을 다한 구국운동이었으며 일제 치하 '민족운동'의 기반을 다져놓은 것이었다는 역사적 의미를 갖는 것이다.

보창학교의 교육성과에는 물론 졸업 후 상급학교에서 받은 교육이 기여한 부분도 있을 것이다. 하지만 교육과정 운영 곳곳에서 이미 민족적・기독교적 특질이 뚜렷이 발현되고 있었기 때문에 그 토대는 동교에서 형성된 것으로 보는 것이 타당할 것이다. 전술했듯이 교과목 편성과 교과외과정의 운영에서 민족의식과 애국심, 군사훈련을 매우 중시하였고, 교사진의 구성과 교육방법 측면에서 기독교적 특성도 발현되었다. 무엇보다도 교사진의 영향력이 강력했던 것으로 보인다. 교장과 교감을 비롯한 많은 교원은 항일투쟁과 구국운동에 적극 가담한 민족주의자 또는 기독교인으로서 학생들의 사표가 될 만한 자질과 열정을 갖추고 있었다. 교육과정 운영에 내재한 이러한 특질은 동교의 창립 및 성장 과정에서도 드러났던 것으로 학생들에게 졸업 후에도 지속적인 영향을 주었을 것으로 보인다.

다음 장에서는 이러한 성취를 가져온 교육과정 운영의 경제적 토대에 대해 살펴보고자 한다.*

---

* 이 글은 김성학, 「한말 강화 사립보창학교의 교육과정 운영과 성과－한 시골 사립학교의 큰 성취」, 『한국교육사학』 제40권 제3호, 2018에 수록된 것을 전반적으로 가필한 것임.

제 03 장 CHAPTER

강화 사립 보창학교의 재정수입 분석

Ⅰ. 머리말

강화 보창학교는 1904년에 이동휘(1873~1935)가 강화읍에 설립한 육영학교에서 출발하였다. 보창학교(普昌學校)라는 교명은 1905년에 고종이 친히 하사한 것이다. 설립자 이동휘는 기독교 민족주의자이자 사회주의자로서 평생 동안 각종 독립운동에 투신하였다. 대한민국 임시정부에서는 국무총리까지 역임하였다.

한말에 보창학교의 명성은 전국에 자자하였다. 당시 신식학교를 다닌 유자후(1895~?)는 보창학교는 보성학교・보광학교와 함께 교육의 3보(三寶)였다고 회고하였고[1] 전 문교부장관 최규남(1898~1992)은 을사늑약 이후 선각자들이 세운 대표적인 신식학교의 하나로 평양 대성학교, 정주 오산학교, 개성 한영서원 등과 함께 강화 보창학교를 들고 있다.[2] 당시 보창학교의 유명세를 반증하는 것은 강화도와 전국에 세워진 많은 지교들이다. 강화 전역에 지교가 많을 때는 20~30개에 이르렀으며, 황해도・충청도・함경도 등에도 지교가 설립되었다.[3] 하지만 보창학교는 오래 유지되지 못하고 1915년에 폐교되고 말았다.

그간 필자는 과거의 명성에 비해 학계에서 크게 주목받지 못한 보창학교에 대해 두 차례 연구를 수행한 바 있다. 먼저, 보창학교 본교와 강화지역 지교의 설립

1) 유자후, 『이준선생전』, 서울: 동방문화사, 1947, 190-191쪽.

2) 그는 10살 때 개성 한영서원에 입학해서 공부했다. 최규남, 「역사적 창가 부른 고우들: 신문화운동기 노 지사들의 피 끓는 우정과 인간애」, 중앙일보 편집부(편), 『나의 교우록』, 중앙일보사, 1977, 284~285쪽.

3) 김성학, 「한말 강화지역 사립보창학교의 등장과 성장－민족과 기독교, 황실의 조우」, 『한국교육사학』 제36권 제3호, 2014, 30~32쪽 참조.

과정에 대해 고찰하였다. 이를 통해 보창학교의 폭발적인 성장은 “민족주의자, 기독교(감리교), 그리고 황실(고종)의 특별한 만남에 의해 이루어진 것”이라는 가설을 제시하였다.[4] 다음으로, 보창학교의 교육과정 운영 상황과 그 성과에 대해 살펴보았다. 여기에서 보창학교는 민족적, 기독교적 특질을 내재한 교육과정을 운영함으로써 미래의 애국자 풀을 만들어 놓은 것으로 확인하였다.[5]

이제 이 연구에서는 아직 선행 연구가 없어 베일에 가려있는 보창학교 본교의 재정수입 상황을 분석하고자 한다. 이는 전술한 연구를 잇는 후속 연구로서, 보창학교의 성장을 뒷받침한 경제적 토대를 밝히는 작업이다. 사립학교의 유지와 성장을 위해 가장 핵심적인 것은 충분한 재정을 안정적으로 확보하는 일이다. 그러므로 재정수입 내역을 밝히게 된다면 보창학교의 유지와 성장에 어떤 요인이 가장 근원적인 힘으로 작용했는지를 알 수 있을 것이다. 나아가 한말에 수많은 사립학교가 확산하고 소멸하는 과정에 대한 재정적인 시사점도 얻을 수 있을 것이다.

강화 보창학교 재정에 관한 사료는 많지 않을뿐더러 대부분 단편적이다. 『江都誌』(1932년)에 수록된 간략한 내용과 당시 신문에 보도된 보조금, 이속토지, 기부금 관련 기사들이 전부이다. 이들 사료에서 확인되는 보창학교의 재원은 보조금, 도조수입, 일반기부금 등으로 구분된다. 아래에서는 이들 재원별로 그 수취 과정과 규모를 분석하거나 추정하여 종합적으로 재정 구조상의 특징을 드러내고자 한다. 이 작업은 공룡의 뼈를 맞추는 고생물학자의 작업과 유사할 수 있다. 여기저기서 단편적인 사료들을 찾아서 서로 잇고 맞추어 결국 전체상을 드러내는 까다로운 작업이다. 이 과정에서 다른 일차 사료들도 적극 활용한다.

4) 같은 논문.

5) 김성학, 「한말 강화 사립보창학교의 교육과정 운영과 성과」, 『한국교육사학』 제40권 제3호, 2018.

Ⅱ. 보조금의 규모와 추이

보창학교는 원래 이동휘가 사비로 설립한 학교이다. 당시 그가 사비를 얼마나 지출했는지는 알려지지 않았다. 다만 1904년 설립 당시에 교실은 빈 관아건물을 사용하였고 교사도 명예교사 1명이 활동한 것으로 보아[6] 그는 약간의 학용품 정도를 지급한 것이 아닌가 한다.

그런데 1905년 2월 학생모집광고에서 식료(食料)만 지참하면 수업료를 받지 않는다고 명시하였고, 이듬해 4월 광고에서도 교내에 기숙사를 특설하고 식료 이외의 제반 비용은 무료라고 밝혔다.[7] 이는 1906년 봄 선교사의 기록에서도 똑같이 확인된다.[8] 이동휘는 동년 상반기 감리교 회의 석상에서 교인들에게 자녀와 쌀만 보내주면 기숙사를 제공하고 수업료는 무료라고 공표하였다. 그의 목표는 감리교회에 어떤 경제적 부담도 주지 않고 보창학교를 강화에서 중추적인 중등학교로 만들고 지교를 강화 전역에 확산시키는 것이었다.

그렇다면 보창학교에서는 설립 초기부터 수업료는 무료이고 감리교회의 경제적 지원도 받지 않은 상태에서 어떻게 학교경비를 마련한 것일까? 1905년부터 보창학교 재정은 경리원 보조금으로 충당되기 시작했다.[9] 『강도지』에서는 황실의 재정 지원 사실을 이렇게 기록하고 있다.

> 光武九年에 鎮衛隊 參領 李東輝가 旣辭官하고 始設 私立育英學校니(舊東營) 卽 本都 敎育의 元祖이라 越明年 乙巳春에 校長 李東輝는 率學生 二十餘人하고 謁見 德壽宮하니 上이 特賜 普昌校名하시고(英親王 殿下는 手書看板하니라) 以年金例로 劃內努金 六百圓하시다[10]

6) 김성학, 앞의 논문, 2014, 5~6쪽.
7) 『황성신문』 1905년 2월 15일, 광고 및 1906년 4월 12일, 광고.
8) E. M. Cable, "The Longing for Education," ***The Korean Mission Field***, 2(8), June. 1906, 145. 진한 표시는 필자 강조임.
9) 당시 황실재정 담당 기관은 궁내부의 경리원(1905년 3월 이전엔 내장원)과 내장사(1905년 3월 이전엔 회계원)였다. 전자는 황실 자체의 재산과 수입을 관리하고, 후자는 정부재정에서 지급되는 황실비를 관리했다. 이윤상, 「1894~1910년 재정 제도와 운영의 변화」, 서울대학교 대학원 박사학위논문, 1996, 290쪽.
10) 박헌용 편, 『(속수증보) 강도지』, 강화: 최희면방, 1932, 제12장, 23쪽. 이 사료의 연도에

1905년 봄(5월)에 사립육영학교 교장 이동휘는 학생들을 인솔하고 상경해서 고종을 직접 알현했다. 이때 고종은 보창학교라는 교명을 하사하고 '연금의 예'로써 내탕금 6백 원(圓)을 획부했다는 것이다. 당시 학생들은 황실의 상징인 이화 문양의 허리띠를 둘렀다.[11)]

여기서 '연금'의 예로써 내탕금을 주었다는 것은 무슨 의미일까? 고종의 교명 하사, 내탕금 보조, 이화장 사용 등 유사한 점이 많았던 보성학교[12)]에 대해 황실에서는 1905년부터 1907년까지 '매월' 학교경비를 보조하였다.[13)] 보창학교에 대한 보조금 지급 방식도 비슷했을 것이다. 즉 연금의 예로 지급했다는 것은 '매월' 일정한 금액을 지원했다는 의미일 것이다.

그런데 당시 경리원의 교육비 지출 내역(1905~1907)에는 보창학교에 대한 경비 지출이 명시되어 있지 않다. 보흥학교·보광학교·장훈학교도 사정이 비슷하다.[14)] 1906년부터 '각종 학교'라는 지출항목이 보이는데, 여기에 이들 학교에 대한 지출이 포함되어 있을 것으로 보인다. 하지만 1905년도의 경우에는 '각종 학교'라는 항목도 없다. 경리원 지출 내역에는 사용처를 밝히지 않은 '내입'(內入)이라는 항목이 있다. 이것은 경리원 총지출의 15~48%를 차지했는데 고종의 비밀외교자금, 반일의병 지원금, 사립학교 설립자금 등으로 사용됐을 것으로 추정되고 있다.[15)] 1905년 보조금은 내입금에서 지급되었을 가능성이 높다.

이제 경리원에서 매월 지급한 보조금 규모가 어느 정도였는지를 살펴보자. 『강도지』에서는 매월(연금 예) 600원(圓)이라고 명시하였다. 그런데 당시에 신문 보도에 따르면, 경리원에서는 9개 사립학교에 대해 매월 총 2,235환을 1907년까지 지급해 왔다. 보창학교에 대해서는 매월 '300환(圜)'을 지급하였다. 보창학교는 유일하

오류가 있다. 이동휘가 진위대장에서 사퇴한 때는 광무 9년(1905)으로 맞지만, 육영학교를 설립한 것은 광무8년(1904)이다. 김성학, 앞의 논문, 2014, 4~5쪽.

11) 같은 논문, 12쪽.

12) 배항섭, 「고종과 보성전문학교의 창립 및 초기 운영」, 『사총』 제59집, 2004를 참조.

13) 처음엔 매월 수천 원(元)을 지원했고(1905년 7월 화폐개혁 후 가치로는 수백 환), 1906년 보성중학교를 설립한 이후엔 보성전문학교와 보성중학교 양교를 합해 매월 1,200환, 그리고 보성소학교에는 매월 165환을 지원했다. 『황성신문』 1905년 4월 1일자, 「창설전문」; 『대한매일신보』(한글판) 1908년 1월 24일자, 「학부죠회」; 『황성신문』 1908년 6월 4일자, 「보금불발」.

14) 이윤상, 앞의 논문, 309쪽의 표 참조.

15) 이윤상은 1905년도 보성학교와 양정의숙의 설립, 1906년도 휘문학교와 명신학교의 설립에 상당한 내입금이 지출되었을 것으로 보았다. 같은 논문, 302~307쪽.

게 지방학교인데도 보성학교 다음으로 많은 보조금을 받고 있다.

〈표 3-1〉 사립학교에 대한 경리원 보조금 지급 현황[16]

(단위: 월, 환)

<table>
<tr><th colspan="3">1907년까지</th><th colspan="2">1908년</th></tr>
<tr><th colspan="2">학교(위치)</th><th>액수</th><th>학교(위치)</th><th>액수</th></tr>
<tr><td colspan="2">보흥학교(한성)</td><td>25</td><td>–</td><td>–</td></tr>
<tr><td colspan="2">보광학교(한성)</td><td>25</td><td>–</td><td>–</td></tr>
<tr><td colspan="2">보창학교(강화)</td><td>300</td><td>보창학교(강화)</td><td>165</td></tr>
<tr><td rowspan="2">보성학교
(한성)</td><td>소학교*</td><td>165</td><td rowspan="2">보성소학교(한성)</td><td rowspan="2">250</td></tr>
<tr><td>전문 · 중학교</td><td>1,200</td></tr>
<tr><td colspan="2">흥화학교(한성)*</td><td>160</td><td>–</td><td>–</td></tr>
<tr><td colspan="2">장훈학교(한성)</td><td>50</td><td>–</td><td>–</td></tr>
<tr><td colspan="2">광남학교(한성)*</td><td>250</td><td>광남학교(한성)</td><td>200</td></tr>
<tr><td colspan="2">화동학교(한성)*</td><td>30</td><td>–</td><td>–</td></tr>
<tr><td colspan="2">청풍학교(한성)*</td><td>30</td><td>–</td><td>–</td></tr>
<tr><td colspan="2">합계</td><td>2,235</td><td>합계</td><td>615</td></tr>
</table>

이렇게 보창학교에 대한 경리원 보조금 규모는 매월 600원과 300환, 두 가지로 확인된다. 『강도지』(1932)에 명시된 600원은 편찬 당시 화폐단위인 원(圓, 약자 円)을 사용한 것 같다. 이동휘가 고종을 알현하고 보조금을 받기 시작한 때는 1905년 5월이다. 이때 통용된 화폐단위는 원(元)이었는데, 이를 원(圓)으로 착각한 것 같다. 즉 보조금은 600원(元)이었다. 그런데 1905년 일제의 조선화폐정리사업으로 구화 원(元)과 냥(兩)은 1/2로 평가 절하되고, 화폐단위 환(圜)이 확고히 자리 잡아가기 시작했다.[17] 이에 따라 동년 7월부터 600원(元)은 300환에 상당하는 가치를 지니게 되었다. 결국 『강도지』에 기록된 600원은 300환으로서 당시 신문에 보도된 금액과 정확히 일치한다.

16) *는 경리원 지출 내역에 교명이 명시된 학교임. 자료: 『대한매일신보』(한글판) 1908년 1월 24일자, 「학부죠회」; 『대한매일신보』 1908년 5월 24일자, 「삼교교비」; 『황성신문』 1908년 1월 24일자, 「학조궁부」; 『황성신160문』 1908년 6월 4일자, 「보금불발」을 토대로 작성.

17) 당시 화폐개혁에 대해서는 김재순, 「러일전쟁 직후 일제의 화폐금융정책과 조선상인층의 대응」, 『한국사연구』 69, 1990, 140~148쪽 및 이석륜, 『한국화폐금융사연구』, 서울: 박영사, 1984, 380~390쪽 참조.

이상의 논의를 종합해 보면, 보창학교는 1905년 5월부터 1907년까지 궁내부 경리원으로부터 매월 300환의 학교경비를 지원받아 왔음을 알 수 있다.

1907년 말부터 황실 재정은 급격히 악화하였다. 당시 고종은 황실 재산을 기반으로 각종 항일운동을 암암리에 지원하였다. 이것을 익히 알고 있던 일제는 헤이그 특사사건 이후 황실 재산의 해체 작업을 서둘러 추진했다. 친일정부는 11월에 역둔토와 사궁장토의 수조를 탁지부에 위탁했고, 12월에는 홍삼전매 수입 등 각종 잡수입을 탁지부나 농상공부에 이관시켜 황실 재정을 사실상 해체시켰다. 11월에는 황실 재산과 수입을 관리하던 경리원도 폐지했다.[18)]

이에 따라 학부에서는 경리원에서 지급하던 보조금을 1908년 1월부터 중단한다고 각 사립학교에 통보하였다.[19)] 학부에서는 이미 고종이 폐위된 마당에 그의 특별한 관심을 받아온 사립학교들을 지원하려고 하지 않았다.[20)] 그런데 언론과 사립학교들의 반발이 커지자, 학부에서 원래대로 지급하기로 했다며 한발 물러섰다.[21)] 하지만 학부는 최종 결정을 미루다가 5월에 9개 사립학교 임원들을 불러 1908년까지만 보조금을 지급한다고 최종 통고하였다.[22)] 그러나 학부의 보조금 지급 대상에서 보창학교・보성학교・광남학교는 제외되었다. 이에 세 학교는 다시 보조금 지급을 학부에 강력히 청원하였다. 그러자 학부는 궁내부에 보조금 지급 여부를 조회하였고 결국 궁내부에서 보창학교에 165환, 보성소학교에 250환, 광남학교에 200환을 매월 지급하기로 하였다.[23)] 다만 보성중학교와 보성전문학교 보조금은 재정 부족으로 지급할 수 없다고 통보했다.[24)]

이처럼 우여곡절 끝에 보창학교는 1908년 5월 말에 다시 궁내부 보조금을 받기로 결정되었다. 하지만 이때는 황실 재정이 청산되기 직전이었다.[25)] 따라서 보창

---

18) 이윤상, 앞의 논문, 256~259쪽.

19) 『황성신문』 1908년 1월 14일자, 「구교연서」.

20) 『황성신문』 1908년 1월 15일자, 「교육계의 현상」 및 1908년 2월 14일자, 「보조의의」.

21) 『황성신문』 1908년 3월 1일자, 「학부협의」.

22) 『대한매일신보』 1908년 5월 22일자, 「교비난발」.

23) 『대한매일신보』 1908년 05월 24일자, 「삼교교비」. 다른 기사에서는 보창학교 160환, 보성학교 220환이라고 보도하여 약간의 액수 차이가 있다. 『대한매일신보』(한글판) 1908년 5월 24일자, 「금년만 지급」,

24) 『황성신문』 1908년 6월 4일자, 「보금불발」.

25) 일제는 동년 6월에 황실 재정 해체의 마지막 단계로 궁전, 능・원・묘 등을 제외한 모든

학교가 궁내부 보조금(165환)을 다시 받을 수 있었던 것은 기껏해야 6월 한 달에 불과했을 것으로 보인다.

1908년에 경리원 보조금이 사실상 중단되자 보창학교는 곧바로 재정적인 어려움에 직면하였다. 동년 5월 하순에 이동휘는 강화 유지들에게 이러한 정황을 설명하고 눈물로써 기부금 지원을 호소하였다. 그의 애국심에 감복한 강화 유지 윤상건과 김명구는 자신들이 학교비용을 계속 부담하겠다고 약속했다.[26] 윤상건은 이후 일 년 동안 총 240환을 기부했다.[27] 10월에는 강화군수 한영복이 학부에 보창학교의 학교경비가 부족한 형편을 보고하여 매월 30환씩 보조하라는 허락을 받았다.[28] 그의 신식교육 보급에 대한 열성으로 보건대,[29] 군수로 재직한 1910년까지 보조금을 지급했을 것으로 보인다.

이렇게 1908년부터 강화 유지와 강화군의 지원을 받지만, 기존의 경리원 보조금(300환/월)에 결코 비할 바는 아니었다. 더구나 1908년 하반기에 그간 도조를 받아온 사찰 토지에 대한 소유권 다툼이 다시 불거지면서 학교재정은 더욱 불안정하게 되었다. 이 점은 아래에서 서술하고자 한다.

Ⅲ. 사찰 토지의 이속 과정과 도조수입 추정

1. 전등사와 적석사의 토지 이속 과정

또 하나 보창학교의 안정적인 재원은 전등사와 적석사에서 이속시킨 토지였다. 여기서 거둬들인 도조(賭租)로 폐교할 때까지 학교경비를 계속 충당할 수 있었다.

황실 재산을 국유화하였고, 7월부터는 황실 재정의 청산 절차에 들어갔다. 이윤상, 앞의 논문, 263~265쪽.

26) 『황성신문』 1908년 5월 22일자, 「동지열심」.

27) 『대한매일신보』 1909년 9월 3일자, 「윤씨열심」; 『대한매일신보』(한글판) 1909년 9월 4일자, 「모다이러케하시오」.

28) 『황성신문』 1908년 10월 31일자, 「위교청조」.

29) 한영복은 1908년 9월에 부임한 이후 거의 1년 만에 42개소에 학교를 설립했고, 1910년에는 강화지역 각 학교를 유지할 수단으로 학부형계를 설치했다. 『황성신문』 1908년 09월 10일자, 「관보」; 『대한매일신보』 1909년 7월 11일자, 「강군복성」 및 1910년 1월 8일자, 「강졸지무」; 『매일신보』 1910년 11월 9일자, 「조선총독부관보: 서임급사령」.

1906년 3월, 내부는 전등사 소유의 논 32두락과 밭 15두락을 보창학교로 이속시켜 교비로 충당케 하라고 강화부에 지시하였다.[30] 그 이유는 두 가지였다. 첫째는 학교를 설립하여 흥학과 교육에 힘쓰고 있는 이동휘의 뜻을 돕지 않을 수 없다는 것이고, 둘째는 일찍이 진해사 소유 전답을 전등사에 이속시켜 쓰게 했는데 이것을 보창학교 교비로 사용하는 것이 더 유익하다는 것이다. 당시 내부 훈령은 학부 조회에 대한 조치로 학부는 이동휘의 청원을 받은 것 같다.

이동휘는 1906년 5월에도 적석사 소유의 논 9석 5두락과 밭 11두락 및 기타 토지(柴塲)를 보창학교에 이속시켜 줄 것을 학부에 청원하였다. 학부는 이를 내부에 조회하여 강화 부윤에게 훈령을 내려주도록 요청하였다.[31] 동년 가을부터 적석사 측의 이의 제기가 발생하고 있는 것으로 보아, 내부의 훈령을 받은 강화부는 즉시 두 사찰의 토지를 보창학교에 이속시킨 것으로 보인다.

이처럼 1906년에 정부는 이동휘의 청원을 수용하여 보창학교의 재정을 적극 지원하였다. 하지만 이는 학부 독단으로 결정한 것이라기보다는 이동휘와 보창학교를 아끼는 고종의 복심이 작용한 것으로 보인다. 이미 1년 전에 고종은 자신을 알현한 이동휘에게 교명을 하사하고 내탕금을 하사할 정도로 각별한 관심과 애정을 보였다.[32] 더구나 동년 3월 고종은 학교설립과 인재양성을 촉구하는 매우 강력한 흥학조칙을 발표하였다. 그는 이제 학부뿐만 아니라 각 '부군(府郡)'에서도 학교 설립에 나서도록 특별히 지시하고, 부모들에게는 사실상의 자녀 취학의무를 부과하였다.[33] 고종은 조칙 반포 직후 4월과 5월에 각각 경상북도와 경상남도 관찰부에 학교설립을 위해 내탕금을 지원하였다.[34] 이어 5월에 정부는 흥학조칙에 부응

30) 『황성신문』 1906년 3월 20일자, 「승답이교」,

31) 『황성신문』 1906년 5월 19일자, 「사답속교」.

32) 이동휘는 시위대 기관(1897~99)과 원수부 군무국원(1899~1903) 시절에 고종의 큰 총애를 받았다. 고종은 그의 충성심과 청렴결백을 높이 평가하였다. 1905년 3월, 그는 고종을 직접 알현하고 강화 진위대 대대장 사임을 요청할 정도로 고종과 매우 친밀한 관계였다. 김성학, 앞의 논문, 2014, 6~8쪽 참조.

33) 『고종실록』, 1906년 3월 26일조.

34) 고종의 지원과 관찰사, 군수들의 노력으로 경북에서 370여 개 학교가, 그리고 경남에서는 합천군에서만 11개의 학교가 설립되었다. 구희진, 「대한제국기 국민교육의 추진과 굴절」, 『역사교육』 109, 2009, 201~203쪽; 유한철, 「1906년 광무황제의 사학설립 조칙과 문명학교 설립 사례」, 우송 조동걸선생 정년기념논총 간행위원회, 『한국민족운동사연구』, 서울: 나남, 1997 참조.

하여 고종이 총애하는 이동휘의 청원을 즉각 수용했던 것이다.

그런데 이동휘는 왜 군이 불양답(佛糧畓)의 이속을 요청한 것일까? 이동휘는 1905년에 감리교로 개종하였다. 그는 곧바로 술과 담배를 끊고 '강화의 바울'로 불릴 정도로 독실한 기독교인으로 활동했다.[35] 그는 을사늑약 체결 후 유고에서 국왕에 대한 충성, 교육 등 모든 것의 근본은 기독교 신앙이라고 밝힌 바 있다.[36] 이러한 인식에서 보면 사찰 측에서 많은 전답을 소유하고 있는 것은 매우 불합리한 것으로 보였을 수 있다. 사찰에 대한 기독교적 반감에서 불양답을 보창학교로 이속시켰다는 인식은 아직까지 적석사 측에 남아 있는 것 같다.[37]

종교적 이유뿐만 아니라 또 다른 실제적인 이유가 있었던 것으로 생각된다. 당시 강화에는 학교재원으로 쓸 만한 공공재산이 많지 않았던 것 같다. 이는 다른 공사립학교에서 공공재산을 이미 선점하고 있었기 때문일 것이다. 강화읍에는 공립소학교가 설립되어 1899년부터 학부 보조를 받아왔다.[38] 당시 공립 소학교가 학부 보조를 받으려면 자체적인 학교유지 방법을 갖추어야 했다.[39] 또 1906년 3월 강화향교에는 중성학교가 설립되었다. 이 학교는 처음부터 공립학교 성격이 강한 학교로 1908년에 강화공립보통학교 보습과로 편입되었다.[40] 이들 학교가 둔전과 향교 등 공공재산을 학교재원으로 사용했을 가능성이 크다.

이러한 과정을 거쳐 막대한 사찰 토지가 보창학교에 이속되었다. 사실 전등사와 적석사는 모두 삼국시대에 창건된 유서 깊은 사찰이었다.[41] 적석사는 한때 불양답이 200여 두락에 이를 정도로 매우 풍족한 사찰이기도 했다. 그런데 토지를 상실한 이후 두 사찰은 거의 폐사 지경에 이르렀다고 한다. 특히 적석사의 피해가 심각했던 같다.[42] 부속 토지를 상실한 사찰 측은 즉각 반발하고 나섰다. 1906년 10월,

---

35) E. M. Cable, "West Korea District," in Official Minutes of the First Annual Session, Korea Mission Conference, Methodist Episcopal Church, Seoul, Korea, 1905, p.64; 전택부, 『토박이 신앙산맥 3』, 서울: 대한기독교출판사, 1992, 57~58쪽.

36) 이동휘, 「유고 이천만동포형제서」, 1905 (독립운동가자료, http://search.i815.or.kr).

37) '적석사 연혁' 참조. (http://www.juksuk.or.kr.) (최근에 홈피를 닫은 것으로 보인다.)

38) 1908년에는 갑종공립보통학교로 지정되었다. 『황성신문』 1903년 7월 9일자, 「심교수식」.

39) 『관보』 제257호, 1897년 2월 25일자, 「보조공립소학교규칙」.

40) 박용헌 편, 앞의 책, 제12장, 24쪽; 정승교, 「대한제국기 지방학교의 설립주체와 재정」, 『한국문화』 제22집, 1998, 301쪽.

41) 강화문화원 편, 『강도의 맥』, 발행지 불명: 강화문화원, 1998, 229~230쪽; 강화군 군사편찬위원회, 앞의 책, 「강화의 문화재」 중 적석사 편 참조.

불양답을 '강탈당했다'고 주장하며 빼앗긴 토지의 절반이라도 돌려줄 것을 학부에 청원하였다.[43] 1908년에도 사찰이 폐사할 지경에 이르렀다며 반환 청원을 제기하였다. 이때 강탈당했다고 주장한 토지는 논 9석 10두락과 밭 15두락, 임야 일부였다. 이어 몇 달 뒤에 전등사 승려와 함께 또다시 학부에 반환 요청을 하였다. 이에 이동휘도 학부에 이 토지를 반환하면 학교가 문을 닫게 될 거라며 반환하지 말 것을 요청하였다. 이렇게 거듭 소유권 다툼이 전개되자 학부에서는 경기도에 자세히 조사하여 보고할 것을 지시하였다.[44]

당시 최종 소유권이 어떻게 결정되었는지는 알려지지 않았다. 그런데 적석사 토지와 임야의 도조는 1915년에 강화공립보통학교로 양여되었다는 기록으로 보아[45] 당시까지 사찰 토지는 반환되지 않은 것으로 보인다. 1908년부터 사실상 경리원 보조금이 중단되고 이듬해에 학교유지 방침을 강화 유지에게 위탁할 정도로 학교재정은 매우 어려웠다. 이제 사찰 토지의 도조수입만이 지속적인 수입원으로 남게 되었다.

2. 도조 수입액의 추정

전등사에서 이속된 토지는 논 32두락과 밭 15두락이다. 그런데 적석사 토지의 경우 이동휘가 요청한 토지 규모와 적석사 측에서 강탈당했다고 주장한 토지 규모가 다르다. 후자가 전자보다 논 5두락과 밭 4두락이 더 많았다. 여기서는 적석사 측에서 주장한 것이 더 정확한 것으로 간주하고자 한다. 전자는 아직 이속이 실현되기 전에 알려진 토지 규모인 데 반해, 후자는 보창학교에 이속된 후 원래 소유자가 피해를 입었다고 주장한 것이기에 더 사실에 가까울 것으로 보인다. 후자는

42) 강화 기독교인들은 법당의 마루까지 뜯어가 교회를 짓는 데 사용했다. 참다못한 주지가 교회까지 찾아와 소란을 피우자 선교사의 도움을 받아 마루값을 물어주었다고 한다. 강화 망월교회 김성일 전도사의 증언, 이덕주, 「'눈물의 섬' 강화이야기 5」, 『기독교사상』 제40권 12호, 1996년 12월, 229쪽.

43) 『황성신문』 1906년 10월 23일자, 「승소추답」.

44) 『황성신문』 1908년 6월 21일자, 「이부학교」 및 1908년 10월 18일자, 「학훈기찰」.

45) 박헌용 편, 앞의 책, 제12장 23쪽.

논 9석 10두락과 밭 15두락, 임야 일부였다.

이렇게 전등사와 적석사에서 보창학교에 이속된 토지를 합하면 논 9석 42두락과 밭 30두락 및 임야 일부이다. 먼저, 논의의 일관성을 위해 토지 면적을 두락 단위로 통일해 보자. 논 1석(석락)은 한 석의 벼를 뿌리는 면적이다.[46] 그런데 그 당시 경기도 역둔토 조세 봉상(捧上) 내역을 보면, 벼(租) 1석은 20두로 산정하고 있다.[47] 이를 적용하면 논 1석은 20두락인 셈이다. 결국 이속된 토지는 논 222두락과 밭 30두락 및 임야 일부이다. 이를 환산하면 논 39,294평(=129,898m²), 밭 2,400평(=7,934m²) 및 임야 일부로 매우 넓은 토지였다.[48]

이제 이속토지에서 수취한 수입을 추정해 보자. 『강도지』의 기록에 따르면, 적석사 토지와 임야에서 수취한 도조는 '수십 석'에 달했다고 한다.[49] 당시 도조제(도지제, 정조법)는 미리 일정한 수량을 정하고 수확 후에 분배하는 소작관행의 한 형태로서 소작농이 지주에게 '벼'로 지불하는 정액 현물지대였다. 이는 역둔토·궁장토·사전(寺田)·서원전 등 공유지에 많이 적용되었다. 1899~1900년에 내장원은 탁지부로부터 역둔토 관리권을 이양받아 조선 후기에 발전해 오던 정액 화폐지대인 도전(賭錢) 대신에 도조를 지대수급 원칙으로 정했다.[50] 이러한 내장원의 방침에 따라 보창학교에서는 일종의 공유지인 사전에서 도조 형태로 지대를 수취한 것으로 보인다.

보창학교에서 수취한 총 도조량을 산출하기 위해 강화지역 공유지의 토지 면적당 도조 정보가 필요하다. 그런데 〈표 3-2〉에서 당시 강화군과 교동군 둔전의 지대 수취 상황을 보면, 각 둔전의 지대 총량만 명시되어 있다. 토지 면적당 도조액을 알 수 없어 이속토지의 도조액을 추정하는 데 어려움이 있다. 하지만 1904~1906년

46) 당시 벼 1석은 벼 15두 내지 20두였다. 전자를 평석(平石), 후자를 전석(全石)이라 부른다. 흔히 조세 수납과 같은 공용에는 평석이 쓰였다. 이영훈, 전성호, 「미가사 자료의 현황과 해설」, 『고문서연구』 18, 2000, 148쪽.

47) 경리원, 「京畿各郡井間」, 광무 9~11년(서울대학교규장각, 奎19112).

48) 1909~1910년의 역둔토실지조사를 보면, 논은 1두락당 상급 150평, 중급 180평, 하급 200평을, 그리고 밭은 상급 60평, 중급 80평, 하급 100평을 적용했다(『역둔토실지조사개요』, 1911년, 부록 30쪽). 여기서는 논의의 일관성을 위해 이 등급별 평수의 평균을 적용하고자 한다. 그러면 1두락당 논은 177평, 밭은 80평이다.

49) 「학훈기찰」, 『황성신문』 1908년 10월 18일자; 박헌용 편, 앞의 책.

50) 김양식, 「대한제국·일제하 역둔토 연구－지주제 경영과 소작농민층의 반응을 중심으로」, 단국대학교 대학원 박사학위논문, 1992, 71~72쪽.

까지 두 둔전의 지대 총액이 계속 동일하다는 점은 유용한 정보이다.[51] 이러한 추이는 다른 지역에서도 비슷하게 나타났다. 내장원이 1899~1901년에 광무사검을 실시하여 새로 책정한 역둔토 지대는 1907년까지 비슷한 수준을 유지하였다. 1908년에 역둔토가 국유지로 편입된 이후에도 지대(이때부터 소작료)는 이전과 동일한 양과 형태로 수취되었다.[52] 이후 일제는 전국 역둔토실지조사(1909~1910년)를 실시하여 새로운 지대를 1911년부터 적용하였다.

〈표 3-2〉 강화 및 교동 둔전의 지대 총액 추이[53]

구분		1904년	1905년	1906년
교동 松家島屯	총량 (총액)	租109석 15두 (총 5,487냥)	租109석 15두 (총4,390냥)	租109석 15두
	두당 가격	2.5냥	2.0냥	-
강화 仁佛吉北場長鎮屯	총액	총 6,355냥 8전	총 6,355냥 8전	총 6,355냥 8전

1900년 무렵 책정된 공유지(역둔토) 도조가 1910년까지 거의 비슷한 수준을 유지하였다는 전제 아래, 이제 토지 면적당 도조량이 확인된 다른 지역을 참조하여 이속토지의 도조 규모를 추정해 보자.

이를 위해 먼저, 선행 연구에서 '두락당' 도조량이 확인된 경상북도 12개 지역과 전라북도 8개 지역의 평균 도조를 참조해서 경기도의 평균 도조를 구해보고자 한다. 경상북도의 두락당 평균 도조가 1900~1904년까지 동일하다면, 1902~1904년간 두 지역의 두락당 평균 도조를 구할 수 있다. 이렇게 추정된 두 지역 두락당 도조는 평균 6.3두였다.

하지만 지역 간 토지생산성의 차이가 존재하므로 이를 그대로 경기도의 도조로 사용하기는 어렵다. 여타 조건이 동일하다고 가정하면, 토지생산성을 보여주는 주

51) 심지어 1904년 이후 강화 둔전의 지대 총액은 1899~1903년의 지대와도 동일하였다.「京畿井間册」, 연도미상(서울대학교규장각, 奎18185)

52) 김양식, 앞의 논문, 70쪽 및 194쪽.

53) 경리원,「京畿各郡井間」, 광무 9~11년(서울대학교규장각, 奎19112) 및「京畿井間册」, 연도미상(서울대학교규장각, 奎18185)을 토대로 작성.

요 지표는 단위당 평균 수확량이다. 1909~1911년간 두락당 평균 수확량(논)은 경상북도가 24.7두로 가장 많았고, 전라북도는 21.7두, 경기도는 19.8두였다.[54] 따라서 두 지역과 경기도 간의 이러한 차이를 반영해서 경기도의 단위당 평균 도조를 추정할 수 있다. 이러한 수확량의 차이에 따라 추정된 경기도의 두락당 평균 도조는 5.4두이다.

〈표 3-3〉 1900~1904년간 역둔토 논(畓)의 두락당 도조[55] (단위: 두)

지역	1900	1902	1903	1904	평균	토지생산성 대비 추정(경기도)
경상북도	7.8	(7.8)	(7.8)	(7.8)	6.3	5.4
전라북도	–	4.5	5.1	4.7		

지금까지 경기도의 두락당 평균 도조(논)를 추정해 보았다. 이는 경기도 전체의 평균값이므로 강화지역의 실제 도조라고 단정하기 힘들다. 당시 강화지역의 두락당 도조는 어느 정도였는지 확인되지 않기에 그 대안으로 다른 지역의 양반가에서 장기간 기록해 온 지대정보를 참조해서 앞의 추정치를 평가해 볼 수 있다.[56] 영암·남원·대구·영광·예천 양반가에서 지대(소작료) 수취량을 매년 '두락당 벼'의 양으로 장기간 기록해온 것이 남아 있다. 영암의 양반가 사료는 다행스럽게도 1906~1910년에 수취한 두락당 지대정보를 담고 있다. 이 기간 영암지역 연간 평균 지대는 두락당 벼 5.5두였다.[57]

영암의 지리적 조건은 강화지역과 매우 유사하다. 영암은 전라도 곡창지대에 속한 지역으로 바다에 인접해 해운이 매우 편리한 지역이었다. 서해와 남해의 중개지로서 관내에 16개나 되는 포구가 있었다.[58] 강화지역도 예부터 땅이 비옥해 논농사는 물론 밭농사도 활발하였다. 더불어 강화는 한성으로 가는 해운선이 통과하

54) 『조선총독부통계연보』, 1909년, 1910년, 1911년판. 위 논문, 68쪽에서 재인용.

55) 괄호는 추정액임. 전라북도의 1901년 도조는 대가뭄으로 인한 예외적인 것으로 제외함. 자료: 김양식, 「대한제국·일제하 역둔토 연구」, 단국대학교 대학원 박사학위논문, 1992, 66~70쪽에서 작성.

56) 이영훈·박이택, 「농촌 미곡시장과 전국적 시장통합, 1713~1937」, 이영훈 편, 『수량경제사로 다시 본 조선후기』, 서울: 서울대학교 출판문화원, 2004, 298~300쪽.

57) 위 논문, 300쪽.

58) 이영훈·박이택, 앞의 논문, 232쪽.

는, 영암 못지않은 해상 교통의 요충지였다.[59] 그러므로 두 지역의 토지생산성이 비슷했을 것으로 가정한다면, 강화지역 '민유지' 지대는 대체로 영암과 비슷한 수준이었을 것이다. 그런데 강화지역 '공유지' 지대는 이보다는 낮았을 것이다. 왜냐하면 공유지 지대율은 보통 병작반수제를 많이 실시한 민유지의 지대율(5할)보다 더 낮았기 때문이다.

종합해 보면, 앞서 추정한 경기도 역둔토 두락당 평균 5.4두는 영암지역 민유지 평균 지대 수준을 보여주는 것으로 당시 강화지역 공유지 지대로 사용하기에는 조금 높은 추정치로 생각된다. 따라서 강화지역 공유지 지대는 두락당 평균 5.4두에서 1할 정도를 낮춘 두락당 4.9두로 간주하면 큰 무리는 없을 것 같다.[60] 그러면 결국 보창학교에 이속된 논 222두락에서 수취한 도조는 벼 1,087두이다. 이는 1년 동안 논에서 수취한 도조량이다.

이제 남은 것은 밭에서 수취한 도조량이다. 이를 추정해 내기 위해 두락당 밭의 도조를 알아야 한다. 하지만 이를 알 수 있는 자료는 확인되지 않는다. 대신 일제가 전국 역둔토실지조사(1909~1910)를 바탕으로 새로 책정한 논과 밭의 소작료 비율을 적용할 수 있다. 이때 경기도의 평균 소작료(100평당)는 논 52전, 밭 25전으로 밭의 소작료는 논의 48% 수준이었다.[61] 이를 적용하면, 밭 1두락당 도조 수취량은 벼 4.9두의 48%인 2.4두인 셈이다. 따라서 밭 30두락에서 수취한 총 도조는 벼 72두에 해당한다.

이속토지에는 일부 임야도 있었다. 임야에서는 땔감 정도를 수취했을 것으로 보인다. 이를 벼의 양으로 환산해 내기 어렵고, 임야 면적도 넓지 않았을 것으로 판단되기에 이는 도조수입 추정에서 제외하기로 한다.

결국, 보창학교에 이속된 논 222두락과 밭 30두락에서 수취한 도조량은 각각

59) 3,400여 결의 농지에서 생산되는 쌀이 8~9만 석에 달했고, 토지가 비옥하고 사람들이 근면하여 한번 풍년이 들면 3년간 생활에 걱정이 없을 정도였다고 한다. 강화군 군사편찬위원회, 『신편 강화사 상』(CD ROM), 강화: 강화군편찬위원회, 2003 중 「조선시대 강화의 경제와 사회」 및 고택, 「군대해산」, 『신동아』, 1970년 1월호, 359쪽.

60) 역둔토실지조사에서도 민간 소작료에서 1할을 공제한 것을 역둔토 소작료로 책정하였다. 민유지와는 달리 정부에서 종자와 결세 등을 부담하지 않았기 때문이다. 조선총독부, 「역둔토실지조사개요」, 1911년, 20~21쪽.

61) 박진태, 「일제 통감부시기의 역둔토 실지조사」, 『대동문화연구』 제32집, 1997, 252쪽.

1,087두와 72두로 총 1,159두이다. 당시 미가는 보통 석(石)당 가격으로 표시되었다. 그래서 두(斗)를 석 단위로 환산해야 한다. 여기서는 전술한 경리원 공문서 기준을 따라서 벼 1석은 20두로 간주한다. 이를 적용하면, 1,159두는 58석에 해당한다. 이는 『강도지』에서 도조가 '수십 석'이었다고 한 것과 부합한다.

이제 보창학교에서 1910년까지 매년 수취한 벼 58석을 화폐가치로 환산해 보자. 벼 1석당 가격은 1909년부터 정부통계에 명시된 바, 1909~1910년의 벼 1석당 전국 평균은 3.78원(圓=환)이었다. 이를 적용하면, 매년 수취한 총 도조수입은 219圓이었다. 도조는 수확 전에 약정한 정액 지대를 받는 것이므로 보창학교에서는 1906~1910년까지 매년 219원 정도의 재원을 확보한 것으로 추정된다.

사찰 토지의 도조가 강화공립보통학교에 양여된 것은 1915년이었다. 보창학교에서는 강제합방 이후 1914년까지 도조를 계속 수취하였다. 일제는 역둔토실지조사를 완료한 이후 1911년부터 모든 역둔토에 표준소작료를 일률적으로 적용하였다. 당시 경기도 역둔토 소작료는 100평당 논 52전, 밭 25전으로 이남에서 가장 낮은 수준이었다.[62] 전국적으로 보면, 논은 전국 평균보다 조금 낮고 밭은 조금 높은 수준을 보였다. 보창학교에 이속된 논은 39,294평, 밭은 2,400평이었다. 이것에 당시 100평당 경기도 역둔토 표준소작료를 적용하면, 보창학교에서 1911~1914년에 매년 수취한 논밭 소작료(도조)는 각각 204원과 6원으로 총 210원이 된다.

Ⅳ. 기부금 수입 분석

강화 보창학교의 제3의 재원은 각계각층의 사람들이 보내준 기부금품이다. 당시 기부금은 의연금 혹은 찬성금 등으로 불렸는데, 그 내역은 신문에 소상히 공개되었다. 〈부록〉은 각종 기부금품을 연도별·기부자별로 정리한 것이다.

먼저 시기적으로 보면, 1905년 초에서 1906년 봄 사이에 기부금품 모집이 집중적으로 이루어졌다.[63] 1905년 2월에 기부금품 모집이 시작되었다. 이때는 보창학

62) 『역둔토실지조사개요』, 1911년, 22~23쪽.

63) 1906년 12월 기부금은 미국 동포들이 몇 달 전에 보내준 것이다. 12월은 이동휘가 기부금을

교 학생이 80여 명으로 늘어나고 학과 체제를 소학과 · 보통과 · 어학과 체제로 확대, 개편하던 때였다.[64] 학생들의 수업료는 무료였기에 학교유지를 위한 재원 마련이 절실한 때였다. 이때부터 시작된 기부금품 모집은 이듬해 4월까지 계속되었다. 1905년 5월에 고종을 알현한 이후 경리원 보조금을 받기 시작했다. 하지만 학생수가 연말에는 200여 명으로 더욱 증가하고 강화지역에 지교도 설치하기 시작하면서[65] 경리원 보조금만으로는 경비를 감당할 수 없었던 것으로 보인다. 1906년 봄까지 그 부족분을 각종 기부금품이 보충해 주고 있었다.

전술했듯이 1906년 3~5월에 전등사와 적석사의 토지를 이속받아 또 하나의 학교재원이 마련되었다. 경리원 보조금에 이어 사찰 토지의 도조까지 받게 되면서 마침내 안정적인 재정 기반이 마련된 것이다. 이제 더 이상 유지자들의 기부금품에 의존하지 않아도 되었다. 이후 한동안 기부금품 모집은 이루어지지 않았다. 그런데 1908년부터 경리원 보조금이 사실상 끊기자 강화 유지들은 다시 기부금을 지원하기 시작했다. 몇몇 유지들이 1908~1909년 사이에 500환(=1,000元)이 넘는 큰 금액을 기부하였다.[66]

당시 기부자들의 신분을 분석해 보면, 한 가지 뚜렷한 현상이 나타난다. 그것은 군인 · 현직 관리 · 일반인 · 각종 사회기관 등 다양한 기부자가 참여하고 있다는 점이다. 심지어 해외동포들과 일본인도 동참하고 있다.[67]

1905년 2~3월 최초의 기부자들은 강화 진위대 위관급 장교들을 비롯한 군인들이 가장 많았다. 이는 그때까지 설립자 이동휘는 강화 진위대 대대장으로 있었기 때문일 것이다. 3월 이후 기부자들은 다른 지역의 장교, 고위 · 중하위 관리와 함께 일반인 · 회사 · 교회 등으로 확대되었다. 특히 일반인 기부자들은 갈수록 늘어났다. 일반인들이 대거 기부자로 등장한 것은 4월이었다. 기부자 45명 가운데 33명이

받았다는 광고를 낸 시점이다. 『황성신문』 1906년 11월 24일자, 「기금보창교」,

64) 『황성신문』 1905년 2월 15일, 광고, 2월 16~18일, 20일, 광고 및 1906년 4월 3일, 「소학보통학원 모집광고」.

65) 김성학, 앞의 논문, 15쪽, 30~31쪽 참조.

66) 윤상건은 1년 동안 총 240환(=480元)을 기부했다. 기부금 관련 보도 시점인 1909년 9월 3일이기에 1908년 9월부터 1909년 8월까지 기부한 것으로 보았다.

67) 샌프란시스코 동포들은 이동휘가 열성적으로 교육진흥운동에 매진한다는 소식을 듣고 직접 노동해서 번 돈을 보창학교에 기부하였다. 『황성신문』 1906년 11월 24일자, 「기금보창교」 및 12월 7일자, 광고.

사인(士人)이었다. 이들은 대부분 감리교인들과[68] 개명한 유생층이었을 것으로 추정된다. 이후 11월부터 기부자 신분이 명시되지 않아 정확한 신분 파악이 어렵다. 다만 이전에 비하면 비교적 소액인 5원(元) 이하의 기부자들이 많이 참여하고 있다.[69] 1906년 4월에 이르면 기부자들(168명)은 대부분 소액 기부자들이었다.

다음으로, 기부금 규모에 대해 살펴보자. 1905~1909년 사이에 기부금 총액은 6,474원(元)이었고, 전체 기부자는 383명(사회기관 포함)이었다(〈부록〉 참조). 기부자별로 살펴보면, 일반인 3,375원, 군인 1,947원, 관리 755원으로 일반인・군인・관리가 보창학교 3대 기부집단이었다. 사회기관과 일본인의 기부금은 모두 380원 정도에 불과했다. 그런데 일반인 범주에는 이름이 명시되지 않은 일부 고액기부자들이 포함되어 있다. 이들은 고위 관리나 장교였을 가능성이 높다. 따라서 실제 일반인 기부 총액은 좀 줄어들 수 있다. 기부자들은 금전뿐만 아니라 석판・석필・수첩・부채・교과서 등 각종 학용품도 지원하였고, 이동휘가 학생들을 인솔해서 상경했을 때 며칠 분의 음식을 지원하기도 했다.

V. 전체 재정수입 규모와 구성

이제 지금까지의 논의를 바탕으로 전체 재정수입 상황을 종합적으로 살펴보고자 한다. 먼저 〈표 3-4〉를 보면, 1905년에서 1914년까지 보창학교의 재정수입 총액은 15,600여 환이다. 1905~1910년까지 연 평균 수입은 2,500여 환이다. 이를 한성의 신식학교의 재정 규모와 비교해 보자. 1910년 현재 한성 62개 사립학교의 1년 평균 경비는 1,800여 원(圓=환)이었고, 2,000여 원 이상인 학교는 15개교에 불과했다. 그리고 당시 한성의 고등정도 관공립학교의 연평균 경비는 2,800여 원

68) 이 중 감리교 교인으로 주선일, 김봉일, 김경일, 김애일, 김동수를 확인하였다. 주선일, 김봉일, 김동수는 강화읍 잠두교회 개척자이거나 핵심 인사였다. 그리고 김경일은 홍의교회 담임이었다. 김경일, 김애일, 주선일은 무어청년회(강화 엡웟청년회) 임원이었다. 이덕주・조이제, 앞의 책, 155~156쪽, 174~175쪽, 302~303쪽 참조.

69) 1905년 판임관 교원 3급봉(개정 후는 7급봉에 해당) 월급은 20원이었다. 5원(元)은 이것의 1/4에 해당하는 액수이다.

이었다.[70] 이에 비추어 보면 1910년까지 보창학교의 재정 규모는 한성 상위 사립학교 수준에 해당하였고, 고등정도의 관공립학교 수준에 근접했음을 알 수 있다.

〈표 3-4〉 강화 보창학교 전체 재정수입 상황[71] (단위: 환)

연도	경리원/궁내부 보조금 (A)	일반 기부금	도조 수입	강화군 보조금	합계 (B)	(A/B)×100
1905	2,400	2,292	–	–	4,692	51%
1906	3,600	405	219	–	4,224	85%
1907	3,600	–	219	–	3,819	94%
1908	165	80	219	60	524	31%
1909	–	460	219	360	1,039	0%
1910	–	–	219	240	459	0%
1911~14	–	–	840	–	840	0%
합계	7,365(63%)	945(21%)	1,935(12%)	600(4%)	15,597(100%)	

다음으로, 연도별로 재정수입 상황을 살펴보자. 재정수입이 가장 많았던 시기는 1905년부터 1907년까지였다. 이 시기에 경리원에서 매달 300환이라는 거액의 보조금을 지원하였다. 이는 당시 보성학교 다음으로 많은 보조금이었다. 전체 수입에서 경리원 보조금이 차지하는 비중은 1905년 51%, 1906년 85%. 1907년 94%로 계속 증가하였다. 이때는 경리원 보조금에다 일반기부금과 도조까지 수취하게 되어 전체 수입이 약 3,800~4,700여 환에 달했다. 보창학교는 1905~1907년에 본교를 크게 확충하고 많은 지교를 설립, 운영하였다.[72] 수업료가 무료인 상태에서 이를 재정적으로 뒷받침한 것은 일차적으로 경리원 보조금이었고, 이차적으로 일반기부금과 도조수입이었음을 알 수 있다.

70) 최기영, 『한국근대계몽운동연구』, 서울: 일조각, 1997, 289~291쪽. 원 자료인 「京城府內私立學校現狀一斑」(내무부 학무국, 1910. 10), 『학사통계』(1910) 등은 일제가 작성한 것으로 화폐단위는 원(圓)이다.

71) (1) 1905년 신화의 화폐단위 환(圜)으로 통일함. 신화(환) 대 구화(元)의 교환비는 1:2임. 일본 화폐 원화(圓)는 환과 동일 가치로 교환됨. (2) 도조수입(1906~10)은 1909/1910년 벼 물가수준에 따른 추정치임. (3) 강화군 보조금은 군수 한영복 재임 기간에는 지급된 것으로 간주함. (4) –은 없음을 나타냄.

72) 김성학, 앞의 논문, 2014, 14~18쪽 및 30~33쪽 참조.

그런데 1908년에 황실 재정이 해체되고 경리원 보조금이 사실상 중단되면서 이에 학교재정은 크게 악화되었다. 1908~1910년 재정수입 총액은 이전 3개년 재정수입의 16% 수준에 불과하였다. 강제합방 이후엔 보조금과 기부금이 모두 끊기고 매년 219원의 도조수입만 남게 되었다. 이때부터 심각한 재정 부족으로 거의 학교 명맥만 유지해 간 셈이다. 1915년 일제는 이 도조마저 공립 보통학교에 이양함으로써 결국 보창학교는 폐교하기에 이른다.

끝으로 재원별로 재정수입 상황을 살펴보면, 경리원 보조금은 전체 수입에서 63%를 차지하여 가장 핵심적인 재원이었다. 이어서 일반기부금 21%, 도조수입 12%, 강화군 보조금 4% 순이었다. 보창학교의 3대 재원은 경리원 보조금·일반기부금·도조였다. 그런데 사찰 토지의 이속은 이동휘를 총애한 고종의 복심이 작용해서 성사된 것으로 본다면 도조는 사실상 황실의 지원인 셈이다. 경리원 보조금과 도조를 합하면 전체 수입의 75%에 달한다. 이렇게 황실의 지원은 재정 확보에 절대적인 역할을 한 것으로 나타났다.

경리원 보조금은 1905~1907년에 집중되었다. 이 기간 연평균 보조금은 3,200환으로 이는 한성의 큰 사립학교를 운영할 만한 경비였다. 1910년 한성의 사립학교 62개교 가운데 1년 경비가 3,000환 이상인 학교는 8개교뿐이었다.[73] 일반기부금은 1905년에 71%가 집중되었다. 이때는 학과체제를 갖추고 보창학교로 새로 출범한 때이다. 당시 기부금 액수는 경리원 보조금과 비슷해 학교운영에 큰 도움을 주었다. 1909년 경리원 보조금이 중단된 때에도 일반기부금은 학교재정에 일조하고 있다. 반면에 1906년부터 수취한 도조수입 총액은 일반기부금에도 미치지 못해, 당시 토지 이속을 둘러싼 논란이 컸던 만큼 핵심적인 재원은 아니었다. 하지만 폐교 시까지 매년 일정 수입을 지속적으로 제공해 주었기 때문에 재정 안정성에 기여한 것으로 평가할 수 있다.

73) 최기영, 앞의 책, 290~291쪽.

Ⅵ. 맺음말

이 연구는 한말 강화 보창학교에 대한 후속 연구로서 그 재정수입의 확보 과정과 규모를 분석하고 재정 구조상의 특징을 밝히고자 하였다. 이상의 논의를 간단히 정리하면 다음과 같다.

보창학교는 1904년에 이동휘가 설립하였으나 학교재정은 보조금, 도조수입, 기부금 등으로 충당되었다.

1905년 5월에 고종은 보창학교라는 교명과 함께 '연금의 예'로 보조금을 하사하였다. 이후 1907년까지 경리원에서 매월 300환의 경비를 지원하였다. 1908년에 일제에 의해 황실 재산이 해체되자 사실상 경리원 보조금은 중단되었고, 대신에 매월 30환의 강화군 보조금을 지원받기 시작했다.

1906년 이동휘의 청원과 정부의 훈령에 의해 전등사와 적석사 토지가 보창학교에 이속되었다. 이는 이동휘를 총애한 고종의 복심이 작용하고 그의 흥학조칙에 부응하여 내려진 조치로 판단되었다. 이속토지는 논 222두락(39,000여 평)과 밭 30두락(2,400평) 및 임야 일부였다. 1910년까지 이속토지의 도조는 매년 219환(벼 58석), 그리고 표준소작료가 적용된 1911~1914년까지는 매년 210환으로 추정되었다. 이 도조는 1915년에 강화공립보통학교에 양여되었다.

기부금품 모집은 1905년 2월에서 1906년 4월 사이에 집중적으로 이루어졌다. 이때는 학과체제를 갖추고 보창학교라는 이름으로 크게 성장하기 시작한 때이다. 이후 경리원 보조금이 중단되자 1908~1909년에 다시 지원되었다. 기부자들은 처음에 군인과 관리 위주였으나 이후 일반인이 대거 참여하였다. 총 기부자는 383명(사회기관 포함)이었고, 기부금 총액은 3,237환에 달했다.

전체 재정수입은 1905~1914년까지 15,600여 환에 달했다. 1910년까지 연평균 수입은 2,500여 환으로 한성의 상위 사립학교와 비슷한 수준이었다. 재정수입이 가장 많았던 시기는 경리원에서 매달 보조금을 지급한 1905년부터 1907년까지였다. 경리원 보조금의 비중은 매년 높아져 1907년에 94%를 기록하였다. 1908년에 경리원 보조금이 사실상 끊기자 재정 상태는 크게 악화되었다. 전체 재정수입에서 차지하는 비중은 경리원 보조금 63%, 일반기부금 21%, 도조 12%, 강화군 보조금

4% 순이었다. 경리원 보조금이 핵심적인 재원이었다. 도조 총액은 기부금에도 미치지 못했지만 폐교 시까지 계속 수취하여 재정 안정성에 기여하였다.

이러한 결과를 종합해 보면, 보창학교의 유지·성장을 뒷받침한 핵심 동력은 황실의 지원이었음을 알 수 있다. 경리원 보조금과 고종의 후광으로 이속받은 토지 도조는 전체 수입의 75%에 달했다. 여기에 민족주의적·기독교적 배경을 지닌 것으로 보이는 일반인·군인·관리들이 동참하는 형국이었다.

강화 보창학교는 사립학교임에도 불구하고 재정은 황실에 크게 의존하였다. 이러한 지원은 일제의 교육간섭이 점차 노골화되던 시기에 이루어진 것임을 이해할 필요가 있다. 1905년 1월에 학정참여관 시데하라(幣原坦)가 부임하자 고종은 1905년과 1906년에 흥학조칙을 내려 학부와 각 부군에 직접 학교 설립을 독려하고 나섰다. 1905년 5월 이후 황실의 적극적인 지원은 이런 맥락에서 이루어졌다. 즉 일제에 의해 점차 장악되는 관공립학교 대신에 민족사학을 육성하려는 고종의 의지가 담긴 것으로 해석할 수 있다. 이와 유사한 사례를 1905년 4월에 창립된 보성학교에서 찾을 수 있다.[74]

한편, 보창학교의 사례는 한말 사립학교의 재정이 얼마나 취약했는지를 보여주는 것이기도 하다. 학교재정을 대부분 외부의 보조금과 기부금에 의존했다. 이속토지는 기본재산과 같은 것이었으나 이것도 소유권이 불분명한 상태였다. 따라서 일제가 외부 재원을 통제하면 쉽게 소멸할 수밖에 없는 운명이었다. 1908년부터 일제는 민족주의 교육에 힘쓰던 보창학교를 탄압하기 시작했다. 그 방법은 핵심 재원인 황실보조금을 차단하는 것이었다. 이에 교장 이동휘의 주도로 1908년에 강화학무회를 조직하여 의무교육시행안을 마련하고, 1910년에는 군수 한영복이 학부형계를 설치하는 등 자체적으로 학교재정을 확보하려는 시도가 있었다. 하지만 실제로 보창학교에서 월사금이나 의무전곡을 수취했다는 사료는 보이지 않는다.[75] 황실보조금 중단 이후 보창학교는 학교 운영에 큰 어려움을 겪게 되었다. 한말에 사립학교는 안정적인 자체 재정확보 방안을 마련해서 이를 실행해야 했다.

---

74) 당시 보성학교는 거의 황실학교나 다름없었다. 배항섭, 앞의 논문 참조.
75) 김성학, 2014, 19~22쪽 참조.

그렇지 않을 경우 사립학교를 공립학교로 전환하려고 획책하는 일제에 의해 점점 그 생존 자체가 위태로워질 수밖에 없었다.*

* 이 글은 김성학, 「한말 강화 보창학교의 재정수입 분석」, 『인천학연구』 제34호, 2021에 수록된 것을 부분적으로 가필한 것임.

제 2 편

새로운 비교과 활동의 성장과 성격

- 한말 학교운동회를 중심으로 -

CHAPTER 제 04 장

한말 한성의 관공사립학교 연합 운동회와 통합, 그리고 문명화

Ⅰ. 머리말

이 장에서는 1905년에서 1910년 사이에 한성에서 개최된 관공사립학교 연합운동회의 성격을 규명하고자 한다. 이 시기는 일제에 의해 식민지화 작업이 추진되던 시기로 당시 교육의 전반적인 성격 변화와 함께 학교운동회에서도 새로운 성격이 나타나기 시작했을 것으로 보인다. 1890년대에 훈련과 경쟁으로서의 학교운동회가 탄생한 바 있다. 이렇게 시작된 학교운동회는 1903~1904년의 공백기를 거쳐 1905년 이후 한성에서 지방 오지에 이르기까지 전국 방방곡곡에서 개최되면서 폭발적으로 팽창하였다.[1] 이러한 학교운동회의 양적 팽창에는 질적 변화가 수반되었을 것이다. 더욱이 이 시기에 일제의 각종 간섭과 통제 및 이에 대한 조선인의 대응이 전개되면서 학교운동회는 복잡한 성격을 갖게 되었을 것으로 보인다. 국권침탈기에 폭발적으로 팽창한 학교운동회는 과연 어떤 성격을 갖게 되었는가?

기존 연구에서 밝히고 있는 이 시기 학교운동회의 성격은 크게 두 가지로 집약된다. 첫 번째는 민족적 성격이다.[2] 학교운동회는 단순한 체육행사가 아니라 국권회복운동의 일환으로서 학생들에게 민족의식을 각성시키고 애국심을 고취시켰다. 이러한 성격은 이미 1890년대에 등장하여 을사늑약 이후 더욱 강화되었는데 특히

1) 김성학, 「근대 학교운동회의 탄생: 화류에서 훈련과 경쟁으로」, 『한국교육사학』 제31권 제1호, 2009; 김성학, 「근대 학교운동회의 팽창: 그 실태와 동인」, 『한국교육사학』 제33권 제1호, 2011 참조.

2) 학교운동회를 포함한 각종 운동회에 관한 대표적인 연구로는 이학래, 『한국근대체육사연구』, 서울: 지식산업사, 1990 및 이학래, 『한국체육백년사』, 고양: 한국학술정보(주), 2001; 박상석, 「구한말 운동회 연구」, 중앙대학교 박사학위 논문, 2012. 박상석은 한말 운동회의 가장 대표적인 성격으로 애국주의를 제시했다. 이는 크게 보면 민족주의적 성격에 포함될 것이다.

연합운동회에서 크게 나타났다. 두 번째는 사회체육적 성격이다.[3] 당시 학교운동회는 학생과 교사가 주축이 된 행사지만 그 발기인·경비·장소·관중 등의 측면에서 탈학교적 성격을 지닌 것으로 지역민에게 근대 체육을 보급하고 일체감을 형성시키는 역할을 하였다. 기존 연구들은 이 가운데 민족적 성격을 더욱 부각시키고 있다.

기존 연구들은 국권 침탈의 위기에 대응하는 과정에서 형성된 각종 운동회의 전반적인 성격을 잘 드러내고 있다. 이는 당시 학교운동회가 학교 차원의 행사를 넘어 보다 넓은 사회적 요구와 맞닿아 있음을 보여준다. 그렇지만 다음과 같은 측면에서 더욱 보완될 필요가 있다. 첫째로, 기존 연구는 지역별로 학교운동회의 성격이 다르게 형성되었을 가능성을 간과하였다. 학교운동회의 양적 팽창과정을 보면, 한성과 지방에서 다른 양상이 나타났다.[4] 이와 비슷하게 운동회의 성격이라는 질적인 측면에서도 지역별로 다른 특성이 발현됐을 것으로 보인다. 이제 각 지역별로 학교운동회의 독특한 성격을 파악해 내는 일이 필요하다. 둘째로, 기존 연구는 일제가 학교운동회에 대한 관여와 통제를 통해 실현시키고자 한 특정한 성격을 잘 드러내지 못하였다. 특히 학부에서 주관한 한성의 관공사립학교 연합운동회는 일제의 관여와 통제가 직접 작용할 수 있는 운동회였다. 동시에 조선 측의 요구도 수용될 수 있는 여지가 있는 운동회였다. 양측의 요구가 함께 부과되면서 이 운동회는 이중적 성격을 갖게 되었을 가능성이 있다. 기존 연구에서는 민족적 성격이 과잉 주장되면서 조선과 일제 양측의 의도가 만나서 생겨난 운동회의 이중적 성격이 잘 포착되지 못하고 있다.

이상과 같이 이 연구는 일제에 의해 식민지화 작업이 추진되는 시기에 학교운동회의 성격이 다양하게 분화되었으리라는 가정에서 출발한다. 이를 해명하기 위한 작업의 하나로 1905년 이후 한성에서 개최된 관공사립학교 연합운동회의 성격을 밝혀내려고 한다.[5] 당시 학교운동회는 기독교·신학문·체조 등과 함께 신문명을

3) 대표적 연구는 이인숙, 「대한제국기의 사회체육 전개과정과 그 역사적 의의에 관한 연구」, 이화여대 박사학위 논문, 1993; 이인숙, 「개화기 운동회의 사회체육적 성격」, 『한국체육학회지』 제33권 1호, 한국체육학회, 1994.

4) 김성학, 앞 논문, 2011 참조.

5) 1907년에 한성공립보통학교가 관립경교보통학교로 전환되면서 연합운동회 명칭도 자연스럽게 관공사립학교 연합운동회에서 '관사립학교' 연합운동회로 바뀌었다. 이하 특정 연합운동

대표하는 것으로 여겨졌다. 특히 한성의 관공사립학교 연합운동회는 정부에서 직접 주관한 것으로 수도 한성에서 열린다는 상징성뿐만 아니라 그 내용과 형식에서 당시 운동회의 전범을 보여주는 것이었다. 그렇기에 한성에서 열린 관공사립학교 연합운동회는 당시 사람들의 뇌리에 신문명의 대표 격으로 깊이 각인되어 있었다. 한성의 연합운동회는 당시 계몽가사의 소재가 되거나[6] 신소설에서 그 모습이 구체적으로 묘사될 정도로 많은 사람에게 깊은 인상을 남긴 대규모 학교행사였다.[7]

이 연구에서는 이렇게 당시 운동회의 전범으로 여겨졌던 한성의 관공사립학교 연합운동회의 성격을 밝히고자 한다. 이를 위해 먼저, 이 연합운동회의 개최 실태를 분석한다. 다음으로, 학부가 직접 주관하면서 관공사립학교 연합운동회는 어떤 성격을 갖게 되었는지를 고찰한다. 이어서 일제는 이 연합운동회에 어떻게 관여했으며, 이로 인해 운동종목은 어떻게 변화했고 연합운동회에 어떤 성격이 부가되었는지를 밝히고자 한다. 분석을 위한 주요 일차 사료로는 당시 관공사립학교 연합운동회를 비교적 소상히 보도하고 있는 신문기사 및 정부 문서, 교과서, 운동회 사진·영상자료 등을 활용한다.

이 연구에서는 학교운동회가 단지 하나의 학교행사에 그치는 것이 아니라 당시 전반적인 교육의 성격이 집약되어 있는 의미 있는 영역인 것으로 간주한다. 그러므로 학교운동회에 대한 탐색은 그 당시 전체 교육에 대한 탐색이며 조망일 수 있다. 운동회와 같은 미시적 영역은 교육제도·정책과 같은 거시적 영역과 연결되며 소통한다. 이런 측면에서 이 연구의 방향은 기존의 연구들과 다르며 동시에 동일하다.

회를 지칭하는 경우가 아닌 경우는 그 명칭을 관공사립학교 연합운동회로 통일하고자 한다.

6) 『대한매일신보』 1910년 4월 26일자, 「춘기대운동」. 여기에서 작자는 한성의 마립학교라는 가상의 학교에서 운동회를 개최한 것으로 설정하고, 이완용 등 매국노 4인의 행태를 줄다리기, 멀리뛰기, 높이뛰기, 눈가리고 공줍기(盲眼拾球), 기취경주 등 운동회 종목에 빗대어 풍자하고 있다. 가사 제목이 춘기'대운동'인 것으로 보아 연합운동회를 염두에 둔 것으로 보인다.

7) 박이양이 쓴 번안소설 『명월정』(경성: 유일서관, 1912)에서는 당시 훈련원에서 열린 공립학교 연합운동회의 모습을 다음과 같이 상세히 묘사하고 있다. "상순이 맘을 위로ᄒᆞᆯ 곳지 업셔 이 집 뎌 집 다니며 문안 문밧을 여러 날 동안 다니다가 훈련원에셔 공립학교 츈긔 련합운동회를 구경ᄒᆞ더라 이ᄶᅧᆨ에 허원이 득남ᄒᆞᆫ 이후로 왼 집안에 화긔가 융융ᄒᆞ더니 ᄎᆔ홍을 강권ᄒᆞ여 학교운동회를 구경식히더라 훈련원 넓은 뜰에 인산인ᄒᆡ를 일우웟ᄂᆞᆫᄃᆡ 식장(式場)과 식당(食堂)이 승ᄃᆡᄒᆞ고 록문이 반공에 소사셧고 국긔 교긔 만국긔가 오ᄉᆡᆨ금보장을 둘너친 듯ᄒᆞᆫ 가온ᄃᆡ 사령부(司令部)에셔 긔를 두르ᄆᆡ 각 학교 사령원들이 별갓치 가더니 제각기 션수(選手)를 내셰워 출발소(出發所)에셔 포방 일셩에 경주(競走)를 유쾌ᄒᆞ게 ᄒᆞ야 일 이 ᄉᆞᆷ등 긔를 취ᄒᆞᆯ ᄶᅧᆨ에 만장이 박장갈치 ᄒᆞ더라"(117쪽).

Ⅱ. 학부주관 연합운동회의 재등장

1905년에 다시 등장해 급속히 팽창한 학교운동회는 이전의 학교운동회를 계승하면서도 그것과 다른 특성을 지닐 가능성이 많았다. 특히 한성의 관공사립학교 연합운동회는 매년 학부가 직접 주관해서 개최하고 일제의 영향력도 작용하면서 그럴 가능성이 농후하였다.

1905년 5월 13일, 한성에서 학부가 주관하는 연합운동회가 다시 등장하였다. 대한제국 정부는 국내외적으로 위기의식이 높아지자 1890년대에 활용해 효과를 보았던 대규모 연합운동회를 다시 꺼내 들었다.[8)] 일제는 러일전쟁의 와중에 제1차 한일협약(1904. 8)을 체결하여 조선의 국권을 본격적으로 침탈하기 시작했다. 1905년 5월 일본 연합함대와 러시아 발틱함대가 최후의 일전을 눈앞에 두고 있었다. 이 시점에서 학부는 한성의 관공사립 소학교 연합운동회를 다시 개최한 것이다.

1905년 한성의 관공사립 소학교 연합운동회는 그 내용과 형식에서 1890년대 관공립학교 연합운동회를 계승하고 있다.[9)] 이 운동회는 이전과 마찬가지로 학부가 설행했으며 그 장소도 훈련원으로 동일하였다. 학부에서 외부로 국기를 요청하고 있는 것으로 보아[10)] 국기를 운동장에 게양하고 국가의례와 같은 형식으로 진행된 것 같다. 운동회에는 학부대신, 군부대신 등 고위 관리와 각국 영사, 신문사 사장 등 내빈과 수많은 관중이 운집했다. 그리고 이 운동회에서 후동사립학교 학생 6명이 상을 받았다는 기사로 보아 이전처럼 각 경기에서 우등자에게 시상을 했던 것으로 보인다. 여기서 실시된 달리기・멀리뛰기・높이뛰기・씨름・2인3각・환쏘기(射丸)・줄다리기 등은 모두 1890년대 연합운동회에서 실시된 운동종목이었다.

이와 동시에 새로운 경향도 나타나기 시작했다. 운동종목으로 장애물경주・제광경주(提筐競走)・제등경주(提燈競走)・기취(旗取) 등 유희적 경기가 처음으로 등장했다. 또한 강화 보창학교 교장 이동휘가 학생 20여 명을 데리고 참가하면서, 이제 지방의 학교도 한성에서 열리는 정부 주관 연합운동회에 참가하기 시작했다.

---

8) 1890년대 연합운동회에 대해선 김성학, 앞 논문, 2009, 57-94쪽 참조.

9) 이 운동회에 대해선『황성신문』1905년 5월 12일자,「학교대운동」및 15일자,「소학도운동상황」및 김성학, 2011의 〈부록〉 연번 2의 운동회 참조.

10)『황성신문』1905년 5월 10일자,「소학교대운동」.

또한 운동회 명칭에서 알 수 있듯이 이제 각종 사립학교도 한성의 연합운동회에 본격적으로 참가하기 시작했다.

〈표 4-1〉 한성의 관공사립학교 연합운동회 개최 상황, 1905~1910년[11)]

개최교	개최일	장소	종목	학교수	연설	비고	자료출처
관공사립 각 소학교	1905. 5. 13	훈련원	100보 · 200보 장애물경주, 提筐경주, 멀리뛰기, 높이뛰기, 씨름, 계산경주, 2인3각, 提燈경주, 連脚경주, 射丸, 기취, 줄다리기	·	○	강화 보창학교 참여	황성 1905. 5. 12 및 5.15
관공사립 각 소학교	1906. 5. 14	훈련원	1백보 · 2백보 장애물경주, 提筐경주, 멀리뛰기, 높이뛰기, 산술경주, 提燈경주, 旗取, 줄다리기, 체조	31교	·	학생 4천여 명, 특별사무원 시데하라	황성 1906. 5. 15 &16
관공사립 각 소학교	1906. 10. 27	훈련원	送旗, 拾球, 계산경주 등	·	·	여학생 참여	황성 1906. 10. 29
관사립 각 보통학교	1907. 5. 2	훈련원	연합체조, 각 학교 체조, 기취, 毬拾, 破球, 2인3각, 徒경주, 기마경주, 직원경주, 내빈경주	·	○	학생 수 천 명	황성 · 대매 1907. 5. 3, 황성 5. 7
관사립 각 학교	1907. 10. 26	훈련원	전대행진, 연합체조, 송기경주, 도보경주, 투구경쟁, 기취경주, 각 교 체조, 기마기취경주, 구호대경주, 巡竿송기경주, 직원경주, 내빈경주	74교	·	학생 6천여 명, 지방학교 · 여학교 참여, 황태자 · 이토 히로부미 참석	황성 · 대매 1907. 10. 27; 대매 10. 22
관사립 각 학교	1908. 5. 13	훈련원	행진, 연합체조, 도보경주, 홍황기취경주, 지구회전경쟁, 送旗경쟁, 체조유희, 送球경쟁, 철자경쟁, 직물경쟁, 선수造花경쟁, 破函경쟁	70여교	·	영선군 · 해풍부원군 · 각 대신 · 이등박문 참석, 지방학교참여 불허	황성 1908. 5. 12, 14; 6. 9

11) · 는 미상을 나타냄. 황성은 『황성신문』 대매는 『대한매일신보』를 줄인 것이다.

개최교	개최일	장소	종목	학교수	연설	비고	자료출처
관사립 각 학교	1908. 5. 21	비원	전대행진, 전대체조, 도보경주, 조화경주, 송구경주, 毬取경주, 기마송구경주, 2인3각, 자매송기경주, 建旗경주	·	·	관·사립 각 150, 여학생 100명 선발, 황제이하동부인	황성 1908. 5. 15 & 17; 대매 5.22 & 23
관사립 각 학교	1909. 4. 30	훈련원	운동, 창가, 기취경쟁, 연합체조, 기마경주, 도보경주 등 16종목	108교	·	학생 1만2천, 관중 수만	황성 1909. 3. 4, 5. 1 & 2; 대매 4. 30

이렇게 다시 시작된 한성의 관공사립학교 연합운동회는 이후 일본의 간섭과 통제에도 불구하고 1909년까지 매년 개최되기에 이른다. 이 연합운동회는 1905년부터 1909년까지 모두 8차례 실시되었다(〈표 4-1〉). 1910년부터는 더 이상 실시되지 않았다. 그리고 1907년 봄까지는 초등수준의 관공사립학교만 참가했으나, 1907년 가을부터는 중등이상의 학교들도 참가하는 대규모 연합운동회가 되었다. 연도별 개최상황을 보면, 1905년 봄에 한 차례 실시된 이후 1906년과 1907년에는 각각 봄과 가을에 개최되었고, 1908년부터는 봄에 한 차례만 열렸다. 1908년 봄에는 황제가 참석한 비원 특별운동회가 추가로 열렸다. 여기에는 한성의 관립학교·사립학교·여학교별로 인원이 할당되어 총 400명의 학생만 참가했다.[12]

한성의 관공사립학교 연합운동회는 매년 참가 학교와 학생 수가 크게 증가하고 있었다. 1906년 춘기운동회에서는 31개교 4천여 명이었던 것이 1907년 추기운동회에는 74개교 6천여 명(관립 20교, 사립 54교), 1908년 춘기운동회에서는 70여 개교 7천여 명으로 크게 증가했다. 1909년 춘기운동회에는 108개교 1만 2천 명이 참가해 1906년에 비해 규모가 3배 정도 커졌다.[13] 1910년 5월 현재, 한성부의 관공사립학교는 모두 112개교였다(관공립학교 18개교, 사립학교 94개교).[14] 이로 보건

12) 『황성신문』 1908년 5월 15일자, 「비원운동」.
13) 『황성신문』 1906년 5월 15일자, 「관공사립소학교 대운동식 성황」, 1907년 10월 27일자, 「관사립학교 추계연합운동회 경황」, 1908년 5월 12일자, 「대운동절차」, 1908년 5월 14일자, 「대운동성황」, 1909년 5월 1일자, 「운동성황」; 『대한매일신보』 1907년 10월 22일자, 「운동의 시상가량」.
14) 『各種教育統計』, 學部, 1910年 5月, 3쪽.

대, 당시 한성의 관공사립학교 연합운동회에는 한성의 신식학교가 거의 대부분 참가하고 있었다.

이렇게 한성의 관공사립학교 연합운동회의 규모가 커진 일차적인 이유는 1905년부터 사립학교가 여기에 본격 참가했기 때문이다. 예를 들어 1909년 연합운동회의 경우를 살펴보면 당시 사립학교의 참가 규모를 가늠해 볼 수 있다. 1909년 관사립학교 연합운동회의 참가학교는 108개교, 참가학생은 1만 2천 명이었다. 그런데 1910년 한성의 관공립학교는 18개교로 학생 수는 모두 3,257명에 불과했다.[15] 관공립학교 상황은 1909년과 1910년이 크게 다르지 않기에 1910년도 관공립학교 및 학생 수가 1909년도와 동일하다고 간주하면, 1909년 관사립학교 연합운동회에 사립학교는 90여 개교, 사립학교 학생은 9천여 명이 참가한 셈이 된다. 사립학교는 관공립학교에 비해 학교 수에서 5배, 학생 수에서 약 3배 더 많이 참가하고 있다. 다음으로, 당시 연합운동회의 규모가 커진 것은 1907년 추기운동회부터 초등수준의 학교뿐만 아니라 중등이상의 학교들도 참가했기 때문이기도 하다. 이때부터 연합운동회의 명칭도 관공사립 소학교(보통학교) 연합운동회에서 '관사립 각 학교' 연합운동회로 바뀌었다. 하지만 중등이상의 학교가 극소수였기에 학부주관 연합운동회의 규모 확대를 가져온 가장 큰 요인은 사립학교의 참가에서 찾아야 할 것이다.

Ⅲ. 학부주관 연합운동회, 그리고 통합

한성의 관공사립학교 연합운동회는 철저히 정부가 주도한 운동회였다.[16] 먼저, 연합운동회 소요경비를 정부에서 부담하였다. 1907년 춘기 연합운동회의 경우, 정부에서 부담한 경비는 1,500원 정도였다. 1909년에는 학부에서 성균관・사범학교・고등학교・보통학교 등 각 관립학교에 직접 연합운동회 경비를 지원했다.[17]

15) 관공립학교 학생 수는 고등정도 6개교 1,140명, 보통정도 9개교 1,920명, 실업계 3개교 197명으로 총 3,257명이었다. 같은 책, 3, 7, 15쪽.

16) 당시 신문에서도 학부 '소관' 관공사립소학교 연합대운동이라고 보도하였다. 『황성신문』 1905년 5월 10일자, 「소학교대운동」.

17) 『황성신문』 1907년 4월 26일자, 「운동비계출」 및 1909년 4월 25일자, 「운동비 지발액」.

그리고 운동회에 쓰일 국기는 외부에서, 그리고 내빈 접대에 쓰일 집기는 내부에서 조달하고[18] 운동회의 '효잡지폐'(淆雜之弊)를 단속하기 위해 순검과 헌병을 경무청과 헌병사령부에 요청했다.[19]

학부는 경비 및 비품 지원과 함께 매년 연합운동회 운영방법을 결정하는 데 직접 관여하였다. 학부 고등관들은 각 관사립학교 교장을 직접 불러 학교 간 연합 문제, 날짜와 절차 등을 사전에 협의하곤 했다. 이러한 사전협의 과정은 1907년 춘기, 1908년 춘기, 1909년 춘기 연합운동회에서 확인된다.[20] 당시 언론에서 이를 "의론", "의정", "협의"라고 표현하고 있으나 연합운동회의 개최문제에 관한 학부의 입장이 전달되는 자리였던 것으로 보인다. 예컨대 1908년 사전협의회에는 학부차관 다와라 마고이치(俵孫一)가 참석해 각 학교 임원들에게 참가학생들의 단발문제와 지방학교의 참가문제에 대해 직접 지시했다.[21]

학부에서 한성의 관공사립학교 연합운동회를 주도하고 있었다는 점은 연합운동회 임원진 구성에서도 드러난다. 1906년 5월 관공사립 소학교 연합운동회의 경우, 총무장은 학부대신(이완용), 사무장은 학부협판(김규희), 사무원은 학부참서관(신태유와 정교), 특별사무원은 학정참여관(幣原坦) 등 학부 고위관리가 맡았다. 임원진이 학부의 고위관리로 구성되는 이런 경향은 1907년 추기운동회와 1908년 춘기운동회에서도 계속 이어졌다.[22]

처음부터 학부에 의해 주도된 한성의 관공사립학교 연합운동회는 잘 계획된 국가의례와 같은 형식을 통해 국민들을 황제를 중심으로 통합해 내는 기제로 활용되기 시작했다. 비원 특별운동회를 제외하고 나머지 7차례의 학부주관 연합운동회는 모두 훈련원에서 실시되었다. 당시 훈련원은 많은 사람이 모여 특정한 의식을 행하기에 적합한 장소였다. 아래 인용문은 1907년 5월 훈련원에서 열린 관사립보통학

---

18) 『황성신문』 1905년 5월 10일자, 「소학교대운동」; 『대한매일신보』 1906년 5월 11일자, 「각교운동」; 『각부통첩』, 1책, 1907년 10월 23일(奎17824).

19) 『대한매일신보』 1906년 5월 11일자, 「각교운동」.

20) 『황성신문』 1907년 4월 23일자, 「운동經紀」, 1908년 5월 6일자, 「운동회의」, 1908년 5월 15일자, 「비원운동」; 『대한매일신보』 1909년 4월 20일자, 「운동협의」.

21) 『황성신문』 1908년 5월 6일자, 「운동及설명」.

22) 『황성신문』 1906년 5월 15일자, 「관공사립 소학교 대운동식 성황」, 1907년 10월 23일자, 「관사립학교 추계연합운동회 직원」, 1908년 5월 9일자, 「운동회임원」.

교 연합운동회의 모습을 보여준다. 이 연합운동회는 학무과장 유성준이 열성적으로 준비한 운동회였다.

> 작일 하오 일시에 황상폐하씌옵셔 시종무관 어담을 연합운동장에 명송ᄒᆞ사 칙유를 하포ᄒᆞ옵시되... ... 학부대신 이완용 씨가 칙유를 봉승ᄒᆞ야 제학도와 각 교원과 당일 임원 각 국과장을 심판소 전에 초집ᄒᆞ고 칙유를 반포ᄒᆞᆫ 후에 만세를 숭호ᄒᆞ얏다더라. 운동회 제은 절차ᄂᆞᆫ 별항과 여ᄒᆞ거니와 각부대신은 훈련원청 내에 열좌ᄒᆞ고 청무 우변에ᄂᆞᆫ 여자 내빈 처소를 설ᄒᆞ고 좌변에ᄂᆞᆫ 남자 내빈 처소를 설ᄒᆞ고 훈련청 서무 외에ᄂᆞᆫ 시상소를 설ᄒᆞ고 시상소 서변에ᄂᆞᆫ 군악 일대 처소를 설ᄒᆞ고 순검과 일순사와 헌병은 사면으로 파수 보호ᄒᆞ고 운동장 중앙에ᄂᆞᆫ 심판소를 셜ᄒᆞ고 운동장 변으로 주삽표목에 철색 결망ᄒᆞ야 관광인을 부득 난입케 ᄒᆞ고 철망변으로 각 관립학교 태극기를 열삽ᄒᆞ고 각 학도가 국기 하에 열좌ᄒᆞ야 차제 운동ᄒᆞ며 입장문에ᄂᆞᆫ 국기를 교삽ᄒᆞ고 헌병과 순검이 출입인을 경찰ᄒᆞᄂᆞᆫᄃᆡ 운동장외 관광사녀가 인해를 성ᄒᆞ얏다더라[23)]

이는 당시 운동회가 국가의례와 같은 형식으로 진행되었음을 잘 보여주고 있다. 운동장 주변에 태극기와 학교기를 열 지어 세워 놓은 채, 내빈석에는 각부 대신과 국내외 저명인사들이 참석하고 운동장 주변엔 수많은 관중이 운집하였다. 순검과 일본 순사·헌병은 내빈석 주변을 호위하며 태극기가 교차된 출입문을 지키고 있다. 학부대신이 황제의 칙유를 학생, 교원, 임원들 앞에서 반포하고 모두 만세를 부른다. 이어 각종 운동경기를 마친 후 학부대신은 학생들에게 열심히 공부할 것을 훈시한다. 이어서 또다시 모두 만세를 부른다.[24)] 또 시상대 옆에 군악대 자리가 마련되어 있는 것으로 보아 행진이나 시상식 때 음악을 연주한 것으로 보인다.

---

23) 『대한매일신보』 1907년 5월 3일자, 「강칙장학」 및 「운동성황」. (한자는 한글로 바꿈.)
24) 위 기사 및 『황성신문』 1907년 5월 3일자, 「운동성황」 및 「학교운동절차」.

[그림 4-1] 학도연합운동회 장면(1909년). 큰 칼을 차고 호위하고 있는 경찰의 모습이 당시 운동회 분위기를 잘 보여준다. (독립기념관 소장)

이처럼 당시 관공사립학교 연합운동회는 황제에 대한 충성심을 확인하는 국가행사와 같은 모습이었다. 연합운동회의 이런 특성은 위 사례에만 국한된 것은 아니었다. 국가행사의 주요 상징물인 국기는 1905년 관공사립 소학교 연합운동회에서 만국기와 함께 게양된 것으로 보이며,[25] 1906년과 1909년 춘기 연합운동회에서도 게양된 것으로 확인되었다. 1907년 추기 연합운동회에서는 학생들도 모두 국기를 지참하게 했다.[26] 부부원청(府部院廳)의 정부 고위관리와 사회 저명인사들은 항상 연합운동회에 다수 참석하였다. 1906년 5월에 관공사립 보통학교 연합운동회가 열린 날에는 각부 대신과 협판들이 일제히 운동회를 참관하는 바람에 각 부의 업무가 정지될 정도였다.[27]

심지어 황제와 황후 혹은 황태자 등이 연합운동회를 직접 참관하기도 했다. 1907년 10월 관사립학교 연합운동회에는 황태자가 참석해 대대적인 국가행사처럼 진행되었고[28] 1908년 5월 비원에서 열린 연합운동회에는 황제와 황후가 직접 참석해 관람했다.[29] 황제는 연합운동회에 참석하지 못할 경우 칙유를 직접 하사하여 학생들과 관계자들을 격려했다. 칙유 하사는 1906년 춘기 연합운동회에서 시작되어 1907년

25) 당시 학부에서 외부에 만국기를 요청하고 있는 것으로 보아, 이때 만국기와 함께 국기도 게양한 것으로 보인다. 『황성신문』 1905년 5월 10일자, 「소학교대운동」.

26) 『황성신문』 1906년 5월 15일자, 「관공사립 소학교 대운동식 성황」, 1907년 10월 23일자, 「연합대운동회 주의요항」, 1909년 5월 1일자, 「운동성황」.

27) 『대한매일신보』 1906년 5월 15일자, 「운동참관」.

28) 『황성신문』 1907년 10월 27일자, 「관사립학교 추계연합운동회 경황」.

29) 『순종신록』, 1908년 5월 21일조.

춘기·추기 연합운동회, 1908년 춘기 연합운동회, 1909년 춘기 연합운동회까지 계속되었다(〈표 4-2〉). 칙유에서는 대개 면학을 권면하거나 체육을 장려하고 학생들의 노고를 치하했다. 황제의 칙유는 전체 학생들이 도열한 가운데 시종무관이나 학부대신이 봉독했고, 봉독이 끝나면 참석자들은 모두 함께 '대황제 폐하 만세'를 불렀다. 만세 제창은 운동경기가 모두 끝난 뒤에 행하는 공식적인 절차였다.[30]

〈표 4-2〉 관공사립학교 연합운동회에 하사한 칙유(勅諭), 휘지(徽旨) 내용[31]

개최교	개최일	칙유와 휘지 내용	비고
관공사립 각 소학교	1906. 5. 14	유소한 학도들의 노동함을 가상히 여겨 勞問함	칙유, 시종무관에게 특명 파견
관사립 각 보통학교	1907. 5. 2	일작에 비로 인하여 운동을 정지하였더니 오늘도 날씨가 좋지 않은데 학도들이 운동하며 또 듣기에 학도의 발달이 전에 비해 더욱 좋아졌다 하니 심히 가상하다 학도들은 열심 공부하여 期圖 진취케 하라	칙유, 시종무관 어담 파견
관사립 각 학교	1907. 10. 26	짐이 생각건대 운동회는 소년자제의 체육 장려함을 위함이니 정신을 유쾌히 하고 협동일치의 덕성을 함양하는 양법이라 금일 훈련원에서 관공사립 연합운동회를 설행함을 들으니 임원 및 학원 등은 공명정대한 행동을 하여 반드시 그 목적을 달함을 愼하라 이에 侍臣을 보내 그 실황을 시찰케 하노라 짐이 侍臣의 복명을 기다려 양호한 성적을 듣고자 하니 임원 및 학도 등은 열성을 다하여 국민체육의 선도자가 될 모범을 전국에 보임을 지극히 하여 그 공을 완수할 지어다	칙유, 시종 파견, 황태자·이토 히로부미 참석
관사립 각 학교	1908. 5. 21	… 황제 등극 후에 학교가 흥하고 자제가 분려하니 실로 국가를 위해 慶幸이라 그러나 이는 남자에 그칠 뿐이다. 대저 보통교육은 남녀의 구분이 없으니… 일가의 행복을 증진하고 이어 국운을 裨補함이 크니 국가에서 여자교육을 중요히 생각지 아니하리오(축약임)	휘지, 비원특별운동회, 황후가 관립 한성고등여학교에 하사
관사립 각 학교	1909. 4. 30	짐이 관사립학교의 연합운동회의 盛擧를 듣고 충심에 심히 기뻐하여 이에 특히 시종을 파견하여 勞問ᄒᆞ노니 학도는 극히 내 뜻을 체득하여 학업을 면려함으로써 짐의 바람에 부응하라	칙유, 시종 파견

30) 1906년 춘기 연합운동회에서 교사의 선창으로 대황제 폐하 만세, 황태자 만세, 각 소학교 만세를 삼창했다. 1907년 춘·추기 연합운동회에서도 '만세'가 운동회 말미를 장식하고 있다.

31) 원래의 칙유를 현대문으로 바꾸었다. 1908년 춘기 연합대운동회에 칙유가 하사된 것으로 보도되었으나 그 내용은 확인할 수 없었다. 『황성신문』 1906년 5월 15일자, 「관공사립 소학교 대운동식 성황」, 1907년 10월 27일자, 「관사립학교 추계연합운동회 경황」, 1908년 5월 23일자, 「휘지공록」, 1909년 5월 1일자, 「운동성황」; 『대한매일신보』 1907년 5월 3일자, 「강칙장학」; 『해조신문』 1908년 5월 23일자.

이렇게 한성의 관공사립학교 연합운동회는 1909년까지 학부에 의해 잘 계획된 '연합운동회'라는 이름으로 진행된 국가행사였다. 이 연합운동회는 학부의 사전 준비와 지원 및 국가의례적 형식을 통해 황제에 대한 학생들의 충성과 애국심을 확인하고 고양시키는 대규모 공식행사로 자리 잡아갔다. 이러한 운동회의 성격은 학부에서 만들어 보급한 '운동가'에서도 그대로 드러난다. 1907년 4월 학부에서는 각 학교 운동가를 통일하기 위해 군부 주사 김유탁(金有鐸)에게 의뢰해 공식 운동가를 만들어 각 학교에 한 부씩 배포했다.[32)]

> 대한제국 광무일월 부강안태ᄒᆞᆫ 국민교육 보급ᄒᆞᆷ에 전재ᄒᆞᆷ일셰 우리들은 덕을 닥고 지를 발하여 문명개화 선도자가 되어 봅셰다 사회상의 허다 사업 감당ᄒᆞ랴면 내부 외체 강건ᄒᆞᆷ이 일대 청복을 공부ᄒᆞᆯ 쩍 공부ᄒᆞ여 학문연습코 운동ᄒᆞᆯ 쩍 운동하여 혈맥유통케 용장ᄒᆞᆫ 정신으로 교문 나셔셔 친목학우 작대하여 행보정제라 천기청랑 평원광야 가애 오날날 태극기 하 우리 학교 유쾌운동응 인십기백ᄒᆞᆫᄂᆞᆫ 경쟁심으로 활발히 경주ᄒᆞ야 전진히 보세... ... 대황제폐하게 영광 돌니고 우리 학교 전체 명예 일층 빗나셰 학도들아 학도들아 청년학도들 충군성심 애국정신 잇지 마시오... ...만세만세 만세만세 만만세 대한제국 황제폐하 만세 만만세[33)]

위 운동가에서는 학생들에게 대한제국의 부강과 안위를 위해 열심히 공부하고 운동하여 문명개화의 선도자가 되고, 모든 영광을 황제에게 돌리며 충군애국의 정신을 잊지 말기를 당부하고 있다. 1907년 춘기, 추기 및 1909년 관사립학교 연합운동회 절차에 '운동가 제창'이 있는 것으로 보아[34)] 연합운동회는 실제로 이런 운동가를 부르면서 학생들의 충성심과 애국심을 고취하는 공간이 되고 있었다.

이상과 같이 정부는 이미 1890년대 대한제국 초기에 그랬던 것처럼 국권 침탈의 위기 속에서 국가의례와 같은 대규모 연합운동회를 통해 학생들을 충군애국의 정

---

32) 김유탁은 1906년 8월에 군부주사 판임관 7급에 임명되었다. 군대 해산 직후인 1907년 9월 초에 사임했다. 『관보』 제3549호, 1906년 9월 4일 및 제3864호, 1907년 9월 6일, 「서임及사령」.

33) 『만세보』 1907년 4월 27일, 「각교 운동가」. (원문의 한문은 한글로 바꿈.)

34) 『황성신문』 1907년 5월 3일자, 「운동절차」, 1907년 10월 27일자, 「관사립학교 추계연합운동회 경황」; 『대한매일신보』 1909년 4월 30일자, 「운동과목」.

신으로 무장한 국민으로 결집해 내려고 했다. 그리고 이러한 연합운동회를 국내외 내빈과 일반 국민에게 모두 공개함으로써 대한제국 황제를 중심으로 사회를 통합해 내려고 했던 것이다.

Ⅳ. 일제의 관여와 문명화

1905년 이후 일제의 관여라는 새로운 변수가 등장하였다. 이로 인해 학부주관 관공사립학교 연합운동회는 대한제국 초기와 다른 중층적 성격을 내포하게 된다. 당시 본격적으로 국권을 침탈하던 일제는 관공사립학교 연합운동회에 어떻게 관여했는가? 그리고 일제는 왜 이러한 연합운동회가 1909년까지 개최되도록 허용했고, 그들은 무엇을 노리고 있었는가?

1. 일제의 관여와 통제

한성의 관공사립학교 연합운동회에 대한 일제의 관여는 표면상 1906년 5월 춘기 연합운동회부터 나타났다. 당시 학부 학정참여관 시데하라 다이라(幣原坦)가 '특별사무원'이라는 이름으로 연합운동회 임원진으로 참여하였다.[35] 그가 구체적으로 어떤 역할을 했는지는 분명하지 않다. 하지만 이제 연합운동회의 실행에 일본의 영향력이 어떤 식으로든 작용했을 것으로 보인다. 1905년 2월에 학정참여관으로 부임한 그에게 부여된 막대한 권한으로 보건대, 그의 영향력은 이미 1905년부터 작용했을 것이다. 그에게는 거의 학부대신과 같은 권한이 부여되어 있었다. 학정참여관으로서 그는 교육에 관한 기초입안 업무를 전담했고, 학부의 일체 교육상 문서는 그의 동의를 거쳐 처리되었으며, 학무에 관한 의정부 회의에 참석해 자신의 의견을 상주할 수 있었다.[36] 그는 부임한 직후부터 실제로 학부 업무에 직접적인

35) 『황성신문』 1906년 5월 15일자, 「관공사립소학교 대운동식 성황」.

36) 조선정부와 시데하라가 맺은 고빙계약 제1~3조 참조. 「幣原の契約」, 『教育時論』, 제713호, 1905년 2월 5일. 그가 부임 초반부터 상당한 유력인사로서 인식되었다는 점은 그가 베푼

영향력을 행사했다. 그는 4월에 한국교육개량안을 작성해 일본의 대한 교육기본방침을 마련하였다. 또한 그는 4월에 학부소관의 경비는 자신의 날인을 거쳐 지출할 수 있도록 재정고문(目賀田)과 약정하였다.[37] 이처럼 학부 업무에 관여하기 시작한 그는 1905년 5월에 개최된 관공사립 소학교 연합운동회의 설행에도 일정 부분 영향력을 행사했을 것으로 보인다.

이후 연합운동회 임원 구성에 있어서 일제의 관여가 본격화된 것은 1907년 10월이었다. 이 시점은 일제가 헤이그특사사건을 구실로 고종을 폐위시키고 제3차 한일협약(정미 7조약)을 체결해 법령제정권, 관리임명권, 행정권을 완전히 장악한 다음에 대한제국의 군대까지 해산한 직후였다. 당시 국민들의 반일 감정을 무마하려는 듯 친일 정부는 이제 중등이상의 학교도 참가하는 대대적인 관사립학교 연합운동회를 추진하였다.[38] 당시 관사립학교 연합운동회의 임원진 구성을 보면, 총재와 회장은 각각 학부대신 이재곤, 학무국장 윤치오가 맡고 부총재와 부회장은 학부차관 다와라와 학정참여관 미츠치 츄조(三土忠造)가 맡았다.[39] 그 산하에 9개 분야의 임원진을 편성했는데, 각 분야의 장은 학부 서기관, 시학관 등 모두 조선인 학부관리들이 맡았다(〈표 4-3〉). 하지만 각 분야의 위원들은 조선인과 일본인으로 구성되었다. 각 분야별로 일본인은 적게는 1명, 많게는 위원 모두를 차지하고 있다. 일본인 위원들은 학부 시학관, 주사, 주요 관공립학교 학감, 교수, 훈도 등이었다. 특히 운동회 준비를 맡은 운동준비원은 모두 일본인으로 대부분 각 관공립학교 훈도였다. 이렇게 당시 실권자인 학부차관과 학정참여관을 비롯한 일본인 관리와 교육계 인사들이 대거 임원진으로 참여하면서 관사립학교 연합운동회에 일본의 영향력이 직접 작용할 수밖에 없는 상황에 접어들었다.

연회에 참석한 인사들의 면면에서도 드러난다. 그는 1905년 3월 말에 파성관에서 연회를 열었는데, 여기에 학부대신 이하 관료, 각 학교 교사와 교장, 하세가와(長谷川) 대장 및 일본공사 등 내외국 유력인사 74인이 참석했다. 『황성신문』 1905년 3월 23일자, 「페씨연회」.

37) 『황성신문』 1905년 4월 17일자, 「참여봉장」.

38) 이 연합운동회에는 황태자와 이토 히로부미를 비롯한 칙임관, 주임관 등 고위관료들이 참석하고 황제는 칙유를 내려 참가자들을 격려했다. 이날 6천여 명의 학생이 참가한 가운데 12가지의 다양한 운동경기를 겨루었는데, 우등상 이외에 특별히 일반학생 2천 명에게도 시상할 예정이었다. 『대한매일신보』 1907년 10월 22일자, 「운동의 시상가량」.

39) 『황성신문』 1907년 10월 23일자, 「관사립학교 추계 연합대운동회 직원」.

〈표 4-3〉 1907년 추계 관사립학교 연합운동회 임원진 편성 상황[40]

사령장 및 사령원		심판장 및 심판원		시상장 및 시상원	
이만규	학부시학관	어윤적	학부편집국장	민건식	학부서기관
이완응	학부서기랑	노백린	군부 교육국장	김석기	학부서기관
김완진	학부서기랑	홍석현	관립한성고교장	한보원	학부서기랑
이영상	학부주사	조신용	학부주사	이하정	학부서기랑
小杉彦治	학부사무관	김공식	학부서기랑	윤홍식	학부서기랑
齊藤欽二	관립한성사범 교수	윤붕식	학부서기랑	강신영	학부주사
		小杉彦治 (겸무)	학부사무관	山口一郎	학부주사
		兒島元三郎	관립한성사범교수	田中玄黃	관립한성외국어교 교수
		宗像鴨四郎	관립한성외국어교 교수		
		柳田節	학부사무관		
회계장 및 회계원		**경호장 및 경호원**		**위생장 및 위생원**	
김한규	학부서기관	유기영	학부시학관	이민응	학부서기관
이정선	학부서기랑	홍재범	·	김교희	관립재동보교 훈도
방한종	학부서기랑	박치상	관립교동보교 훈도	심의식	학부서기랑
김시영	학부위원	박승혁	·	현헌	학부번역관
김명년	학부위원	권홍문	·	이용원	관립어의동보교 교원
道田猶太郎	학부주사	김준수	학부주사	안종화	·
		유원표	육군 부위	鈴木大助之	·
		임규수	·	小出雷吉	관립한성외국어학 교수
		남기훈	·		
		永井益雄	학부주사		
		白井重任	관립한성외국어학 교수		

40) 임원진 명단은 『황성신문』 1907년 10월 23일자, 「관사립학교 추계연합대운동회 직원」; 직위는 『학부직원이력서』(1907.8, 奎20715)와 『학부직원록』(학부대신 관방비서과, 1909.7)을 토대로 작성함. 단, 다음 인물의 직위는 『관보』에서 확인함. 박치상 1908. 2.5, 유원표 1907. 9.14, 김석기 1907. 9.5, 김시영, 1908. 2.5, 김교희, 1908. 2.4, 김용원 1907. 7.29, 유광열, 1907. 9.27, 筒井松太郎, 1908. 2.8, 藪內長五郎, 1908, 2.4, 池田太治助, 1908. 2.4; 그리고 어윤적, 김한규, 이민응, 유면, 윤태영, 김윤정의 직위는 『대한제국관원이력서』, 노백린 직위는 http://people.aks.ac.kr에서 확인함.

접대장 및 접대원		회장준비장 및 준비원		운동준비장 및 준비원	
김사중	학부서기관	김한규(겸무)	학부서기관	이만규(겸무)	학부시학관
한덕순	학부서기랑	石原錠太郎	학부기사	小杉彦治(겸무)	학부사무관
유면	관립한성덕어학교장 대판	信原山石虎	·	筒井松太郎	공립안성보교 훈도
윤태헌	관립한성영어학 교장	藤村昌	·	早川勇	·
이능화	관립한성외국어교 학감			萩田廣告	관립제동보교 훈도
유광열	관립한어학교 교관			藪內長五郎	관립재동보교 훈도
김윤정	관립인천일어학교장			池田太治助	관립수하동보교 훈도
上村正巳	학부사무관			三宅高義	관립한성사범 훈도
高橋亨	관립한성고교 학감			上野竹逸	·
增戶鶴吉	관립한성사범 학감			原田甚內	관립미동보교 훈도
				高橋敬O	·
				今井猪之助	관리제동보교 훈도
				土本錄三郎	관립매동보교 훈도

일제의 간섭과 통제는 1908년 춘기 연합운동회에서 더욱 직접적인 형태로 나타났다. 일제는 이제 한성 관사립학교 연합운동회에 지방 학생들이 참가하는 것을 통제하기 시작했다. 1905년부터 한성의 관공사립학교 연합운동회에는 일부 지방 사립학교들이 계속 참가해 왔다.[41] 1905년 연합운동회에 강화 보창학교 학생 20여 명이 참가했고, 이후 지방 학생들은 1907년 추기 연합운동회까지 계속 참가했다. 그런데 1908년 춘기 연합운동회부터 상황이 달라지기 시작한다.

1908년 4월에 학부차관 다와라는 평양 관립일어학교와 공립보통학교 개교식에 참석하기 위해 평양에 갔다. 그는 그때 평안남북도 각 학교 연합운동회도 참관하였다.[42] 그는 그곳에서 200여 개 학교의 7~8천여 명의 학생들이 나팔을 불고 태고(太鼓)를 두드리며 악대에 맞춰 조련하는 모습을 목격한다.[43] 이후 그는 지방 학교의

41) 『황성신문』 1905년 5월 15일자, 「소학도 운동상황」; 『대한매일신보』 1906년 5월 2일자, 「연합대운동」, 1907년 10월 27일자, 「관사립학교 추계연합운동회 경황」.

42) 『대한매일신보』 1908년 4월 12일자, 「학차시교」, 1908년 4월 22일자, 「연합운동」.

43) 學部, 『韓國教育の既往及現在』, 1909, 5쪽.

연합운동회에 대해 심각한 우려를 표명하기 시작했다. 한성으로 돌아온 그는 5월에 열린 한성 관사립학교 연합운동회 협의회에서 각 학교 임원들에게 지방 학생들이 한성 연합운동회에 참가하지 못하도록 하라는 지시(申飭)를 내렸다.[44] 그 표면상의 이유로 지방 학생들이 한성까지 왕래하는 데 드는 경비(浮費) 문제를 내세웠다. 하지만 그는 전투적 요소가 농후한 지방의 연합운동회의 영향이 한성까지 파급될까 우려하였다. 또한 당시 협의회에서는 학부 인가를 받지 않은 사립학교는 학교 임원, 학생 수, 학생 키 등을 적어 학부에 보고한 다음에야 참가할 수 있게 했다.[45] 사실상 다수 미인가 사립학교의 참가를 통제하고자 했던 것이다.

이러한 일제의 통제로 인해 지방 사립학교와 학부 사이에 큰 갈등이 생기기도 하였다. 1908년 5월 한성 관사립학교 연합운동회에 참가하기 위해 경기도 통진군 사립 분남학교 교장은 40명의 학생을 인솔하고 상경했다. 교장은 학생들을 이끌고 학부에 가서 학무국장에게 연합운동회 참가를 허용해 줄 것을 요청했다. 하지만 학무국장은 신칙을 보냈는데 왜 상경했냐며 돌아갈 것을 요구했다. 분남학교 교장은 학무국장과 크게 다툰 뒤 연합운동회 참가를 공식 청원했다. 그러나 학부는 끝내 그 청원을 거절하고 단지 관람만 허용했다.[46] 평안남도 영유군의 사립 이화학교 학생 64명도 교기를 앞세우고 단총(短銃)을 들고 곡호(曲號)를 불며 상경했다. 학부는 이들의 연합운동회 참가도 끝내 허락하지 않았다.[47] 당시 언론에서는 논설을 통해 이 두 학교가 연합운동회에 참가하지 못한 것을 크게 애석해 했다. 하지만 당시 여론과는 다르게 지방 사립학교에 대한 통제는 이후 더욱 강화되었다. 1909년 관사립학교 연합운동회 협의회에서는 참가학교를 한성 내 관사립학교로 제한하였고, 한 걸음 더 나아가 사립학교는 사립학교령에 따라 인가를 받았거나 인가 청원을 제출한 학교만으로 한정했다.[48]

---

44) 『황성신문』 1908년 5월 6일자, 「운동及설명」; 『대한매일신보』 1908년 5월 6일자, 「공생부비」.
45) 『황성신문』 1908년 5월 6일자, 「운동절차협의」.
46) 『대한매일신보』 108년 5월 13일자, 「분남학도청원」. 『황성신문』 1908년 5월 15일자, 「송별 분양학교학도」.
47) 서북학회에서 이들을 위해 서북학생 운동회를 설행하려 했으나 비원운동회와 겹쳐 결국 성사되지 못했다. 『대한매일신보』 1908년 5월 16일, 「又別 이화학교학도」. 『황성신문』 1908년 5월 16일자, 「이화학도유람」.
48) 『황성신문』 1909년 4월 22일자, 「운동일자及절차」.

2. 관공사립학교 연합운동회 종목의 변화

이렇게 일제가 한성의 관공사립 연합운동회에 본격적으로 관여하면서 연합운동회의 종목에 뚜렷한 변화가 나타나기 시작했다. 〈표 4-4〉는 1905년부터 1910년까지 한성의 각종 학교운동회에서 실시한 운동종목을 정리한 것이다. 당시 운동회 종목은 크게 육상경기, 유희적 경기, 계몽적 경기, 체조, 구기 등으로 구분된다. 1890년대 운동회와 비교했을 때 가장 눈에 띄는 점은 다양한 유희적 경기가 등장하고 있다는 점이다. 이러한 유희적 경기는 1905년 학부에서 주관한 관공사립 소학교 연합운동회에서 본격 등장했다. 당시 기취경주・제광경주・제등경주・2인3각・연각(連脚)경주・장애물경주(100보・200보)・사환(射丸)・씨름・줄다리기(拉繩) 등 다채로운 유희적 경기를 선보였다.[49] 이러한 유희적 경기는 다른 학교운동회로 급속히 보급되어 이후 모든 유형의 학교운동회에서 공통적으로 나타나고 있다(〈표 4-4〉). 그런데 관공사립학교 연합운동회에서 실시한 유희적 경기가 모두 23가지로 가장 많았다. 이 가운데 1890년대에 실시된 2인3각(연각경주 포함), 사환(射丸 환쏘기), 줄다리기, 씨름을 제외하면[50] 1905년에서 1910년 사이에 한성 관공사립학교 연합운동회에서 새로 등장한 유희적 경기는 18가지에 이른다.

〈표 4-4〉 한성 학교운동회 유형별 종목 비교, 1905~1910[51]

	연합운동회		단독운동회	
	관공사립	사립	관공립	사립
육상경기	달리기(徒경주, 도보경주4, 직원경주2, 내빈경주2)	달리기(도보경주2, 100보, 200보2)	달리기(100보, 200보, 달리기, 선수경주2)	달리기(경주4, 70보, 100보2, 200보4, 도보경주4, 계주, 임원경주)
	높이뛰기2 멀리뛰기2	높이뛰기3 멀리뛰기4	높이뛰기3 멀리뛰기3	<u>높이뛰기10</u> <u>멀리뛰기13</u> 뛰기2
	공던지기(투구)	공던지기(투구)	・	・

49) 『황성신문』 1905년 5월 12일자, 「학교대운동」.

50) 김성학, 앞 논문, 2009, 62-63쪽 참조.

51) 김성학, 2011의 〈부록〉에 정리된 종목을 토대로 작성함. 종목 옆 숫자는 학교운동회에서 등장한 횟수이며 숫자가 없으면 1회를 나타낸다. 5회 이상 시행된 단일종목에 밑줄을 쳤다. 종목이름은 원래대로 표기하되 현대식으로 바꾼 경우는 괄호 안에 원래 이름을 써 넣었다. 계산경주에는 계산・산술 등이 포함됨. 연합운동회 '사립'에는 1908년도 '각 여학교 운동회'도 포함시켰다. 관립한성고등여학교의 참여 여부는 불확실하지만 다수의 사립여학교가 참여한 것은 분명했기 때문이다.

	연합운동회		단독운동회	
	관공사립	사립	관공립	사립
유희적 경기	기취경주6 建旗경주 송기경주5(巡竿, 자매)	기취6 송기경주	기취경주 援기경주 송기경주3	기취경주16(70보, 100보 포함) 송기경주
	2인3각3 연각경주	2인3각2	2인3각, 3각	2인3각5
	제광경주2 제등경주2	제등	제등경주2	제광경주 제등경주6 (100보 포함)
	장애물경주4(100보 2, 200보2)	장애물경주(100보)	장애물경주	장애물경주5(100보, 150보, 200보2 포함)
	기마2 기마기취 기마 송구경주	·	기마	기마경주3
	毬拾 毬取 拾球 破球 송구경쟁2	·	球入경주2 맹목拾球	球拾
	造花경쟁2 射丸 破函 경쟁 지구회전경쟁 구호대경주	율습2 假裝 取物	人取경주 囊脚경주 勺子경주 載囊경주2 맹목경주 武裝 쌍각 충돌 杓子2(표주박)	율습경주4 射丸 遞送 경주2 탈환경주 助力 구호대경쟁 瞽躄競走 맹인타종 맹목경주
	줄다리기2 씨름	줄다리기	줄다리기3 씨름	줄다리기5 씨름5
계몽적 경기	계산경주3 철자경쟁 직물경쟁	계산경주7 서취4 천침3	계산경주2	계산경주6(150보, 200보 포함) 작문경주
체조	창가 유희	·	창가2	창가3
	체조2 각교체조2 연합체조5	·	체조	체조4 전체체조2
구기	·	·	축구(蹴球)2	打毬

[그림 4-2] 소학교 교과서에 실린 기취경주 삽화

당시에 실시된 유희적 경기는 크게 깃발을 이용한 경기(기취경주 등), 다리를 묶고 하는 경기(2인3각), 물건을 들고 달리는 경기(제등·제광경주), 장애물경주, 기마 관련 경기, 공을 이용한 경기, 민속경기(줄다리기, 씨름), 기타 등으로 구분된다. 이 가운데 한성의 각 학교운동회에서 가장 많이 실시한 종목은 깃발을 이용한 경기였다. 단일종목으로는 기취경주(旗取競走)가 가

장 자주 시행되었다([그림 4-2]).[52]

이처럼 다양한 유희적 경기는 어디에서 유래한 것일까? 당시 일본의 운동회 상황을 살펴보면 이런 경기들이 일본에서 수용되었을 가능성이 큰 것으로 보인다. 일본에서는 학교운동회 역사 초기(1885~1887)부터 깃발잡기・깃발뺏기・깃발꽂기 등 깃발 관련 경기와 장애물경주가 널리 실행되었다. 특히 깃발 관련 경기는 초기를 대표하는 종목이었다. 1900년 이후에도 깃발 관련 경기는 시행 횟수는 줄었지만 여전히 자주 실시되었고, 장애물경주도 운동회 종목으로 완전히 정착했다. 그밖에 제등경쟁・한쪽다리로달리기・공굴리기・기마경주・주머니이고달리기・사람옮기기・사람업고달리기・숟가락경주・군함경주 등 매우 다채로운 유희적 경기들이 일본에서 자주 실시되고 있었다.[53] 학부에서는 바로 이런 일본의 운동회 흐름을 수용해 다양한 유희적 경기들을 실시했으며, 이는 이후 각 학교에 급속히 확산하여 갔던 것으로 보인다.

관공사립학교 연합운동회에서 시행한 육상종목의 변화 양상도 일본과 비슷하게 나타났다. 일본의 경우 1901년에서 1912년 사이에 육상종목 중 높이뛰기와 멀리뛰기는 사라지고 달리기가 유일한 대표 종목으로 남아 있었다.[54] 이와 비슷하게 일본의 관여가 본격화된 1907년부터 높이뛰기와 멀리뛰기는 한성의 관공사립학교 연합운동회에서 사라졌다.[55] 씨름・줄다리기 등의 민속경기도 1907년부터 이 운동회에서 확인되지 않는다. 반면에 한성의 사립학교 운동회에서는 1907년 이후에도 높이뛰기와 멀리뛰기, 씨름과 줄다리기가 꾸준히 실시되었다. 특히 높이뛰기와 멀리뛰기는 달리기, 기취와 함께 사립학교에서 널리 실시되던 종목이었다. 이렇게 일제의 관여가 시작되면서 학부주관 연합운동회에서 다양한 유희적 경기가 등장하고 육상경기와 민속경기가 약화되는 등 일본의 영향이 나타나고 있었다.

---

52) 기취경주(깃발 잡기)는 학생들이 줄지어 서 있다가 교사가 신호를 보내면 쏜살같이 달려가 멀리 꽂혀 있는 깃발을 잡는 경주이다. 당시 소학교 교과서에 실릴 정도로 널리 실행되던 경기였다. [그림 1]은 초등소학 교과서에 실린 기취경주 삽화이다(정인호, 『최신초등소학』 권3, 경성: 출판사 미상, 1908, 10쪽).

53) 요시미 슌야, 「국민의례로서의 운동회」, 43-44쪽; 히라타 무네후미, 「일본의 운동회 역사」, 110-117쪽, 이태문 역, 『운동회: 근대의 신체』, 서울: 논형(吉見俊哉 外, 『運動會と日本近代』, 東京: 青弓社, 1999.)

54) 히라타 무네후미, 위 논문, 117쪽.

55) 김성학, 2011의 〈부록〉 및 〈표 4-4〉에서 해당 운동회 종목 참조.

동시에 운동과 학습을 결합시킨 새로운 종목이 관공사립학교 연합운동회에서 등장했다. 그것은 바로 계몽적 경기이다. 이는 1905년 관공사립학교 연합운동회에서 계산경주(計算競走)라는 이름으로 처음 등장했는데, 이름 그대로 계산과 경주를 결합한 경기이다. 계산문제가 적힌 칠판이 있는 지점까지 달려가 계산문제를 풀고 빨리 다시 돌아오는 식의 경주였다.[56] 이와 비슷한 경기로 철자경쟁, 서취(받아쓰기), 천침(穿針, 바느질), 직물경쟁 등이 실시되었다.[57] 이러한 종목들은 메이지시기 후반 일본에서 실시되던 종목들과 유사한 것으로[58] 수업시간에 배운 교과내용을 운동회의 신체활동과 결합시킨 계몽적 종목들이다. 당시 보통학교(소학교) 교과과정을 보면, 계산경주는 산술교과, 철자경쟁과 서취는 국어및한문(혹은 독서와 작문) 교과, 천침과 직물경쟁은 수예(혹은 재봉)교과에 포함된 학습내용이었다. 이러한 계몽적 경기는 한성의 사립학교 연합운동회와 지방에서도 실시되고 있었다.

[그림 4-3] 운동회 계산경주 한 장면

계몽적 경기는 당시 계몽운동의 흐름 속에서 등장한 것이다. 1904년 8월에 국민교육회, 그리고 1905년 5월에는 헌정연구회가 조직되어 계몽운동이 본격적으로 전개되기 시작했다. 당시 학부에서도 우승열패의 시대에 낙오하지 않으려면 시급히 신식교육을 확산시켜 국민들의 의식을 개선하고 역량을 키워야 한다는 위기의식을 갖고 있었던 것으로 보인다. 그 수많은 관중이 지켜보는 가운데 치러진 학교운동회는 훌륭한 계몽의 수단이었다. 특별히 계몽적 경기는 학생들의 학습욕구를 자극하

56) 1925년 5월 22일 원주 해성보통학교 운동회에서 실시된 계산경주 영상 장면을 보면 당시 계산경주는 다음과 같이 진행되었다. 일정한 거리를 두고 계산 문제가 적힌 칠판을 눕혀둔다. 일렬로 선 학생들이 출발하면 이 칠판을 재빨리 세운다. 학생들은 그곳까지 달려가 빨리 문제를 푼다. 답을 적은 쪽지를 들고 다시 출발선으로 돌아온다. 노르베르트 베버, 『고요한 아침의 나라에서』, 독일, 1927(2009, 베네딕도 미디어 재출시 DVD). 이 영상은 일제시기에도 계산경주가 계속 실시되었음을 직접 보여주는 귀중한 자료이다.

57) 천침은 바늘에 실 꿰기 활동을 달리기와 결합시킨 종목인데 여기선 바느질이라고 넓게 해석했다.

58) 메이지기 후반에 속산경쟁(速算競爭), 서취경쟁(書取競爭), 운침경쟁(運針競爭) 등이 실시되고 있었다. 운침은 바느질의 일종이다. 山本信良, 『近代教育の天皇制イデオロギー』, 東京: 新泉社, 1973, 54쪽.

고 교과학습 결과를 일반대중들에게 선보일 수 있는 좋은 기회이자 장치였다.

3. 관공사립학교 연합운동회와 '문명화'의 사명

운동회 종목의 변화 과정에서 한 가지 주목할 점은 계몽적 경기들이 일제의 관여가 확인된 1906년 이후에도 계속 학부주관 연합운동회에서 시행되고 있다는 것이다. 예컨대 1906년 춘·추기 관공사립 소학교 연합운동회에서 계산경주(산술경주), 1908년 관사립학교 연합운동회에서 철자경쟁과 직물경쟁이 실시된 것으로 확인되었다.[59] 당시 사실상 학부를 통제한 일제는 어떤 의도에서 이런 계몽적 경기들이 학부주관 연합운동회에서 실시되는 것을 허용한 것일까?

1907년 5월 4일, 이토 히로부미가 '한국 시정개선에 관한 협의회' 자리에서 행한 발언은 그 의도를 알 수 있는 단서를 제공한다. 당시 학부대신 이완용이 관사립학교 연합운동회에 참가한 학생이 5천 명으로 이 가운데 단발한 학생이 3천 4백 명이라고 보고하자, 이토는 "이는 진실로 한국인이 문명적 지식을 습득하려는 의사를 표명한 것으로 기뻐할 현상이다. 사람들의 기운이 이곳으로 향하지 않으면 여하히 바르게 인도하려고 해도 무익하다"[60]고 언급했다. 그가 이토에게 보고한 운동회는 1907년 5월 2일에 개최된 관사립보통학교 연합운동회이다. 이완용은 이 연합운동회에 직접 참석해 연설을 한 바 있다. 그는 당시 "장래 국사가 제군 견상에 담임되얏스니 열심 주업(做業)하야 문명 지역에 달함을 심축이라"고 말했다.[61] 이토와 이완용의 발언을 비교해 보면 그들이 공통적인 견해를 갖고 있음을 알 수 있다. 그들에게 조선은 아직 야만의 상태를 벗어나지 못한 미개한 나라에 불과했다. 그들에게 학교운동회는 조선인들을 문명화로 인도하고 조선인들에게 문명화를 현시하는 공간이었다.

이토는 이미 1898년에 조선에 와서 국가 번영의 근본은 교육이므로 교육을 보급시킴으로써 조선은 '문명 진보'를 이룩할 수 있다고 주장한 바 있다.[62] 그는 1906년

59) 『황성신문』 1908년 5월 12일자, 「대운동절차」.

60) 「韓國施政改善協議會 第15會 會議錄」, 1907년 5월 4일, 『統監府文書』 1권.

61) 『황성신문』 1907년 5월 3일자, 「운동성황」.

에 조선통감으로 부임한 이후에도 이 땅에 온 것은 한국을 세계의 문명국으로 만들고 싶기 때문이라고 다시 한번 강조했다.[63] 그는 통감 재임 말기까지 문명화 사명론을 역설하였다. 그는 1909년 1월에 순종의 남부지방 순행에 동행하였다. 그는 대구에 들렀을 때 군수・양반・유생 등 400여 명 앞에서 다음과 같이 훈시하였다.

> 오늘날 일본이 한국에 구하는 것은 한국 종래의 형세를 일변하여 국민을 지식으로 인도하고 산업으로 이끌어 일본과 같은 문명의 은택을 입게 하여, 한국과 힘을 합하고자 하는 데 있다. 일본과 한국이 그 힘을 합하면 동양을 지키는 데 일층 강해질 것은 논의의 여지가 없다. 이것이 진실로 한국에 바라는 바이다.[64]

이렇게 조선이 일본과 같은 문명의 혜택을 입게 해야 한다는 이토의 주장은 그의 개인적인 견해만은 아니었다. 당시 일본은 서구 근대국가들이 식민지 쟁탈을 합리화하기 위해 유포한 '문명화 사명론'을 모방하여 주변 국가들에 대한 침략과 지배를 정당화하고자 했다.[65] 일본은 야만의 땅 조선과 문명국 일본을 대비시키면서 부정부패와 수탈, 봉건적 구습이 만연한 조선을 문명화시킬 사명을 지니고 있다고 강변하였다. 이러한 문명화 사명론 혹은 문명지도론은 이미 메이지 초기에 등장했다. 후쿠자와 유키치(福澤諭吉)는 1882년에 자신이 창간한 지지신보에서 문명의 이름으로 조선에 대한 내정간섭을 정당화했고, 청일전쟁을 문명과 야만의 전쟁이라고 규정했다. 1904년 러일전쟁 승리 이후에 문명화 지도론은 일본 대중들에게도 널리 유포되었고, 이는 조선 지배가 가시화되면서 식민주의적 문명론으로 전환되어 갔다.[66]

---

62) 『독립신문』, 1898년 8월 30일자, 「이등후작연셜」.

63) 金正明 編, 『日韓 外交資料集成』 第6卷 上, 東京: 巖南堂書店, 1964, 266-268쪽. 유재곤, 「이등박문의 대한침략정책」, 조항래 편저, 『일제의 대한침략정책사 연구』 증보판, 파주: 2006, 404쪽에서 재인용.

64) 春畝公追頌會 編, 『伊藤博文傳』, 下卷, 東京: 統正社, 1940, 818쪽.

65) 문명화 사명론의 뿌리는 18세기 유럽의 계몽사상까지 거슬러 올라간다. 18세기 계몽사상을 통해 유럽의 비유럽에 대한 인식틀, 즉 진보와 문명의 이념이 확립되었다. 이러한 이념은 19세기 이후 유럽의 비유럽 세계에 대한 지배와 착취를 정당화하려는 시도에 자양분을 제공했다. 안병직, 「계몽사상과 유럽의 이념」, 『서양사연구』 제27집, 2001, 16~18쪽 참조.

66) 권태억, 「일제의 한국 강점 논리와 그 선전」, 『한국독립운동사연구』 제37집, 2010, 15~17쪽;

그렇지만 일제는 풍부한 문화유산과 유구한 종교적 전통을 지닌 조선을 서구 근대국가들이 사용한 똑같은 방식으로 문명화시키기는 힘들었다. 그래서 이토가 내세운 것은 조선의 부패하고 비효율적인 제도를 개혁한다고 하는 소위 시정개선(施政改善)이었다.[67] 이렇게 이토는 조선의 문명화를 위한 시정개선을 내세웠으나, 이는 개혁의 근대적인 면을 내세워 조선에서 세력 확장을 꾀하고 조선 침탈의 기반을 놓기 위한 것이었다.[68] 그런데 당시 국내에서 계몽운동을 전개한 계몽주의자들도 식산과 교육을 통해 문명개화를 이룩해야 한다는 생각을 널리 공유하고 있었다. 하지만 이토가 내세운 문명화는 조선인들의 저항을 줄이고 효율적으로 지배하기 위한 문명화였다면, 당시 계몽주의자들의 문명화론은 국권을 보전하고 근대국가를 수립하기 위한 문명화였다.[69]

조선을 문명국으로 만든다는 명분으로 시정개선을 추진한 일제 측에서 보면, 연합운동회는 조선인의 문명화를 관중들에게 뚜렷하게 현시하는 공간이었다. 당시엔 신식학교의 학생들이 신체활동 위주의 종목을 겨루는 운동회라는 형식 자체가 문명의 상징이었다. 그러한 운동회에서도 문명화의 상징적인 종목이 바로 계몽적 경기였다. 그렇기에 일본에서 이러한 종목을 수용하여 연합운동회에서 계속 시행했던 것으로 보인다. 동시에 조선 측에서 보면, 연합운동회와 계몽적 경기는 평소 학습한 결과를 관중 앞에서 선보여 그들의 고루한 의식을 깨우치고 그들의 역량을 결집해 내는 효과적인 수단이었다. 이처럼 계몽적 경기는 문명화와 계몽의 접점에 놓인 종목이었다.

한성 관공사립학교 연합운동회에서 빈번하게 실시된 체조 종목도 비슷한 맥락

함동주, 「러일전쟁 이후 일본의 한국식민론과 식민주의적 문명론」, 『동양사학연구』 94, 2006, 194~196쪽.

67) 권태억, 같은 논문, 17쪽.

68) 방광석, 「메이지정부의 한국지배정책과 이토 히로부미」, 이성환 · 이토 유키오 편저, 『한국과 이토 히로부미』, 서울: 선인, 2009, 57~59쪽.

69) 이성환은 당시 두 개의 문명론이 기묘하게 공존하고 있었다고 주장한다. 양자 사이에는 민족이라는 요소가 표면화되지 않는 한 문명화와 내정 개혁이라는 공통분모가 있다고 주장한다. 이성환, 「이토 히로부미의 한국통치와 한국 내셔널리즘」, 이성환 · 이토 유키오 편저, 『한국과 이토 히로부미』, 서울: 선인, 2009, 250~253쪽. 양자의 차이점은 민족이란 측면에서 보면 분명했다. 한 예로, 1905년 이후 계몽주의자들이 저술한 교과서에서는 이미 서구와 일본 문명에 대한 민족적, 비판적 수용 인식을 보이고 있다. 이윤미, 「한국 개항기 교육에 나타난 동양관과 민족개념」, 『한국의 근대와 교육』, 서울: 문음사, 2006, 111~112쪽.

에서 이해할 수 있다. 1890년대 관공립학교 연합운동회에서 체조는 그다지 강조되지 않았다. 그런데 1906년부터 연합체조나 각 학교체조가 거의 매번 실행되었다.[70] 전체 학교가 참여하는 연합체조는 1907년 춘기 연합운동회부터 1909년까지 매년 실시되었고, 1907년 춘기·추기 연합운동회에서는 연합체조와 함께 각 학교체조도 실시되었다. 당시 조선인에게 체조 종목은 학생들에게 훈련정신을 내면화시켜 충군애국하는 국민으로 만드는 데 적합한 종목으로 인식되었을 것이다. 동시에 일제 측에서 보면, 단발을 한 채 일사불란하게 신체동작을 해 보이는 집단체조는 조선인들에게 문명화를 뚜렷하게 현시하는 종목이었다.

이처럼 운동회라는 새로운 형식과 더불어 계몽적 경기나 체조경기와 같은 종목들은 조선인들에게 문명화를 현시하는 중요한 수단이었다. 이와 함께 학부주관 연합운동회는 관중들에게 문명화를 보여주기 위한 미시적 장치들을 구비하고 있었다. 먼저, 참가학생들의 '단발'을 들 수 있다. 이는 앞서 1907년에 이완용이 이토에게 특별히 보고한 것처럼 문명화의 표상처럼 간주되었다. 학부주관 연합운동회에서 학생들이 단발한 것은 1906년 5월 관공사립 소학교 연합운동회에서 처음으로 확인되었다. 당시 인천 영화학교 학생들은 모두 단발을 한 채 총과 나팔까지 구비하고 체조를 실시하여 관중들의 갈채를 받았다고 한다.[71] 하지만 이때까지만 해도 참가학생들에게 단발을 강제하지는 않았다. 단발이 연합운동회 참가학생 모두에게 강제로 부과된 것은 1907년 10월 관사립학교 추기 연합운동회에서였다. 학부는 연합운동회 주의사항에 "단발을 하지 않은 학생은 운동종목에 참가할 수 없다"는 점을 명시했다.[72] 여학생들도 단발을 하지 않으면 여기에 참가할 수 없었다.[73]

1907년 추기 연합운동회가 열리기 두 달 전에, 일제는 고종 퇴위 후 즉위한 순종에게 '단발조칙'을 반포하게 하였다. 순종은 단발조칙을 반포하고 즉위식 전날에 고종 및 황태자와 함께 단발을 하였다.[74] 단발은 시정개선이라는 구호 아래 추진된

70) 〈표 4-1〉의 종목 참조. 1906년 추기 관공사립소학교 연합운동회에서 실시한 전체 운동종목을 확인할 수 없었으나, 동년 춘기운동회처럼 체조종목을 실행했을 것으로 보인다.

71) 『황성신문』 1906년 5월 16일자, 「관공사립소학교 연합운동 속문」.

72) 『황성신문』 1907년 10월 23일자, 「연합대운동회 주의요항」.

73) 『대한매일신보』 1907년 10월 27일자, 「여학도진참」.

74) 『대한매일신보』(한글판) 1907년 8월 18일자, 「단발죠칙」, 8월 27일자, 「ᄌᆞ샹단발」. 조칙은 다음과 같다. "시정 개선해서 정국을 새롭게 할진대 반드시 짐이 먼저 시작할 지라. 마땅히

대표적인 생활개선 방안 중 하나였다. 연합운동회에서 단발을 한 채 일사불란하게 움직이는 학생들의 모습은 시정개선의 결과를 보여주는 것이었다. 학부주관 연합운동회는 문명화 현시의 공간으로 활용되었던 것이다. 그런데 당시 단발을 대하는 사회분위기는 을미개혁 때와는 아주 달랐다. 당시 언론 매체에서는 단발을 수긍하는 태도를 보였고, 각지의 군수와 면장이 단발을 감행했다. 학생들도 단체로 단발을 하였으며, 심지어 인력거꾼들도 자발적으로 단발에 동참했다.[75] 단발을 수용하는 쪽으로 사회분위기가 바뀌자, 학부차관 다와라는 1908년 관사립학교 춘기 연합운동회에서는 단발하지 않은 학생들을 강제로 삭발하지 말도록 지시했다.[76]

학부주관 연합운동회에 여성들을 동참시킨 것도 문명화 현시의 세심한 장치로 보인다. 이제 여성들은 남성들과 대등한 존재로 각종 운동종목에 참가하기 시작했다. 여학생들의 참가가 처음으로 확인된 정부주관 연합운동회는 1906년 관공사립소학교 연합운동회였다. 당시 여학생들은 계산경주에 참가해 우등을 차지했다. 특히 상동여학교 학생 100여 명은 일제히 양복을 차려입고 참가해 많은 종목에서 우등을 차지했다.[77] 당시 언론에서도 이렇게 개화된 여학생들의 모습에 강한 인상을 받은 것 같다. "向則門外一步도 猶未敢出ᄒᆞ더니 今焉競走如馳ᄒᆞ니 錮閉莫甚之女子도 猶如是突然思變ᄒᆞ니 全國之丕變風俗이 有何難哉리오"라고 하여[78] 문밖으로 한 걸음도 못 나가던 여성들의 생각이 이렇게까지 변했는데 어찌 전국의 구습을 바꾸는 것이 어렵겠는가 하고 반문하고 있다. 여학생들의 참가는 1907년, 1908년, 1909년의 연합운동회까지 계속 이어졌다.[79]

문명화의 현시로서 여성들의 동참은 관중석에서도 나타났다. 특히 내빈으로서 고위관리들이 부인을 대동(同夫人)하고 참석한 점은 문명 개화된 모습의 의도적 연출이었다. 1907년에 학부는 각 관청의 관리와 사회 대표자들에게 관사립학교 춘기 연합운동회에 참석해 줄 것을 요청했는데, 특히 대신 이하 각 관리는 동부인

즉위하는 날에 단발하고 군인 복장을 하리니 신민은 다 알아서 짐의 뜻을 좇으라."

75) 정진석 외, 『제국의 황혼』, 서울: 21세기북스, 2011, 173쪽.

76) 『황성신문』 1908년 5월 6일자, 「운동及설명」.

77) 『만세보』 1906년 10월 30일자,

78) 『황성신문』 1906년 10월 29일자, 논설 「관공사립 각학교추기대운동」.

79) 『황성신문』 1907년 10월 27일자, 「관사립학교 추계연합운동회경황」, 1908년 5월 14일자, 「대운동성황」, 1908년 5월 15일자, 「비원운동」, 1909년 5월 1일자, 「운동성황」.

할 것을 지시했다. 그리고 운동회 당일에는 남자내빈석과 함께 여자내빈석도 마련하였다.[80] 이후 고위관리들이 학부주관 연합운동회에 부인을 대동하고 참석하는 일이 일반화된 것 같다. 1908년 비원에서 열린 연합운동회에서도 종친과 문무관리 및 각 대신들이 부인들을 대동하고 남녀 학생들의 운동경기를 관람하였다.[81]

이밖에 학부주관 연합운동회에서 사용된 사진, 신식 물품, 군악대 등도 문명화 현시의 요소들로 작용하고 있었다. 학부에서는 1908년 관사립학교 춘기 연합운동회 시에 찍은 사진을 각 학교에 배포하여[82] 운동회가 끝난 이후에도 문명 개화된 운동회 모습을 일선 학교에 확산시키고자 하였다. 또한 학부주관 연합운동회는 1890년대처럼 신문물을 전파하는 매개체로 계속 기능하였다. 이 연합운동회에서는 운동경기에 입상한 학생, 학교 혹은 일반학생들에게 신식 학용품(연필, 공책 등), 수첩, 신서적, 금은시계, 우산 등 신식 물품을 나눠주는 일이 하나의 관례가 되었다. 1907년 추기 연합운동회에서는 무려 2천 명의 일반학생들에게 시상한다고 하였다.[83]

연합운동회 시상식 때나 행진할 때, 그리고 운동가를 부를 때는 군악대가 음악을 연주하였다. 1907년 춘기 연합운동회에서는 시상대 옆에 군악대 자리를 설치했고, 운동가를 부르는 절차도 따로 두었다.[84] 1908년 연합운동회 때는 학부에서 군악 사용을 궁내부에 요청한 것으로 보아, 이때도 군악대가 연주한 것으로 보인다.[85] 1909년 연합운동회에서는 선수경주에서 일등상을 차지한 학생들이 운동장을 순회할 때 군악을 연주했다.[86] 당시 군악대는 1901년에 정부에서 독일인 에케르트(F. Eckert)를 초빙해 창설한 것으로 서양 악기로 구성된 서양식 군악대였다. 당시 군악대는 대한제국과 서양 및 일본, 청국의 애국가와 행진곡, 가곡, 무도곡 등을 연주했는데[87] 연합운동회에서는 애국가와 운동가, 행진곡 등을 연주했을 것으로 보인

80) 『황성신문』 1907년 4월 29일, 「운동식청첩」; 『대한매일신보』 1907년 5월 3일자, 「운동성황」.
81) 『순종실록』 1908년 5월 21일조.
82) 『황성신문』 1908년 6월 10일자, 「운동촬영 반급」.
83) 『황성신문』 1906년 5월 15일자, 「관공사립소학교 대운동식성황」, 1909년 5월 2일자, 「우기순회」; 『대한매일신보』 1907년 10월 22일자, 「운동의 시상가량」, 1908년 5월 22일자, 「상품하사」
84) 『황성신문』 1907년 5월 3일자, 「운동성황」 및 「운동절차」.
85) 『대한매일신보』 1907년 10월 25일자, 「군악사용」.
86) 『황성신문』 1909년 5월 2일자, 「우기순회」.
87) 송방송, 「대한제국 시절 군악대의 공연양상－최초 양악대의 공연종목을 중심으로」, 『한국음

다. 당시 관중들은 신식 군악대가 연합운동회에서 웅장한 서양식 음악을 연주하는 것을 직접 보면서 근대문명에 동참하는 것과 같은 느낌을 가졌을 것이다.

이상에서 살펴본 바와 같이, 한성의 학부주관 연합운동회는 조선인들의 교육적·민족적 요구와 일제의 정치적 의도가 상충하는 공간이었다. 일제는 조선인들의 반일 감정을 무마하기 위해 연합운동회에서 통합을 지향하는 조선인들의 요구를 일부 수용하면서도 이를 소위 문명화를 현시하는 장으로 유도하려고 하였다. 일제는 조선인들의 요구를 제도권 안에서 수용·분출·이완시켜 효과적으로 '관리하고' 탈색된 문명화의 방향으로 전환시키고자 한 것이다. 이런 맥락에서 수많은 학생이 근대적인 경기를 겨루며 태극기가 휘날리고 황제폐하 만세를 연호하는 학부주관 연합운동회를 1909년 봄까지 허용했던 것이다. 이와 동시에 지방학교와 미인가 사립학교의 참가를 통제하여 연합운동회에서 저항적 요소를 배제하려고 하였다. 고종이 폐위되고 군대가 해산된 직후에 열린 1907년 10월 관사립학교 연합운동회 날에 내린 황제(순종)의 칙유에서도 이 점을 강조하였다. 여기에서 "운동회는 소년자제의 체육 장려함을 위함이니 정신을 유쾌히 하고 협동 일치의 덕성을 함양하는 양법이라"고 하여,[88] 운동회는 일차적으로 체육을 장려하기 위한 것이라고 못 박고 있다.

일제에 의해 잘 통제되고 관리된, 저항적 요소가 제거된 한성의 관공사립학교 연합운동회는 점차 오락적·향락적 성격을 띠기 시작한다. 일본에서 다양한 유희적 경기들이 도입되어 연합운동회에서 볼거리가 더욱 풍성해졌다. 심지어 1907년 10월 관사립학교 연합운동회에 학부대신 이재곤은 기생 둘을 데려와 관람했고, 대신 이하 각 관리들은 운동회가 끝난 뒤 성대한 연회를 열기도 했다.[89] 1909년 4월 연합운동회장 주변에는 수백 개의 음식점, 과자점, 음료점이 들어서고 음료를 파는 수많은 늙은 기생(老娼)이 몰려들었다.[90] 그런데 당시 일본에서도 이런 오락적 성격의 운동회가 성행하자 일본 정부는 수차례 훈령을 내려 주의를 주고 경계하

악사학보』 제35집, 2005, 104쪽. 이 군악대는 1907년에 군대가 해산되면서 11월에 양악대라는 이름으로 개편되었다.

88) 『대한매일신보』 1907년 10월 27일자, 「관사립학교 추계연합운동회 경황」.

89) 『대한매일신보』(한글판) 1907년 10월 31일자, 「기싱은 무엇ᄒᆞ나」; 『황성신문』 1907년 11월 10일자, 「피로성연」.

90) 당시 기사에서는 "林立하였다"는 표현을 쓰고 있다. 『황성신문』 1909년 5월 1일자, 「운동성황」.

였다.[91] 그러나 한성에서는 아무런 규제 없이 연합운동회의 탈저항적 공간을 오락과 향락이 메워가기 시작했다. 이러한 학부주관 연합운동회마저 더 이상 조선인들의 요구를 염두에 둘 필요가 없게 된 1910년부터는 완전 사라지고 말았다.

V. 맺음말

이 연구는 1905년 이후 1910년 사이에 학교운동회가 팽창하면서 그 성격도 다양하게 분화되었으리라는 가정 하에, 한성에서 개최된 관공사립학교 연합운동회의 독특한 성격을 분석해 내고자 하였다.

대한제국 정부는 국내외적으로 위기의식이 고조되자 1905년부터 대규모 관공사립학교 연합운동회를 한성에서 다시 개최하기 시작했다. 이후 이는 1909년 봄까지 모두 8차례 실시되었다. 처음에는 초등수준의 학교만 참가했으나, 1907년 가을부터는 한성의 거의 모든 관사립 학교가 참가했다. 이 연합운동회는 그 내용과 형식에서 1890년대 관공립학교 연합운동회를 계승하였다. 동시에 여기에 다양한 유희적 경기와 계몽적 경기들이 새로 등장하였고, 사립학교가 본격적으로 참가했으며, 일부 지방학교도 동참하는 등 새로운 경향이 나타났다.

한성의 관공사립학교 연합운동회는 정부가 운동회 경비를 부담하고 운영방법과 임원진 구성에 직접 관여한 학부주관 운동회였다. 황제와 황후 혹은 황태자 등이 직접 참관하거나 칙유를 하사한 이 연합운동회는 국가의례와 같은 형식으로 진행된 '연합운동회'라는 이름의 국가행사였다. 이를 통해 정부는 학생들의 충군애국정신을 고양하고 황제를 중심으로 전체 사회를 통합해 내려고 했다.

1906년 이후 일본인 학정참여관이나 학부관리, 교원들이 연합운동회의 임원진으로 참여하여 연합운동회 운영에 직접 관여하기 시작했다. 1908년부터 일제는 관사립학교 연합운동회에 지방 학생들이 참가하는 것을 금지하고, 또한 미인가 사립학교가 참가하는 것을 규제하면서 통제를 강화했다. 이 과정에서 일부 지방

91) 山本信良, 今野敏彦, 『大正昭和教育の天皇制イデオロギー(Ⅱ)』, 東京: 新泉社, 1977, 363쪽; 요시미 슌야, 앞 논문, 57-58쪽.

사립학교와 학부관리 사이에 갈등이 생기기도 했다. 일본의 영향으로 다양한 유희적 경기가 등장했고 육상종목과 민속경기가 약화하였다. 이와 함께 새로운 종목으로 계몽적 경기가 실시되었다. 이것은 문명화와 계몽의 접점에 놓인 종목이었다. 일제는 조선인들의 요구를 수용하면서도 학부주관 연합운동회를 소위 '문명화'를 현시하는 장으로 활용하려고 했다. 운동회라는 형식 자체뿐만 아니라 계몽적 경기·체조와 같은 종목의 실행, 참가학생의 단발, 여성의 참여, 신문물의 전파, 군악대의 활용 등은 문명화 현시를 위한 구체적 장치였다. 일제는 연합운동회에서 문명화 현시를 통해 궁극적으로 자신들의 세력을 확대하고 조선지배를 합리화하고자 했다.

이처럼 당시 학부에서 주관한 한성의 관공사립학교 연합운동회는 조선인들의 교육적·민족적 요구와 일제의 정치적 의도가 상충하는 공간이었다. 그리하여 한성의 관공사립학교 연합운동회는 '통합'과 '문명화'라는 이중적 성격을 내포하게 되었다. 당시 한성의 관공사립학교 연합운동회에는 이 두 가지 성격이 기묘하게 공존하고 있었다. '통합'과 '문명화'가 궁극적으로 지향하는 바는 각각 자주적 근대국가의 수립과 지배를 위한 세력 확대라는 점에서 서로 달랐다.

그렇다면 학부주관 연합운동회 안에 이렇게 상충하는 두 가지 성격이 공존할 수 있도록 만든 근본적인 요인은 무엇인가? 이에 대한 해명의 실마리는 통합과 문명화에 내재한 공통점에서 찾을 수 있을 것이다. 양자에 내재한 한 가지 공통점은 그것이 모두 학교 '바깥에서 부과된' 성격이라는 점이다. 통합과 문명화는 1905년 이후 정치사회적 환경이 변동하면서 생긴 외부의 힘이 연합운동회라는 학교행사에 가해져 발현된 성격들이다. 당시 그러한 외적인 힘의 원천은 황제를 둘러싼 정치사회 세력과 조선통감 이토를 중심으로 한 정치사회 세력이었다. 이 가운데 당시 실권을 장악한 이토 측에서 나온 점진주의 통치정책은 연합운동회 성격 형성에 일차적인 힘으로 작용했다. 문명화라는 슬로건을 내세운 이토의 점진주의는 조선인의 저항과 통치비용을 최소화하려는 의미에서의 점진주의였다.[92] 그렇기에 황제를 둘러싼 정치사회 세력이 요구하는 통합 지향적 특성을 배제하기보다는 문

92) 조선통감 이토의 통치 구상과 병탄 과정에 대해서는 한상일, 『1910, 일본의 한국병탄』, 서울: 도서출판 기파랑, 2010을 참조.

명화 현시와 함께 공존시켜 관리함으로써 조선인들의 저항을 줄이고 조선을 효율적으로 지배하려고 했던 것이다.

이처럼 통합과 문명화의 기묘하고 불편한 공존은 바로 이토의 점진주의 통치정책의 테두리 안에서 가능했다. 하지만 그의 바람과는 달리 조선인의 반발과 저항이 오히려 강력하게 전개되고 일본 내 조기 병합론자들의 공격이 거세지면서 1909년 봄에 이토는 조선병탄안을 '공식' 승인하였다. 학부주관 연합운동회의 성격은 외부에서 부과된 힘에 의해 형성된 것이기에 이러한 일차적인 힘의 변화는 연합운동회의 성격 변화로 나타날 수밖에 없었다. 이제 점진주의 통치정책이 폐기된 마당에 통합과 문명화의 기묘하고 불편한 공존은 종말을 고할 수밖에 없게 되었다. 이후 향락적인 요소가 더욱 강해지면서 학부주관 연합운동회는 결국 1910년 봄에 중단되고 말았다.

다음 장에서는 한성의 학부주관 연합운동회에 대한 분석 이외에 '지방'의 학교운동회에서 발현된 독특한 성격을 살펴보고자 한다. 또한 지역을 불문하고 전체 학교운동회에 공통적으로 내포된 성격을 밝혀 당시 학교운동회의 총제적인 성격을 이해하고자 한다.*

---

* 이 글은 김성학, 「한말 관공사립학교 연합운동회와 통합, 그리고 문명화」, 『한국교육사학』 제35권 제1호, 2013에 수록된 것을 부분적으로 가필한 것임.

CHAPTER 제 05 장

한말 지방 학교운동회의 성격 형성과 중층성

Ⅰ. 머리말

앞 장에서는 1905~1910년 사이에 한성에서 개최된 관공사립학교 연합운동회의 성격에 대해 살펴보았다. 이어서 이 장에서는 같은 시기에 각 지방에서 실시된 학교운동회의 성격을 밝히고자 한다. 이와 더불어 한성과 지방을 불문하고 학교운동회의 형식에 공통적으로 내재한 성격은 무엇이었는지를 탐색하고자 한다. 이렇게 함으로써 한말 학교운동회의 중층적 성격을 드러내는 것이 이 연구의 목적이다.

1905년 이후 국권침탈기에 학교운동회에는 이전과는 다른 성격이 형성될 가능성이 높았다. 첫째, 널리 알려진 것처럼 이 시기에 교육 전반에 대한 일제의 간섭과 통제가 점점 강화되었고, 이에 대해 조선인들이 교육적으로 적극 대응하기 시작했다. 둘째, 1903~1904년에 잠시 중단되었던 학교운동회는 1905년 이후 다시 전국적으로 확산하였다. 한성에서 삼수갑산에 이르기까지 전국에서 학교운동회를 실시하지 않은 곳이 없게 되었다. 전국적으로 운동회 개최 횟수와 참가 학교·학생·관중 수가 대폭 증가했다. 이러한 학교운동회의 팽창을 주도한 것은 사립학교였다.[1] 이렇게 이전과는 다른 양상이 전개되면서 학교운동회도 복합적인 성격을 갖게 되었을 것으로 보인다.

이 장에서는 특히 한성과 지방에서 학교운동회의 성격이 다르게 형성되었을 가능성에 주목한다. 이 점은 앞 장에서 지적한 것처럼 기존 연구에서 논의되지 않은 문제이다. 학교운동회의 양적 팽창과정을 보면 한성과 지방에서 다른 양상이 나타

1) 김성학, 「한말 학교운동회의 팽창과 그 동인」, 『한국 근대교육의 탄생』, 서울: 교육과학사, 2013, 72-85쪽 참조.

나고 있었다. 한성에서는 상대적으로 단독운동회가 많이 실시되었지만, 지방에서는 연합운동회가 크게 확산하였고 한성과 달리 관리들뿐만 아니라 다양한 민간인과 민간기관이 발기인으로 참여했다.[2] 그리고 한성은 각종 관립학교가 집중되어 있고 학부의 영향력이 직접 미칠 수 있는 곳이었다. 반면에 지방은 사립학교가 절대적으로 많았으며 또한 반일 의식이 강하여 학부의 통제력도 약화되는 곳이었다. 이러한 차이로 인해 지방의 학교운동회는 한성과 다른 특성을 갖게 되었을 개연성이 크다.

학교운동회는 근대교육이 전개되면서 형성된 대표적인 교육의 형식이다. 학교운동회는 일차적으로 학생과 학교들이 서로 운동경기를 겨루는 공간인데 그 자체 안에 독특한 운영 방식이 내재해 있다. 이는 그 종류나 규모, 개최지역에 관계없이 운동회라면 공통적으로 적용되는 방식이었다. 1905년 이후 한성과 지방에 학교운동회가 확산하면서 이러한 운영 방식에서 어떠한 특질이 나타나고 있었는가? 그것은 이전과 어떻게 다른가? 이 장에서는 이러한 공통적인 성격에도 주목하여 당시 학교운동회에서 발현된 중층적 성격을 드러내고자 한다.

이 연구에서는 운동회 관련 신문기사를 주요 일차 사료로 활용한다. 연구의 편의를 위해 '학교운동회 세부상황 일람표'(부록 참조)를 새로 만들었다. 필자가 앞선 연구에서 제작한 '학교운동회 개최상황 일람표'[3]도 함께 활용한다. 전자는 운동회의 발기인, 시상품, 기부자, 연설주제, 연설자, 황제 관련 여부를 정리했고, 후자는 날짜별로 운동회 개최장소, 종목, 연합여부, 지역, 시상여부, 연설여부에 대한 정보를 담고 있다.

Ⅱ. 지방 학교운동회, 그리고 계몽과 저항

한성에서 관공사립학교 연합운동회는 조선인들의 요구와 일본인들의 정치적 의도가 부딪히는 공간이었다. 1905년 이후 각 지방에서 학교운동회가 급속히 확산하

2) 〈부록〉 학교운동회 세부상황 일람표 및 위 논문 참조.
3) 김성학, 앞의 책, 〈부록〉 학교운동회 개최상황 일람표.

였다. 지방에서는 일제의 직접적 관여가 비교적 느슨한 상태에서 학교운동회의 독특한 특성이 드러나기 시작한다.

1. 계몽적 경기의 확산과 지역주민의 계몽

지방에서 학교운동회를 발기한 사람들을 보면 한성과는 다른 점이 확인된다. 한성의 대규모 관공사립학교 연합운동회는 학부에서 직접 발기하고 조직했다. 지방에서도 관찰사·부윤·군수 등 관료들이 발기인으로 참여했다. 동시에 지방에서는 지역유지·학회·교육총회·방회(坊會)·교감·선교사 등 매우 다양한 사람과 기관이 발기자로 등장하였다.[4] 일차적으로 이러한 발기인의 차이는 지방 운동회에서 새로운 성격이 형성되고 있었음을 시사한다.

〈표 5-1〉 지방 학교운동회에서 실시한 종목 상황, 1905~1910[5]

	연합운동회		단독운동회	
	공사립	사립(주도)	공립	사립
육상경기	달리기(10보, 100보2, 200보, 상품경주, 도보경주2)	달리기(100보4 200보6 도보경주4 경주3 800보, 정장경주)	도보경주 내빈경주	달리기(100보2 200보2 300보 50보, 경주)
	멀리뛰기2	높이뛰기12 멀리뛰기11	높이뛰기 멀리뛰기	높이뛰기5 멀리뛰기3
	·	공던지기(투구)2	·	·
유희적 경기	기취4	기취경주11 맹목기취 旗環경주2 掩目爭旗 자매송기 순회傳旗 換旗 載囊拔旗	기송경쟁	기취경주6

4) 발기인으로 관찰사·부윤·군수 등 전현직 지방 관리 8회, 지역유지인사들 8회, 학회회원·학회·교육총회 3회, 방회(坊會)·교감·선교사 각 1회가 확인되고 있다. 〈부록〉 참조.

5) 김성학, 앞의 책, 〈부록〉 학교운동회 개최상황 일람표에 수록된 종목들을 토대로 작성하였다. 종목 옆 숫자는 해당 종목이 실행된 횟수이고 숫자가 없는 경우는 1회를 나타냄. 5회 이상 시행된 단일종목에 밑줄을 침. 종목 이름은 원래 표기를 원칙으로 하되 지금도 실행되고 있는 종목은 현대식으로 바꾸었음. '사립 주도'는 사립이 주축이 되거나 사립학교들이 연합한 운동회를 나타냄. 지방의 관공사립학교 연합운동회 종목은 확인되지 않음. '계산경주'는 계산·산술·속산·필산·타산경주 등을 포괄함.

	연합운동회		단독운동회	
	공사립	사립(주도)	공립	사립
	2인3각5 1인1각	2인3각9 1인1각2 3인1각	2인3각 1인1각 四足경주	2인3각2 2인同走
	제등경주4	제등경주5 제광3	·	제등경주2
	장애물경주 脫環	장애물경주3 탈망경주3	·	·
	기마경주	기마경주2 기마기취경주	·	기마경주2
	拾球 鯉登瀧攀毬경주	O球 奉毬 笥中盛毬	毬送	습구
	맹목玉拾 맹목행렬 擬馬 군함 百足輪脫 變步 水運 玉投入後走 玉拾 연극	취물경주2 회간경주 射丸 맹목 맹아 변장 木鐘措毬 竝足競躍 세계유람2 O승경주	맹목手引 射丸 變步 高低	습율 행보경주 火繩 著述
	줄다리기	줄다리기2 씨름2	줄다리기	줄다리기 씨름2
계몽적 경기	계산경주5 작문경주2 字拾 索字경주	계산경주26 서취경주4 습자경주2 작문경주9 외국學鍊術 천침 탐구	계산경주 字拾	계산경주10 서취경주 작문경주2 재판연습 일어문답 문답(역사 지지 수신 교육) 講誦
체조 및 교련	창가	창가2	·	창가
	방어공격2 기마돌격(결사대)	방어공격3(방어공격, 모의전투, 기마돌격) 군대식向伍習 接戰	·	·
	체조 연합체조2	체조6 유연체조 기계체조 학교대항체조 연합체조	·	체조2 각개체조

운동회 종목들을 보면, 한성과 유사하게 육상경기, 유희적 경기, 계몽적 경기, 체조로 구성되어 있다(〈표 5-1〉). 지방에서 육상경기와 유희적 경기의 시행 양상은 한성과 비슷했다. 지방에서도 달리기는 모든 운동회에서, 그리고 높이뛰기와 멀리뛰기는 사립학교(주도) 단독·연합운동회에서 비교적 자주 실시되었다. 또한 모든 운동회에서 다양한 유희적 경기가 등장하였고, 그 실시 양상도 한성과 비슷하다. 한성처럼 그 단일종목으로 기취경주(총 21회)가 가장 많이 실시되었으며, 그 다음으로 2인3각(총 17회), 제등경주(총 11회) 순이었다.

하지만 한성에서는 일부 학교에서 축구(蹴球)와 야구(打毬)를 실행했는데 지방에서는 이런 구기종목은 확인되지 않았다. 반면에 지방에서는 교련(방어공격)이라는 새로운 종목이 등장하고 있다. 이와 함께 또 다른 차이는 계몽적 경기에서 찾을 수 있다. 앞 장에서 살펴본 것처럼 계몽적 경기는 1905년 한성의 관공사립학교 연합운동회에서 처음 등장했다. 이후 계몽적 경기는 한성보다는 지방에서 더 자주 시행되어 운동회 종목으로 확고히 정착했다. 계몽적 경기 중 대표적인 종목은 계산경주이다. 이는 한성에서 총 18회, 지방에서 총 42회 실시되어 지방에서 2배 이상 더 실행한 것으로 나타났다.[6] 계몽적 경기의 종류도 한성에서는 6종류(계산경주, 서취경주, 작문경주, 철자경쟁, 직물경쟁, 천침), 지방에서는 12종류로 지방에서 더 다양해졌다. 자습(字拾)·색자경주(索字競走)·습자경주(習字競走)·재판연습·문답(일어, 역사, 지지, 수신, 교육)·강송(講誦)·외국학련술(學鍊術)·탐구 등의 종목들은 지방에서 새로 등장했다. 이 계몽적 경기들은 평소 산술·국어·역사·지지·재봉 등 교과수업에서 배운 것을 운동과 결합시킨 종목이다. 이는 신교육에 대한 계몽적 효과가 큰 것으로 어떤 종목은 교과수업인지 운동경기인지 구분이 안 될 정도로 운동과 학습이 밀접하게 결합되어 있음을 알 수 있다.

당시 학교운동회 자체가 신문물을 대표하는 것 중의 하나였다. 따라서 신교육의 보급이 저조한 지방에서 학교운동회는 지역주민들에게 신선한 문화적 충격을 주는 교육적 이벤트로 다가왔다. 특히 근대적인 교과수업과 결합시킨 계몽적 경기는 일거에 지역주민들의 의식을 개선하고 신교육에 대한 태도를 변화시키는 계몽적 역할을 수행할 수 있었다. 1907년 5월 의주군 기독교회 소학교 연합운동회를 본 지역주민들은 "有子 必敎요 爲國 竭力이라"[7] 하여 자녀가 있으면 반드시 교육을 시키고 나라를 위해 힘을 다해야 한다고 입을 모았다. 또한 광주군 수서학교 운동회에서 주민들은 학생들의 활발한 기상을 보고 자제들에게 신식학교에 입학할 것을 권유하였다.[8] 이러한 현상은 일부 학교운동회에 국한된 것은 아니었다. 1908년 통진·강화·김포군 연합운동회, 1908년과 1909년 풍덕군 연합운동회를 본 지역

6) 〈표 5-1〉과 제4장 〈표 4-4〉 참조.
7) 『대한매일신보』 1907년 6월 13일자, 「만교운동」.
8) 『황성신문』 1908년 5월 20일자, 「수서운동」.

주민들도 동일한 반응을 보이고 있었다.[9)]

지역주민들에게 공개적으로 실시된 운동회는 시골에 묻혀 사는 아동들의 의식을 깨우쳐 그들의 교육욕구를 불러일으키는 역할도 수행했다. 아래 기사는 1907년 황해도 재령군에서 열린 연합운동회의 영향으로 목동들을 위한 신식학교가 설립되는 과정을 보여준다.

> 재녕군 내신을 거흔칙 해군 경내에 각학교 생도들이 연합운동을 누차 설행ᄒᆞ야더니 관광ᄒᆞ던 쵸동목수가 차를 효방ᄒᆞ야 십명 혹 이십명식 결오작대ᄒᆞ야 운동가를 창ᄒᆞᄂᆞᆫ지라 경성거 조광표 씨가 당지에 유주ᄒᆞ다가 해군 유지의 유몽택 씨와 상의ᄒᆞ고 야학교를 설립ᄒᆞ야 목동을 교육ᄒᆞᆯ 의로 설명흔칙 당야 취집ᄒᆞᄂᆞᆫ 자 칠팔십명이라 본군수 이용필 씨가 기 정황을 문ᄒᆞ고 대가찬상 왈 차ᄂᆞᆫ 세계문명국에도 한유지사라 ᄒᆞ고 즉시 사령청으로써 교사를 급여ᄒᆞ고 제반기구를 개위자담한지라 교사 유몽택 씨가 각사인사와 관리를 청요ᄒᆞ야 개학예식을 거행ᄒᆞᄂᆞᆫᄃᆡ 경내인사가 함왈 차ᄂᆞᆫ 고금학계에 희한지사라고 관광자ㅣ 운집ᄒᆞ니 유몽택 씨가 등단 연설 왈 차 학교지창립은 전국내에 모범이 될ᄲᅮᆫ더러 국권회복이 연차긔초라 ᄒᆞ고 명칭은 자립목동학교라 ᄒᆞ니 사회상 유지첨원이 개극력 찬성ᄒᆞ기로 담착ᄒᆞ고 해주 총순 전봉훈 씨ᄂᆞᆫ 오백금으로 연조ᄒᆞ고 세무주사 장석환 씨ᄂᆞᆫ 백로지 오권으로 기부ᄒᆞ얏더라[10)]

재령군에서는 연합운동회를 자주 실행했는데 이를 보고 나무를 베고 가축을 치는 목동 아이들(樵童牧竪)이 편을 갈라 운동가를 제창하고 다녔다. 이를 본 한성거주 인사와 재령유지가 이들에게도 교육기회를 주기 위해 야학교 세워 운영하였다. 이에 감복한 군수가 교사(校舍)와 제반 기구를 지원하여 자립목동학교를 출범시켰다. 이에 유지들도 거액을 찬조하고 있다. 이처럼 학교운동회는 시골 아이들의 교육욕구를 자극하고 이들을 위해 관민이 협력하여 신식학교가 설립되도록 하는 통로가 되고 있었다.

9) 『대한매일신보』 1908년 6월 16일자, 「분교운동성황」 및 1908년 7월 21일자, 「풍교운동성황」; 『황성신문』 1909년 7월 14일자, 「풍군운동」.

10) 『대한매일신보』 1907년 6월 26일자, 「쵸목 야학」. (원문의 한자는 한글로 바꿈.)

이와 함께 학교운동회는 사립학교 운영기금을 마련하는 기회가 되기도 하였다. 1910년 5월 충북 연풍에 소재한 사립 연명학교 운동회 날에 군내 유지신사들은 학교기본금을 마련하기로 의결하고 임원들과 유지들이 출자금 1천원을 기부했다.[11] 또한 1908년 6월 통진군 분양학교에서 개최한 연합운동회를 본 유지인사들은 수백 원의 의연금을 지원했다.[12] 이러한 사례는 1910년 7월 장수군 명신학교 운동회에서도 나타나고 있었다.[13]

2. 전투적 학교운동회의 등장과 저항

국권 침탈의 현실에 직면하면서 지방의 학교운동회는 이제 계몽의 통로뿐만 아니라 저항의 수단으로서 기능하기 시작한다. 운동회를 통해 국가를 사랑하며 일제의 국권 침탈에 저항하는 인물을 양성해 내려는 시도가 뚜렷하게 나타나기 시작한다.

1) 방어공격 종목의 확산과 전투연습

먼저 이와 관련해 방어공격이라는 전투적인 종목이 지방에서 등장하고 있다는 점을 지적할 수 있다. 이는 접전, 기마돌격(결사대) 등으로도 불렸는데 한성에서는 전혀 실시되지 않았다. 방어공격은 일종의 모의전투로 야외에서 편을 갈라 실제 전투를 치르는 것처럼 진행된 운동종목이었다. 이와 같은 종목은 1902년 4월 인천 관립일어학교 춘기운동회에서 처음으로 등장했다. 이 운동회는 인천 봉수대에서 개최되었다. 교사와 교관이 학생 42명을 대동하여 진군나팔로 군가를 부르며 도착한 후 두 편으로 나누어 병식체조의 '양군공전'(兩軍攻戰)을 벌였다.[14] 이후 학교운동회의 전반적인 퇴조와 함께 이러한 종목은 한동안 한 실시되지 않게 된다. 이후

11) 『황성신문』 1910년 5월 10일자, 「연교확장과 운동」.

12) 『황성신문』 1908년 6월 9일자, 「분교운동성황」.

13) 이날 재무서장 강희준 씨가 권면하자 당일 모인 연조금이 470여 원에 달했다. 『황성신문』 1910년 7월 30일자, 「명신유신」.

14) 『황성신문』 1902년 4월 28일자, 「춘기운동」.

이와 같은 전투적인 종목이 본격적으로 학교운동회에서 등장한 것은 1906년부터였다.

〈표 5-2〉 방어공격 종목을 실시한 학교운동회 상황[15)]

개최교	개최일	종목	개최지	비고
제물포 기독계교 남학교	1906. 봄	방어공격 교련 등 10종목	제물포	학생 120명, 관중 5천여, 선교계 학교
강화 보창학교와 인군 공사립교	1907. 5. 21	방어공격 등	강화	보창학교와 지교 32교 인군 공사립 38교, 연병장, 학생 1180여 명, 연설
강화 보창학교와 인군 학교	1908. 5. 15	방어공격 등 20여 종목	강화	강화 80여 교 인군 20여 교 학생 2613명, 관중 3만, 연설
통진 강화 김포 각 학교	1908. 6. 03	방어공격 등 14종목	통진	분양학교 설행, 학생 570명 관중 수만, 연설
박문 · 보명학교	1908. 6. 16	접전 등 5종목	영종도	2교 연합, 박문학교는 천주교계 학교
풍덕군 공사립학교	1908. 6. 22	방어공격 등 10종목	풍덕	풍덕6교+강화1교, 관중 수천, 연설
의주 각 학교	1909. 6. 02	결사대 · 기마 돌격 등	의주	46교, 학생 2천여, 두 부대로 나눠 실시, 관중 만여, 청국 학생 참여

1906년 이후 방어공격 종목은 지방에서 모두 일곱 차례 실시된 것으로 확인되었다(〈표 5-2〉). 연도별로 보면 1906~1907년과 1909년에 각각 한 번, 1908년에 네 번 실시되어 1908년에 절정을 이루었다. 방어공격이 실시된 운동회는 모두 대규모 지방 연합운동회였다. 참가한 학교는 수십에서 수백 개교에 달했고, 관중도 수천에서 수만 명에 이르렀다. 지역별로 보면 여섯 차례는 제물포 · 강화 · 통진 · 영종도 · 풍덕 등 경기 서북부 지역, 그리고 한 차례는 평안도 의주 지역에서 실시되었다. 강화와 그 인근 지역이 핵심 지역이었다.[16)]

---

15) 1906년 봄 운동회는 C. S. Deming, "A field meet at Chemulpo", ***The Korean Mission Field,*** 2(7), May 1906, pp.125-126의 내용을 토대로 함. 그 외 운동회는 『황성신문』 1907년 5월 27일자, 「강화대운동경황」; 『대한매일신보』 1908년 5월 17일자, 「강화운동성황」, 『황성신문』 5월 17일자, 「강화학교운동」; 『대한매일신보』 1908년 6월 16일자, 「분교운동성황」; 『대한매일신보』 1908년 7월 21일자, 「풍교운동성황」; 『대한매일신보』 1909년 6월 8일자, 「운동성황」 참조

16) 1908년 6월 16일 영종도에서 실시한 인천 천주교계 박문학교와 영종도 보명학교의 연합운

1902년 관립일어학교에서 실시한 이후 1906년 봄에 제물포 기독교계 학교 연합운동회에서 방어공격 종목을 다시 실시했다.[17] 이 운동회에서는 깃발가져오기(기취)・깃발뽑아돌아오기・2인3각・다리묶고뛰기・머리띠뺏기・바구니공넣기・줄다리기・행진과 교련시범 및 방어공격 등을 실시했다. 당시 학생들은 '어떤 군대라도 따르지 못할 정도로 정확하고 일치된 동작으로'[18] 교련시범을 해 보였다. 이어 방어공격 종목에서 학생들은 3개 중대로 편성되었다. 한 중대는 진지를 지키고 나머지 두 중대는 요새를 공격했다. 학생들은 딱총과 빨간 공과 흰 공을 제공받았다. 얼마 동안 진지에 대한 기동전을 전개하여 진격과 후퇴, 돌격과 접전을 벌였고 적십자 활동이 이루어졌다. 적의 요새를 함락시키고 불태워 버림으로써 방어공격은 끝이 났다.

그런데 어떤 경위로 기독교 계열의 학교운동회에서 군대식 전투와 매우 유사한 종목이 실시될 수 있었을까? 이를 이해하기 위해 당시 국권 침탈의 위기 속에서 전국의 사립학교에서 병식체조라는 이름으로 군사훈련에 몰두해 왔다는 사실을 상기할 필요가 있다. 조선인들이 실제 운영권을 장악한 지방의 기독교계 사립학교도 예외는 아니었다.[19] 이렇게 병식체조 시간에 익힌 군사 기능과 활동을 야외에서 적용해 보기 위해 방어공격이라는 종목을 개설한 것이다.

이후 강화지역을 중심으로 방어공격 종목이 더욱 조직적으로 실시되었다. 1907년 5월에 강화 보창학교에서 개최한 공사립학교 연합운동회에서는 학생들을 연령에 따라 네 집단으로 편성하여 방어공격 종목을 실시했다. 10세가량의 학생은 보병과 포병으로, 15세 가량의 학생은 결사대로, 그리고 20세 정도의 학생은 적십자대로 편성했다. 보병과 포병은 각각 50명, 결사대는 60명, 적십자대는 10명, 그리고 나팔수(曲號兵)는 2명으로 편성하고, 250명의 학생은 적군으로 편성하여 성을 지키게 했다. 양 진영 사이에 포격과 진격, 결사대의 돌격전이 전개되었고, 적군이 지키는 성을 함락시키는 것으로 방어공격은 끝이 났다. 적진 함락 후에는 태극기를 높이

동회에서 '접전'(接戰)이라는 종목을 실시했는데, 이것도 방어공격과 유사한 종목으로 보인다. 이날 운동회는 나팔과 북을 치며 병식경례를 하는 등 전투적인 분위기에서 실시되었다. 『황성신문』 1908년 6월 24일자, 「양교운동성황」.

17) 이 연합운동회에는 영화학교 등 인천지역 감리교 산하 신식학교들이 참가한 것으로 추정된다.

18) C. S. Deming, op. cit, p.126.

19) 김성학, 「군대식 학교규율의 등장과 기능」, 앞의 책, pp.133-140쪽 참조.

게양하고 만세 삼창과 군가를 합창했다.[20)]

이처럼 방어공격 종목에서 실제 전투와 같은 훈련이 실시되었다. 이제 지방의 학교운동회는 방어공격을 통해 항일 전사를 기르려는 의도를 분명히 드러내기 시작했다. 강화 보창학교에서는 1908년에도 인접한 인천·통진·개성의 각 학교를 초청해 대규모 연합운동회를 개최했다.[21)] 여기서도 전년과 같은 형식으로 방어공격을 실시했다. 방어공격에서 적진이 함락되자 군악 소리와 함께 태극기를 게양하였다. 이후 방어공격 종목은 강화 인근 지역으로 확산하여 갔다. 같은 해 6월 통진의 분양학교에서 강화·김포의 학교들을 초청하여 거행한 연합운동회,[22)] 그리고 같은 달 풍덕의 공립학교에서 거행한 연합운동회[23)]와 영종도에서 개최한 박문·보명학교 연합운동회에서 모두 방어공격을 실시했다. 영종도는 물론 통진과 풍덕(김포와 개성 남서부) 모두 강화와 인접해 있다.

이상에서 살펴본 바와 같이 1906년에 등장한 방어공격 종목의 체계화와 인근 지역으로의 전파에는 바로 강화 보창학교가 핵심적인 역할을 수행한 것으로 보인다. 이 학교는 1904년에 육군무관학교 출신의 참령(소령) 이동휘가 강화에 설립한 사립학교로 애국심 함양을 제일의 교육목표로 군사훈련을 매우 중시했다. 교사 중에는 진위대 출신들이 있었고, 학생들은 수업이 끝나면 매일 한 시간씩 군사훈련을 받았다.[24)] 이러한 목표 아래 방어공격과 같은 종목이 도입되었고, 이후 그의 영향으로 인근 지역으로 파급된 것이다. 1906년에 방어공격을 실시한 제물포 기독교계 운동회에도 이동휘가 관여했을 가능성이 있다. 이동휘는 일찍부터 기독교를 믿어 오다 1905년에 감리교에 입교한 기독교인이었다. 제물포와 강화가 바로 지척이며, 당시 기독교인 장교로서 군사훈련에 정통하고 신교육의 중요성을 외치던 인물은 많지 않았을 것이다.

---

20) 『황성신문』 1907년 5월 27일, 「강화대운동경황」, 1908년 5월 17일, 「강화학교운동」; 『대한매일신보』(한글판) 1908년 5월 17일, 「굉장한 운동」.

21) 『대한매일신보』 1908년 5월 17일자, 「강화운동성황」.

22) 『대한매일신보』 1908년 6월 16일자, 「분교운동성황」.

23) 『대한매일신보』 1908년 7월 21일자, 「풍교운동성황」; 『황성신문』 1908년 7월 9일자, 「풍교운동성황」.

24) 이 책 앞 제2장과 제3장 보창학교 관련 논의 참조. 이동휘의 생애에 대해서는 김방, 『이동휘 연구』, 서울: 국학자료원, 1999 및 서정민, 『이동휘와 기독교』, 서울: 연세대학교 출판부, 2007을 참조.

2) 연설회의 개최와 애국심 고취

지방 학교운동회에서 나타난 또 하나의 저항적 성격은 '연설'에서 찾을 수 있다. 운동회는 단지 운동경기만을 행하는 무대가 아니라 '연설'을 통해 학생과 주민들을 계몽시키고 그들의 애국심을 불러일으키는 장으로 활용되고 있었다. 연설이 행해진 학교운동회는 총 67회로 확인되었다.[25] 이 가운데 한성에서 18회, 지방에서 49회 실시되었다. 전체 학교운동회 개최횟수가 한성과 지방에서 엇비슷하기에,[26] 연설은 지방 운동회에서 절대적으로 더 자주 행해졌음을 알 수 있다. 당시 연설주제는 치사(致謝)와 면학 권장, 신교육의 중요성과 교육보급, 근대적 지식과 생활의 보급, 애국심 고취 등으로 구분해 볼 수 있다(〈표 5-3〉). 연설의 주요 목적은 대부분 계몽과 애국심 고취로 집약된다. 그런데 지방에서는 계몽과 관련된 연설뿐만 아니라 '충군', '애국', '국가사상', '시국과 교육', '독립기초', '대한독립' 등 애국심 고취와 관련된 연설이 자주 행해졌다.

〈표 5-3〉 지방과 한성의 학교운동회에서 실행한 연설 상황, 1905~1910[27]

개최교	개최일	연설 주제	연설자	자료출처
박천 박명학교	1906. 5. 6	학무의 기도진취, 충군애국과 위생, 교육문명	교장, 교두, 교감,	황성 1906. 5. 24
은진 보명학교	1906. 5월	신구학문, 충군애국, 문명국 벌률정치, 민지발달과 국권유지 및 학문, 課工 진취와 실업 발달	교장 대판, 교사3인	황성 1906. 5. 12
충주 돈명학교 등	1906. 6. 1	교육이 있어야 노예를 면함	관찰사	황성 1906. 7. 30
남양 공사립소학교	1906. 6월	면학, 애국, 충군, 인재교육	군수, 교감, 교원	대매 1906. 6. 2
개성 각 학교	1907. 4. 24	교육정신, 자국정신, 부인감화, 교육증진	학부협판, 안창호, 강윤희, 이동휘, 군수	황성 1907. 4. 30

25) 김성학, 앞의 책, 〈부록〉 학교운동회 개최상황 일람표 참조.

26) 전체 학교운동회의 46%는 한성에서, 54%는 지방에서 개최되었다. 위의 책, 제2장 참조.

27) 연설자와 연설주제가 모두 보도된 운동회만 정리하였음. 표 위 부분은 지방 운동회, 아래 부분은 한성 운동회에서 실행된 연설 상황임. 황성=황성신문, 대매=대한매일신보, 만세=만세보, 제국=제국신문을 뜻함.

개최교	개최일	연설 주제	연설자	자료출처
남양 공사립 각학교	1907. 4. 24	학업진달, 애국충심 확충	군수, 홍익선	황성 1907. 5. 1
태안 화양의숙	1907. 5. 16	시무교육	군수, 학감	대매 1907. 5. 26
강화 보창학교 등	1907. 5. 21	시국과 교육, 치하	교직원1, 내빈3, 부인1, 전 참판1	황성 1907. 5. 27
황해도 각 학교	1907. 6월	독립의 기초를 견고히	학생들	대매 1907. 6. 8
의주 전대학교 등	1907. 7. 5	학업과 국가사상	유지 신사	대매 1907. 7. 7
안악 각 소학교	1908. 4. 15	사람이란, 생활이란, 대한독립이란	학생, 최광옥, 김성무, 미 선교사	대매 1908. 4. 24
개성 각 학교	1908. 4. 28	공익의 필요, 현세 책임, 운동의 이익, 식물의 이익, 식목 방법	서북학회 회장 등 내빈	대매 1908. 5. 1
안산 야학교	1908. 5. 10	주경야독, 열심 공부	각 학생	대매 1908. 5. 22
강화 공사립학교	1909. 6. 7	사농공상의 실업 발달	관찰사	황성 1909. 6. 29
원산 춘성·광성·공립보교	1910. 6월	조혼, 아편 흡연 폐습	교장	황성 1910. 6. 22
한성 보성학교	1906. 6월	치사, 면학	학부형 총대	대매 1906. 6. 8
한성 흥화학교	1906. 10. 29	교육 大旨	총 교사	대매 1906. 10. 31
한성 찬문·보성소학교	1907. 4. 21	격고창가 풍속, 현 시국의 영향, 국민의무, 교육발전	교장	만세 1907. 4. 24
한성 흥화학교	1907. 4. 30	운동회 목적, 학업 요의,	교감, 총교사, 내빈	황성 1907. 5. 2
관사립 각 학교	1907. 5. 2	문명지역 도달 심축	학부대신 이완용	황성 1907. 5. 3
한성 각 여학교	1907. 5. 25	여자교육 급무, 외국여학교 형편, 단체의 효력, 학부형 의무	학부관료, 하 부인, 유지신사	제국 1907. 5. 27
관립교동보통학교	1909. 11. 12	면학(走馬加鞭)	학부대신	황성 1909. 11. 14

한성과 지방 운동회의 연설자는 전현직 관리(학부대신·학부협판·전참판·관찰사·군수), 학교임원(교장·교감), 교사와 학생, 내빈(선교사·학부형·부인), 학회관계자 등이었다. 특히 지방에서는 대한자강회, 서우학회, 한북학회, 기호흥학회 등 한성의 주요 학회 관계자들이 직접 참석하여 수많은 학생과 관중들 앞에서 자주 연설을 하였다. 지방 운동회에 대한 학회 관계자의 참석은 1907년부터 확인

되고 있다. 동년 4월 평안도 연합운동회에서는 운동회 다음날 명륜당 앞에서 연설회를 개최했다. 여기에 대한자강회, 서우학회, 한북학회 등에서 활동하던 유원표, 김명제, 안창호, 이동휘가 각각 연설을 했다. 당시 관중들이 인산인해처럼 모였는데 그들의 숨소리조차 들리지 않았다고 한다.[28] 같은 달 개성군 연합운동회에도 서우학회를 대표한 노백린과 안창호, 한북학회를 대표한 강윤희가 참석해 다음날 연설회를 열었고, 이어 5월에 보창학교 연합운동회에도 서우학회 총대 노백린과 김희선, 대한자강회 회원 유원표 등 학회 관계자가 참석하여 연설회를 개최했다.[29] 이후 1908~1910년에도 각 학회에서는 지방 학교운동회에 대표를 파견하여 연설회를 지원하였다. 1908년에 개성군 연합운동회에서 서북학회 총대 김명준과 회장 정운복 등이 참석해 연설을 했고, 1910년 백천군 사립학교 연합운동회에는 서북학회에서 파견한 김태석이, 그리고 1910년 목천군 사립학교 연합운동회에선 기호흥학회에서 파견한 권유위원 김일선이 각각 연설을 했다.[30]

1907년부터 한성의 학회 관계자들이 참석하여 연설한 운동회는 모두 지방의 대규모 연합운동회였다. 그들은 연설을 통해 연합운동회에 모인 수많은 학생과 지역 주민들의 의식을 일깨우고 애국심과 독립정신을 고취하려고 했다. 앞에서 언급한 강화 보창학교 연설회에서는 이들의 연설에 공감한 한 관중이 연단에 올라와 당시 나약한 정부와 몽매한 국민을 통박(痛駁)하기도 했다.

3) 학교운동회에 대한 일제의 통제

지방 학교운동회에서 연설과 함께 운동회의 저항적 분위기를 고취하는 수단은 태극기와 애국가였다. 지방의 학교운동회에서는 한성과 마찬가지로 수많은 태극기가 게양되었다. 1908년 4월에 1만여 명이 운집한 평안남북도 연합운동회에서는 태극기가 숲처럼 '삼열(森列)'했다고 한다.[31] 심지어 지방에서 운동회가 개최되는

28) 『황성신문』 1907년 4월 6일자, 「평안남도 학교대운동」; 『서우』 제6호, 1907년 5월, 「시보」, p.43.
29) 『황성신문』 1907년 5월 27일, 「강화대운동경황」.
30) 『서우』 제6호, 1907년 5월, 「시보」, 43쪽; 『대한매일신보』 1907년 4월 27일자, 「개성운동의 성황」, 1908년 5월 1일자, 「개교운동」, 1910년 5월 20일자, 「백천운동성황」; 『황성신문』 1910년 5월 22일자, 「권유성황」.
31) 『황성신문』 1908년 4월 23일자, 논설; 『대한매일신보』 1908년 4월 22일자, 「연합운동」.

날에는 마치 국경일처럼 집집마다 태극기를 게양하기도 했다. 1908년 4월 개성 연합운동회와 인천 연합운동회, 1910년 평양 숭실학교 운동회와 대성학교 운동회 날에 그러한 모습을 찾아볼 수 있다.[32]

학교운동회에서 애국가를 부르는 모습은 지방 운동회에서 자주 확인된다. 1907년 5월 양양·간성 연합운동회에서는 애국가 부르기가 운동회의 한 절차였고, 같은 해 7월 의주 연합운동회에서는 일등상으로 태극기를 수여했으며 학생들은 귀로에 애국가를 불렀다.[33] 한성에서도 애국가를 제창하는 경우가 일부 있었지만[34] 대부분 운동가를 부르고 있었다.[35] 지방에서는 아직 운동가가 보급되지 않은 상황에서 애국가를 운동가로 사용한 것으로 보인다. 학부에서 만든 운동가가 보급된 이후에도 일부 지방에선 운동가와 함께 애국가를 제창하고 있었다.[36]

지방 학교운동회의 저항적 성격은 강화·인천·개성 등 경기도 지역뿐만 아니라 황해도·평안도·함경도에서 두드러지게 나타나고 있었다. 이들 지역의 학교에서는 평소에도 나팔을 불고 태고를 두드리며 군대식 훈련과 야외운동에 몰두했고, 대규모 저항적 운동회를 빈번하게 개최했다.[37] 학부차관 다와라(俵孫一)는 자신이 직접 참관한 1908년 4월 평안남북도 연합운동회에 대해 "그 규모가 큰 것은 말할 것도 없고 성대하게 나팔을 불고 큰 북을 두들겨 완연한 무장적 시위의 운동회였다"고 말하며, 이런 운동회는 "체육 본지에 어긋날 뿐만 아니라 헛되이 쓸데없는 경비를 쓰고 과업을 방기하는 폐에 빠졌다"고 비판했다.[38] 하지만 기실 그가 우려

32) 『황성신문』 1908년 5월 3일자, 「개성운동의 성황」 및 1910년 5월 17일자, 「家家국기」; 『대한매일신보』 1908년 5월 5일자, 「인교운동」.

33) 『황성신문』 1907년 5월 14일자, 「현교춘기운동」; 『대한매일신보』 1907년 7월 7일자, 「연합운동」.

34) 1907년 찬문학교와 보성소학교 연합운동회에서 애국가를 불렀다. 『만세보』 1907년 4월 24일자, 「양교운동」.

35) 한성의 경우 1906년 가을 사립소학교 연합운동회, 1907년 관사립 춘계·추계연합운동회, 1909년 관사립 연합운동회 및 1906년 가을 사립 흥화학교 운동회, 1907년 봄 휘문의숙 운동회 등등 연합운동회와 단독운동회에서 모두 운동가를 부르고 있다. (『황성신문』 1906년 10월 30일자, 「사립 각 소학교 운동성황」, 1907년 5월 3일자, 「운동성황」, 1907년 10월 27일자 「관사립학교 추계 연합운동회 경황」; 『대한매일신보』 1909년 4월 30일자, 「운동과목」, 1906년 10월 30일자, 「흥교운동」, 1907년 4월 14일자, 「휘숙운동성황」). 다만 예외적으로 1906년 관립일어학교 운동회에서 애국가를 불렀다(『대한매일신보』 1906년 10월 16일자, 「일교운동」).

36) 『황성신문』 1907년 5월 1일자, 「남교운동」 및 1908년 4월 2일자, 「강교낙성성황」.

37) 學部, 『韓國教育の既往及現在』, 1909, p.14 및 『관보』 1908년 9월 1일자, 학부훈령 제2호.

38) 俵孫一, 「講演－俵學部次官 演說」, 『警務月報』 第3號, 1910年 9月, p.20.

한 것은 학교운동회에서 드러난 저항적 성격이었다. 그 직후 통감 이토 히로부미도 조선인들이 학교운동회를 개최해 애국심을 발동시키고 배일주의를 고취시키고 있는데, 이는 어리석고 천박한 방법이라고 원색적으로 비난했다.[39)]

일제는 이제 지방의 저항적 연합운동회에 대해 다각도로 통제하기 시작했다. 앞 장에서 언급했듯이 다와라가 지방 연합운동회를 비판한 이후 1908년 5월부터 지방 학생들이 한성 연합운동회에 참가하는 것을 막았다.[40)] 동시에 연합운동회의 개최횟수와 연합구역을 통제하여 1908년 봄 이후부터 연합운동회 개최횟수는 봄·가을 2회로, 연합구역은 한 개의 군(지역)에 한정하도록 했다. 1910년부터는 아예 연합운동회를 폐지해 버렸다. 학교운동회는 공사립을 막론하고 1교 단독으로 개최하고 그 기간도 하루를 넘기지 못하도록 했다.[41)]

이렇게 일제는 운동회 개최를 통제하면서 운동회 현장에 직접 경찰과 헌병을 파견해 운동회를 감시·단속하고 그 상황을 상부에 보고하게 했다. 예컨대, 1909년 6월에 평안북도 구성군 방현면에서 열린 운동회를 단속하기 위해 헌병 상등병, 보조원 2명, 주재소 순사 5명을 파견했다. 이들은 참가학교와 학생수, 개최시간, 상품, 비용, 회장, 관중수, 연설자 및 연설내용, 기타 모습 등을 소상히 상부에 보고했다.[42)] 이 운동회에서 한 교사가 연설에서 우승열패, 약육강식, 현하 대한국 운운하면서 정치적 언급을 하자 순사가 이를 즉각 중단시켰다. 또한 1908년 10월 선천·박천·구성 연합운동회 상황도 일선 경찰서에서 내부(內府)에 보고하고 있었다.[43)] 1909년 5월 선천군 연합운동회의 경우 인근 철산의 한흥학교에서 참가하려 했으나 경찰들이 극력 저지하는 바람에 참가치 못한 사건도 발생했다.[44)]

39) 統監府, 「明治 41年 六月 五日 晩餐會 席上 伊藤統監 演說」, pp.23-24.

40) 『황성신문』 1908년 5월 6일자, 「운동 及 설명」; 『대한매일신보』 1908년 5월 6일자, 「공생부비」.

41) 한성 관립학교의 경우, 학부는 1908년 추기 운동회는 각 학교에서 자의로 하도록 훈령을 내려 사실상 추기 연합운동회를 폐지했다. 高橋濱吉, 『朝鮮敎育史考』, 京城: 帝國地方行政學會 朝鮮本部, 1927, pp.137-138; 『대한매일신보』 1909년 12월 30일자, 잡보; 『해조신문』 1908년 5월 16일자, 「연합대운동」; 『觀察道來去案』, 1910년 1월 21일, 奎18131.

42) 統監府, 「學生運動會ノ件」, 1909年 6月 30日, 『統監府文書』 6권, 憲機 第1342號.

43) 『황성신문』 1908년 11월 1일자, 「운동성황보고」.

44) 『대한매일신보』 1909년 6월 4일자, 「선군운동」. 평북 의주에서는 1906년과 1908년에 학생들과 일본군이 직접 충돌해서 1908년에 4명의 학생이 부상을 당하고 학교가 파괴되었다. 俵孫一, 앞의 논문, pp.11-12; 국사편찬위원회, 『한국독립운동사1』, 중판, 서울: 정음문화사, 1983, 369쪽.

Ⅲ. 경쟁으로서의 학교운동회의 정착

한성의 관주도 운동회와 지방의 운동회는 통합과 문명화, 그리고 계몽과 저항이라는 서로 다른 지향점을 향해 나아가고 있었다. 이러한 성격은 학교운동회를 둘러싼 정치사회적 외부요인과의 상호작용에 의해 형성된 것이다. 그런데 당시 학교운동회는 개최지역과 형태에 관계없이 그 안에 독특한 운영 방식을 갖고 있었다. 이제 여기서는 운동회의 운영 방식 자체에 내재한 공통적인 성격을 살펴보고자 한다.

1905년 이후 학교운동회에서 다양한 단체·개인종목이 크게 늘어났다. 특히 유희적·계몽적 경기에서 개인종목이 많이 개설되었다. 개인종목이 대폭 증가하면서 학생 간, 학교 간 경쟁을 격화시키는 정밀한 기제가 작동하기 시작했다. 당시 학부에서는 직접 이러한 기제를 제도화했다. 1907년 4월 학무국장 유성준은 「관사립보통학교 춘계연합대운동회 규정」을 제정하였다. 그 일부를 보면 다음과 같다.

> 제12조 시상의 물품과 각항 운동에 대하야 시상 유무는 본부에셔 결정하고 개인경기의 시상은 1등으로 3등까지 구별하고 4등 이하 10등까지는 동일 물품으로 수여함
> 제13조 우등기는 각 학교 수상자 중에 1등상이 최다한 학교에 수여하되 若 1등상이 同數되는 시는 2등 이하의 수상자를 참작하야 수여함[45)]

학부는 개인경기의 경우 1, 2, 3등을 구별해서 각각 다른 상품을 주고, 나머지 10등까지는 동일한 상품을 주게 했다. 단체경기에 대한 시상기준은 보이지 않는다. 다만 각 운동에 대한 시상 유무는 학부에서 결정한다고 명시했기에 학부 결정에 따라 단체경기에서도 등수 구분과 이에 따른 차별적 시상이 가능했다. 또 1등상을 받은 학생이 가장 많은 학교에 우승기를 수여하도록 했다. 이처럼 학부에서는 학생들을 등수로 구분하고, 그에 따라 차별적으로 시상하며, 최우수 학교를 선정하는 방식을 구체적으로 규정했다.

45) 학부, 「관사립보통학교춘계연합대운동회규정」, 1907년 4월, 8쪽.

이러한 시상제도는 실제로 많은 학교운동회에 적용되면서 학생들의 경쟁을 격화시키는 데 기여하였다. 당시 대부분의 학교운동회에서 시상제도를 채택하고 있었다.[46] 보통 1등, 1~2등, 1~3등, 혹은 1~5등으로 구분하여 시상했는데 이 중 1~3등에게 시상하는 경우가 가장 많았다.[47] 그리고 일부 예외가 있지만[48] 이 등수 안에 든 학생을 '우등자'나 '입격자'[49]라고 부르며 이들에게만 상품을 주었다. 이는 운동회 경비가 부족하여 상품을 충분히 마련하기 어려웠기 때문이었다. 당시 운동회 시상품은 외부 기부에 의존하는 경우가 매우 많았다(부록 참조). 우등생에 대한 차별적 보상도 실제로 이루어지고 있었다. 대표적으로 1908년 5월 비원운동회의 경우 1~2등에게는 은시계 등 고가품을, 그리고 3~5등에게는 저가품 위주로 시상했다.[50] 그리고 일등을 차지한 학생들은 시상품 이외에 특별한 대우를 받는 경우가 있었다. 상품을 수여할 때마다 군악을 연주해 준다거나, 시상 후 군악 연주와 함께 장내를 순회한다든가, 혹은 여러 종목에서 일등을 많이 한 학생에게 특별우등상을 수여하기도 했다.[51]

이렇게 경기결과에 대한 등수 구분, 등수별 차별적 보상 및 특별대우 등은 학생들 사이의 경쟁을 가열시키는 장치였다. 여기에 더해 '학교 간' 경쟁을 가열시키는

46) 김성학, 앞의 책, 〈부록〉 학교운동회 개최상황 일람표 참조. 총 322개 학교운동회(일본인 학교 제외) 가운데 학생들에게 시상한 것으로 보도된 운동회는 총 156개였다. 당시 지면의 제약 때문에 간단히 보도한 경우가 많았다는 점을 감안하면 대부분 시상제도를 채택하고 있었을 것으로 보인다.

47) 구체적인 등수 구분과 시상 여부가 나타난 학교운동회 12건 중 8건이 1~3등에게, 1건은 1~2등에게, 2건은 1등에게, 그리고 1건은 1~5에게 시상하고 있었다. 1~3등을 시상한 경우는 1906년 10월 관립 한성일어학교 운동회, 1907년 5월의 광주군 광명학교 운동회, 충청남북도 연합운동회 및 각 여학교 연합운동회, 1907년 11월 중동야학교 운동회, 1908년 4월 개천군 사립학교 연합운동회, 1908년 5월 교동군 등 연합운동회, 1908년 5월 광주군 연합운동회였다. 1~2등을 시상한 경우는 1908년 5월 교하군 소학교 연합운동회였다. 1등을 시상한 경우는 1908년 5월 순천 유년여학교 운동회, 1908년 10월 중동학교 운동회였고, 1~5등에게 시상한 경우는 1908년 5월 비원운동회였다. 자료는 김성학, 앞의 책, 〈부록〉 참조.

48) 예를 들어 1907년 한성의 관사립학교 연합운동회에서 우등생 이외에 2천명에게 시상했다. 『대한매일신보』 1907년 10월 20일자, 「운동의 시상가량」.

49) 『황성신문』 1907년 5월 3일자, 「운동성황」, 1908년 5월 23일자, 「비원운동결승입격」.

50) 1등에게는 은시계 1개 · 우산 1개 · 혁포(가죽 가방) 1개를, 2등에게 은시계 1개 · 우산 1개를, 3등에게 우산 1개 · 혁포 1개 · 수첩 4개를, 4등에게 우산 1개 · 혁포 1개를, 그리고 5등에게는 혁포 1개 · 수첩 2개만을 시상품으로 주었다. 『황성신문』 1908년 5월 23일자, 「비원운동결승입격」.

51) 『황성신문』 1907년 5월 27일자, 「여학교연합대운동」, 1909년 5월 2일자, 「시상순회」; 『대한매일신보』 1908년 7월 15일자, 「육교운동성황」.

세밀한 장치도 작동하고 있었다. 첫째로, 연합운동회에서 여러 학교의 학생들을 섞어 한 대(隊)로 편성했다. 이 대는 학생들의 신장이나 연령을 기준으로 편성되었다.[52] 이렇게 편성된 대 안에는 키나 나이가 비슷한 여러 학교 학생들이 있게 된다. 따라서 당시 연합운동회에서 학생 개인 간 경쟁은 곧 학교 간 경쟁이었다. 둘째로, 가장 우수한 성적을 거둔 특정 학교에 우승기를 수여하였다. 예컨대 1908년 한성 관사립학교 연합운동회에서는 학교 유형별로 관립의학교, 관립미동보통학교, 사립 흥화학교와 한남학교에 각각 우승기를 수여했다.[53] 1909년 5월 개성 연합운동회에서도 우승기를 일본에 주문했다는 보도로 보아 지방에서도 이 제도를 시행한 것 같다.[54] 셋째로, 특정 종목에서는 직접 학교 대항전을 벌이기도 했다. 1908년 4월 안악 등 4군 연합운동회에서 체조종목의 학교대항전을 실시했다. 1909년 한성 관사립학교 연합운동회에선 선수경주를 실시했다.[55] 선수경주는 학교를 대표하는 선수들 간의 경쟁이었으므로 이는 곧 학교대항전이었다. 두 사례에서 모두 등수가 가려져 시상이 이루어졌다.

이와 같은 운동경기 운영 방식 가운데 종목별 등수 구분, 그에 따른 차별적 보상, 학교대항전은 1890년대에 한성의 운동회에서 이미 등장한 것들이다. 1905년 이후에는 이러한 운영 방식이 지방의 운동회에서도 대부분 적용되면서 확고하게 정착해 갔다. 그리고 학부에 의한 운동회 규정의 제정, 우승자에 대한 특별대우, 학생대[56] 편성, 대표선수경주 등은 1905년 이후에 새로 등장한 것으로 운동회에서 경

52) 1907년도 한성 관사립보통학교 춘기 연합운동회, 동년 추기 관사립학교 연합운동회 및 1909년도 관사립학교 연합운동회에서 학생들을 대로 편성한 것이 확인되고 있다. 그리고 1909년 한성 관사립학교 연합운동회에서는 학생들을 신장순으로, 그리고 1908년 길주군 연합운동회에서는 연령순(長 · 中 · 幼)으로 편성했다. 『황성신문』 1907년 5월 3일자, 「학교운동절차」, 1907년 10월 27일자, 「관사립학교추계연합운동회경황」, 1909년 4월 25일자, 「연합운동회주의요항」; 『대한매일신보』 1908년 7월 15일자, 「6교운동성황」.

53) 『황성신문』 1908년 5월 14일자, 「대운동성황」. 이후 미동보통학교는 부정행위가 드러나 우승기 수여가 취소되었다.

54) 『황성신문』 1909년 5월 5일자, 「개성운동성황」.

55) 『대한매일신보』 1908년 4월 25일자, 「봉교운동」; 『황성신문』 1909년 5월 2일자, 「시상순회」. 1906년 5월 한성 관공사립소학교 연합운동회에서 인천 영화학교가 체조에서 "우등을 다점(多占)"하였다는 기사로 보아 학교체조 종목은 보통 학교대항전으로 치러진 것 같다. 『황성신문』 1906년 5월 16일자, 「관공사립소학교연합운동속문」. 선수경주는 각 학교별로 대표선수를 선발하여 달리기 시합을 하는 종목이었다.

56) 1890년대 연합동회에서는 일부 육상경기에서 체소인, 체대인으로만 구분했다. 김성학, 앞의 책, 46쪽 참조.

쟁을 더욱 심화시키고 있었다.

이상과 같은 운동회 방식이 학생 간, 학교 간 경쟁을 일으키는 틀이었다면, 운동회의 상품은 경쟁을 촉진시킨 매개체였다. 당시 상품은 각종 학용품・책・지도・시계・기타 신식물품 등이었다(〈표 5-4〉). 이것들은 당시로서는 새롭고도 귀한 물품이었다. 이런 시상품은 대부분의 운동회에서 수여되어 학생들의 경쟁심을 자극했다. 당시 가장 자주 시상한 상품은 연필・공책・종이・석판・석필・수첩・붓・먹・필통・철필・분필・책꽂이・책가방 등 다양한 학용품이었다. 특히 연필(총 68회)과 공책(총 52회)이 가장 자주 수여되었다. 1890년대 일부 운동회에서 연필과 수첩, 책상 등 신식 학용품이 시상되기 시작했다.[57] 하지만 아직 시상품으로 보편화되지 않은 상태였다. 한말에 이르러 비로소 연필과 공책과 같은 다양한 신식 학용품이 대표적인 시상품으로 정착하게 되었다. 특히 연필은 당시 대표적인 신식 학용품 가운데 하나였다. 일본에서는 1901년에 외국 제품과 비슷한 품질의 연필을 만들기 시작했고, 메이지 말년 무렵에 대량 생산체제를 갖추어 일반인들에게 널리 보급했다.[58] 이렇게 당시 일본 등 주변국에서 생산・수입된 신식 학용품이 운동회를 통해 널리 확산하기 시작했다.

〈표 5-4〉 각 학교운동회에서 시상 · 기부한 물품 상황, 1905~1910[59]

	관(공)사립 연합	관공립 단독	사립(주도) 연합	사립 단독
학용품	연필6 공책6 종이5 (양지) 수첩3 먹2 석판 지판 서첩 석필 철필 모필2 책낭	연필6 공책3 종이3 석필2 석판 지판 먹 書具	연필20 공책16 종이9(청격지 양지2 백지) 석판3 지석판4 먹 석필 모필2 분필 문방구함	연필36 공책27 종이10 (粉紙 千練紙 紅格紙 唐周紙 양지) 석판8 지석판4 석필8 수첩4 철필2 분필 먹6 필통 책꽂이 (책협) 속사지판 속사첩

57) 김성학, 「근대 학교운동회의 탄생: 화류에서 훈련과 경쟁으로」, 앞의 책, 2013, 59쪽.

58) 湯本豪一, 『圖說 明治事物起源事典』, 柏書房, 1996; 연구공간수유+너머 동아시아 근대 세미나팀 역, 『일본 근대의 풍경』, 서울: 그린비, 2004, 201쪽.

59) 〈부록〉 학교운동회 세부상황 일람표를 토대로 작성함. 각 학교운동회에서 시상하거나 일반인들이 상품으로 기부한 물품을 정리함. 다만 기부한 것 가운데 금전, 인력, 식기, 차일, 약품, 음식, 술, 담배 등은 당일 운동회 운영이나 임원들을 위한 것으로 판단되어 제외함. 시상품 옆 숫자는 각 상품이 주어진 운동회 횟수이고 숫자가 없으면 1회를 나타냄. 5회 이상 운동회 상품에 밑줄을 침. –는 미상을 뜻함.

	관(공)사립 연합	관공립 단독	사립(주도) 연합	사립 단독
책	책2(논어1)	책	책19	책17
지도	·	지도(한국지도 · 경성지도)	한국지도3(대한지도 한국지도 한국신지도) 세계지도5(간명세계지도 · 만국지도2 세계지도 한문지구전도 제국지도) 지도 中지구	한국지도3(대한지도2 신찬대한신지도) 최신 경성지도 지도3
시계	시계3(금 금은 괘종)	·	시계4(은 괘종 문시종 등)	시계3(괘종 성종 등) 시계끈
신식 물품	우산 수첩 거울 혁포(가방) 과자	수건 青札	우산 수건 모자 양말 재봉기 부채2 봉투 화도 비단	우산2 양산2 수첩3 수건3 혁대2 부채 과자3 고무공
기타 물품	우승기	·	우등기	비단기 은제상패 금은반지

다양한 서적도 이제 운동회 시상품으로 확실히 자리 잡았다(총 39회). 시상품으로 주어진 서적들은 경쟁의 촉매제로 뿐만 아니라 근대 지식의 보급 창고로 기능할 수 있었다. 이러한 서적은 특히 사립학교(주도) 운동회에서 자주 시상되었다(〈표 5-5〉). 당시 시상된 책 중에는 일부 전통 서적들이 있지만 다양한 분야의 신서적들을 망라했다. 이것은 대부분 학생들이 사용하거나 참고할 수 있는 대표적인 교과서와 계몽서적이었다.[60] 그리고 특히 주목할 점은 이들 서적 중에 일제가 1909~1910년에 발매금지 처분을 내린 소위 불온서적이 27권이나 포함되어 있다는 것이다.[61] 『국문대한역사』, 『대한지지』, 『을지문덕전』, 『화성돈전』, 『갈소사전』, 『라란부인전』, 『미국독립사』, 『애급근세사』, 『월남망국사』, 『애국정신담』, 『유년필독』 등은 당시 발매금지 서적들로서 민족의식과 독립정신, 애국심을 고취하는 내용을 담고 있다.[62] 이러한 책들이 운동회를 통해 직접 학생들에게 배포됨으로써 운동회는 저항의 통로로도 작용하고 있었다. 이처럼 운동회의 시상품은 경쟁과 계몽, 그리고

60) 시상품으로 주어진 한문 · 유학 관련 서적도 '국한문' 수업시간에 사용될 수 있었다.

61) 발매반포 금지 도서목록은 이종국, 『한국의 교과서』, 서울: 대한교과서주식회사, 1992, 161-162쪽 및 『朝鮮總督府官報』 제69호, 1910. 11. 19, 고시를 참조.

62) 화성돈은 워싱턴이고, 갈소사는 헝가리 애국자 헤수스이다. 라란부인전은 프랑스혁명의 어머니로 불리는 라란부인(1754~1793)의 전기이다.

저항의 성격을 복합적으로 내포하고 있었다. 이 점은 1890년대 운동회와는 분명 다른 점이었다. 1890년대에 서적은 두 차례 시상한 적은 있었는데 그것도 한 번은 교관에게 수여한 것이었다.[63)]

〈표 5-5〉 사립학교(주도) 운동회에서 시상 · 기부한 서적 상황표, 1905~1910[64)]

		사립(주도) 연합	사립 단독
역사 위인	한국	국문대한역사	역사독본*
	세계	정찬만국사 라마사 이태리건국사 이태리건국전 瑞士건국지 애급근세사 애급사	동서양역사 미국독립사 애급근세사 월남망국사
	위인	이충무실기 갈소사전2 나파륜전사 이태리삼걸전2 이태리소년 후례두익대왕전사 가리미아전사 애국부인전 羅蘭부인전2 5위인소역사 5위8역사	을지문덕전 동국명장전 비스마르크전 화성돈전 위인소사 5위인역사
정치 · 법률		국가사상학 국가학 남녀평권론 제국주의 애국정신 애국정신담2 사회승람2 大家論集 세계문명신법	인권신설 애국정신담
지리		국문대한지지 대한지지2 초학지지 세계일람 袖珍譜解	초등지리교과서 신찬지문학 신찬소학박물
교육 · 심리		학생독서법 국민의범 심리학	심리학
국어 · 수신		–	대한문전 초등소학 고등수신 습자책 유년필독
외국어		고등일문독본 일문독본	·

63) 당시 교관에게 한 차례 시상한 적이 있으나 학생에게 시상한 경우는 없었다. 김성학, 「근대 학교운동회의 탄생: 화류에서 훈련과 경쟁으로」, 앞의 책, 2013, 59쪽.

64) 각 학교운동회에서 시상하거나 상품으로 기부한 책을 정리함. 책 제목은 몇몇 오해의 소지가 있는 것만 빼고 모두 한글로 바꾸었다. 밑줄은 1909~1910년에 일제가 발매 반포를 금지한 책임. 책 제목 옆 숫자는 각 책이 주어진 운동회 횟수이고 숫자가 없으면 1회를 나타낸다. · 는 미상을 뜻한다. 『역사독본』은 한국사 관련 서적인지 불확실하다. 자료출처: 『황성신문』 1906년 4월 23일자, 「계교춘기운동」; 『황성신문』 1906년 11월 5일자, 광고; 『대한매일신보』 1907년 4월 14일자, 「휘숙운동성황」; 『황성신문』 1907년 5월 7일 및 5월 13일자, 광고; 『황성신문』 1907년 6월 1일자, 「여학도운동기부」; 『황성신문』 1908년 4월 23일자, 「훈교운동」; 『황성신문』 1908년 5월 1일자, 「우등及상품」; 『황성신문』 1908년 5월 26일자, 「돈명운동」; 『황성신문』 1908년 10월 6일자, 「기교운동상황」; 『황성신문』 1908년 10월 17일자, 「노동운동」; 『대한매일신보』 1908년 10월 18일자, 「중교운동성황」; 『황성신문』 1908년 10월 20일자, 「제씨기부」; 『황성신문』 1908년 10월 24일자, 「운동회의 기부」; 『황성신문』 1908년 10월 24일자, 「계교운동의 기부」; 『황성신문』 1909년 6월 1일, 「협교운동의 기부」; 『황성신문』 1909년 7월 24일자, 광고; 『황성신문』 1910년 5월 18일자, 광고; 『황성신문』 1910년 5월 20일자, 광고.

	사립(주도) 연합	사립 단독
한문 · 유학	유몽천자 편몽천자 婦幼獨習 水雲觀帖 대학2 璿源譜畧 大家法帖	한문독본 大東文粹2 父師必讀 오경백선
수학 · 과학	간명사칙 신정산술 數理學 산술요해2 평면기하 평면기하학 이화학	–
가정 · 위생	국문가정학 文明産育新法 家庭簡牘 婦人儀範(懿範)2 초등위생학	가정학
농업	농업신편 삼림학 최신토양학	家庭育鷄
잡지 · 기타	교육월보 가정잡지 女子指南2	女子指南 우순소리책

학용품과 책 이외에 각종 신식 물품들도 시상품으로 주어졌다. 여기서 눈에 띄는 시상품은 지도(경성지도, 전국지도 세계지도)이다(총 17회). 당시 철도 등 교통이 점차 발달하고 국내외 지리에 대한 관심이 높아지면서 지도가 새로 시상품에 포함된 것 같다. 그리고 시계는 1890년대와 마찬가지로 시상품으로 주어지고 있으나(총 10회), 이전에 수여한 것과 같은 고가품은 점점 시상품 목록에서 제외되고 있었다.

당시 지방에서 열린 학교운동회는 일회성 지역행사로만 끝나지 않았다. 1890년대처럼 중앙 일간지에 개최학교와 입상자, 학교이름 등이 게재되어 전국에 알려지게 되었다. 당시 언론에서는 "작문 1등 임성혁, 2등 이유덕 서슌죵"[65]하는 식으로 등수와 학생이름을 게재하거나, "1백보 탈망경주 1등 영흥 홍명학교 생도 최형국 시요"[66]라는 식으로 등수, 지역, 학교, 학생 이름을 모두 보도했다. 혹은 "1등은 영창학교오 2등은 청년야학교오"[67]하는 식으로 등수와 학교 이름만 게재하는 경우도 있었다. 이렇게 언론을 통해 입상한 학생 이름과 등수, 학교 이름, 지역 등이 소상히 보도되면서 운동회에서 학생 간, 학교 간 경쟁은 더욱 가열될 수밖에 없었

65) 『대한매일신보』 1908년 7월 21일자, 「풍교운동성황」. 이런 식의 보도는 총 12건이 확인됨(김성학, 앞의 책, 2013, 〈부록〉 학교운동회 개최상황 일람표 중 연번 37, 68, 72, 143, 145, 148, 168, 179, 194, 199, 202, 293의 운동회).

66) 『대한매일신보』 1908년 11월 14일자, 「운동성황」. 이런 식의 보도는 총 3건이 확인됨(김성학, 위의 책, 〈부록〉의 연번 151, 195, 214의 운동회).

67) 『대한매일신보』 1908년 6월 9일자, 「연합운동」, 1908년 4월 25일자, 「봉교운동」 등 총 2건이 확인되었다.

다. 당시 신문에서 "각 학도의 경쟁하는 力은 임전 대적함과 如하야"[68]라고 운동경기를 마치 전쟁에 임하는 것처럼 묘사하고 있다. 얼마나 격렬했던지 1909년 한성 관사립학교 연합운동회에서는 당일 오전 11시까지 26명을 치료했고, 경상자는 모두 102명에 달했다.[69] 경쟁이 치열해지자 운동종목에 아예 '경쟁'이란 이름을 붙이는 경우도 있었다.[70] 또 운동회에서 입상자를 뽑는 것을 "시취발우"(試取拔優)[71]라고 하여 마치 학생들에게 시험을 보여 우등생을 뽑는 것과 같이 생각하였다.

학교운동회에서 이기기 위한 경쟁이 치열해지면서 그에 따른 여러 가지 부작용도 나타나기 시작한다. 첫째로, 심판 판정과 시상의 불공정 문제로 불미스러운 갈등이 발생했다. 1906년 5월 관공사립 소학교 연합운동회에서 판정 문제로 계산학교 학생들이 집단 퇴장하는 사태가 벌어졌다. 이는 출전학생이 자기 이름을 정확히 쓰지 않았다는 이유로 1등한 학생을 실격 처리하면서 일어났다. 인천 영화학교 학생들도 비슷한 이유로 퇴장하려 했다.[72] 두 학교는 모두 사립학교로서 당시 언론에서는 연합운동회의 판정과 시상이 사립학교보다 관립학교에 유리하게 이루어지고 있다고 비판했다.[73] 둘째로, 운동경기 출전자를 속이는 비교육적인 행태도 나타났다. 1908년 연합운동회에서 미동관립보통학교는 졸업생을 재학생으로 속여 경주에 출전시켰다. 그러나 부정행위가 발각되어 우승기는 몰수되고 교장은 면직되었다.[74] 셋째로, 오로지 상품을 배분하기 위해 운동회를 설행하기도 했다. 안동관립보통학교에서는 1906년 관공사립 소학교 연합운동회 시에 수여하고 남은 상품

---

68) 『황성신문』 1907년 4월 29일자, 「각학교운동성황」.

69) 『황성신문』 1909년 5월 1일자, 잡보 및 5월 2일자, 「운동회경상자」.

70) 1908년 관사립학교 연합운동회에서는 집합정렬과 행진을 제외한 13개 종목 중 지구회전경쟁, 송기경쟁, 송구경쟁, 기송경쟁, 철자경쟁, 직물경쟁, 선수도보경쟁, 선수조화경쟁, 破函경쟁 등 9개에 경쟁이란 이름을 붙이고 있다. 『황성신문』 1908년 5월 12일자, 「대운동절차운동」.

71) 『대한매일신보』 1908년 4월 12일자, 「신교운동」.

72) 계산학교 학생이 계산경주에서 일등을 했으나 출전자 이름을 불분명하게 썼다고 2등한 학생을 1등으로 처리했다. 이에 교감 유근이 강력하게 항의하자 학부대신이 다시 경기하라고 지시했다. 이에 다시 교감이 항의하자 순사가 교감을 쫓아내고 학생들도 퇴장하였다. 계산학교는 일요일에 학교에서 단독운동회를 개최하기로 결정했다. 인천 영화학교 학생도 계산경주에서 3등을 했으나 이름을 부정확하게 썼다고 시상자에서 제외되었다. 『황성신문』 1906년 5월 15일자, 「관공사립소학교연합운동속문」.

73) 『황성신문』 1907년 10월 25일자, 논설.

74) 『대한매일신보』 1908년 5월 15일자(한글판), 「미동학교무료」.

을 배분하기 위해 소운동회를 개최했다.[75] 1907년 11월 개성에서는 한성 연합운동회에 참가하여 많은 상품을 받아 돌아온 학생들을 본, 거기에 참가치 못한 학생들의 경쟁심과 분한 감정을 달래기 위해 별도의 연합운동회를 개최했다.[76] 넷째로, 운동회 다음 날은 피곤한 관계로 임시 휴업하는 등[77] 운동 경쟁만큼 학업 경쟁에 주력하지 못한 측면도 지적되었다. 당시 언론에서도 독립을 회복할 청년들이 "학문 실지상 경쟁심을 운동장 경쟁심과 동일케 해야"[78] 한다고 역설했다.

Ⅳ. 맺음말-학교운동회의 중층성

이 연구는 1905~1910년 사이에 학교운동회가 팽창하면서 그 성격도 다양하게 분화되었으리라는 가정 아래 지방에서 개최된 학교운동회의 성격을 분석하고, 나아가 당시 학교운동회 전반에 형성된 중층적 성격을 드러내고자 했다.

지방 학교운동회의 발기자는 한성보다 더 다양해졌다. 이로 인해 지방 학교운동회에서 새로운 성격이 형성될 가능성이 높아졌다. 지방에서 육상경기와 유희적 경기의 실시 양상은 한성과 비슷했다. 하지만 한성에서 처음 등장했던 계몽적 경기는 지방에서 더 자주 실시되었고 그 종류도 다양해져 운동종목으로 확실히 정착했다. 계몽적 경기는 운동과 교과학습을 결합시킨 독특한 종목이었다. 학교운동회는 지역주민들에게 문화적 충격을 주는 교육적 이벤트였다. 이는 지역주민들의 의식을 일깨우고 신교육에 대한 태도를 변화시키며, 아동들의 교육욕구를 불러일으키는 계몽적 역할을 수행하였다.

이와 함께 지방 학교운동회는 국권 침탈의 위기 속에서 저항적 성격이 강화되기 시작했다. 이를 보여주는 종목은 일종의 모의전투 훈련인 '방어공격'이었다. 이는 한성에서 시행되지 않은 것으로 1906년부터 다시 지방에서 등장했다. 지방에서는 이러한 종목을 통해 강인한 전사를 양성하고자 했다. 이를 전파한 핵심지역은 강화

75) 『대한매일신보』 1906년 11월 3일자, 「운동재거」.
76) 『황성신문』 1907년 11월 12일자, 「개교대운동」.
77) 『황성신문』 1906년 4월 19일자, 「일교운동」.
78) 『만세보』 1907년 5월 4일자, 논설, 「연합회대운동」.

와 그 인근 지역이었다. 지방 운동회에서는 애국심과 독립정신을 고취하는 연설을 자주 실시하였고, 연합운동회 날에는 가정에서 국경일처럼 태극기를 게양하는 등 저항적 분위기가 충만했다. 이러한 저항성은 경기도·황해도·평안도·함경도 등에서 두드러졌다. 일제는 이러한 연합운동회를 원색적으로 비난하며 그 개최횟수와 연합구역을 통제했고 현장에 경찰과 헌병을 파견하여 감시·단속하였다. 1910년에는 아예 연합운동회를 폐지해 버렸다.

당시 한성과 지방을 불문하고 학교운동회에 경쟁의 원리가 확산·강화되었다. 1890년대 한성 운동회에서 나타난 종목별 등수 구분, 그에 따른 차별적 보상, 학교 대항전과 같은 운영 방식이 1905년 이후에 지방 운동회에 대부분 적용되면서 확고히 정착하였다. 나아가 1905년 이후에 학부의 운동회 규정 제정, 우승자에 대한 특별대우, 학생대 편성, 대표선수경주 등이 새롭게 등장하여 학생·학교 간 경쟁을 심화시켰다. 경기결과에 대한 상세한 언론보도는 경쟁을 더욱 부추겼다. 연필과 공책으로 대표되는 시상품은 경쟁의 촉진제였다. 시상품으로서 서적은 계몽과 저항의 성격도 내포하였다. 경쟁이 격화되면서 심판 판정을 둘러싼 갈등, 출전선수를 속이는 비교육적 행태, 상품 배분만을 위한 운동회의 설행, 학업 소홀 등의 부작용도 표출되었다.

앞 장에서 살펴본 한성의 관공사립학교 연합운동회는 통합과 문명화를 지향하였다면, 이상과 같이 지방 학교운동회는 계몽과 저항을 향해 나아가고 있었다. 경쟁의 성격은 지역에 관계없이 모든 운동회에서 강하게 발현되었다. 한성과 지방 운동회의 성격상 차이는 상대적인 것일 뿐 각각의 성격들이 지역에 관계없이 공존하였다. 한성의 관주도 연합운동회에도 '관리된' 저항의 분위기가 존재했고, 지방 운동회에도 지향점이 다를 뿐 단발의 시행과 신식복장의 착용,[79] 신문물 보급 등 문명화 현시 기제가 혼재하였다. 시기적으로 보면, 통합과 경쟁의 성격은 1890년

79) 1907년 5월 보창학교 대운동회에 참가한 분남학교 교장 심계택과 풍덕 군수 이윤종은 보창학교 학생들이 모두 단발한 것을 보고 그곳에서 스스로 상투를 잘랐다. 이에 학생들도 모두 단발하고 모자를 사서 쓰자 강화읍에서 모자가 일시 품절되기도 했다. 1907년 5월 충청남북도 각 학교 연합운동회에서 학생들은 백목으로 양복을 해 입었다. 1908년 5월 태천군 연합운동회에선 학생 20여 명이 단발을 하였다. 『대한매일신보』 1907년 5월 25일, 「양시삭발」; 『만세보』 1907년 5월 25일, 「발분삭발」; 『황성신문』 1907년 5월 22일자, 「호중학교대운동」; 『대한매일신보』 1908년 5월 22일자, 잡보.

대 운동회에서 형성되었다. 전자는 황제를 중심으로 사회를 통합해 내려는 정부의 주도로 형성되었으며, 후자는 운동회를 탄생시킨 근원적인 힘으로 작용했다.[80] 반면에 문명화, 계몽, 저항과 같은 성격은 1905년 이후 국권침탈기에 형성되어 갔다.

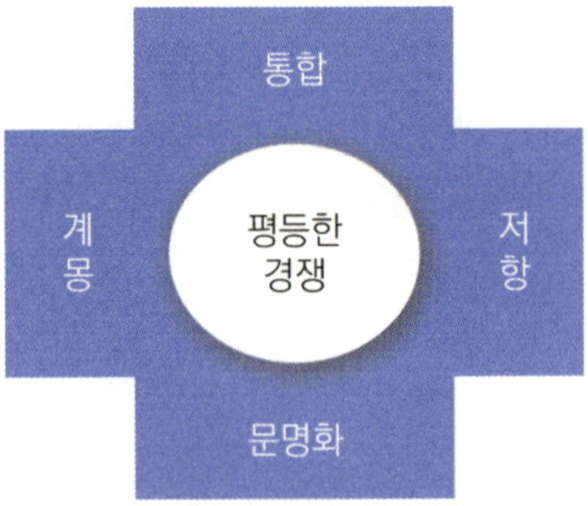

[그림 5-1] 학교운동회 성격 형성의 수레바퀴 모형

그렇다면 이러한 성격들은 서로 어떠한 관계를 맺고 있었을까? 여기서 각 성격 사이에 존재하는 또 다른 공통점과 차이점에 주목해 볼 필요가 있다. 통합·문명화·계몽·저항의 성격에는 한 가지 공통점이 존재한다. 네 가지 성격이 크게 발현된 시기와 지역, 지향점이 다르지만 모두 운동회 바깥에서 부과된 성격이다. 대한제국 초기 이후 정치·사회적 환경이 변동하면서 그 힘이 운동회라는 학교행사에 작용하며 발현된 성격들이다. 이와 달리 경쟁의 성격은 각종 경쟁적 경기로 구성된 운동회 자체에 내재한 성격이다. 경쟁의 성격은 1905년 이후에 더욱 강해지며 운동회 확산의 근원적인 힘으로 작용하였다. 개최 지역과 형태, 시기에 관계없이 모든 운동회에 내재하여 발현되었다는 점에서 중핵적 성격이었다. 경쟁은 모든 운동회를 관통하는 핵심적 원리였다. 이와 같은 성격들은 단지 병렬적으로 존재하지 않았다. 여기에서 경쟁성을 중심축으로 하고 통합·문명화·계몽·저항을 네 바퀴로 하는 수레바퀴 모형을 제시해 볼 수 있다([그림 5-1]). 바퀴를 구성하는 네 가지 성격은 외부에서 부과된 것이기에 정치·사회적 환경의 변동에 따라 생겨

80) 이에 관한 선행 연구는 김성학, 「근대 학교운동회의 탄생: 화류에서 훈련과 경쟁으로」, 앞의 책, 2013 참조.

나기도 하고 약화되기도 하는 그런 성격이다. 반면에 중심축은 그러한 변동에 관계없이 유지・계승되면서 학교운동회 근저에 계속 남아 있을 성격이다.

이러한 중층성은 학교운동회라는 교육의 형식에서만 발현된 것은 아니다. 한말의 교육 전반에서 나타난 일정한 경향성들이 운동회에 반영된 것으로 보인다. 교육정책과 교육제도, 교육내용 등 다른 영역에서도 통합・문명화・계몽・저항・경쟁을 지향하는 교육행위자들의 복잡한 역학관계가 표출되었고, 그로 인해 교육 전반에 중층성이 형성되어 갔을 것으로 추론해 볼 수 있다. 수레바퀴 모형은 학교운동회에서 발현된 그 한 단면을 보여주는 것이다. 이 문제에 대해서는 앞으로 별도의 연구가 수행되어야 할 것으로 보인다.

제 3 편

근대적 교원양성제도의 형성과 운영 성과

주지하듯이, 19세기 이후 근대교육[1]의 특질 가운데 하나는 국가 차원에서 교원양성제도를 수립하여 자격을 갖춘 교원을 본격적으로 양성하기 시작했다는 점이다. 이는 공교육이 발달함에 따라 교육에 관한 전문 지식과 기술, 태도를 지닌 교원을 양성하는 일이 무엇보다도 시급한 과제였기 때문이다. 즉 역사적으로 공교육의 발달과 새로운 교원양성제도의 수립은 불가분의 관계를 맺어 왔다. 서구의 경우, 19세기에 독일은 공교육을 확대하면서 동시에 오늘날까지 계승된 교원양성제도의 골격을 마련하였다.[2] 동양의 경우, 일본은 1872년에 근대적인 학제를 공포한 이후 곧바로 사범학교를 설립했고, 1881년과 1886년에 사범학교 관련 법령을 공포함으로써 근대적 교원양성제도를 수립했다.[3] 조선에서도 이와 유사한 과정을 밟아 왔다. 정부는 1894년에 갑오교육개혁을 추진하며 곧장 사범학교를 설립하고, 이듬해 새로운 교원양성제도를 출범시켰다. 이때의 교원양성제도는 1899년, 1906년, 1909년에 계속 보완 혹은 개편되면서 근대교육의 성장을 뒷받침했다.

이렇게 근대기에 공교육의 발전과 교원양성제도가 불가분의 관계에 있는 것처럼 양자에 대한 평가도 서로 분리하기 어려울 것이다. 따라서 갑오개혁 이후 1910년까지 국가 차원에서 운영한 교원양성제도에 대한 평가는 당시 정부가 추진한 근대교육을 평가하는 가늠자가 될 수 있다. 그런데 새로운 교원양성제도와 그에 따라 설립된 교원양성기관에 대한 연구와 평가는 두 가지 측면에서 이루어질 수

---

1) 여기에서 '근대교육'은 근대기에 등장한 새로운 교육으로서 그 명확한 내포와 외연을 규정하지 않고 기존과는 다른 새로운 특질을 지닌 교육 정도로 사용하고자 한다.

2) 독일은 일찍이 1763년에 '마을학교 제규정'을 제정하여 교원양성을 위한 최소한의 기준을 제시했으며, 1810년에는 '교원국가시험제도'를 도입하여 김나지움 교사후보자들의 일반능력을 엄격하게 평가했다. 이어 1826년 김나지움 교사후보자 수습기간(Probe jahr) 규정 및 초등교원양성소(Seminar) 졸업시험 규정, 1831년 김나지움 교사후보자 시험 규정, 1872년 프로이센 '일반교육령' 등 일련의 법규를 통해 오늘날까지 이어지는 교원양성제도의 골격을 구축했다. 정영근, 「독일 초등교원 양성체제와 한국에의 시사점」, 『교육문제연구』 제26집, 2006, 80쪽; 문성모 외, 「독일 교원양성기관 부설학교의 역사적 기원에 관한 연구」, 『비교교육연구』 제20권 제4호, 2010, 84-87쪽; 유진영, 「김나지움교사 양성제도의 형성(19~20세기 초)」, 『독일연구』 제27호, 2014, 124-125쪽 및 137-139쪽; 조상식 · 김빛나, 「독일 교원양성체제의 역사적 전개와 시사점－계몽주의에서 20세기 후반까지」, 『한국교육사학』 제38권 제1호, 2016, 149-154쪽 등 참조.

3) 메이지정부는 1881년에 사범학교교칙대강, 1886년에 사범학교령, 심상사범학교와 고등사범학교의 학과 및 그 정도, 고등사범학교생도모집규칙 등을 제정, 공포했다. 김성학, 『서구교육학 도입의 기원과 전개』, 서울: 문음사, 1996, 58쪽; 教育史編纂會, 『明治以降教育制度發達史』 第3卷, 東京: 龍吟社, 1938, 496-519쪽.

있다. 하나는 그것을 어떻게 운영하고 있었는지에 대한 것이고, 다른 하나는 그것을 운영한 결과로 나오는 성과에 대한 것으로 구분해 볼 수 있다.

그런데 이 시기 교원양성에 관한 제도와 기관에 관한 연구들은 대부분 그것의 운영 실태를 분석하고 평가하는 데 집중해 왔다. 이는 김영우와 노인화에 의해 당시 교원양성제도와 기관에 대한 경험적인 이해의 토대가 마련된 이후[4] 학계에서 지속적으로 나타나고 있는 경향성이다. 그들 이후 선교계·민족계 사립학교의 교원양성 실태를 살펴보거나,[5] 한성사범학교의 운영 상황을 추가적으로 분석하거나,[6] 교원임용제도를 실증적으로 검토하는[7] 등 점차 관련 연구가 심화하고 있으나, 그러한 경향성은 크게 바뀌지 않은 것으로 보인다. 여전히 교원양성제도와 기관이 실제로 어떻게 운영되고 있었는지에 많은 관심을 기울이고 있지만, 그 전반적인 운영 성과에 대해서는 도외시하거나 결론적으로 일부 지적하는 데 그치고 있다. 이러한 경향성으로 인해 우리는 경험적으로 확인된 운영 성과에 대한 정보는 많이 갖고 있지 않다. 정보들이 단편적이거나 서로 연결되어 있지 않거나, 교원양성제도 및 기관과 무관한 것처럼 제시되고 있다.[8]

이처럼 1910년 이전 교원양성제도와 기관의 운영 성과에 크게 주목하지 않는 경향은 두 가지 요인이 복합적으로 작용해 생긴 것으로 보인다. 하나는 당시 일본인들이 1905년 이전의 국가적 교원양성제도와 기관에 대해 제기해 놓은 매우 부정

---

4) 김영우, 「한국 개화기의 교원양성에 관한 연구」, 중앙대학교 대학원 박사학위논문, 1983(『한국개화기의 교원양성연구』, 서울: 창학사, 1983) 및 『한국근대교원교육사(Ⅰ)－초등학교 교원양성교육사』, 서울: 정민사, 1987; 노인화, 「대한제국기 한성사범학교에 관한 연구」, 『이화사학연구』 16, 1985 및 「대한제국 시기 관립학교 교육의 성격 연구」, 이화여자대학교 대학원 박사학위논문, 1989, 110-134쪽.

5) 朴成泰, 『韓國近代學校における民族主義教員養成の成立過程』, 東京: 風間書房, 1996.

6) 임후남, 「대한제국기 초등교원의 양성」, 서울대학교 대학원 박사학위논문, 2001; 우용제·안홍선, 「근대적 교원양성제도의 변천과 사범대학의 설립」, 『아시아교육연구』 7-4, 2006; 이원희·조재식, 「교육대학 교육과정의 변화－한성사범학교 설립과정과 운영을 중심으로」, 『대구교육대학교 논문집』 제39집, 2004; 김경미, 『한국 근대교육의 형성』, 혜안, 2009, 121~129 및 137~147쪽.

7) 김광규, 「대한제국기 초등교원의 양성과 임용」, 『역사교육』 119, 2011 및 「근대개혁기~일제강점기 교원시험의 변천」, 『역사교육』1 32, 2014.

8) 임후남은 근대 교원들의 활동과 사상에 대한 분석을 통해 당시 교원양성제도의 운영 성과를 간접적으로 드러낸 바 있다. 하지만 그것이 교원양성제도 자체의 성과라는 이해에는 도달하지 못하고 있다. 임후남, 「대한제국기 근대교원의 활동과 사상」, 『교육사학연구』 13, 2003a 참조.

적인 평가 때문이다.[9] 이는 경험적 연구를 통해 많이 불식되고 있지만 여전히 잠재적으로 영향을 미치고 있는 것이 아닌가 한다. 다른 하나는 1906년 이후 일제가 조선교육을 재편하기 위한 수단으로 교원양성제도를 적극적으로 활용했기 때문이다. 이는 기존의 연구들이 반복해서 지적해 온 것이다.

이제 국가적인 교원양성제도와 기관의 운영 실태를 밝히는 것을 넘어서서 그 운영 성과를 적극적으로 드러내는 작업이 필요하리라 본다. 이는 당시 정부가 추진한 근대교육의 운영 성과를 규명하는 작업이기도 하다. 1906년 이후에도 학부 업무를 장악한 일본인들이 의도한 바와 다르게 긍정적인 운영 성과가 나타났을 가능성은 존재한다. 또한 당시 교원양성제도의 운영 성과를 밝히는 작업은 교육(학)계의 선각자, 혹은 선배들이 국난의 시기에 어렵게 성취한 업적을 드러내는 작업이기도 하다.

이를 위해 먼저 제6장에서는 국가적 차원의 교원양성 기관과 제도가 새로 형성되는 과정을 살펴볼 것이다. 첫째로, 관립 교원양성기관이 최초로 등장하는 과정을 재검토한다. 둘째로, 국가적 교원양성제도의 등장과정을 개혁관료와의 관련성 속에서 살펴본다. 이는 국가적 교원양성제도의 뿌리에 내재한 특질을 확인하는 작업이다. 셋째로, 운영 성과의 산출과 밀접히 관련된 국가적 교원양성교육의 목표, 학생선발 및 임용 제도, 학과편제와 교과과정 제도 등의 형성과정과 특징을 분석한다.

다음으로 제7장에서는 이러한 작업을 바탕으로 갑오개혁 이후 1910년까지 국가적 교원양성제도와 기관의 운영 성과를 거시적인 측면에서 확인하고, 그 시사점을 도출하고자 한다. 거시적인 측면에 주목하는 이유는 당시 관립 교원양성기관을 통해 배출된 인사들은 교원이면서 동시에 대표적인 신지식인이었기 때문이다. 그들의 졸업 후 활동은 교원의 역할에 한정되지 않았다. 구체적으로 운영 성과는 세 측면에서 확인하고자 한다. 첫째로, 전문직 집단의 형성 측면이다. 국가 차원의

9) 당시 관립한성사범학교는 수업연한을 다 마쳐야 새로운 학생을 선발할 수 있으며, 설비가 미미하여 교실이 하나밖에 없고, 주로 한학만 가르친다고 평가하고 있다. 學部, 『韓國教育の既往及現在』, 1909, 3쪽. 이런 평가는 學部, 『韓國敎育』, 1909, 1쪽 및 高橋濱吉, 『韓國敎育史考』, 帝國地方行政學會 朝鮮本部, 1927, 115쪽에서 이와 유사한 혹은 동일한 주장이 되풀이되고 있다.

교원양성제도를 통해 자격을 갖춘 초등교원들이 얼마나 양성되었는지를 살펴본다. 둘째로, 사회적 측면이다. 졸업생의 사회활동을 분석하되 특별히 최초의 '본과' 졸업생 26명을 대상으로 그들의 교직 및 사회 경력을 살펴본다. 셋째로, 학문적 측면이다. 졸업생 및 관계자들이 저서와 논문을 통해 근대 교육학 형성에 기여한 바를 살펴본다.

이 연구는 당시 정부가 수립한 국가적 교원양성제도와 그에 따라 설립된 유일한 교원양성기관(관립한성사범학교)을 대상으로 한다. 민간에서 설립·운영한 사립 교원양성기관은 논외로 한다. 그리고 갑오개혁기로부터 1910년까지를 대상으로 하며, 날짜 표기는 당시 역법에 따라 1895년까지는 음력으로, 그리고 1896년부터는 양력으로 한다. 주요 1차 사료로는 조선과 일본 정부의 각종 문서, 관보를 비롯해 국내외 신문기사, 개인 문집, 외국인 고용계약서, 학회지, 교육학교과서 등을 활용한다.

제 06 장 관립 사범학교의 등장과 교원양성제도의 형성

Ⅰ. 관립 교원양성기관의 등장, 1894년

문헌상 근대적인 교원양성제도의 수용은 1880년대 초반에 시작되었다.[1] 이후 1883~1886년 사이에 서구의 사범학교가 간헐적으로 신문에 소개되었고,[2] 1880년대 후반에는 이제 새로운 교원양성기관을 세워야 한다는 주장이 제기되고 있었다.[3]

이러한 문헌상의 수용에 뒤이어, 1894년 갑오개혁 정부에서 근대적인 교원양성기관이 처음으로 등장한다. 이것은 바로 1894년 9월에 교동 전(前) 광무국 자리에 설립된 '사범학교'이다. 동년 6월 28일 학무아문관제에서 보통학무국은 소학교와 사범학교를 관장한다고 명시하여[4] 장차 소학교와 사범학교를 설립하리라는 것을 시사했고, 이후 8월 2일 학무대신 박정양은 '고시문'에서 사범학교 설립을 천명하고 그 설치지역, 선발대상, 교과목을 구체적으로 밝혔다.[5] 8월 하순에는 이 고시문

1) 1881년에 조사시찰단의 일원으로 일본의 각종 교육시설을 시찰한 조준영은 『문부성(소할목록)』을 남겼다. 여기에서 당시 일본의 사범학교와 여자사범학교의 연혁, 규칙, 교수세목, 입학규칙, 부속소학교규칙, 부속유치원규칙 등이 자세히 소개되었다. 조준영, 『문부성(소할목록)』(허동현 편, 『조사시찰단관계자료집5』, 서울: 국학자료원, 2000, 112~157쪽).

2) 특히 프랑스의 남자사범학교와 여자사범학교가 간단히 소개되었다. 『한성순보』 1883년 12월 20일, 1884년 3월 18일; 『한성주보』 1886년 8월 16일.

3) 유길준은 1889년 탈고한 『서유견문』에서 "정부는 무엇보다도 먼저 선생을 가르치는 학교를 세워 학식이 넉넉히 남의 스승 될 만한 자질을 갖추게 한 다음에, 학교를 설립하고는 선생이 되도록 허락하여"야 한다고 주장했다. 『서유견문』이 실제 출판된 해는 1895년이었다. 유길준, 채훈 역, 『서유견문』, 서울: 양우당, 1994, 156쪽.

4) 『관보』 1894년 6월 28일.

5) 15~20세 사이의 '남자'로서 한문 실력이 있는 자를 선발 대상으로 하였다(한국학문헌연구소 편, 『박정양전집4』, 서울: 아세아문화사, 1984, 374~377쪽). 고시문에 대한 상세한 분석은 김경미, 『한국 근대교육의 형성』, 서울: 혜안, 2009, 111~116쪽 참조.

에 따라 한성에 사범학교를 설치하여 교수 1인을 두고 학원 40명을 선발할 예정이니 각 아문에 학생을 추천해 줄 것을 요청했다.[6)]

이렇게 사범학교는 학무아문관제에서의 설립 암시, 학무대신 고시문에서의 설립 천명, 각 아문의 학생 추천을 거친 뒤, 9월 18일(음력)에 교동에서 정식 개교했다.[7)] 이는 한국 최초의 근대적인 교원양성기관의 탄생을 알리는 것이었다. 수업은 민영준의 저택에서 주간에 소학교 학생들이 수업을 마친 뒤에 실시했다.[8)] 이는 화려하지 않았지만 일반관료를 관립학교 교원으로 파견하던 교육전통을 넘어서기 시작한 사건이었다. 이제 '교원'은 전문양성기관에서 각종 근대적 교과목들을 일정 기간 체계적으로 이수한 사람들을 일컫는 말이 되어 갔다.

〈표 6-1〉은 사범학교 설립 이후 1895년 3월(음력)까지 전개된 교육상황을 정리한 것이다. 1894년 사범학교의 교수로는 정운경(鄭雲樱)이 임명되었다.[9)] 이외에 안영중(安泳中)과 일어학교 졸업생 1명이 그를 지원했다. 정운경은 1890년에 사헌부 지평(持平)에 임명된 것으로 보아[10)] 문과 급제자로서 매우 청렴하고 공명정대한 관리였던 것으로 보인다. 그는 1895년 8월부터 몇 개월간 성균관 교수를 겸임한 적이 있지만 1900년 3월까지 오랫동안 사범학교 교수(교관)로 재직했다.[11)] 그가 교관을 그만두었을 때 학부대신이 그를 "각 학교 교관 중에서 극히 공정하고 학식

6) 동시에 소학교 학생 60명, 각 외국어학교 학생 40명의 추천도 요청했다. 『내각사(관초)』 3, 奎17835. 정부가 보낸 공문은 다음과 같다. "相考事 本月二十一日 學務衙門牒呈內開 先設師範小學兩學校于京內 各置敎授一員 擬選師範四十人 小學六十人 <u>且外國語學一體開學</u> 擬置學員各四十人 而該各學校原有學員 加選各二十人 以足四十人之數 并由各衙門薦拔幾人 則恐合於廣取人才之道 故備文牒呈 通知各府衙門 妙揀師範學員各四人 小學學徒各六人 漢語日語英語學員各二人 薦送于各學校事等因前來 準查此學校創設 允爲人才作成之方 學員揀選 實合公道廣取之意 貴衙門亦應諒悉 望須妙揀學員 其年齡本貫居住父名及薦主保人 諒明懸錄 準於來九月初五日內 起送學務衙門宜當者." 밑줄 친 부분이 『통서일기』 1894년 9월 2일자에는 "<u>倣外國學校一體敎之</u>"라고 명기되어 있다. 이는 정부 공문을 통리교섭통상사무아문에서 옮겨 적을 때 생긴 착오로 보인다. 통서일기에 명기된 대로 해석하면 문맥상 모집 정원이 애매해진다. 원래 정부의 공문이 맞다.

7) 『공문편안6』, 1894년 9월 14일, 奎18154; 『통서일기』 1894년 9월 14일 및 18일.

8) 『敎育時論』 1894년 11월 5일.

9) 당시 정부문서와 신문에서는 1894년 사범학교 교수자를 '교수'로 불렀다.

10) 『고종실록』 1890년 2월 15일. 사헌부 소속 관리인 '지평'은 대사헌 이하 집의, 장령과 함께 대관(臺官)으로 불렸다. 이들은 사헌부의 청환직(淸宦職)으로 문과 급제자 중 청렴 강직하고 옳다고 믿는 바를 굽히지 않고 직언할 수 있는 인물이 임명되었다(한국학중앙연구원, 『관직명사전』, 2011).

11) 『관보』 1900년 4월 5일. 그의 후임으로 박은식이 임명되었다.

이 도저한 사람"이라고 평가한 것으로 보아[12] 사범학교 교관 시절에도 사헌부 지평다운 품성을 계속 보여주었던 것 같다.[13]

〈표 6-1〉 1894년에 설립된 사범학교의 교육 상황: 출처별, 시기별[14]

구분	학무아문 고시 (1894. 8)	정부문서 (1894. 8~9)	일본 일간신문 (1894. 11)	일본 교육신문	
				1894. 10	1895. 3경
교직원	–	교수 1인	3인: 정운경(교수) 안영중(일어학교 조교수, 일어학교 졸업생)	각 아문의 참의주사 중 선택 예정	교장: 이응익(학무아문 참의 겸 소학교장) 교수: 정운경(56세) 조교수: 신해영
학생	–	40인+20인 추가 가능	40인	40인	80인(2등급 구분, 2교에 배속, 각40)
선발	15~20세 남자 한문 실력이 있는 공부하는 자	17~22・23세 능히 한문 실력이 있는 자 각 아문 추천(보증인 첨부)	–	17세 이상 다소 한학 실력이 있는 자	15~25세(30세도 있음. 대개 20세 내외)
수업 및 교과목	언문철자 국문기사 진문기사 논설 아국・만국의 역사・지리 경제 법률 박물 산수	–	야간 수업 제문철자법 국문기사논설 진문기사논설 한학 조선 및 만국지리・역사 경제학일반 법률학일반 이화학일반 물리학일반 산술(가감승제 비례)	야간 수업 독법(오륜행실 동몽선습 사서류의 한서) 산술(가감승제)	독서(사서) 지리(만국지지) 역사(만국역사) 산술(가감승제~개방까지) (규칙상: 정치학 경제학 법률학 연설)

12) 『제국신문』 1900년 3월 30일.

13) 1898년 초 독립협회 운동이 한창일 때는 매주 토요일 각 학교 교원과 졸업생들이 모여 인민교육에 대해 토론하는 토론회의 회장으로 선출된 것으로 보아 개명 관료로서의 성향도 지녔던 것으로 보인다. 『독립신문』 1898년 3월 26일.

14) 날짜는 모두 음력 기준임. 『교육시론』 1895년 5월 25일자(음력 5.2) 기사는 일본인 교육가가 동년 1월에서 4월 10일 경(음력 3월)까지 조선교육을 시찰하고, 그 내용을 발췌해 게재한 것이다. 그래서 시점을 3월경으로 잡았다. –는 미상을 나타냄.

* 자료: 『박정양전집』 4, 374~377쪽; 『내각사(관초)』 3, 1894년 8월 28일, 奎17835; 『통서일기』 1894년 9월 2일, 9월 18일; 『東京朝日新聞』, 1894년 11월 27일, 12월 14일(古川昭 저, 이성옥 역, 『구한말 근대학교의 형성』, 경인문화사, 2006, 141쪽 재인용); 『教育時論』 1894년 11월 5일 및 11월 15일, 1895년 5월 25일.

구분	학무아문 고시 (1894. 8)	정부문서 (1894. 8~9)	일본 일간신문 (1894. 11)	일본 교육신문	
				1894. 10	1895. 3경
교과서	–	–	번역본 사용	적당한 교과서 없어 구법에 의한 것 사용	–
시설 학비	–	–	소학교 교사와 동일	校場: 민영준 저택 (소학교와 동일) 일본식 책걸상 흑판	지필묵과 식비(점심) 아문에서 제공
위치	한성(京內)	교동 前광무국	–	–	–

그리고 안영중(安泳中)은 1894년 7월 내무아문 주사로 임명되었고 이후 학무아문으로 옮겨 1895년 1월 초까지 재직했다.[15] 그는 처음에 일어학교 조교수를 겸직하다가 사범학교가 설립된 이후에는 사범학교 조교수를 맡아 정운경의 교육업무를 지원했다(〈표 6-1〉). 이후 그는 주일공사관 번역관에 임명되었고 1899년에는 낙영학교 교사로 재직했다.[16] 이러한 경력으로 보면 그는 일어학교 출신으로 일어학교에서 신학문과 일본어를 배운 인사였다.[17] 그의 후임으로 신해영이 조교수로 부임했다. 그리고 교장은 학무아문 참의 이응익이 겸직했다.

이렇게 1894년 사범학교 교수 1인은 유학에 조예가 깊은 청렴한 개명관료 출신이 임명되었고, 조교수는 신학문을 접한 학무아문 주사가, 그리고 교장은 학무아문 참의가 겸직했다. 학생들은 각 아문의 추천을 받아 선발했다. 입학연령은 박정양이 고시에서 밝힌 15~20세가 제대로 지켜지지 않았다. 학생들은 대체로 20세 전후의 남자들로서 한문 실력이 있는 사람들이었다. 한문 실력이 있는 사람을 뽑겠다는 고시문의 내용은 그대로 지켜지고 있었다. 학생들에게는 지필묵 등 학용품과 식비(점심)를 제공했다(〈표 6-1〉).

사범학교에서는 국문·한문·역사·지리·박물·산수와 함께 중등수준의 법률, 경제 등을 가르칠 예정이었다. 이밖에 '사범학교규칙서'에는 정치학, 연설 등도 명

15) 『승정원일기』 1894년 7월 8일조 및 1895년 1월 8일조.
16) 위의 자료 및 『제국신문』 1899년 5월 16일자, 광고.
17) 당시 일어학교 조선인 교사들은 대개 일어학교를 졸업하거나 수학한 사람들이었다. 이광숙, 『개화기의 외국어교육』, 서울: 서울대학교 출판문화원, 2014, 133쪽.

시되었다.[18] 이처럼 중등수준 과목을 포함시킨 것은 중등교원도 양성하려는 의도였다.[19] 그런데 실제 가르친 과목은 사서 등 한서 중심의 독서(독법)와 지리, 역사, 산술이었다.[20] 사실 당시 교수진으로 이러한 과목들을 모두 가르치긴 어려웠다. 그럼에도 불구하고 당시 새롭게 부상한 신지식, 즉 지리, 역사, 산술을 가르친 것은 이제 근대적 교원양성교육이 본격적으로 시작되었음을 보여준다.

이상에서 살펴본 바와 같이, 1894년의 '사범학교'는 교원으로 학부관리의 겸직 임용, 전통교과목이 포함된 교과과정의 편성, 남자 중심의 추천식 학생선발 등에서 여전히 전통교육의 영향이 잔존하고 있다. 이는 설립 초창기에 나타나는 불가피한 현상으로 볼 수도 있지만 전통교육과의 급격한 단절이 쉽지 않았음을 시사한다.

Ⅱ. 국가적 교원양성제도의 등장과 개혁관료

이처럼 1894년 9월에 개혁관료 박정양의 주도로 설립된 최초의 '사범학교'는 이듬해에도 호의적인 평가를 받으며 점점 성장하고 있었다. 1895년 3월경(음력)에 학생 수는 정원의 두 배로 늘어나 80명에 달했고, 학생들을 두 집단으로 나누어 두 곳에서 가르치고 있었다.[21] 그런데 이즈음 정치 상황이 급변하기 시작한다. 1895년 3월 하순(음력)에 내각 및 각부 관제가 공포되면서 이때부터 각부 대신들로 구성되는 내각이 정책 결정의 주도권을 행사하기 시작했다. 동시에 러시아, 프랑스, 독일에 의한 삼국간섭(3. 29~4. 11 음력)으로 인해 일본의 조선에서의 주도권은 약화되기 시작했고, 5월 12일에 이르러 일본정부는 조선의 내정 문제에 대한

18) 『敎育時論』 1895년 5월 25일.

19) 초·중등 교원을 하나의 학교에서 양성하려는 경향은 이후 다른 학교에서도 확인되고 있다. 1906년 강화 보창학교 사범과에서는 소학교와 중학교 교원의 양성을 목표로 경제원론과 법학통론을 편성해 놓았다. 김성학, 「한말 강화지역 사립 보창학교의 등장과 성장」, 『한국교육사학』 36-3, 2014, 18쪽.

20) 세계지리·역사 과목의 교과서로는 아마노(天野爲之)가 저술한 책을 국한문으로 번역하여 사용했다. 이밖에 학무아문에서 1895년 2월경에 간행한 『여재촬요』와 『본국지도』 등 지리 서적도 사용되었을 것으로 추정되고 있다. 김경미, 앞의 책, 127쪽.

21) 두 곳에서 가르친 이유는 교실 부족 때문이었을 것이다. 『敎育時論』 1895년 5월 25일.

간섭을 중지한다는 방침으로 다시 돌아갔다.[22)]

새로운 내각에서 핵심 역할을 수행한 인사는 각부 대신들이었다. 그들은 부령과 지령 및 훈령을 발포하고 각부의 업무와 관료들을 통제하고 감독할 수 있는 권한을 갖고 있었다. 1895년 3월 29일 각부 대신들은 '각 대신간 규약조건 20'으로 "지방 제학교 교원양성을 위해 한성부에 1개 학교를 설립할 것"을 결정하고,[23)] 4월 16일에 최초로 교원양성제도를 규정한 한성사범학교관제(칙령 제79호, 전문 13개조)를 공포하였다.

1894년 당시 '사범학교'의 설립 근거는 단지 학무대신 박정양의 '고시문'이었다. 고시문은 학무대신 자신의 의견을 밝힌 것으로 법령화의 절차를 거치지 않은 문서였다. 박정양은 기존 사범학교를 법령에 근거한 학교로 만들고자 '각 대신간 규약조건20'과 한성사범학교관제의 제정을 추진한 것으로 보인다. 그는 근대교육에 대한 열정과 식견 때문에[24)] 제1차 갑오개혁정부 이후 김홍집·박영효 연립내각(~1895. 윤5.15)까지 계속 학부 최고책임자를 맡아 왔다. 당시 법령제정 절차상 주무부서 대신인 그가 한성사범학교관제 제정에 가장 큰 역할을 할 수 있는 위치에 있었다.[25)]

당시 각종 법령의 제정은 각부 대신 또는 총리대신의 기안, 내각참서관·내각총서의 심사와 날인, 각의에서의 발의·설명·합의 등의 과정을 거쳐야 했다. 박정양은 '각 대신간 규약조건20'을 근거로 이상재를 비롯한 학부관료들의 도움을 받아 한성사범학교관제안의 기안을 주도했을 것이다.[26)] 이미 1881년에 일본 사범학교

22) 이광린, 『한국사강좌(Ⅴ) 근대편』, 서울: 일조각, 345쪽; 왕현종, 『한국 근대국가의 형성과 갑오개혁』, 서울: 역사비평사, 2003, 185~186쪽.

23) 「議奏」 5, 1895년 3월 29일.

24) 그는 1894년 사범학교 설립 후 1895년 4월 말까지 17차례나 방문할 정도로 사범교육에 지대한 관심을 보이고 있었다. 그는 이미 주미전권공사 시절(1887~1888)에 미국의 각종 교육기관을 시찰하면서 미국이 국민교육을 통해 부강한 국가가 되었다는 사실과 대학에서 사범교육이 정치·의학교육만큼이나 비중이 크다는 점도 잘 인식하고 있었다. 이원희·조재식, 「교육대학 교육과정의 변화－한성사범학교의 설립과정과 운영을 중심으로」, 『대구교육대학논문집』 39, 499~500쪽; 한철호, 「초대 주미전권공사 박정양의 미국관」, 『한국학보』 66, 1992, 85~86쪽.

25) 필자는 과거에 박정양보다는 내각총서 유길준과 법제고문관 이시즈카(石塚英藏)의 영향력을 더 높이 평가한 바 있다(김성학, 앞의 책, 1996, 62~64쪽). 이는 박정양을 비롯한 개혁관료들의 권한과 역할에 대한 이해가 부족한 것이었다.

26) 이상재는 학부참서관으로 근무하면서 한성사범학교관제, 외국어학교관제, 법관양성소관제

제도와 규정은 조사시찰단에 의해 상세히 정부에 보고된 바 있고,[27] 그 자신도 미국 등의 사범교육제도를 잘 알고 있었다. 내각회의에서 법령안을 최종 심의하고 결정하는 것도 그를 비롯한 대신들의 고유 권한이었다. 당시 내각관제 하에서 대신들로 대표되는 개혁관료들이 국가권력을 독점적으로 운영하고 있었다고 주장될 정도로 대신들의 권한은 막강하였다. 반면에 내각총서와 일본 고문관의 권한은 제한적이었다. 내각총서는 법률의 저촉 여부, 시행상의 문제, 권한 귀속 여부 등을 검토하는 역할에 머물렀고, 일본 고문관과 보좌원은 반드시 총리대신 혹은 각부대신과 협판 등의 지휘에 따라 활동해야 했으며 그것도 단순히 자문하는 역할에 한정되었다. '각 대신간 규약조건'에 명시된 고문관의 '사열'(査閱)은 법령의 기안과 결정에 일일이 개입한다는 의미는 아니었다.[28] 더구나 당시 법률고문관 이시즈카(石塚英藏)는 학부 고문관이 아니라 내각고문관이었다. 학부 고문관은 아직 국내에 파견되지 않은 상태였다.

이렇게 제정된, 최초의 교원양성 관련 법령인 한성사범학교관제는 동교의 역할, 학과체제, 교직원 구성 및 역할, 부속소학교 등에 대해 규정하고 있다. 제1조에서 "한성사범학교는 교관을 양성하는 처로 함"이라고 하여, 처음에 학부는 중등학교 교원의 양성도 염두에 두고 있었다.[29] 이 관제에 근거하여 1895년 4월 29일(음력)에 속성과 60인과 본과 26인을 선발하고, 5월 1일에 기존의 '사범학교'는 '한성사범

등을 만들어 학교를 설립했다는 주장이 있을 정도로(강명숙, 『겨레의 시민운동가 이상재』, 서울: 역사공간, 2014, 63쪽) 한성사범학교관제 제정 실무에 깊이 관여한 것으로 보인다. 그는 또한 이노우에 일본공사가 외국어학교 교사는 일본인만을 고용하라고 강요할 때, 이 문제를 학부대신 박정양과 학부협판 고영희, 학무국장 등과 의논하면서 이것을 강력히 거절할 것을 주장했고, 혼자 일본공사관으로 찾아가 거절 의사를 통고하고, 이노우에의 위협에도 불구하고 끝내 이를 관철하여 외국어학교 교사는 각국 인사를 고루 고용하게 되었다고 한다(신동아편집실 편, 『한국근대인물백인선』, 서울: 동아일보사, 1979, 49쪽).

27) 조준영, 『문부성(소할목록)』 (허동현 편, 『조사시찰단관계자료집5』, 서울: 국학자료원, 2000, 112~157쪽).

28) 왕현종, 앞의 책, 192~193, 261쪽 참조.

29) 일본공사 이노우에도 교육칙어를 8도에 보급하기 위한 첫 작업으로 한성에 '고등한' 교육사범자 양성소를 개설하는 의견을 조선 조정에 제출하여 2월 5일(양력 3.1)에 내각회의에서 결정하게 되었다고 한다(『教育報知』 1895년 3월 16일; 임후남, 앞의 논문, 2001, 29쪽). 하지만 '각 대신간 규약조건'에서 한성에 사범학교를 설립하기로 결정한 것은 3월 29일(음)로 시기상 맞지 않고, 기사가 보도될 무렵 이와 관련된 내각 의안도 보이지 않는다. 그럼에도 불구하고 이 기사는 일본 측도 고등 교육사범자(중등 이상의 교원)의 양성을 기도하고 있었음을 보여준다.

학교'라는 이름으로 다시 출범했다.[30] 이후 한성사범학교규칙이 공포된 것은 1895년 7월 23일(음력)이었다.[31] 이때는 한성사범학교가 새로 출범한 지 세 달 가까이 지난 시점이었다. 학부에는 기존에 사범학교규칙서라는 내부 문서가 있었고,[32] 또 학기 중이어서 새로운 규칙의 제정을 서두르지 않은 것 같다. 한성사범학교규칙은 동교의 교육목표, 교과과정, 학사제도(학과, 수업연한, 학기, 입학, 시험, 정원, 휴업일 등)를 상세히 규정하였다.

한성사범학교규칙(학부령 제1호)은 학부대신 이완용의 명의로 제정·공포되었다. 따라서 학부대신의 지휘 아래 학부에서 기안되어 일정한 법령제정 절차를 거쳐 최종 결정된 것이다. 당시 일본 신문에서는 학부보좌관 노노무라(野野村金五郎)와 다카미(高見龜)의 강의(剛毅)와 열성으로 소학교가 흥하고 법령 준비도 순조롭게 되었다고 보도하였다.[33] 이들 이외에 학부고문관으로 아사카와(麻川松次郎)가 7월경부터 근무했는데(〈표 6-2〉), 이제 막 계약을 체결한 그는 규칙 제정에 참여하기 힘들었을 것이다. 노노무라와 다카미의 고용계약서에는 모두 "학부대신과 협판, 국장의 지휘에 따라 제반 사무를 집행"한다고 명기되어 있다.[34] 이들은 1895년 윤5월(양력 7월) 무렵부터 법령 준비(노노무라와 다카미) 이외에 교과서 편찬과 사범학교 교사(다카미)[35] 및 기타 소학교 관련 업무 등을 수행했지만 어디까지나 학부관료들의 지시와 통제 아래 이루어진 것이었다.

---

30) 『관보』 1895년 4월 19일, 광고. 여기에 한성사범학교가 설치되어 5월 1일 시작한다고 명시하였다. 박정양은 『종환일기』 1895년 5월 1일자에서 기존의 사범학교를 본과로 간주하고 있고, 속성과를 속성학교로 기록하고 있다. 학생 선발은 『종환일기』 1895년 4월 27~29일자 및 김경미, 앞의 책, 140~141쪽 참조.

31) 『관보』 1895년 7월 24일.

32) 이는 비공식적 내부 문서로 구체적인 내용은 알려져 있지 않다. 『教育時論』 1895년 5월 25일.

33) 『教育時論』 1895년 9월 5일(음 7.17). 당시 학부 고문관으로 나가시마(長島岩次郎)도 있었다. 그는 일어학교 교관을 겸직하고 있어 연봉은 가장 높았으나 학부 사무에는 크게 관여하지 않은 것 같다.

34) 「사범학교교사(高見龜) 고용계속계약서」, 奎23083; 「학부교육사무관(麻川松次郎) 고용계속계약서」, 奎23081.

35) 당시 외국인 교관을 '교사'로 불렀다.

〈표 6-2〉 갑오개혁기 학부 소속 일본인 고문관(보좌관) 상황[36]

이름	임용 기간 (음력)	연봉(관등)	업무 및 활동	계약 전 경력
長島岩次郎*	1895. 봄~1896. 봄	1,400원 (주임관)	일어학교 교관	경성상업회의소 서기
野野村金五郞**	1895. 윤5~1896. 5	600원 (판임관)	소학교 업무, 법령 준비	明治法律學校 出仕
高見龜**	1895. 윤5~1896. 5 1896. 6~1896. 11	800원 (주임관)	사범학교 교사(속성과) 교과서 번역, 법령 준비	1894 時事新報 특파원
麻川松次(太)郞 ***	1895. 7~1896. 1 1896. 2~1898. 1	600→800원 (주임관)	학부 교육사무관 사범학교·소학교 관련 업무 교과서 편찬	경성 일본공립소학교 교원(교장 대리)
大矢正夫	1895. 10 현재(미정)	–	–	–

개혁관료들의 지휘와 통제 아래 학부 고문관의 지원을 받아 제정된 한성사범학교규칙에는 교육목적과 교육요지, 교과목 구성 등에서 일본 사범학교의 영향이 스며들어 있는 것도 사실이다.[37] 교육목적으로 제시된 순량·공검·신애·위중의

36) 자료: 『친목회회보』 1호, 1896년 2월, 43~46쪽; 『駐韓日本公使館記錄』 5권, 「十. 顧問官進退及 本邦人雇聘」; 「學部來去文」 1895년 6월 3일, 奎17798; 「사범학교교사(高見龜) 고용계속계약서」, 奎23083; 「학부교육사무관(麻川松次郞) 고용계속계약서」, 奎23081; 『教育時論』 1895년 9월 5일; 稻葉繼雄 저, 홍준기 역, 『구한말 교육과 일본인』, 서울: 온누리, 2006, 22~25쪽; 김성학, 앞의 책, 69~71쪽 등에 의거해 작성함.

* 長島岩次郎(=長島嵓次郎)은 1893년 8월부터 1904년 4월까지 오랫동안 일어학교 주임으로 재직했다. 학부고문은 겸직하였다. 그는 김홍집 내각(1894.12~1895.5 음) 당시 학부고문으로 거명되었고, 1895년 10월(음)에 인쇄된 『친목회회보』 1호와 1896년 3월에 작성된 『駐韓日本公使館記錄』 5권에서 학부고문으로 명기된 것으로 보아, 1894년 봄부터 1895년 봄까지 약 1년 동안 학부고문으로 활동한 것 같다.

** 野野村金五郞(=野村金五郞)과 高見龜의 계약서는 윤치호의 학무협판 재직 시 날인되었다는 언급으로 보아(「學部來去文」, 1895년 6월 3일, 奎17798), 윤치호가 외부협판으로 발령이 난 1895년 윤5월 20일(양 7. 12) 이전에 계약했을 것이다. 그런데 다카미는 1년이 지난 1896년 7월 1일(양력)에 재계약(6개월)을 하였기에, 1895년의 다카미와 노노무라의 계약기간은 1895. 7. 1~1896. 6. 30(양력)인 것으로 판단된다.

*** 麻川松次郞(=麻川松太郞)은 1895년 7월(음력)경부터 고용(6개월 계약)된 것으로 추정되며, 1896년 2월(양력 3월)에 2개년 계속계약을 맺었다. 이후 아관파천으로 일본 세력이 후퇴하고 또 헐버트가 1897년에 5년 계약으로 한성사범학교 교관으로 부임했다는 점을 감안하면, 아사카와는 계약기간을 다 채우지 못했을 가능성도 있다. 학부는 1899년에 다시 그를 고빙하여 의학교과서를 번역하게 했고, 번역이 끝난 다음에는 의학교 교관으로 임용할 예정이었다(『황성신문』 1899년 10월 16일).

37) 일본의 영향을 강조하는 연구로는 김경미, 앞의 책, 143~147쪽 참조. 반면에 일본 교육법제

덕목은 일본 사범학교령(1886)을 크게 참조했고, 교육요지는 일본 심상사범학교(1892)의 교육요지 중 일부를 차용했다. 하지만 이는 근대적 교원양성제도를 처음 도입하는 시기에 이루어진 불가피한, 그렇지만 주체적인 선택이었던 것으로 보인다.[38)]

개혁관료들이 일본의 교원양성제도를 적극적으로 수용한 것은 일본과 조선의 정책 사이에 선택적 친화성이 존재했기 때문이다. 갑오개혁 정부는 오륜행실을 통한 유교적 품성 도야를 포기하지 않았기 때문에 일본 사범학교 법령에 포함된 유교적 덕목을 쉽게 받아드릴 수 있었다. 그리고 한성사범학교규칙이 제정되는 시기는 소위 고종의 친정강화기(윤5월~8월 음력)로 고종과 측근세력들이 개혁관료들의 정치개혁을 좌절시키면서 군주권을 강화하려던 때이다. 학부대신 이완용은 박정양과 마찬가지로 군주권 중심의 개혁을 추구한 개혁관료로 고종 측과 연대의 가능성이 높았다.[39)] 군주의 위상을 높이려던 개혁관료들은 일본 사범학교 교육요지에 명기된 '존왕애국'과 '충효의 대의'와 같은 목표도 적극 수용할 수 있었던 것이다.

이렇게 학부관료의 지휘 하에 만들어진 한성사범학교규칙에는 일본 교원양성제도를 수용하면서도 조선의 여건을 충분히 반영하려고 고심한 흔적이 나타나고 있다. 이를 교과과정을 중심으로 살펴보면(〈표 6-3〉), 먼저, 초창기임을 감안해 일본에는 없는 본과와 속성과로 구분하고 수업연한도 일본 사범학교와 다르게 설정하였다. 그리고 일본 사범학교의 교과목 체계를 수용하되 도화・음악・가사 등 당시 교육여건과 사회분위기상 도입하기 어려운 과목은 제외했다. 하지만 체조과목을 수용한 것은 획기적인 일로 이후 한성사범학교 졸업생들이 전국 공립학교에 체조를 보급하게 데 크게 기여하게 된다.[40)] '국어' 관련 과목의 경우, 조선에서는 국문・

의 모방이 아니라는 주장으로는 안기성, 『한국근대교육법제연구』, 서울: 고려대학교 민족문화연구소, 1984, 42-43쪽 참조. 그런데 안기성은 비교 대상으로 일본의 1886년 사범학교 법규를 사용했는데, 조선에서 사범학교 관련 법규가 제정된 1895년과 근접한 1892년의 일본 '심상(고등)사범학교 학과 및 그 정도'를 참조하지 않아 양국 사범학교 교과과정의 차이가 과도하게 부각되고 있다.

38) 일본도 1872년(명치5)에 학제를 제정할 때 핵심 체계는 프랑스 제도를 모방했고, 교육이론과 교수방법 및 교재 등은 미국에서 수용하였다. 尾形裕康 외 저, 신용국 역, 『일본교육사』, 서울: 교육출판사, 1994, 159쪽.

39) 왕현종, 앞의 책, 166~167 및 412~413쪽.

작문·습자가 각각 독자적인 과목으로 강조되고 있는 반면, 일본에서는 국문과 작문이 국어로 통합되어 있다. 이밖에 조선에서는 본과와 속성과에 명시된 과목들을 시의에 따라 줄일 수 있도록 했으나, 일본에서는 오히려 한 과목 이상 추가할 수 있게 하였다.

〈표 6-3〉 한성사범학교와 일본 심상사범학교의 교과목 비교[41]

<table>
<tr><th rowspan="2">과목</th><th colspan="2">한성사범학교(1895)</th><th colspan="2">일본 심상사범학교(1892)</th><th rowspan="2">비고</th></tr>
<tr><th>본과(2년)</th><th>속성과(6개월)</th><th>남자(4년)</th><th>여자(3년)</th></tr>
<tr><td>수신</td><td>○</td><td>○</td><td>○</td><td>○</td><td rowspan="16">• 한성(본과): 1과목 혹은 여러 과목을 줄일 수 있음
• 한성(속성과): 과목을 줄일 수 있음

• 일본 심상(남자): 외국어 농업 상업 수공 중 1과목 혹은 여러 과목을 더 할 수 있음</td></tr>
<tr><td>교육</td><td>○</td><td>○</td><td>○</td><td>○</td></tr>
<tr><td>국문</td><td>○</td><td>○</td><td rowspan="2">○ 국어</td><td rowspan="2">○ 국어</td></tr>
<tr><td>작문</td><td>○</td><td>○</td></tr>
<tr><td>습자</td><td>○</td><td>○</td><td>○</td><td>○</td></tr>
<tr><td>한문</td><td>○</td><td>○</td><td>○</td><td>○</td></tr>
<tr><td>역사</td><td>○</td><td>○</td><td>○</td><td>○</td></tr>
<tr><td>지리</td><td>○</td><td>○</td><td>○</td><td>○</td></tr>
<tr><td>수학</td><td>○</td><td>○</td><td>○</td><td>○</td></tr>
<tr><td>물리</td><td>○</td><td rowspan="3">○ 이과</td><td>○</td><td rowspan="3">○ 이과</td></tr>
<tr><td>화학</td><td>○</td><td>○</td></tr>
<tr><td>박물</td><td>○</td><td>○</td></tr>
<tr><td>체조</td><td>○</td><td>○</td><td>○</td><td>○</td></tr>
<tr><td>도화</td><td>×</td><td>×</td><td>○</td><td>○</td></tr>
<tr><td>음악</td><td>×</td><td>×</td><td>○</td><td>○</td></tr>
<tr><td>가사</td><td>×</td><td>×</td><td>×</td><td>○</td></tr>
</table>

이상에서 살펴본 바와 같이, 일본의 간섭이 점점 약화되는 1895년 4~7월(음력) 사이에 박정양, 이완용 등 개혁관료들이 주도하고 일본 고문관이 일부 지원하여 법령에 근거한 최초의 국가적 교원양성제도를 마련하였다. 이것은 일본의 제도를 수용하면서도 조선의 여건을 반영한 것으로 이후 교원양성의 기본 틀로 작용하였다.

40) 김성학, 『한국 근대교육의 탄생』, 서울: 교육과학사, 2013, 124~125쪽.
41) 『관보』 제121호, 1895년 7월 24일; 教育史編纂會, 앞의 책, 598~626쪽에 수록된 법규를 참조해 작성함. ○는 '있음'을, ×는 '없음'을 나타냄.

Ⅲ. 국가적 교원양성제도의 변천과 특질 형성

1. 교원양성교육의 목표 성립과 변천

개화기 교원양성교육의 목표는 1895년 한성사범학교규칙에서 처음으로 등장했다. 이후 이는 1906년과 1909년에 크게 변화한다(〈표 6-4〉). 1895년의 교육목적과 목표는 정신 단련과 덕조 연마 등 덕육을 가장 중시했다. 총칙 제1조를 비롯해 제13조의 5개항 가운데 3개항이 덕성과 기질 함양과 관련되어 있다. 구체적인

〈표 6-4〉 교원양성기관의 교육 목적과 목표(교육요지)의 변천[42]

1895년 7월(음력) (한성사범학교규칙)	1906년 8월 (사범학교령시행규칙)	1909년 7월 (사범학교령시행규칙 개정)
총칙 제1조 순량 공검하며 신애 위중한 기질의 구비	삭제	삭제
제13조 교육요지 1. 정신의 단련과 덕조의 마려(磨勵)	제4조 교육요지 1. 정신의 단련과 덕행의 마려	
2. 존왕애국의 지기(志氣)를 풍성케 함. 평소 충효 대의에 밝게 하고 국민 지조를 진기(振起)함	2. 존군애국의 지기를 풍성케 함. 평소 충효의 대의를 숭상하고 국민 지조를 진기(振起)함	
3. 규율과 질서를 지킴. 평소 윗사람의 명령과 훈계에 복종하고 기거와 언동을 바르게 함	3. 규율과 질서를 지킴. 평소 윗사람의 명령과 훈계에 복종, 기거와 언어, 동작을 정직케 함	
4. 신체 건강의 증진. 평소 위생과 체조에 힘씀	4. 신체의 건강 증진. 평소 위생과 체조에 힘씀	삭제
5. 교수 방법은 교원 될 자에게 적절케 하고 소학교교칙에 부합케 함	5. 교수는 교원 될 자에게 적당하고 보통학교 취지에 부합케 함	
–	6. 교수 방법에 주의하여 수업 시 교수 방법을 해득케 함	
–	7. 언어를 명확히 하고 어법을 연습케 함	
–	8. 학원의 자수(自修)하는 습관 양성	
–	9. 소정의 교과서에 의해 교수함	

42) 『관보』 1895년 7월 24일, 1906년 1906년 9월 1일 및 1909년 7월 9일자를 참조해 작성함. –는 없음을 나타냄.

덕목은 순량·공검·신애·위중·충효·국민지조·복종 등이며, 그 실천 방법은 규율과 질서의 준수이다. 이것은 결국 '존왕 애국'하는 인물의 양성과 연결되고 있다. 즉 왕권을 존중하면서도 국가 보전에 기여하는 인물을 양성하려 한 것이다. 이와 함께 위생과 체조를 통한 신체 건강의 증진도 중요한 목표로 제시되고 있는데, 이는 체육에 관한 것으로 전통교육에서 찾아보기 힘든 새로운 목표이다. 지육에 관한 목표로는 교원이 될 자에게 적절한 '교수방법'을 가르치는 것이 제시되었다.

이처럼 1895년 교육 목적과 목표는 '교육에 관한 조칙'(1895)에서 천명한 덕양, 체양, 지양의 교육강령을 반영하면서도 유교적 덕육을 중시하고 있다. 교육조칙에서 천명한 '실용'이란 유교적 행동규범을 실천하고 신지식을 습득하는 것을 의미한다.[43] 이 점에서 1895년의 교원양성제도는 실용의 교육, 구본신참형의 교육을 지향하고 있다.[44]

일제가 각종 교육법령을 공포하여 조선의 교육제도를 재편성한 1906년 8월, 교원양성기관의 교육 목적과 목표도 1895년의 것을 계승하면서도 몇 가지 뚜렷한 변화가 나타나고 있다. 먼저, 총칙에 명기되었던 순량·신애·위중·공검 등 4기질이 삭제되었다. 이는 원래 일본 초대 문부대신 모리(森有禮)가 제시한 3기질에 '공검'을 추가해 만든 일본 사범교육 목표였다.[45] 그런데 이것은 일본에서 제창된 지 20년이나 지났고 교육요지 중 '정신의 단련과 덕행의 마려'에 내포될 수 있기에 삭제한 것 같다.

그리고 기존의 교육목표를 계승하면서도 달라진 점으로는 첫째로, 여전히 존군 애국하는 인물을 양성하기 위한 덕육을 강조하였지만 '존왕 애국'을 '존군 애국'으로 바꾸어 조선 국왕을 '군'(君)으로 격하시켰다. 둘째로, 지육 관련 항목을 4개나 새로 추가하여 신지식의 습득도 매우 중시하였다. 특히 교수법·학습법·어법 등 방법적 측면의 목표가 부각되었다.

1909년 7월에 교육목표는 다시 크게 개정되었다. 1909년에는 기존의 교육요지

43) 류방란, 「한국근대교육의 등장과 발달」, 서울대학교 대학원 박사학위논문, 1995, 96쪽.
44) 당시 교원양성교육의 목표는 유교적 교육의 재편성을 통해, 신학문을 습득한 '구형(舊型)'의 교원을 재생산해 내는 것이었다는 주장이 있다(노인화, 앞의 논문, 1989, 114쪽). 하지만 유교 덕목과 함께 '애국심'과 '신체건강', '교수법'을 구비한 새로운 구본신참형 교원 양성을 지향하고 있었다고 보는 것이 적절하다.
45) 朴成泰, 앞의 논문, 197쪽.

자체를 전면 삭제해 버렸다. 이는 정신 단련과 덕성 연마를 통한 존군애국하는 인물의 양성을 중단하겠다는 선언과도 같다. 효제충신, 충군애국 등의 목표는 단지 수신과목의 교수요지로만 명시되었다. 이러한 배경에는 1909년 4월 이토 히로부미가 조선병탄안을 '공식' 승인한 정치적 상황 변화가 깔려 있다.[46] 일본인들의 기대와는 달리 1905년 이후 일제의 보호국화 정책에 대한 조선인들의 저항은 더욱 강렬해졌다. 학교에서도 마찬가지였다. 이러한 때에 조선병탄안이 공식 승인되자, 일제는 부메랑처럼 위협요인이 되어 돌아올지도 모르는 교원양성교육은 더 이상 하지 않겠다는 의지를 분명히 천명한 것이다.

2. 학생선발 및 임용 제도의 형성

학생선발 및 임용제도는 교원양성을 위한 핵심적인 제도이다. 교원양성제도의 운영 성과는 어떻게 학생들을 선발해서 가르치고, 졸업생들을 어떻게 일선 학교에 배치하느냐 하는 문제와 밀접히 관련되어 있다.

1895년 한성사범학교규칙에서 시험에 의한 학생 선발원칙이 처음으로 천명되었다. 시험과목으로 국문・본국역사・본국지지 등 새로운 과목과 한문이 부과되었다. 시험제 선발원칙은 이후 계속 유지되었다. 한성사범학교는 1896~1905년 사이에 총 8회(속성과 3회, 본과 5회)에 걸쳐 학생을 모집했는데, 규칙에 명시한 것과 동일한 과목을 입학시험에서 부과했다.[47]

시험제 원칙의 도입은 능력주의 교원양성제도의 일면을 엿보게 한다. 하지만 그러한 방향으로의 이행은 아직 불완전한 상태였다. 학교장의 판단에 따라 학업과 조행(操行)이 우수하다고 인정되는 사람에게는 입학시험을 부과하지 않을 수 있었다. 지원자들이 제출하는 학업이력서에도 입학시험 과목과 동일한 과목의 학업이력을 적게 하였다. 이는 학업이력을 확인하여 학업우수자를 시험 검정 없이 선발하려 한 조치이다. 동시에 이는 추천제 선발의 여지도 남겨둔 것으로 보인다. 실제로

46) 한상일, 『1910, 일본의 한국병탄』, 서울: 도서출판 기파랑, 2010, 214~215쪽.
47) 김영우, 앞의 책, 49~52쪽 참조.

학부는 1902년에 각부 칙임관과 주임관이 3명 이내로 지원자를 추천토록 하는 보천례(保薦例)를 시행했다.[48] 이는 기존의 시험제 원칙에 추천제를 병행한 것이다.

초기 학생선발제도의 불완전한 모습은 선발시기에서도 드러난다. 시의에 따라 임시입학을 허용하고 있다. 이는 학업 도중에 생길 결원을 제때 보충하기 위한 조치였다. 하지만 이는 초창기에 실제 수업을 혼란에 빠트리는 일이었다.[49] 1900년대에 들어서도 학생모집은 재학생이 다 졸업하면 신입생을 모집하는 방식으로 불규칙하게 이루어져[50] "입학은 매 학년 초에 한다"는 원칙은 지켜지지 않았다.

〈표 6-5〉 교원양성을 위한 학생선발제도의 형성 과정[51]

구분		1895년 7월(음력) (한성사범학교규칙)	1906년 8월 (사범학교령 및 사범학교령시행규칙)	1909년 7월 (사범학교령시 행규칙 개정)
연령		본과 20~25세 속성과 22~35세	15세 이상 남자	좌동
구비 요건	학력	없음	보통학교 졸업 이상	좌동
	기타	조행방정자 지망확고자 신체건전자 가사의 견루가 없는 자	신체건강자 품행방정자	좌동
입학시험		국문 한문 본국역사지지 (학업과 조행이 우수할 경 우 검정 불시행 가함)	〈본과·예과·속성과〉 신체검사 학력시험: 국어 및 한문 일어 산술 역사 지리 이과 (1~수 과목 제외가능) 구술시험	좌동, 단 신체검사 삭제
입학시기		매 학년 초 임시입학 허용 가능	학년초로부터 30일 이내(속성과 강습과 미적용)	좌동
제출서류		입학원서: 본인 날인 학업이력서 재학증서: 합격자 및 보증 인 1인 날인	입학청원서: 지원자 및 보증인2인 날인 이력서 첨부 서약서: 합격자 및 보증인 2인 날인	좌동, 단 보증인 1인의 거주지 요건 변화

48) 『황성신문』 1902년 8월 7일, 「선학천례」.

49) 헐버트에 따르면 초창기 한성사범학교에서는 학교를 떠난 학생들을 그때그때 새로 보충하다 보니 1898년 현재 입학시기가 다른 6개 학년의 학생이 수용되어 있었다. 『구한국외교문서』 제11권, 미안2, 「1776 부. 사범학교교사 할버트의 학교개량에 대한 건의서」.

50) 김광규, 앞의 논문, 104쪽.

51) 『관보』 1895년 7월 24일, 1906년 1906년 9월 1일 및 1909년 7월 9일자를 참조해 작성함.

1906년 이후 시험제 선발원칙은 정비되고, 더욱 강화되었다. 이전에 입학시험을 부과하지 않던 예외 조치가 사라졌다. 본과 · 예과 · 속성과에서 학력시험뿐만 아니라 구술시험까지 부과했고, 시험과목도 일본어 · 산술 · 이과가 추가되었다. 실제로 이 과목들은 본과 · 속성과 · 임시양성과에서 대부분 부과되었다.[52] 이처럼 입학시험의 종류 및 과목이 모두 확대되고 있다. 지원자의 요건도 신식교육의 보급에 맞게 정비되어 갔다. 지원자는 15세 이상인 자로 낮아졌고, 남자로 제한되었으며 보통학교 졸업 이상의 학력이 새로 요구되었다.[53] 무엇보다도 초기 학사 운영을 혼란에 빠트린 임시입학이 없어져 불규칙한 학생모집 관행이 개선되었다.[54]

이처럼 1906년 이후 학생선발제도는 정비되어 갔으나 일제의 간섭도 강화되었다. 일본어가 모든 과정의 입학시험에 부과되었다. 또한 서약서 및 보증인 제도는 더욱 강화되었다. 서약서에 졸업 후 복무의무를 추가하고 학자금 상환에 대한 지원자와 보증인의 연대책임을 분명히 명시했다. 지원 시 요구하는 보증인도 2인으로 늘어났는데, 보증인 1인은 학교가 소재한 부근 지역에 거주하는 자로 했다. 이는 1909년에 더욱 강화되어 보증인 1인은 학교소재지 즉 한성에 거주하는 자를 요구하였다.

1895년부터 새로운 교원임용제도로서 소학교 교원 허장제(許狀制)가 도입되었다.[55] 이제 소학교 교원은 일정한 검정에 합격한 자에게 수여하는 허장이 있어야 했다(소학교령, 제21조~22조). 당시 구체적인 허장 양식과 검정 방법은 공표되지 않았다. 그런데 한성사범학교 졸업생은 소학교 교원자격을 부여받았기에(한성사범학교규칙 제2조) 허장을 받았을 것으로 보인다. 동교 졸업시험은 사실상 교원검정시험을 대신했다.

---

52) 다만 이과과목은 1910년에야 부과되었다. 김영우, 앞의 책, 96~102쪽; 『황성신문』 1906년 5월 24일, 교원임시양성과 학원권부광고.

53) 다만, 임시양성과는 일어능력이 있는 자를 뽑기 위해 외국어학교 졸업생이나 동등 학력이 있는 자로 했다. 『관보』 1906년 5월 24일; 『황성신문』 1906년 5월 25일, 「관립한성사범학교 교원 임시양성과 규칙」.

54) 본과는 1907년부터, 그리고 속성과는 1908년부터 매년 일정한 시기에 학생을 모집했다. 김영우, 앞의 책, 56쪽, 103쪽; 김광규, 「대한제국기 초등교원의 양성과 임용」, 『역사교육』 119, 2011, 10쪽, 110~111쪽.

55) 개화기 교원 허장제는 일본의 교원면허제의 영향을 받은 것이다. 이에 대해서는 김광규, 「근대 개혁기~일제강점기 교원시험의 변천」, 『역사교육』 132, 2014, 180~181쪽 참조.

1899년에는 임용시험제도를 도입하였다. 한성사범학교 졸업생 가운데 비임용자와 임용지연자가 증가하자 특별시험을 치른 후 관공립 소학교 교원으로 임용하게 한 것이다. 시험과목은 한성사범학교 교과과정을 따르도록 했고, 사립학교 교원도 학부시험을 거쳐 인허하게 하였다.[56] 임용시험은 1902년까지 계속 실시되었고, 1904년까지도 실시된 것으로 보인다.[57] 일부 사립학교 교원도 학부시험을 치른 후 인허하였다.[58]

1906년에는 교원허장의 종류와 유효기간, 검정의 종류와 대상을 명확히 규정했다.[59] 그러면서도 특별한 사정이 있을 때는 허장이 없는 자도 보통학교 교원에 임용될 수 있는 길을 열어 놓았다.[60] 이는 당시 교원이 부족한 상황을 감안한 것이지만, 교원허장제와 모순된 것으로 일정 수준의 신식교육을 받지 않은 자도 교원이 될 수 있게 하였다. 이에 따라 1896년 보조공립소학교규칙에 따라 소재지 유림들의 천거를 받아 관찰사가 임용한 부교원들도 당분간 유임될 수 있었다.[61]

이처럼 교원허장제와 검정제는 자격을 갖춘 교원을 보급하려는 근대적 교원양성제도의 특질이다. 하지만 1906년 이후에는 일제가 보통학교를 재편하는 데 필요한 교원을 공급하려는 의도가 내재해 있었다는 평가를 받고 있다.[62]

---

56) 『관보』 1899년 4월 17일, 「관공립학교 교원 서임시 시험규칙」.

57) 노인화, 앞의 논문, 1985, 24쪽; 김광규, 앞의 논문, 2011, 108쪽. 1904년 한성사범학교 교장 김영진은 동교 졸업생도 외국어학교처럼 졸업장을 수여하는 날에 교원으로 임용해 줄 것을 학부대신에게 요청하고 있었다(『황성신문』 1904년 12월 3일, 「교장의견」. 이는 그때까지 '졸업 후' 별도의 '임용과정'이 있었음을 시사한다.

58) 일부 사례가 확인되고 있다. 『황성신문』 1899년 9월 25일, 「설교위사」.

59) 보통학교 교원허장은 관공립 사범학교 졸업자 및 검정합격자에게 수여했다. 허장은 유효기간이 종신인 갑종허장과 만 6년인 을종허장으로 구분되었다. 교원검정은 시험검정과 무시험검정 2종으로 하였다. 무시험검정은 사범학교 졸업자, 고등학교 및 동등 이상 학교 졸업자나 교관 등을 대상으로 하였다. 보통학교령, 제15조~17조 및 보통학교령시행규칙, 제42조~47조 참조. 『관보』 1906년 8월 31일자 및 9월 4일자.

60) 보통학교령 제18조 및 보통학교령시행규칙, 제26조, 제48조 참조. '특별한 사정'이 있을 때는 허장이 없는 부교원 혹은 대판교원(代辦教員)도 임용될 수 있었다.

61) 정재걸, 이혜영, 앞의 책, 142쪽. 현지 유림들이 천거하도록 한 것은 학교경비를 조달하고 신식교육에 대한 유림들의 반대를 무마하고 전통 유학과의 조화를 유지하려는 의도가 있었다.

62) 1908~1910년 교원검정 합격자를 분석한 연구에 따르면, 검정합격자 300명 중 한문전과 부훈도 검정합격자가 67%로 가장 많았다. 이는 일제가 기존 사립학교를 을종 공립보통학교로 전환하면서 필요한 유자격 교사를 무시험검정을 통해 제공하기 위한 것이었다. 또한 기존 사립학교 교사들도 일제의 탄압을 피하기 위해 적극적으로 검정제를 활용하여 정식 교원자격을 취득하려고 했다. 김광규, 앞의 논문, 2014, 185~187쪽.

3. 학과편제 및 교과과정의 형성

1895년 관립한성사범학교의 학과편제는 본과(2년제)와 속성과(6개월제)로 이루어졌다. 이 가운데 교원양성을 위한 핵심 학과는 본과였다. 속성과는 초기에 잠시 운영되었다. 1896년까지 세 차례만 학생을 모집했을 뿐이다. 1897년부터 본과체제로 운영되었다. 본과는 1905년까지 다섯 차례 학생을 모집했으며,[63] 수업연한은 1899년에 4년으로 늘어났다. 1897년에 한성사범학교에서는 규정에 없는 영어과를 자체 운영하기도 했다.[64]

〈표 6-6〉 학과별 교과과정의 형성 과정[65]

<table>
<tr><th rowspan="2">과목</th><th colspan="2">1895년 7월(음력)</th><th colspan="7">1906년 8월 (사범학교령시행규칙)</th><th colspan="7">1909년 7월 (사범학교령시행규칙 개정)</th><th rowspan="2">비고</th></tr>
<tr><th>본과 (2→4년)</th><th>속성과 (6월)</th><th colspan="2">본과 (3년)</th><th colspan="2">예과 (1년 이내)</th><th colspan="2">속성과 (1년내)</th><th>강습과 (1년내)</th><th colspan="2">본과 (3년)</th><th colspan="2">예과 (1년내)</th><th colspan="2">속성과 (1년내)</th><th>강습과 (1년내)</th></tr>
<tr><td>수신</td><td>○</td><td>○</td><td>○</td><td>3</td><td>○</td><td>1</td><td>○</td><td>1</td><td rowspan="9">불명</td><td>○</td><td>3</td><td>○</td><td>1</td><td>○</td><td>1</td><td rowspan="9">불명</td><td rowspan="9">• 1895(본과): 1과목 혹은 여러 과목을 줄일 수 있음
• 1895(속성과): 과목을 줄일 수 있음
• 1906(본과): 농업 상업 수공 중 1과목 혹은 수 과목 추가 가능</td></tr>
<tr><td>교육</td><td>○</td><td>○</td><td>○</td><td>12(9)</td><td>×</td><td>0</td><td>○</td><td>5</td><td>○</td><td>8</td><td>×</td><td>0</td><td>○</td><td>5</td></tr>
<tr><td>국문</td><td>○</td><td>○</td><td rowspan="3">○ 국어</td><td rowspan="3">9</td><td rowspan="3">○ 국어</td><td rowspan="3">3</td><td rowspan="3">○ 국어</td><td rowspan="3">3</td><td rowspan="4">○ 국어급 한문</td><td rowspan="4">14</td><td rowspan="4">○ 국어급 한문</td><td rowspan="4">6</td><td rowspan="4">○ 국어급 한문</td><td rowspan="4">4</td></tr>
<tr><td>작문</td><td>○</td><td>○</td></tr>
<tr><td>습자</td><td>○</td><td>○</td></tr>
<tr><td>한문</td><td>○</td><td>○</td><td>○</td><td>9</td><td>○</td><td>4</td><td>○</td><td>3</td></tr>
<tr><td>일어</td><td>×</td><td>×</td><td>○</td><td>12</td><td>○</td><td>5</td><td>○</td><td>4</td><td>○</td><td>18</td><td>○</td><td>6</td><td>○</td><td>9</td></tr>
<tr><td>역사</td><td>○</td><td>○</td><td>○</td><td>6</td><td rowspan="2">○ 역사급 지리</td><td rowspan="2">3</td><td rowspan="2">○ 역사급 지리</td><td rowspan="2">3</td><td>○</td><td rowspan="2">10</td><td rowspan="2">○ 역사급 지리</td><td rowspan="2">3</td><td rowspan="2">○ 역사급 지리</td><td rowspan="2">3</td></tr>
<tr><td>지리</td><td>○</td><td>○</td><td>○</td><td>6</td><td>○</td></tr>
</table>

63) 김영우, 앞의 책, 56쪽; 노인화, 앞의 논문, 1985, 131쪽.

64) 당시 한성사범학교는 교원양성을 위한 제1부와 상류계층 자제들에게 영어를 가르치기 위한 제2부(영어과 혹은 영어부)로 개편하였다. 영어과는 영어학교(English School)로 불리기도 했는데 1897년에 5년 계약으로 부임한 헐버트가 담당했다. 1898년 현재 학생은 35명이었다. 그런데 영어과가 언제까지 운영되었는지는 불분명하다. 『구한국외교문서』 제11권, 미안2, 「사범학교교사 할버트의 학교개량에 대한 건의서」; 農商務省山林局 編, 『韓國誌』, 東京: 東京書院, 1907, 347쪽; Editorial Department. "Our schools," *The Korean repository*, Oct. 1898, p.388.

65) 『관보』에 공고된 각 법규를 참조해 작성함. 추가 가능한 과목은 제외함. 숫자는 주당수업시간을 나타냄. ○는 '있음', ×는 '없음'을 나타냄. 본과 주당수업시수는 3개년 시수를 합한 것임. 1906년 본과 아래 괄호는 교육실습 3시간을 제외한 수치임.

<table>
<tr><th rowspan="2">과목</th><th colspan="2">1895년 7월(음력)</th><th colspan="7">1906년 8월 (사범학교령시행규칙)</th><th colspan="7">1909년 7월 (사범학교령시행규칙 개정)</th><th rowspan="2">비고</th></tr>
<tr><th>본과 (2→4년)</th><th>속성과 (6월)</th><th colspan="2">본과 (3년)</th><th colspan="2">예과 (1년 이내)</th><th colspan="2">속성과 (1년내)</th><th>강습과 (1년내)</th><th colspan="2">본과 (3년)</th><th colspan="2">예과 (1년내)</th><th colspan="2">속성과 (1년내)</th><th>강습과 (1년내)</th></tr>
<tr><td>수학</td><td>○</td><td>○</td><td>○</td><td>10</td><td>○</td><td>5</td><td>○</td><td>4</td><td rowspan="8"></td><td>○</td><td>10</td><td>○</td><td>5</td><td>○</td><td>4</td><td rowspan="8"></td><td rowspan="9">• 1909(본과): 농업 상업 중 1과목 혹은 2과목 추가 가능
• 강습과(1906/1909) 예과(1909) 속성과(1909) 교과목은 학교장이 정해 학부대신 인가함</td></tr>
<tr><td>물리</td><td>○</td><td rowspan="3">○ 이과</td><td rowspan="2">○ 물리급 화학</td><td rowspan="2">7</td><td rowspan="3">○ 이과</td><td rowspan="3">4</td><td rowspan="3">○ 이과</td><td rowspan="3">4</td><td rowspan="2">○ 물리급 화학</td><td rowspan="2">7</td><td rowspan="3">○ 이과</td><td rowspan="3">4</td><td rowspan="3">○ 이과</td><td rowspan="3">4</td></tr>
<tr><td>화학</td><td>○</td></tr>
<tr><td>박물</td><td>○</td><td>○</td><td>4</td><td>○</td><td>4</td></tr>
<tr><td>도화</td><td>×</td><td>×</td><td>○</td><td>6</td><td>○</td><td>2</td><td>○</td><td>2</td><td>○</td><td rowspan="2">9</td><td>○</td><td>2</td><td>○</td><td>1</td></tr>
<tr><td>수공</td><td>×</td><td>×</td><td>×</td><td>0</td><td>×</td><td>0</td><td>×</td><td>0</td><td>○</td><td>×</td><td>0</td><td>×</td><td></td></tr>
<tr><td>음악</td><td>×</td><td>×</td><td>○</td><td>6</td><td>○</td><td>2</td><td>○</td><td>2</td><td>○</td><td>6</td><td>○</td><td>2</td><td>○</td><td>1</td></tr>
<tr><td>체조</td><td>○</td><td>○</td><td>○</td><td>9</td><td>○</td><td>3</td><td>○</td><td>3</td><td>○</td><td>9</td><td>○</td><td>3</td><td>○</td><td>2</td></tr>
<tr><td>합계</td><td>–</td><td>–</td><td>–</td><td>99 (96)</td><td>–</td><td>32</td><td>–</td><td>34</td><td>–</td><td>–</td><td>98</td><td>–</td><td>32</td><td>–</td><td>34</td><td>–</td></tr>
</table>

1897년부터 본과 위주로 운영되던 학과제도는 1906년 이후 축소되고, 또한 혼란스럽게 개편된다. 본과는 3년제로 단축되었고, 속성과·강습과 등 1년 이내의 속성과정이 다시 등장했다. 또한 일본인 교원의 통역교원을 양성하기 위해 임시양성과도 설치했다. 이처럼 본과 수업연한의 축소, 단기 과정의 부활 및 증설, 임시양성과 설치[66] 등은 일제의 교육침략에 동원할 낮은 수준의 교원을 서둘러 양성하려는 의도였다.

1895년의 교과과정(본과·속성과)은 모두 14개 과목으로 구성되었다. 이는 당시 소학교에서 가르칠 교수과목을 모두 포함한 것으로 근대적 교원들이 갖추어야 할 교과지식을 망라하고 있다.[67] 하지만 각 과목의 교수정도는 명시되지 않았다. 교과과정에 명시된 과목들은 관립 교원양성기관에서 점진적으로 가르쳐 왔다. '교육'

66) 예과는 실제로 설치되지 않았고, 임시양성과는 1906년부터 1907년까지 세 차례 학생을 모집했다(수업연한은 3개월 내지 6개월). 강습과는 1908년에 한 차례 학생을 모집했다.

67) 1895년 소학교령에 포함된 교수과목 중 도화, 외국어, 재봉만 빠져 있으나 이는 반드시 개설해야 하는 과목은 아니었다. 참고로 소학교령에 명시된 과목을 보면, 심상과 기본과목은 수신·독서·작문·습자·산술·체조였고, 본국지리·본국역사·도화·외국어·재봉(여아)은 추가 가능하였다. 고등과 기본과목은 이 과목들과 함께 외국지리·외국역사·이과를 더해 편성되었는데, 외국어만이 추가 가능한 과목으로 남겨졌다.

과목도 초기에 교수되었다.[68]

1906년 교원양성을 위한 교과과정은 기존의 큰 틀을 유지하면서도 교수과목의 종류와 그 정도가 부분적으로 변화하였다. 첫째, 교원양성교육을 이론적으로 뒷받침하는 '교육' 과목은 계속 강조되고 있다. 이 과목은 1906년 이후 계속 본과와 속성과 과목에 포함되었다. 주당수업시간의 비중도 상당히 컸다. 1906년에 주당수업시간은 본과와 속성과에서 모두 일본어, 수학 다음으로 많았다.[69] 1909년에도 이러한 비중은 비슷하게 유지되었다. 또한 1909년에도 국어·사회·과학 관련 과목과는 달리 교육 과목은 독자적인 지위를 유지했다.

둘째, 1906년부터 국어·사회 관련 과목들이 통합되면서 약화되었으나 기본과목으로서의 지위는 유지되었다. 1906년에 국문·작문이 국어로, 역사와 지리가 역사급지리로 통합되기 시작했다. 1909년에는 국어와 한문이 다시 국어급한문으로 통합되었다. 주당수업시간도 1909년에 국어·한문·역사·지리 과목은 줄어들었다. 특히 국어·한문은 모든 과정에서 감소했다. 그럼에도 불구하고 이들 과목이 기본과목의 지위를 완전히 상실한 것은 아니다. 기본과목 중 여전히 일본어, 수학, 교육 과목 다음의 비중을 차지하였다. 수학 및 과학 관련 과목은 주당수업시간이

---

68) 다만, 화학과 박물을 가르쳤다는 기록은 확인되지 않는다. 관립 교원양성기관에서 실제로 가르친 과목은 다음과 같다: 1896년에 가르친 과목은 지리(본국지리, 세계지리), 기본산술, 국한문의 작문, 경전이었다. '교육' 과목은 1895~1896년에 학부 고문관 다카미가 가르쳤음이 거의 확실하다. 심승필(속성과 2회)의 이력서에 따르면, 그는 1896년 3월에 입학해 10월에 졸업했는데 교사 다카미로부터 배운 것이 확인되고 있다(『대한제국관원이력서』 26책 및 42책(http://db.history.go.kr/에서 인출; 김성학, 앞의 책, 1996, 70쪽). 헐버트는 1897년부터 배재학당에서 도수체조를 가르쳤기에 한성사범학교에서도 가르쳤던 것 같다. 그의 지도를 받은 졸업생들이 지방 공립학교에서 체조를 열심히 가르쳤다(김성학, 앞의 책, 2013, 124~125쪽).
1899년에 1~4회 졸업생을 대상으로 치른 임용시험 과목은 독서와 작문, 지리, 산술이었다(『황성신문』1899년 5월 4일, 「시재택관」). 이 네 과목이 그때까지 주요 교수과목이었다. 이후 1899년 10월경에 '지구개론'이 새로 추가되었다(『황성신문』 1899년 10월 14일, 「사범학교」). 과학 관련 과목은 1900년 전후에 가르치기 시작한 것으로 보인다. 1900~1902년 무렵, 정운경과 박은식이 한문 및 순한문작문, 박정동은 물리, 헐버트는 지리와 수학을 가르쳤다(D. L. Gifford, op. cit, p.183; 김창제, 「나의 모교와 은사-한성사범학교와 은사」, 『삼천리』 4-1, 1932년 1월, 18쪽. 김창제는 1900년에 입학해 1903년 1월에 졸업). 그리고 수신, 습자는 한문이나 작문 시간에 다루고, 역사는 지리와 통합해 가르쳤을 것이다.

69) 교육실습을 포함하면 일본어와 같거나 더 많았다. 1906년 본과와 속성과 '교육' 수업시수에는 교육실습 시간이 포함된 것이다. 본과 12시간 중 교육실습 3시간이었고, 속성과 5시간에도 교육실습이 포함되었으나 몇 시간인지는 명시되지 않았다. 1909년에 본과, 속성과 수업시수에는 교육실습이 포함되지 않고 교육실습은 별도 부과되었다(〈표 6-6〉 참조).

그대로 유지되었다.

셋째, 1906년부터 일본어와 도화, 음악 등 새로운 과목이 처음 도입되었다. 특히 일본어는 가장 중요한 교과로 급부상하였다. 1906년에 일본어는 본과・예과・속성과에서 모두 주당수업시간이 가장 많았는데, 1909년에는 더욱 늘어났다. 1906년에 도화와 음악이 도입되어 예술교육이 시작되었으며 이는 1909년에도 지속되었다.

넷째, 농업・상업・수공 등 실용 교과를 추가 개설할 수 있게 하였다. 수공은 1909년에 본과 정규과목으로 전환되었다.

이상과 같이 1906년 이후 학과 및 교과과정의 변화에는 일제의 영향력이 분명히 드러나고 있다. 본과 수업연한이 오히려 축소되었고, 단기・임시 과정이 증설되었으며, 국어와 사회 관련 과목이 약화되는 것에 반해 일본어가 가장 중시되고 실용과목이 도입되었다. 그럼에도 불구하고 일본어를 제외한 다른 기본과목들의 지위가 완전히 상실된 것은 아니었으며 교육 과목이 여전히 중시되고 있었다는 점은 운영 성과의 산출에 긍정적인 영향을 주었을 것으로 보인다.*

---

* 이 글은 김성학, 「국가 차원의 교원양성제도 운영성과 고찰－1895~1910년을 중심으로」, 『한국교육사학』 제38권 제4호, 2016에 수록된 것으로 III-1 부분을 새로 추가함.

CHAPTER 제 07 장

국가적 교원양성제도의 운영 성과

I. 제1세대 근대적 교원집단의 창출

〈표 7-1〉은 1895년부터 1910년까지 국가 차원의 근대적 교원양성제도를 통해 배출된 초등교사 총수와 임용률 및 관공사립학교 교사 총수요 추정치를 정리한 것이다. 초등교사 총수요는 1905년까지는 소학교 심상과(3년제), 1906년 이후는 보통학교(4년제) 각 학년당 1명의 교사가 필요하다는 가정 하에 추정하였다.

〈표 7-1〉 국가적 차원의 교원양성제도를 통한 초등교원 양성 실적 및 교원 총수요 상황[1]

배출 · 졸업 연도		학과	배출 초등교원 수					학교 수		교원 총수요 추정치	
			사범학교	검정	합계	누계	임용률%	관공립 초등	사립	관공립 초등	사립
1895	~8월	속성과	9	–	37	37	미상	7(6)	3	21	9
	10월	속성과	28	–			96				
1896		속성과	41	–	41	78	75	46(8)	6	138	18
1897		속성과	44	–	44	122	77	49(8)	12	147	36
1898		-	–	–	–	122	–	53(9)	21	159	63

1) • 사립 교원양성기관의 실적은 제외함. 관공립학교 수에서 괄호는 관립학교만의 수를 표기한 것임. –는 없음을 나타냄.
• 1895년 8월 이전의 사범학교(1894.9. 설립) 졸업생은 임후남(2003b, 114-115쪽)에서 8명이 확인되었고, 김광규(2011, 100쪽)가 한 명을 더 확인한 것을 사용했다. 사범학교 졸업생 수는 김영우(1987), 노인화(1985), 김광규(2011)에 의거함. 1906~1907년 교원검정합격자 수는 김광규가 제시한 관보 자료와 조선총독부시정연보(1911) 자료를 비교해 추출했다.
• 1906~1907년 검정합격 교원은 총 259명으로 합계와 누계를 구할 때는 각 연도에 약 절반씩 배정하였다(129명, 130명). 1908~1910년 임용률의 오른편은 검정합격자의 평균 임용률이다.

<table>
<tr><th rowspan="2">배출 · 졸업 연도</th><th rowspan="2">학과</th><th colspan="6">배출 초등교원 수</th><th colspan="2">학교 수</th><th colspan="2">교원 총수요 추정치</th></tr>
<tr><th>사범 학교</th><th>검정</th><th>합계</th><th>누계</th><th colspan="2">임용률%</th><th>관공립 초등</th><th>사립</th><th>관공립 초등</th><th>사립</th></tr>
<tr><td>1899</td><td>본과</td><td>26</td><td></td><td>26</td><td>148</td><td colspan="2">80</td><td>70(9)</td><td>55</td><td>210</td><td>165</td></tr>
<tr><td>1900</td><td>-</td><td>-</td><td>-</td><td>-</td><td>148</td><td colspan="2">-</td><td>85(9)</td><td>72</td><td>255</td><td>216</td></tr>
<tr><td>1901</td><td>-</td><td>-</td><td>-</td><td>-</td><td>148</td><td colspan="2">-</td><td>94(9)</td><td>92</td><td>282</td><td>276</td></tr>
<tr><td>1902</td><td>본과</td><td>9</td><td>-</td><td>9</td><td>157</td><td colspan="2">100</td><td>101(9)</td><td>103</td><td>303</td><td>309</td></tr>
<tr><td>1903</td><td>본과</td><td>24</td><td>-</td><td>24</td><td>181</td><td colspan="2">91</td><td>103(9)</td><td>118</td><td>309</td><td>354</td></tr>
<tr><td>1904</td><td>-</td><td>-</td><td>-</td><td>-</td><td>181</td><td colspan="2">-</td><td>86(9)</td><td>134</td><td>258</td><td>402</td></tr>
<tr><td>1905</td><td>본과</td><td>23</td><td></td><td>23</td><td>204</td><td colspan="2">100</td><td>88(9)</td><td>204</td><td>264</td><td>612</td></tr>
<tr><td rowspan="2">1906</td><td>본과</td><td>3</td><td rowspan="2">129</td><td rowspan="2">163</td><td rowspan="2">367</td><td colspan="2">100</td><td rowspan="2">23(9)</td><td rowspan="2">431</td><td rowspan="2">92</td><td rowspan="2">1724</td></tr>
<tr><td>임시양성과</td><td>31</td><td colspan="2">80</td></tr>
<tr><td>1907</td><td>임시양성과</td><td>32</td><td>130</td><td>162</td><td>529</td><td colspan="2">93</td><td>50(9)</td><td>643</td><td>200</td><td>2572</td></tr>
<tr><td rowspan="2">1908</td><td>임시양성과</td><td>30</td><td rowspan="2">82</td><td rowspan="2">139</td><td rowspan="2">668</td><td>100</td><td rowspan="6">48
(검정)</td><td rowspan="2">98(9)</td><td rowspan="2">1310</td><td rowspan="2">392</td><td rowspan="2">5240</td></tr>
<tr><td>본과</td><td>27</td><td>97</td></tr>
<tr><td rowspan="2">1909</td><td>강습과</td><td>31</td><td rowspan="2">151</td><td rowspan="2">211</td><td rowspan="2">879</td><td>100</td><td rowspan="2">124(9)</td><td rowspan="2">1642</td><td rowspan="2">496</td><td rowspan="2">6568</td></tr>
<tr><td>속성과</td><td>29</td><td>89</td></tr>
<tr><td rowspan="2">1910</td><td>본과</td><td>29</td><td rowspan="2">67</td><td rowspan="2">149</td><td rowspan="2">1028</td><td>96</td><td rowspan="2">130(1)</td><td rowspan="2">1791</td><td rowspan="2">520</td><td rowspan="2">7164</td></tr>
<tr><td>속성과</td><td>53</td><td>92</td></tr>
<tr><td colspan="2">합계</td><td>469</td><td>559</td><td>1028</td><td></td><td colspan="2"></td><td></td><td></td><td></td><td></td></tr>
</table>

- 공립학교 수는 1895~1905년은 구희진(2009)에 의거하고, 1906~1910년은 「학사통계」(조선총독부, 1911)를 사용함. 전자는 교원임면을 토대로 한 것으로 실제 부임시기는 더 늦을 수 있다. 특히 1896년의 37교(나머지 1교는 한성공립소학교)에 실제로 정부보조금을 지급하기 시작한 것은 1898년부터였다. 이후 1900~1905년에 신설된 공립학교는 대부분 비보조 공립학교였다(구희진, 2009, 197쪽). 1906~1907년 공립학교 수가 급격히 감소한 것은 일제가 기존 소학교령에 따라 설립된 공립학교를 대부분 인정하지 않았기 때문이다. 조선총독부 학사통계(1911, 35쪽)에서는 이를 '미상'으로 표기하고 있다. 1908년부터 정부는 더 이상 임시학사확장비로 학교 확장이 어렵게 되자 기존의 일부 공립학교를 을종으로 인정하여 보조금을 지급하기 시작했고, 1909년부터는 일부 사립학교와 공립학교를 보조지정학교로 지정해 일본인 훈도와 조선인 부훈도를 파견했다. 을종 공립학교와 보조지정학교가 공립학교로 산정되면서 공립학교는 1908년부터 크게 증가한 것으로 나타난 것이다.
- 관립학교 수는 류방란(앞의 논문), 김경미(앞의 책), 학부, 『韓國教育の現狀』, 1910 등을 참조함. 사립학교 수는 김정해(1987: 134)에서 제시한 1895~1909년도 신설 학교수를 이용했다(학교명이 확인된 것으로 실제 사립학교 수는 더 많을 것이다). 1910년 자료는 김영우(1997: 555) 자료를 참고했다. 각 연도별 신설학교가 이후에도 폐교되지 않은 것으로 가정해 누적 수를 구하였다. 또한 대부분의 사립학교는 초등과정(소학교나 보통학교 수준)을 포함하고 있는 것으로 보았다.

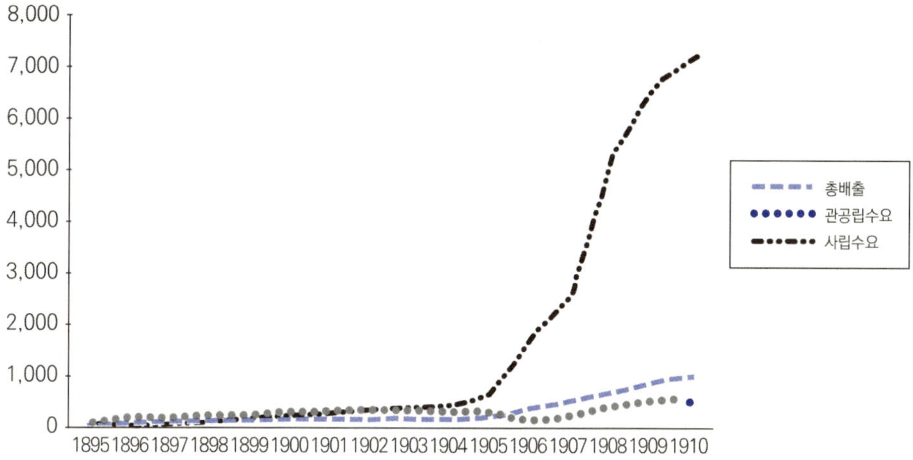

전 기간에 걸쳐 교원양성기관(관립 사범학교) 및 검정을 통해 배출된 교원은 총 1천여 명이었다. 1895~1910년 사이에 관립 사범학교에서 속성과정 10회, 본과 7회의 졸업생이 배출되었고, 1906년부터 검정제를 통해 매년 1백 명 이상의 교원이 배출되었다. 전 기간에 정규 관립 교원양성기관보다 검정제를 통한 배출 인원이 조금 더 많았다.

초등교원 총 공급(누적 수)과 총 수요 추정치의 연도별 추이를 살펴보면 [그림]과 같다. 1905년까지 관립 교원양성기관을 통해 배출된 초등교원 총수는 관공립 소학교 1교당 2.32명 수준이다. 이는 심상과(3년제) 한 학년당 1명의 교원수요를 충족시키지 못한 것이었다. 졸업자 중 이직자, 미임용자, 사립학교 전출자 등이 있기에 실제 학교당 재직 교원 수는 더 줄어들 것이다.[2)]

그런데 1906년부터 상황은 달라졌다. 일제가 사범학교 규모를 확대하고 단기과정 및 검정제를 본격 운영하면서 배출교원 누적 총수는 관공립 보통학교 교원 총수요를 앞지르기 시작했다. 보통학교 교원 총수요는 보통학교 1교당 4명을 기준으로 추정한 것이므로 누적 교원 총수는 이것을 감당할 만큼 되었다는 것을 의미한다. 이직자, 미임용자, 사립학교 전출자가 제외된, 실제 각 관공립 보통학교에 소속된

2) 한성사범학교 졸업생 중에 1910년 이후까지 근무한 자는 20% 정도였고, 관립한성사범학교 체제가 출범하기 전에는 의무복무 규정이 없었기 때문에 1년 내 사직자가 적지 않았다. 김광규, 앞의 논문, 2011, 117쪽. 당시까지 보통 관립 소학교에는 2명, 공립 소학교에는 1명 정도가 실제 임용되었다. 류방란, 앞의 논문, 109쪽.

교원 수는 1906~1910년에 1교당 평균 3.4명 정도로서[3] 보통학교 한 학년당 1명꼴에 가까워지고 있었다.

하지만 사립학교의 상황은 매우 달랐다. 당시 교원양성제도 아래서 사립학교는 학년당 1명의 '유자격' 교사를 두기 힘든 형편이었다. 관립 교원양성기관을 통해 배출된 교원은 1906년을 지나서야 관공립 보통학교 교원 수요만을 감당할 정도가 되었다. 1905년 이후 급증하는 사립학교 교원 수요는 결코 충족될 수 없었다. 사립학교 교원 수요는 사립 사범학교, 사범과, 사범속성과, 사범강습소 등 각종 사립 양성기관을 통해 일부 충족되었다.[4] 하지만 당시 사범학교령(제2조)에서 '관공립' 사범학교만 인정했기에 사립 양성기관은 원칙적으로 법외(法外) 기관이었다. 당시 정부는 급증하는 교원 수요에 직면해 사립 양성기관도 묵인하고 있었다. 그에 따라 정부에서 직접 통제하지 않는 사립 양성기관도 한동안 존속할 수 있었다.

이러한 국가 차원의 교원양성제도를 통해 교원자격을 갖춘 근대적 교원집단이 처음으로 형성되었다는 점에 주목할 필요가 있다. 초창기 교원양성제도의 성과는 1905년 이전에는 조선인 교관들의 유학적 배경이나 부정기적 학생 선발과 낙후된 시설 때문에, 그리고 1906년 이후에는 일제의 식민지화 기획 아래 배치된 일본인 교관 및 교육침략과 연계된 학사 운영 때문에 폄하되기도 한다.[5] 그럼에도 불구하고 시험제 원칙에 따라 선발된 조선인들은 신지식의 세례를 받으며 근대적 교원으로 성장해 갔다. 부족한 재정과 시설에도 불구하고 교육·국문·산술·지리·역사·과학·체조·도화·음악 등 국가교육체제 형성에 필수적인 신지식 습득에 몰두했으며, 조선인 교관들에게 부족한 전문성은 일본인과 미국인 교관들의 도움을 받으며 채워 나갔다.[6] 당시 국가적 교원양성제도를 통해 배출된 1천여 명 이상의 교원들은 한국에서 근대적 교원집단이 탄생했음을 의미한다.

1910년 이전에 형성된 교원집단은 크게 두 집단으로 구분해 볼 수 있다. 1895~

---

3) 조선총독부, 「학사통계」, 1911, 34~35, 88~90쪽에서 계산한 수치임.
4) 김영우, 앞의 책, 1987, 121~149쪽 참조.
5) 노인화, 앞의 논문, 1985, 24쪽; 김광규, 앞의 논문, 2011, 95쪽, 105쪽; 古川昭, 앞의 책, 153쪽.
6) 관립 교원양성기관에 1905년 이전에는 高見龜(1895.윤5~1896.11 음력), H. B. Hulbert(1897~1902)가 교관으로 활동했고, 1906년부터는 增戶鶴吉 등 9명의 일본인 교관이 재직했다(김성학, 『서구교육학 도입의 기원과 전개』, 문음사: 1996, 69~74쪽 참조). 일본인 교관은 1906년에 6명, 1907~1908년에 5명, 1909~1910년에 9명이었다. 조선총독부, 『학사통계』, 1911, 33쪽.

1905년 사이에 양성된 교원들을 제1세대 근대적 교원이라고 한다면, 1906~1910년 사이에 배출된 교원들은 1.5세대 정도로 구분해 볼 수 있을 것이다. 국가 차원의 교원양성제도를 통해 양성된 교원만을 보면, 제1세대 교원집단은 총 200여 명이고,[7] 1.5세대는 800여 명으로 1세대의 4배에 달한다. 제1세대 교원집단의 중추는 정규 교원양성교육을 받은 200여 명의 한성사범학교 출신들이다. 당시 관찰사가 현지에서 임용한 공립학교 부교원과 학부에서 시행하는 임용시험에 합격한 사립학교 교원도 존재했다.[8] 하지만 전자는 대부분 유림의 천거를 받은 자이고, 후자는 정확한 실태가 확인되지 않고 있다. 제1세대 근대적 교원집단은 갑오개혁 이후 국가교육체제가 성장하면서 정규 양성기관을 통해 형성되었다. 이와 달리 1.5세대 교원집단에는 국가적인 교원양성제도를 통해 배출된 800여 명의 교원과 함께 비공인 사립 교원양성기관 출신자들도 포함시킬 수 있을 것이다. 둘 다 일정한 양성과정을 통해 교육학을 비롯한 신지식을 습득한 교원이지만, 전자가 일제의 교육침략에 편승한 측면이 있다면 후자는 전국 사립학교에 파견되어 교육구국운동에 동참하는 경우가 많았다.[9]

이러한 차이가 있지만, 제1세대와 1.5세대 교원은 모두 일반 관료와는 구별되는, 새로운 교원양성제도를 통해 교육 전문성을 획득한 최초의 집단이었다. 근대적 교원집단이 형성되면서 1906년 이후 초보적인 교원단체도 나타나기 시작한다. 1906년 7월, 일종의 관변조직으로 관립소학교직원회(이후 관립보통학교직원회)가 조직되었다. 이는 관립 소학교 교장들로 구성되었는데, 매달 한 번 학부나 사범학교에 모여 교육현안을 협의하고 또 학무국의 의견을 전달받는 자리로 활용되었다.[10]

7) 1906년 7월에 졸업한 본과 3명은 1905년 11월에 선발되었기에 엄밀히 따지면 1세대에 포함시켜야 한다.

8) 『관보』 1895년 7월 22일, 소학교령 제23조; 『관보』 1896년 2월 25일, 보조공립소학교규칙 제3조; 『관보』 1899년 4월 17일, 관공립학교교원서임시시험규칙 제5조. 강원도에서는 공립학교 부교원으로 사립학교 교사가 임용되는 일도 있었고, 임용된 후 자주 교체되고 있었다(김홍수, 「강원도 지방의 근대학교 개교시기에 관한 연구」 『춘천교육대학교논문집』 35, 6쪽).

9) 전자의 임용률은 평균 93.4%로 매우 높았다. 그들은 1906년 이후 관공립학교를 떠난 조선인 교원을 대체하거나 지방 공립학교로 파견된 일본인 교원의 통역교원(부교원)으로 임용되었다. 김영우, 앞의 책, 1987, 156~157쪽; 임후남, 앞의 논문, 2001, 160~162쪽; 구희진, 「대한제국기 국민교육의 추진과 굴절」, 『역사교육』 109, 2009, 215쪽.

10) 『황성신문』 1906년 7월 5일, 「관립소학교직원회규칙」 및 1908년 3월 7일, 「책재교사」, 1908년 12월 20일, 「24직원회」.

사립학교 교원단체도 등장하였다. 1908년 6월에 대한협회 교육부 발기로 한성부 내외 40여 개 사립학교를 연합하여 사립학교연락회가 조직되었다. 회장은 여병현, 부회장은 윤효정이었다.[11] 1909년 8월에는 사립학교교사친목회가 조직되어 10월에 사립학교직원연합회로 확대 개편되었다. 총대는 국민야학교를 발기하고 서북협성학교 교감을 지낸 바 있는 최재학이었다. 사립학교직원연합회는 당시 교육현안에 대해 학부에 직접 청원하기도 하였다.[12]

Ⅱ. 졸업생 분석-문명개화와 사회변화의 선도자 배출

초창기 국가 차원의 교원양성제도의 운영 성과는 배출된 인물들의 사회활동을 통해 확인해 볼 수 있다. 초창기 관립 교원양성기관은 초등교원을 양성하는 곳이었다. 하지만 학생들의 관심과 활동은 장차 교원에게 필요한 신지식의 습득에 한정되지 않았다. 재학 시에 신지식 습득에 열중하면서도 애국사상을 품고 적극적인 사회참여 활동을 벌인 학생들이 있었다. 1900년대 초반, 한성사범학교 학생들은 사립흥화학교에서 매주 토요일 토론회 겸 연설회를 개최하여 부패한 정치를 비판하고 정치변혁 사상을 고취했다. 이 토론회 중에 과격한 정치개혁을 외치다가 징역을 받은 학생들도 있었다.[13] 졸업생들도 소학교(보통학교) 교원에만 머물지 않고 문명개화의 선도자로서 활발한 활동을 벌였다. 원영의(1895년 졸업), 이교승(1895년 졸업), 박정동(1897년 졸업), 윤태영(1897년 졸업), 주정균(1897년 졸업) 등은 1905년 이후 다양한 신지식의 생산과 보급을 통해 계몽운동을 선도했다. 이들이 저술·편집·교열한 교과서들은 20종, 그리고 각종 신학문을 소개한 글은 21종에 달한다.[14] 교과서는 대부분 사립학교용이었으며, 글은 모두 계몽운동을 이끈 학회지에

11) 『황성신문』 1908년 6월 23일, 「사교연락회조직」 및 1908년 6월 30일, 「사교연락」.

12) 학부에 청원한 안건은 관사립학교 직원회의 합동, 사립학교 학생의 관립학교 이과수업 참관, 교과용도서 합동, 기숙사 설립, 교육비 부담구역 확정 등이다. 학부차관은 관사립학교직원회 통합에 대해 반대 의사를 밝혔다. 『대한매일신보』 1909년 8월 24일, 「교사회임원」 및 1909년 11월 13일, 「사교의견」; 『황성신문』 1909년 12월 4일, 「학차지시요항」.

13) 김창제, 앞의 글, 18~19쪽.

14) 임후남, 앞의 논문, 2003a, 106~107쪽; 김성학, 앞의 책, 95~104쪽.

발표되었다.

초창기부터 정치사회운동에 적극 가담한 졸업생도 등장했다. 대표적인 사례는 1895년에 사범학교를 졸업한 최정덕(崔廷德)이다.[15] 그는 관립 소학교 교원으로 근무하면서도 1898년부터 독립협회운동에 적극 가담했다. 그는 동년 7월경부터 4회 이상 독립협회 총대위원 혹은 대표위원을 지냈고, 11월에는 독립협회 소속 중추원 의관으로 선출되어 독립협회가 해산되는 12월까지 활약했다. 그는 독립협회운동 후반기에 이승만・안창호・신채호 등과 함께 소장 신진파로 주목받던 인물이었다.[16] 그는 중추원 의관으로서 일본 망명 중인 박영효의 소환과 천거를 주도하고, 또한 공화정 실시를 주장한 급진적인 지식인이었다.[17]

이처럼 한성사범학교 졸업생들은 문명개화와 사회변화를 선도하는 활동에도 적극 가담했다. 이들만으로도 교육성과를 어느 정도 가늠해 볼 수 있지만, 이것이 얼마나 일반화될 수 있을지 구체적으로 확인해 볼 필요가 있다. 이를 위해 한성사범학교 제4회 졸업생(1899년) 26명의 졸업 후 교직경력과 사회활동을 분석하였다.[18] 제4회 졸업생은 최초의 '본과' 졸업생(1897. 5-1899. 4)이며, 또한 학부 특별시험(임용시험)을 거쳐 임용된 최초의 학생들이다.[19] 이처럼 이들은 만 2년간의 수학기간과 임용시험을 거친 최초의 졸업생들이기에 교육성과를 확인해 보는 데 적합한 집단이다.

졸업생 26명 가운데 25명의 교직경력과 사회경력을 확인할 수 있었다(〈표 7-2〉). 여기서 가장 먼저 눈에 띄는 점은 절반 이상(14명)이 각종 계몽・사회운동 단체에 직간접적으로 관여하고 있다는 것이다. 9명이 대한자강회・서우학회・서

15) 그는 동년 5월에 한성사범학교 부속소학교 교원으로 임명되었고, 1896년 6월 수하동 관립소학교로 옮겨 1898년 11월까지 근무했다. 『독립신문』1896년 6월 16일; 『황성신문』 1898년 11월 7일, 서임급사령; 임후남, 같은 논문, 114쪽. 그는 면직 시 복직을 청원했으나 실현되지 않았다.

16) 『승정원일기』, 고종 35년 10월 16일자(음력); 『황성신문』 1898년 12월 2일, 서임급사령; 신용하, 『독립협회 연구(상)』, 서울: 일조각, 2006, 131~133쪽.

17) 임후남, 앞의 논문, 2003a, 115~116쪽. 그는 독립협회가 해산된 뒤 1899년 6월 독립협회를 탄압한 세력을 처단하기 위해 고영근 등과 함께 조병식・신기선・이종건 등 대신들의 저택에 폭탄을 투척했다. 이후 체포령이 내려지자 일본으로 망명했다. 그는 1900년 궐석 재판에서 교수형을 선고받았다.

18) 졸업생 명단은 『관보』 1899년 4월 13일자, 학사란에 공지됨.

19) 『황성신문』 1899년 4월 13일, 「학교신규」, 1899년 5월 4일, 「시재택관」 및 1899년 5월 10일, 「공기유사」.

북학회·기호흥학회·대한협회 등 학회 회원으로 활동했고, 5명은 학회나 협회에 의연금을 기부하거나 학회 지회에서 개설한 사범강습소 강사로 참여하고, 혹은 사립 야학교를 직접 설립, 운영하였다.

〈표 7-2〉 한성사범학교 제4회(1899년) 졸업생들의 교직 및 사회활동 상황[20)]

이름	졸업후 진학	교직 경력	구국운동 경력	기타 사회 활동
南明植	–	1899 충남관찰부공립 소학교 교원 1904 관립 소학교 교원 1906~07현 관립정동보통학교 교원	–	–
白樂煥	–	1899 관립 소학교 교원 1907현 관립경교보통학교 교원	1908 서우학회 회원	1919~23 평남 덕천면장
朴致雲	일본 측량전문 학교 졸업	1899 운산군공립소학교 교원	1908 안악군 홍봉학교 연조 1908 평양 서북학회지회 사범예비강습회 강사	* 1917년 상해 이주
沈驥燮	–	1900~04 옥구항공립소학교 교원 1906~12 공주 공립보통학교 훈도, 교장	1908 기호흥학회 공주지회원	–
李錫榮	–	1899 장진군공립소학교 교원 1903~08 함남관찰부공립 소학교 교원(훈도), 교장 1909~10 공립원산보통학교 훈도	–	–

20) 당시 관보, 신문, 정부문서, 직원록, 학회지, 승정원일기, 실록 등을 참고해 작성함. –은 미상임.

* 「南華韓人青年聯盟 關係者 取調의 건」 京高特秘 제808호, 1939년 3월29일에 박치운의 아들 박제채의 취조 문서에 명시됨. 아들은 1939년 무정부주의 단체 南華한인청년연맹에서 활동하다 체포됨.

** 전덕룡의 경력 자료는 『중추원조사자료』, 各道議員 推薦의 件, 1921에 상세히 명시됨. 1921년에 중추원 평안남도 의원에 추천되었고, 이후 중추원참의 및 평남도회의원으로 활동함. 『民族正氣의 審判』, 第2部 일본제국의회 의원 역임자, 1949(한국사데이터베이스 http://db.history.go.kr).

이름	졸업후 진학	교직 경력	구국운동 경력	기타 사회 활동
尹泰權	–	1907~09 공립마산보통학교 훈도 겸 교장	1908 대한협회 창원지회 회원	1901 양지아문 양무위원
馬羲律	–	1899 문천군공립소학교 교원 1900 충북관찰부공립 소학교 교원	–	1903 전화과 주사 1904 내장원 주사 1905~1907 궁내부 지능령
嚴星乙	–	1899 사립학교 교원 1899~1902 관립 소학교 교원	–	–
安廷夔(安秉瓚)	1904 법관양성소 졸업	1900 평북관찰부공립소학교 교원 1902~1903 삼화항공립소학교 교원	1905 을사늑약 반대 상소 (安秉瓚으로 개명) 1906~07 대한자강회 회원 및 간사원 1906~07 서우학회 평의원 司察員 1908 대한협회 평양지회 회원 1910 안중근 의사 변호 활동 1919 대한독립청년당 조직, 총재 1920 임시정부 법무차장 겸 임시법률기초 위원장 1921 공산주의 전향, 고려 공산당 중앙위원	1904 법관양성소 박사 1905 법관양성소 교관 법부 주사 1907 평안북도재판소 검사 및 평양지방재판소 검사국 변호사
閔觀鉉	–	1902~06 관립 소학교, 덕원부공립소학교, 동래항공립소학교, 평양군공립소학교 교원 1906~10 공립개성보통학교 훈도 겸 교장	1907 대한자강회 평양지회 회원	1899 양지아문 양무위원
金光植	–	1899 안산군공립소학교 교원 1901 정평군공립소학교 교원	1906 대한자강회 남양 지회 회원, 남양 송림학교계 계원	–
崔鼎夏	–	1900~01 김해군공립소학교, 안산군공립소학교, 평양부공립소학교 교원 1901~08 인천일어학교	–	–

이름	졸업후 진학	교직 경력	구국운동 경력	기타 사회 활동
		부교관 1910 관립인천실어학교 부교수 1912~23 인천공립상업학교 교유		
朴在衡	1907 일본 千葉 의학전문 학교 입학 준비 중	1899~1902 강릉군공립소학교 교원 1904~06 성진항공립소학교 교원 1906~07 부평군공립소학교 교원	–	–
韓鍊洙	–	1899 영흥군공립소학교 교원 1905~11 북청군공립소학교 교원, 훈도, 교장	1909 대한협회 북청지회 회원	1931 제자들, 북청에서 묘비제막식 거행
康基夏	–	1899~02 덕원부공립소학교 교원 1908~10 공립영흥보통학교 훈도	1909 서북학회 건축비 의연금 기부	–
田德龍 **	1906 평양일어 학교 수학 1906~1907 평양대동 학교 야학과 법률학 수학	1899 평양군공립소학교 교원 1901~05 평안북도관찰부공립소학교 교원 1906~08 공립평양보통학교 훈도, 교장	1907 서우 및 대한자강회 평양지회 회원 1908 대한협회 평양지회 회원 1909 서북학회 회원 1908 이후 사범강습소 설립	1908~10 평남 영원군 군수 1910~13 평남 용강군 군수 1914~20 평남 영원군 군수 1916 평남 토지조사위 임시위원 1921 평남 맹산군 군수 중추원 참의
李承默	–	1907. 2~7 공립인천보통학교 교원	–	1899 양지아문 양무위원 1907 도지부 세무주사 1908 전주재무감독국 정산재무서 주사
姜容圭	–	–	–	–
金基宗	–	1901~05 평양부공립소학교 교원	1909 서북학회 회원	1899 양지아문 양무위원

이름	졸업후 진학	교직 경력	구국운동 경력	기타 사회 활동
崔聖澤	–	1899 증산군공립소학교 교원 1900 삼화항공립소학교 교원 1900~05 평남관찰부공립 소학교 교원 1912 강동공립보통학교 부훈도	1908 강동군 광명학교 교사 및 야학교 (창해의숙) 설립	1913 임시토지조사국 서기보 1920~24 정선군 면장
姜翼修	–	1899 곽산군공립소학교 교원 1900 평안북도관찰부공립 소학교 교원 1901 함북관찰부공립소학교 교원 1902~04 증산군공립소학교 교원 1909~15 강릉공립보통학교 훈도 1916 삼척공립보통학교 훈도	–	–
韓炳洙	–	1899 성진군공립소학교 교원 1900 김해군공립소학교 , 북청군공립소학교 교원 1901 덕원부공립소학교, 홍원군공립소학교 교원 1902 장진군공립소학교 교원 1905 영흥군공립소학교 교원 1906~10 공립문천보통학교 훈도	–	–
韓弼洙	–	1899 옥구항공립소학교 교원 1900 정평군소학교 교원 1901 함북관찰부공립소학교 교원 1905 홍원군공립소학교교원 1908~10 공립홍원보통학교 훈도	–	1928~37 여주군 면장
金學濟	–	–	1897 독립협회 보조금 기부	1900 양지아문 양무 위원 1904 내장원 봉세관 1917 평북지방토지 조사위 임시 위원

이름	졸업후 진학	교직 경력	구국운동 경력	기타 사회 활동
				1926~36 평북 자성군 면장
李載星	–	1900~01 회양군공립소학교 교원	1897 독립협회 보조금 기부	–
金奎元	–	1900 삼화항공립소학교, 경기관찰부공립학교 교원 1901 회양군공립소학교 교원 1902~1905 김해군공립소학교 교원	–	–

둘째, 전술한 최정덕처럼 졸업 후 사회변화를 선도하는 저항의 길을 걸어간 인사도 재차 확인되고 있다. 대표적인 사례는 안정기(안병찬)이다. 그는 한성사범학교 본과를 졸업하고 1900년부터 1903년까지 평안도에서 공립 소학교 교원으로 근무했다. 그는 다시 법관양성소에 진학해서 1904년에 졸업했다. 그는 1905년에 을사늑약 반대상소를 올려 구속되었다. 이후 그는 대한자강회·서우학회·대한협회 회원으로 국권회복운동에 적극 가담하면서도, 검사·변호사·전직 교원으로서 활발한 항일활동을 전개했다.[21] 강제합방 후 그는 더욱 강력한 반일 저항운동에 가담하게 된다. 1919년 3.1운동에 참여한 뒤 만주로 망명하여 대한독립청년단을 조직했고, 1920년에 대한청년단연합회 총재로 추대되었다. 1921년에는 공산주의로 전향해 고려공산당 창건 시 중앙위원으로 선출되었다.[22]

셋째, 거의 모두 관공립 소학교(보통학교) 교원으로 일정 기간 활동했는데(24명),[23] 특히 5명은 교원 재직 중에 각종 학회 회원으로 활동한 것이 확인되었다.

21) 그는 1909년에는 일진회 간부를 대역미수 및 국권손괴죄로 고소했다. 또한 안중근 의사를 변호하기 위해 여순감옥으로 갔으며, 이완용을 암살하려다 붙잡힌 이재명 의사를 변호했다. 1907년에는 가정교육과 학교교육, 사회교육 및 지덕체 삼육 강조하는 글을 학회지에 발표하였다. 한민족문화대백과사전(http://encykorea.aks.ac.kr); 안중근 변호에 대해서는 『統監府文書』 7권, 一安重根關聯一件書類, 문서번호(332), 1910. 1.7; 『서우』 제5호, 1907년 4월 1일, 8쪽 참조.

22) 졸업생들의 일제하 행적은 여러 가지로 분화된 것 같다. 일제하에 중추원 참의(군수), 면장 등을 지낸 졸업생이 4명 확인되었다.

23) 이 중 17명은 1905년 이후 재직하고 있었는데, 강제합방 이후까지 재직한 인사는 5명이었다.

이들은 한성사범학교에서 습득한 신지식과 문명개화 의식을 일선 학교에 보급하는 에이전트의 역할을 충실히 수행했을 것이다. 그들은 문명개화 선도자 및 사표로서 학생들에게 큰 영향을 주었던 것 같다. 일례로, 대한협회 북청지회 회원으로 활동한 바 있는 한연수(韓鍊洙)의 제자들은 1931년에 그의 높은 뜻과 숭고한 덕을 기리기 위해 그가 오랫동안 근무한 북청에서 성대한 묘비 제막식을 거행하고 있었다.[24)]

이러한 결과에 비추어 볼 때, 관립 교원양성기관 출신들의 문명개화 및 사회변화 선도자로서의 역할 수행이 일부에게 한정된 것은 아니었다고 생각된다. 이들은 국권 상실의 위기 앞에서 교육자의 길만이 아니라 문명개화와 저항의 길을 개척해 간 선각자들이었다. 1906년 이후 배출된 교원들도 일제의 간섭과 통제에도 불구하고 비슷한 길을 걸어간 졸업생들이 적지 않았을 것으로 보인다. 대표적인 예로 1906년 9월에 임시양성과(제1회)를 졸업한 박두성(朴斗星)을 들 수 있다. 그는 처음에 양현동관립보통학교와 어의동관립보통학교를 거쳐 1913년 제생원 맹아부(서울맹학교 전신) 훈도로 부임해 평생 시각장애인 교육에 헌신했다. 그는 시각장애인들에게 문명의 빛을 선물한 시각장애인의 세종대왕으로 추앙받고 있다[25)]

Ⅲ. 근대 교육학의 수용과 발전

1890년대에 국가 차원의 교원양성제도가 등장하면서 근대 교육학도 본격적으로 수용되었다. 학부는 1895년 4월(음력)에 교원양성제도의 기본 틀을 마련하고, 이어 5월에 한성사범학교를 재출범시키면서 일본의 사범학교 교과서를 참고해 사범학교용 교과서를 편찬하려고 했다.[26)] 하지만 교육학 교과서의 경우 학부의 이 계획은 실현되지 않았다. 대신에 한성사범학교규칙(1895. 7.23 음력)을 제정하여 국가적 교원양성제도를 확립한 지 나흘 뒤(7.27)에 어용서사(御用書肆) 희다욱당에서

24) 『매일신보』 1931년 10월 15일.

25) 그는 1926년 '훈맹정음'으로 불리는 한글점자를 완성하고 『조선어독본』을 한글점자로 출판했다. 『관보』 1906년 9월 13일; 『대한제국관원이력서』 7책, 220쪽 및 30책, 711쪽(http://db.history.go.kr); 역사위원회 편, 『한국 감리교 인물사전』, 서울: 기독교대한감리회, 2002, 152~154쪽.

26) 김성학, 앞의 책, 78~79쪽.

기무라 도모지(木村知治)가 저작한 『신찬교육학』이 발매되기 시작했다.[27)]

『신찬교육학』의 수용은 당시 근대적 교원양성제도를 모색하던 학부와 밀접한 관계 속에서 이루어졌다. 첫째, 저자 기무라는 조선에 거주하며 학부관료들과 교류하고 있었다. 기무라는 1895년 1월(음력) 현재 한성 필동에 거주하고 있었다.[28)] 그는 일본 교육지에 조선교육에 대해 기고할 정도로 조선교육에 관심이 많은 인사였는데,[29)] 3월에는 일본인 교장 두 명과 함께 사립 조선교육회를 조직할 계획도 갖고 있었다. 그는 "학부대신, 학부협판이 교육에 열심이며 모두 교육에 대해 논의하기를 좋아한다."고 하여 학부관료와 교류하고 있음을 시사했으며, 인천감리사(인천 관립일어학교장) 박세환과는 숙소에서 교육 방침과 학교 설립에 대해 논의할 정도로 매우 친한 사이였다.[30)] 이렇게 정부 관료들과 교류하던 기무라는 사범학교용 교육학 교과서의 저술을 부탁받았거나, 혹은 그가 이미 써 놓은 교육학 교과서의 존재를 그들에게 알렸을지도 모른다. 그는 1890년까지 교육 관련 저서 2권, 양잠(養蠶) 관련 저서 5권을 저술한, 교육전문가이자 양잠전문가였다.[31)] 그의 저서 및 교류 인물들로 미루어 보아 일본 심상사범학교나 실업학교 교장을 지낸 인물로 추정된다.

둘째, 발매소가 정부 전용 서점, 즉 어용서사라는 점이다.[32)] 따라서 학부는 이곳

---

27) 『신찬교육학』은 현재 '강윤호본'과 '일본 국회도서관본'이 존재한다. 내용은 동일하지만, 몇 가지 서지사항이 다르다. 먼저, 강윤호본은 개국기년을 사용하여 음력으로, 그리고 일본 국회도서관본은 메이지 연호를 사용하여 양력으로 표기했다. 그렇지만 발행날짜는 동일하였다(음력 7월 27일=양력 9월 15일). 그리고 발매소는 희다욱당으로 동일하지만, 강윤호본은 발수(發售), 그리고 일본 국회도서관본은 발매(發賣)로 표기하였고, 전자에는 '조선국정부 어용서사'라는 수식어가 첨부되어 있다. 정가 표기의 경우, 강윤호본에는 없으나 일본 국회도서관본에는 스탬프로 30전(三十錢)이라고 찍혀 있다. 전(錢)은 당시 조선의 화폐단위였지만, 일본의 화폐단위(센)이기도 했다.

28) 『교육시론』1895년 3월 15일.

29) 같은 기사.

30) 같은 기사.

31) 일본 대학도서관에서 확인한 교육 관련 저서는 『小學生徒必携』, 1882; 『経済教育: 実地経験』, 1889 등이다. 강윤호(1973, 225쪽)가 언급한 『初等生徒必携』(1882)와 『初等水産書』(1903)은 확인되지 않았다. 나머지 저서는 다음과 같다. 『養蚕家必携桑樹全書』, 1888; 『通俗桑蚕糸三世界旅行記』, 1888; 『蚕糸業全書: 養蠶傳習所教科書』, 1888; 『奥羽実業大家養蚕秘訣問答』, 1888; 『実地応用蚕業書』, 1889; 『帝国議会衆議院撰挙人心得』, 1889.

32) 발매소 희다욱당의 위치는 남대문 근처 명례방이다. 명례방은 한성 남부 11방(坊) 중의 하나로 예부터 서사(서점)들이 많이 있던 곳이다. 희다욱당은 '어용서사'였지 정부서적을 '출판·판매'하는 '관영서사'(官營書肆)는 아니었다. 관영서사는 19세기 후반에 이르기까지 설립된

에서 『신찬교육학』을 구입해 학부소관 한성사범학교에 보급했을 가능성이 농후하다. 한성사범학교규칙에 교과목의 하나로 '교육'이 처음으로 명기되었고, 또한 학부고문관 다카미가 사범학교 속성과 교육을 담당하고 있었다.[33] 교과과정(한성사범학교규칙), 교수자(다카미)가 준비된 상태에서 교과서(신찬교육학)가 필요했던 것이다. 이제 『신찬교육학』의 보급으로 학생들에게 '교육' 과목을 가르치기 위해 필요한 세 요소가 모두 갖추어진 셈이다. 한성사범학교 새 학기(제1학기) 시작일(7.21)과 이 책의 발행·출판일(7.27)이 거의 같은 점도 이 책이 동교에서 실제로 사용되었을 가능성을 뒷받침한다.

셋째, 『신찬교육학』과 학부협판 윤치호와의 관련성이다. 그는 이 책에 제자(題字)를 했고,[34] 손수 한시까지 써주었다. 한시를 쓴 시점은 윤5월 하순이었다. 이때는 그가 학부협판(5.10~윤5.20) 재직 말기이거나 외부협판에 막 임명된 시점이었다.[35] 전술했듯이 학부는 5월 1일까지만 해도 일본에서 사범학교 교과서를 가져와 사범학교용 교과서를 편찬하려고 했다. 그런데 윤치호는 학부협판 재직 시에 이 방침을 바꾼 것 같다. 즉 기무라의 저작을 사범학교 교과서로 쓰기로 결정하고 직접 제자와 한시를 써준 것이다.[36] 그 현실적인 이유는 사범학교 교과서를 편집할

적은 없으며, 다만 민영서사만이 순조29~30년(1829~1830)에 처음으로 설립되지만 이마저 곧 폐지되고, 19세기 후반에 이르러 회동서시, 대동서관과 같은 민영출판사와 서점들이 등장하기 시작했다. 서사의 변천 과정에 대해서는 백운관·부길만, 『한국출판문화변천사』, 서울: 도서출판 타래, 1992, 76~79 및 91~95쪽 참조.

33) 다카미는 1895년 윤5월부터 학부고문관으로 활동했다. 1896년 7월(양력) 그의 '고용계속계약서'는 그를 '사범학교 교사'로 지칭하고, 그의 업무를 사범학교 속성과 교육을 쉴 때는 교과서 번역을 하는 것이라고 적시하였다. 이전부터 사범학교 속성과 교사 업무가 그의 주된 업무였음을 보여준다. 전술했듯이 심승필(속성과 2회, 1896년 3월~10월)의 이력서도 그가 다카미로부터 직접 배웠다는 사실을 기록하고 있다. 교육경력으로 보면 한성의 일본 공립 소학교 교장대리까지 지낸 아사카와(麻川松次郎)가 '교육' 과목을 가르치기에 적임자인 것처럼 보인다. 하지만 1896년 3월(양) 그의 고용계속계약서는 그를 '학부교육사무관'으로 표기하고 그의 업무를 "사범학교 및 소학교에 관련되는 교육상의 사무"라고만 명시하고 있다. 또한 실제 그가 사범학교에서 가르쳤다는 사료도 확인되지 않는다. 1895년 봄부터 소학교 교과서 편찬 및 관련 법령 제정을 지원했던 다카미가 고용계약서에서 명기된 대로 사범학교 교사로서 '교육' 과목도 가르쳤을 것으로 보인다.

34) 표지의 책 제목 옆에 써 놓은 '윤치호 제자'의 의미는 두 가지로 해석할 수 있다. 하나는 책 제목을 짓거나 써 주었다는 의미이다. 다른 하나는 책 표지 다음에 수록된 윤치호의 헌시를 지칭한 것일 수 있다. 여기서는 굳이 책 제목 옆에 '윤치호 제자'라고 명기한 것은 윤치호가 제목을 지어주었다는 것을 보여주려는 저자의 의도라고 해석한다.

35) 『고종실록』 1895년 5월 10일 및 1895년 윤5월 20일.

36) 윤치호는 외국에서 귀국할 때 학부에서 교육을 진흥시키고자 하는 강한 희망을 갖고 있었

인력과 시간이 부족했기 때문이다. 동년 5월에 사범학교는 한성사범학교로 다시 출범해서 수업을 시작했는데, 이때부터 학부는 『소학만국지지』와 『국민소학독본』 등 소학교용 교과서를 편찬하는 데 전념했다.[37] 또 다른 이유는 개인적인 것으로, 그가 기무라와 교류하면서 그의 학식과 역량을 믿은 것 같다. 그래서 일본인 저작인데도 자기 이름으로 제자와 한시를 써 주었을 것으로 보인다.

이상과 같이 초기 교원양성제도가 확립되는 시점에 국내에 최초로 보급된 근대 교육학서의 출판 및 발매 과정에는 학부가 일정 부분 관여하였다. 학부협판이 제자와 한시를 써주고, 정부 전용 서점에서 발매하고, 관립의 사범학교에서 사용할 교과서였다. 그렇기에 이 책은 조선에 거주하고 있던 일본인이 쓴 것이지만 일본 인쇄소에 넘기기 전에 학부 측의 검토를 거쳤을 가능성이 크다. 『신찬교육학』은 한문현토체로 쓰였다. 내용 검토, 교열, 혹은 일부 한글 표기(조사, 어미, 서양인명, 일부 서구어)에 학부가 어느 정도 관여했을 것으로 보인다.[38]

교원양성기관의 차별성은 교육학 이론에 의해 확보된다. 이런 측면에서 『신찬교육학』은 매우 중요한 의미를 지닌다. 이는 한성사범학교 설립 및 운영에 이론적 토대를 제공해 주었다. 이 책을 통해 조선은 1890년대 초반까지 일본이 성립시킨 교육학의 체계와 내용을 압축적으로 수용하였다.[39] 이 책의 전반적인 체계는 1880년대 일본에서 이자와 슈지(伊澤修二)와 노세 사카에(能勢榮) 등이 성립시킨 삼육중심의 교육학체계에 입각해 있다.[40] 이러한 체계 아래, 서론과 총론에서는 1890년

고, 당시 일본인들도 그가 교육의 일에 가장 열성적인 사람이라고 평가하고 있었다. 유영렬, 『개화기의 윤치호 연구』, 서울: 한길사, 1985, 98쪽; 『교육시론』 1895년 9월 5일자.

37) 학부편집국, 『소학만국지지』, 1895년 6월(음력), 서문 참조. 이 책 다음으로 학부 편집국에서는 1895년 7월에 『국민소학독본』을 발행했다.

38) 본고에서는 학부편집국장 이경직과 학부고문관 다카미가 함께 관여했을 가능성에 주목한다. 당시 두 사람은 함께 일본 소학교 교과서를 참고해 『소학만국지지』를 편찬하고 있었다. 이경직은 1890년에 정운경과 함께 사헌부 지평을 지냈고 1899년에는 성균관장에 임용될 정도로(『고종실록』, 1890년 2월 15일자 및 1899년 4월 25일자) 유학적 식견과 한문 실력을 갖추고 있었다. 다카미는 사범학교 교사 업무를 부여받은 것으로 보아 어느 정도 교육(학)적 소양을 갖춘 인물로 보인다. 『신찬교육학』은 한문현토체로 된 교육학서이다. 따라서 두 사람이 내용 검토, 교열 혹은 한글표기의 적임자이다.

39) 조선과 일본, 영국에서 전개된 초기 교육학 형성 과정에 대한 대표적인 연구는 다음과 같다.
김성학, 『서구교육학 도입의 기원과 전개』, 문음사, 1996.
전민호, 「근대 삼육론의 전개와 한국적 수용」, 『한국학연구』 48, 2014.
한용진, 최정희, 「일본 메이지기 삼육 개념의 도입과 전개」, 『비교교육연구』 24-1, 2014.
김자중, 한용진, 「19세기 영국에서의 '삼육' 개념의 형성과 전개」, 『교육철학연구』 36-1, 2014.

대 일본에서 풍미한 헤르바르트 교육학과 덕육중심의 국가주의 교육론을 중시하였다. 교육은 '완전한 국민'을 이루게 하는 것이며 교육목적은 원만한 덕을 기르는 것이라고 주장했다. 반면에 본론(각론)에서는 1870~80년대 일본이 미국과 영국에서 페스탈로치, 프뢰벨 등을 수용해 구축한 삼육중심의 개발주의 교육론에 토대를 두고 있다. 기무라는 심의(心意)를 지·정·의로 나누고, 지는 지육에 포함시키고 정과 의는 덕육에 관련시킨다. 그리고 이 세 가지가 서로 조화를 이루어야 완전한 발달에 이를 수 있다고 하였다. 이는 교육목적을 여러 능력을 조화롭게 개발시켜 '완전한 인간'을 양성하는 것이라고 주장한 노세와 이자와의 노선을 큰 틀에서 따르고 있는 것이다.[41] 이런 맥락에서 헤르바르트는 서론과 총론에서 두 차례 언급되면서 매우 중시되지만 본론에서는 전혀 언급되지 않는다. 반면에, 루소·페스탈로치·프뢰벨 등 자연주의 교육사상가들이 자주 소개되고 있다.[42] 구체적인 교육원리로는 루소의 소극적 교육과 기반법(羈絆法), 페스탈로치의 실물교육, 프뢰벨의 6종의 은물 등이다. 이와 더불어 각론의 세부 내용에서는 스펜서의 실리주의 교육론의 영향도 일부 드러나고 있다. 영국에서 삼육론의 단초를 제공한 로크, 그리고 이를 바탕으로 실용적 삼육론을 체계화한 스펜서를 언급하면서 그의 관찰교육과 진화원리에 따른 지육발달의 순서 등을 소개했다.

조선은 『신찬교육학』을 통해 당시까지 일본에서 도달한 교육학 수준을 압축적으로 수용하였다. 이는 근대적 교원양성제도의 등장 및 운영과 밀접한 관련이 있었다. 하지만 아쉽게도 이후 교육학을 수용하려는 노력은 계속 이어지지 못한다. 가장 중요한 이유는 아관파천 시기를 거치며 일본인 고문관이 한성사범학교를 떠난 후 교육학교육이 더 이상 이루어지지 않았기 때문이다. 교육학을 가르칠 역량이 있는 인물로는 1897년 5월에 유일한 외국인 교관으로서 헐버트가 부임했다. 그는 1902년까지 재직하며 지리·수학·체조·영어 등을 가르쳤지만, 교육학을 가르쳤

40) 노세의 『교육학』(1889)은 서론-총론-지육론-덕육론-체육론으로 구성되어 『신찬교육학』 체계와 동일하다. 일본 최초의 교육학서인 이자와의 『교육학』(1882)도 서론만 없을 뿐 총론-지육-덕육-체육으로 이어지는 체계는 동일하다. 각론의 세부 구성은 노세의 저작과 더 유사하다. 能勢栄, 『教育学』 巻1~4, 金港堂, 1889; 伊沢修二, 『教育学』, 東京: 丸善商社, 1882 참조.

41) 能勢栄, 위의 책, 권1, 67-69쪽; 伊沢修二, 위의 책, 1-2쪽 참조.

42) 각론에서 언급된 저명한 교육사상가는 루소(6번), 칸트(4번), 스펜서(3번), 페스탈로치(2번), 로크(2번), 프뢰벨(1번)이었다.

다는 사료는 확인되지 않는다. 조선인 교관들도 마찬가지였다. 1904년까지 교원양성기관에서 근대 교육학의 수용은 사실상 중단된 상태였다.

1906년 4월 이후, 마스토 쓰루키치(增戶鶴吉)를 필두로 한성사범학교에 일본인 교관(교수)들이 부임하기 시작한다. 이들은 고등사범학교 등에서 정규교육을 받은 인사들로서 동교 및 교원강습회 등에서 일본식 교육학을 본격적으로 보급하기 시작한다. 그러나 그들은 교육학 관련 논문이나 저서를 남기지 않았다.[43] 1910년 4월에야 학부에서 일본인들이 주도하여 '고상한 이론을 피한' 『보통교육학』을 편찬하였다.

1906년 이후 19010년까지 저서와 글을 통해 근대 교육학 수용을 주도한 것은 조선인들이었다. 국내외 교원양성기관 출신자는 그 한 축을 담당하였다. 근대 교육학 수용자 14명 가운데 국내외 교원양성기관 출신자는 윤태영·원영의(한성사범학교), 최광옥·장응진(동경고등사범학교) 등 4명이었다. 다른 한 축은 국내외 일반학교에서 일본어를 습득한 조선인들(9명)이었다.[44] 이들은 일본 학교와 국내 관립학교(법관양성소·일어학교) 졸업자가 가장 많았고(각 4명), 사립학교(보성전문학교) 졸업자도 있었다(1명)(〈표 7-3〉).

〈표 7-3〉 1905년 이후 근대 교육학 수용자의 주요 경력별 상황[45]

이름	관립 교원 양성기관 경력	사립 교원양성기관 경력	일반학교 경력	기타 경력
윤태영	1897 한성사범학 교 속성과 졸업	–	1898~1900 관립일어 학교 수학 1904 법관양성소 졸업 1904~1906現 법관양성 소 박사· 교관 1907 사립찬문학교 강사	1906 법부 법률 기초위원 상업회 의원

43) 당시 관립한성사범학교에는 국한문이나 한문으로 쓰인 교육학 교과서가 없었다. 교관(교수)들은 강의 원고를 한역한 뒤 인쇄하여 미리 나누어 주는 방식으로 수업을 진행했다. 增戶鶴吉, 「韓國の師範教育」, 『教育界』 1908년 7월 3일.

44) 이들은 비록 신식학교에서 교육학을 배우지 않은 비전문가들이지만, 교육학을 접한 주변 지식인들의 영향을 받아 교육학에 대한 이해는 갖고 있었을 것으로 보인다. 예를 들어 정영택은 1894년부터 1900년까지 한성사범학교 교관으로 재직한 아버지 정운경의 영향으로 교육학에 대한 관심을 가졌을 것이다.

45) 김성학, 앞의 책, 102~103쪽의 표를 재구성하고 일부 보완함. –은 미상을 나타냄.

이름	관립 교원 양성기관 경력	사립 교원양성기관 경력	일반학교 경력	기타 경력
최광옥	1906 동경고등사범학교 중퇴	평양 사범강습소 설치 1907 안악사범강습소 개설 및 강사 1909 백천 사범강습소 개설 및 강사	1904 숭실중학 졸업 1907 양실학원 교장 1910. 1학기 대성학교 교장	1907 서우학회 회원 신민회 주요간부
김상연	–	–	1902 와세다대학 경제정치과 졸업 1904~1906 농상공학교 교관 1906 법관양성소 교관 1905 대한구락부 평의원 1905 양정의숙 강사 1908 보성전문학교 강사	1907 홍사단 총무 상업회 특별의원
유옥겸	–	–	1907 보성전문학교 법과 졸업 1907~1910 보성중학교 강사 1908 기호학교 교사 휘문의숙 강사	1907 보전친목회 서기・도서부원 1910 보성친목회 제술원
임경재	–	–	1900 한양학교 중퇴 1906 관립일어학교 1906 외국어학교 부교관 1906 관립농상공학교 교관 1908~1916 휘문의숙 강사	–
진희성	–	–	1895 게이오기주쿠(慶應義塾) 보통과 졸업	1896 철도사무 견습 보성관 번역원
한면우	–	–	1901 일어학교 졸업	1902 인천감리서 주사 보성관 번역원
원영의	1895 한성사범학교 속성과 졸업	–	1895 관립 소학교 교원 1898 한성사범학교 교원 1906~1909 휘문의숙 강사・숙장 1906~1910現 보성중학교 교사	1910 보중친목회 교정원・제술원

이름	관립 교원 양성기관 경력	사립 교원양성기관 경력	일반학교 경력	기타 경력
유 근	–	–	한 학 1906~1908 휘문의숙 숙감・숙장 1906 계산학교 교감	1906 황성신문사 사장 1906현 대한자강회 평의원・제술원 1907 신민회 회원 1908현 대한협회 평의원
이응종	–	1908 기호학교 특별과(사범과) 교사	–	기호학회 평의원 (1908)
정석내	·	·	1907 메이지대학 경무과(警務科)	1908 부산항 경찰서 경부
장응진	1909 동경고등 사범학교 졸업	1909 안악사범강습소 강사 1910 대성학교 하기 사범강습소 개설	1909~1912 대성학교 교사・교장	1906~1907 태극학회 회장・평의원 신민회 회원
정영택	–	–	1895 법관양성소 졸업 1897 한어학교 수업 1904 법관양성소 교관 1905~1910 보성전문학교 학감・교감・교장	1902 혜민원 주사 1908 기호학회 평의원・총무 신민회 회원
김영기	–	–	1910 메이지대학 법과 졸업	1909 대한흥학회 편찬부원

그런데 1906년 이후 교육학 수용을 주도한 조선인 가운데 국내 관립 교원양성기관 출신자는 많지 않았다. 이는 1905년 이전에 한성사범학교에서 교육학교육 및 수용이 그다지 활발하지 못했음을 방증한다. 또 한 가지 중요한 사실은 교직경력이 밝혀진 수용자 모두 대성학교・양정의숙・기호학교・휘문의숙・보성학교・찬문학교 등 주요 사립학교 교원으로 활약했다는 점이다. 그들은 사립학교에서 교육실천에 필요한 교육원리를 제공하거나 교육학교육을 뒷받침하려고 했다. 이를 위해 국내외 교원양성기관 출신자뿐만 아니라 일본어 해독 능력이 있는 일반학교 출신자들도 모두 나서고 있었던 것이다.

당시 조선인들이 수용한 근대 교육학은 독일교육학, 특히 헤르바르트 학파의 교육학이었다. 하지만 일본의 국가주의 교육정책 아래 일본식으로 변형된 헤르바르트 교육학이었다.[46] 그럼에도 불구하고 이것은 한말 교육구국운동을 교육학적으로 지원하기 위해 교원양성기관 및 일반학교를 졸업한 모든 조선인들이 합심해서 발전시킨 최초의 근대 교육학이었다는 역사적 의의를 지닌다.

Ⅳ. 근대적 교원양성제도 형성의 의의

제6~7장에서는 1894~1910년 사이에 새로운 교원양성기관이 설립되는 과정과 국가 차원의 교원양성제도가 성립·변천되는 과정을 살펴보았다. 그리고 새로운 교원양성기관과 제도를 운영함으로써 나타난 성과를 거시적인 측면에서 밝혀보고자 했다. 구체적으로 제6장에서는 국가 차원의 교원양성기관과 제도의 출현 과정을 개혁관료와의 관련성 속에서 논의하였고, 교원양성교육의 목표, 학생선발·임용제도와 교과과정제도를 중심으로 제도적 특질 형성 과정을 살펴보았다. 제7장에서는 이를 바탕으로 운영 성과를 세 가지 측면, 즉 교원집단의 형성 측면, 사회적 측면, 학문적 측면에서 확인하였다.

먼저, 국가 차원에서 교원을 양성하기 위한 기관과 제도가 등장하여 형성되어 가는 과정에서 나타난 특징을 정리해 보면 다음과 같았다.

첫째, 1894년 9월(음력)에 최초의 근대적 교원양성기관(관립의 사범학교)은 교원양성제도가 법제화되기 전에 먼저 학무대신 박정양의 주도로 설립되었다. 일본의 간섭이 점점 약화되는 1895년 4~7월(음력) 사이에 박정양, 이완용 등 개혁관료들이 주도하고 일본고문관이 일부 지원하여 법령에 근거한 국가적 교원양성제도가 수립되었다. 이것은 조선과 일본 정부의 정책 사이에 선택적 친화성이 존재하던 시기에 개혁관료들이 일본의 제도를 주체적으로 수용한 것이었다.

46) 헤르바르트 교육학의 일본식 편향은 교수법의 강조, 교육목적의 국가주의적 변형, 교육의 세 가지 요소(교수, 훈육, 관리)에서 관리의 약화, 관리의 체육으로의 대체 등에서 나타나고 있다. 김성학, 앞의 책, 117~123쪽 및 한용진·김자중, 「대한제국기 교육학 교재 분석」, 『한국교육학연구』 5-3, 2009 19~30쪽 참조.

둘째, 국가적 교원양성제도의 교육목표는 1895년 덕육 중심에서 1906년 덕육 및 교수학습법 중심으로 변화하였고, 1909년에는 교육목표가 아예 사라져 버렸다. 1895년 교육목표는 교육조칙에서 천명한 덕양·체양·지양의 교육강령을 반영했다. 정신 단련과 덕조 연마를 위한 덕육을 중시하고, 애국심, 신체건강, 교수법의 증진도 강조하며 구본신참형의 교원양성을 지향했다. 1906년 교육목표는 여전히 존군애국하는 인물의 양성을 위한 덕육을 강조했지만 교수법·학습법·어법 등 방법적 측면을 부각시켰다. 1909년 일본에서 조선병탄안이 공식 승인된 이후 일제 측에 위협요인이 될지도 모르는 교육목표가 전면 삭제되어 버렸다.

셋째, 1895년에 시험제 학생선발 원칙이 도입되었지만 입학시험의 예외가 인정되고 추천제가 병용되어 아직 불완전한 상태였다. 1906년 이후 시험제 선발원칙은 정비되고 더욱 강화되었다. 정부는 1895년에 소학교 교원허장제를 도입하고 1899년에 임용시험제를 실시하여 교원의 자격을 관리하기 시작했다. 1906년에는 교원허장제와 교원검정제가 명확히 제도화되었다. 1906년 이후 학생선발과 임용제도에 대한 일제의 간섭이 증가하였다.

넷째, 1895년 학과는 본과·속성과정 체제로 출발했으나 곧 본과체제로 전환되었다. 1906년 이후 여러 단기과정들이 부활, 증설되며 본과·속성과정 체제가 확대되었다. 1895년의 교과과정은 근대적 교원들이 갖추어야 할 교과지식을 망라했다. 1906년 이후 교과과정에서 국어와 사회 관련 과목이 약화되고 일본어가 가장 중시되었지만, 기본과목들의 지위가 완전히 상실된 것은 아니었으며 '교육' 과목은 계속 중시되었다.

다음으로, 이러한 제도적 특질을 바탕으로 국가 차원에서 교원양성제도를 운영한 성과는 거시적인 측면에서 다음과 같이 확인되었다.

첫째, 새로운 학생선발·임용제도와 교과과정 운영을 통해 1천여 명 이상의 전문직 교원집단을 창출하는 성과를 거두었다. 배출교원 누적 총수는 1906년부터 관공립 보통학교 한 학년당 한 명의 교원 수요를 감당할 수준에 이르렀다. 이들은 일반관리와는 다른 전문성과 소양을 갖춘 교원들이었다. 이들은 1905년 이전의 제1세대와 1906년 이후의 1.5세대로 구분해 볼 수 있었다. 교원집단이 형성되면서 1906년 이후 관립보통학교직원회, 사립학교직원연합회 등 초보적인 교원단체도 처음 등장했다.

둘째, 사회적 측면에서 문명개화 및 사회변화의 선도자를 배출하는 데 있어서 두드러진 성과를 거두었다. 1895~1897년 이전 졸업생으로서 다양한 신지식의 생산과 보급을 선도한 인물로 원영의·이교승·박정동·윤태영·주정균 등이, 그리고 급진적 사회변혁 운동을 전개한 인물로 최정덕이 확인되었다. 이런 성과는 1899년 본과 1회 졸업생에 대한 경력분석에서도 동일하게 나타났다. 절반 이상이 각종 계몽·사회운동 단체에 직간접적으로 참여했고, 사회변화를 선도하는 저항의 길을 걸어간 인사도 재차 확인되었다. 1906년 이후 졸업생들도 박두성의 사례에서 확인되듯이 이와 비슷한 길을 걸어간 인물이 적지 않았을 것으로 추정된다.

셋째, 학문적인 측면에서 근대 교육학의 수용과 발전을 빼놓을 수 없다. 1895년 새로운 교원양성제도의 수립 및 운영과 동시에 최초로 근대 교육학 수용이 이루어졌다. 이때 일본인의 저서를 통해 당시까지 일본에서 도달한 교육학 수준을 압축적으로 수용했다. 특히 삼육중심의 교육학 체계와 자연주의 교육에 기초한 개발교육론을 적극 수용했고, 헤르바르트 교육론과 스펜서 실리교육론 등도 일부 소개했다. 1906년 이후에는 교원양성기관이나 신식학교를 졸업한 조선인들이 근대 교육학의 수용을 주도했다. 이들은 모두 사립학교 교원 경력을 갖고 있었다. 이때 수용한 것은 비록 일본식으로 변형된 헤르바르트 교육학이었지만, 조선인들이 주도해서 성립시킨 최초의 근대 교육학이었다는 의의를 지닌다.

이와 같이, 갑오개혁 이후 1910년 사이에 운영된 국가 차원의 교원양성제도는 새로운 학생선발 및 임용제도와 교과과정을 바탕으로 전문직 교원집단의 형성, 문명개화 및 사회변화의 선도자 창출, 근대 교육학 형성 등 거시적인 측면에서 상당한 성과를 거둔 것으로 확인되었다. 흔히 당시 정부가 추진한 신식교육의 운영 성과는 부족한 교원, 열악한 시설과 재정, 불완전한 학사 운영, 혹은 일제에 의한 관여와 통제 때문에 폄하되기도 한다. 하지만 이 연구에서 드러난 결과들에 근거해서 볼 때, 국난의 시기에 정부가 추진한 각종 신식교육의 '운영 실태'와 '운영 성과'는 별개일 수도 있다는 가설을 제기해 볼 수 있다. 정부가 운영한 신식학교가 부실하게 운영된 결과 학생들의 학업성취도, 중도탈락률, 혹은 상급학교 진학률 등 미시적 측면에서 의도한 성과가 나타나지 않았을 가능성이 있다. 하지만 정부의 무능과 외세의 침탈로 운영상 많은 문제가 드러났음에도 불구하고, 정부가 보급한 신식 교육은 나름대로 작동하면서 거시적 측면에서 의미 있는 성과를 거두었을 가능성도 존재한다. 당시 국가적 교원양성제도를 통해 배출된 교육계 선각자 혹은 선배들이 문명개화의 길, 저항의 길, 혹은 교육(학)자의 길에서 기울인 노력과 헌신은 지금까지 한국교육(학)계의 큰 자산으로 남아 있다. 이는 운영 실태에서 드러난 일부 부정적인 모습들을 상쇄하고도 남는 역사적 성과로 평가받을 수 있다.

또 한 가지 연구결과에서 시사 받을 수 있는 것은 당시 정부가 추진한 신식교육은 애초 정부의 의도나 의지와는 다른 방향에서 의미 있는 성과를 거들 수도 있었다는 점이다. 당시 정부는 국가 차원의 교원양성제도를 통해 신식학교에 배치할 근대적인 교원을 양성하려고 한 것이지 문명개화와 사회변혁을 위한 지도자를 양성하려는 것은 아니었다. 그럼에도 불구하고 당시 국가적 교원양성제도는 이같은 측면에서 의미 있는 성과를 거둔 것으로 보인다.

앞으로, 당시 국가적 교원양성기관을 통해 배출된 인사들을 전수 조사할 필요가 있다. 그들의 교육적 · 사회적 · 정치적 역할이 한말 및 일제강점기에 어떻게 분화되어 갔는지를 확인하면 운영 성과를 더 명확히 드러낼 수 있을 것이다. 또한 민간에서 운영한 교원양성제도의 성과를 확인하고, 양자를 비교해서 평가해 보는 것도 의미 있는 작업일 것이다.*

---

* 이 글은 김성학, 「국가 차원의 교원양성제도 운영성과 고찰－1895~1910년을 중심으로」, 『한국교육사학』 제38권 제4호, 2016에 수록된 것을 부분적으로 가필한 것임.

제 4 편

한국 근대교육의 굴절

- 일제하 학생 군사교육의 등장과 운영 -

제4편에서는 학생 군사교육에 초점을 맞추어 일제시기에 근대교육이 어떻게 굴절되고 변형되어 갔는지를 두 개 장에 걸쳐 살펴보고자 한다. 각종 군사교육 가운데 중등이상 학교에 현역장교를 배속하여 실시한 군사교련을 대상으로 한다. 먼저 제8장에서는 학생 군사교육 정책이 등장하고 성립, 전개되는 과정을 고찰할 것이다. 제9장에서는 학생 군사교육의 내용이 변천되는 과정을 교련교수요목을 중심으로 분석하고, 실제 군사교육이 학교에서 어떻게 실시되었으며 이에 대해 학생들은 어떻게 대응하고 있었는지 살펴보고자 한다.

갑오개혁 이후 새로운 내용과 형식을 갖추어 가던 근대교육은 강제합방 이후 또 다른 도전과 위기에 직면한다. 일제는 차별과 동화를 기조로 하는 교육정책을 추진함으로써 근대교육의 굴절과 왜곡, 변형을 초래하였다. 그 정점에는 소위 황민화교육이 자리 잡고 있다. 황민화교육은 천황을 위해 웃으며 죽을 수 있는 인간을 만드는 교육이었다.[1] 주지하다시피 일제는 이를 위해 교실수업뿐만 아니라 황국신민서사, 황국신민서사지주, 신사, 궁성요배, 어영봉안소, 국기게양대, 극기훈련의 일종인 간게이코(寒稽古)・쇼게이코(暑稽古)와 집단강행군 등 다양한 수단과 시설을 활용했다.

황민화교육에서 추구하는 황국신민이라는 인간상은 이상적인 일본 군인상이기도 했다. 황국신민의 내실은 천황을 위해 목숨을 바칠 수 있는 황군을 만드는 일이었다.[2] 이런 측면에서 당시 군사교련은 황민화교육의 주요 수단으로 인식되었다. 예를 들어 연희전문학교 교련사열관은 교련사열을 마친 뒤에 '황민교육의 성과가 분명해졌다'는 강평을 했다.[3] 현역장교에 의한 군사교련을 황민화교육의 수단으로 인식하고 그 성과가 분명히 나타났다고 말한 것이다. 이같은 군사교련은 1920년대 중반부터 시작되었다. 중등이상 학교에 현역장교를 배속하여 천황에 충성하는 군인 만들기 교육에 착수한 것이다.[4]

이처럼 일제는 황민화교육의 수단으로 군사교련을 상당히 오랫동안 실시하여

---

1) 구체적인 실천강령에 대해서는 八木信雄, 『學制改革と義務教育の問題』, 경성: 녹기연맹, 1939(강명숙 외 편역, 『교육정책(2)－일제강점기 교육 논설』, 서울: 동북아역사재단, 2021, 418-423쪽 소재) 참조.
2) 宮田節子. 이형랑 역, 『조선민중과 「황민화」정책』. 서울: 일조각, 1997, 106쪽.
3) 연세대학교백년사편찬위, 『연세대학교백년사1』, 서울: 연세대출판부, 1985, 275쪽.
4) 김성학, 『한국 근대교육의 탄생』, 서울: 교육과학사, 2013, 165-168쪽.

왔다. 그런데 사실 군사교련은 체조과에 포함된 하나의 하위 교수요항에 지나지 않았다. 그런데도 '육군현역장교배속령', '교련사열규정', '교련검정규정' 등 별도의 법령과 '교련교수요목'을 공포하고, 교내 교련사열이나 야외 연합연습에 총독과 학무국장 등 고위 관료가 참석할 정도로 일제는 이를 정책적으로 매우 중시하였다.[5) 또한 1945년 이전에 설립된 중등학교와 전문학교의 학교사서에서도 대부분 일제시기 군사교련의 운영 실태와 관련 사건 혹은 회고담 등을 비교적 상세히 기술하고 있다. 그만큼 당시 군사교련은 조선인에게 잊기 힘든 강렬한 교육적 경험을 제공했고, 그것이 학교교육 전반에 미친 영향 또한 적지 않았음을 시사한다.

일제시기 군사교련의 교육정책적인 중요성과 그것이 미쳤을 영향력 등을 고려하면 이에 관한 정밀한 연구가 매우 필요해 보인다. 하지만 일제가 현역장교를 배속하여 실시한 군사교련만을 대상으로 하는 본격적인 연구물은 찾아보기 힘들다. 다만 연구자들의 관심에 따라 일부 내용만이 선택적으로 고찰되고 있는 실정이다.

이와 같은 연구물로 니시오 다쓰오(西尾達雄)의 저서를 들 수 있다.[6) 이는 기본적으로 일제시기 '학교체육정책'에 대한 연구이다. 그는 방대한 분량으로 일제시기 학교체육정책의 성립과 전개, 해체의 전 과정을 통시적으로 살펴보고 있다. 그 일부에서 군사교련 정책에 대해 논의하고 있는데, 주로 정책의 도입 초기 즉 1920년대에 집중하고 있다. 그는 초기 군사교련 실시를 둘러싼 찬반 논의와 1926년 군사교련실시결정안의 내용을 구체적으로 검토하고 있다. 하지만 이후 군사교련 정책의 전개 과정에 대해서는 몇몇 사료 제시에 그치고 있고, 그것도 1930년대 중반까지만 다루고 있다. 따라서 당시 군사교련 정책이 특정한 목적 아래 도입되어 변동해 가는 전체적인 과정과 시기별 특징을 밝혀내지 못하고 있다. 이는 그의 일차적인 연구 관심이 전반적인 학교체육정책에 놓여 있었기 때문으로 보인다.

다음으로, 부분적으로나마 현역장교를 배속하여 실시한 군사교련 정책의 일단을 보여주고 있는 국내 연구로는 신주백(2005), 표영수(2013), 김자중(2018)의 연

5) 경기백년사편찬위, 『경기백년사』, 경기고등학교동창회, 2000, 161쪽; 『매일신보』 1932년 10월 23일자.
6) 西尾達雄, 『日本植民地下朝鮮における學校體育政策』, 東京: 明石書店, 2003.

구를 들 수 있다.[7] 신주백과 표영수는 학교, 청년훈련소, 조선청년특별연성소, 군무예비훈련소 등 여러 기관에서 실시한 군사교련 정책에 대해 살펴보고 있다. 하지만 학교 군사교련의 경우, 전자는 1943~1944년 군사교련 강화 조치들을 살펴보는 것에 불과하고, 후자는 현역장교에 의한 군사교련 관련 규정들을 소개하고 군사교련 수업시수를 분석하는 데 머물고 있다. 김자중의 연구는 일제 말 전시 전문학교 정책을 논의하면서 전문학교에서의 군사교련 실시과정을 간략히 살펴보고 있다.

이렇게 기존 연구들은 특정 시기나 대상을 중심으로 군사교련 정책의 일부를 살펴보고 있다. 아직 그 전체적인 추진 과정과 흐름이 밝혀지지 않은 상태이다. 더욱이 군사교련 정책이 어떤 목적에 따라 시행되고, 어떤 요인에 의해 변동해 갔는지를 규명하지 못하고 있다. 나아가 학생 군사교련을 지도한 배속장교, 군사교련의 실제 운영 실태 및 학생들의 대응 양상에 대해서는 거의 연구되지 않은 채로 남아 있다.

이러한 인식에서 먼저 제8장에서는 일제시기 군사교련 정책의 전체적인 변동 과정을 살펴보고, 이것의 근본적인 동인이 무엇이었는지 도출해 보고자 한다. 이를 위해 첫째로, 현역장교에 의한 군사교련 정책이 도입되기 전에 교련수업의 성격은 어떠했는지 살펴본다. 둘째로, 1926년 군사교련실시안의 최초 성립 과정과 그 안에 담긴 일제 측의 의도를 파악한다. 셋째로, 군사교련의 목적 변화와 그에 따른 군사교련의 확대 및 강화 과정을 검토한다. 넷째로, 군사교련 정책에 따라 현역장교를 배속한 실제 학교 명단을 확인한다.

이어서 제9장에서는 제8장의 내용을 바탕으로 첫째로, 군사교련의 내용이 변천하는 과정을 교련교수요목을 중심으로 고찰한다. 둘째로, 군사교련의 실제 담당자인 배속장교의 특징과 역할을 분석하고, 군사교련의 실제 운영 상황에 대해 알아볼 것이다. 셋째로, 군사교련에 대한 학생들의 대응 양상을 저항과 동화라는 측면에서 살펴보고자 한다. 끝으로 이상의 논의를 바탕으로 당시 학생 군사교육에 내재한 본질적인 성격을 드러내고 그것이 교육적・사회적으로 어떤 영향을 미쳤는지 알아

7) 신주백, 「일제말기 조선인 군사교육-1942. 12.~1945」, 『한일민족문제연구』 9, 2005; 표영수, 「일제강점기 조선인 군사훈련 현황」, 『숭실사학』 30, 2013; 김자중, 「일제강점기 전문학교에 대한 연구」, 고려대학교 대학원 박사학위논문, 2018, 160-163쪽.

보고자 한다.

일제시기에 학생 군사교육은 체조과라는 특정 교과수업의 일환으로 실시되었다. 따라서 당시 군사교육에 대한 연구는 식민지 학교교육의 성격을 종합적으로 이해하는 데 도움을 주리라 본다. 또한 광복 후 우리나라 교육현장에 유독 강하게 잔존했던 군사문화 혹은 군대식 규율의 역사적, 정책적 맥락을 이해하는 데도 기여하리라 생각한다.

여기에서 '군사교육'은 현역장교를 학교에 배속하여 실시한 '군사교련'을 지칭한다. 일반적인 질서·규율운동 위주의 '교련'은 이것과 구별해서 사용할 것이다. 또한 체조과의 일환으로 실시한 군사교련에 초점을 맞춘다. 여타 사회교육기관에서 실시한 군사교련은 논외로 한다.

제 08 장 CHAPTER

일제시기 학생 군사교육 정책의 성립과 전개

-육군 현역장교 배속에 의한 군사교련을 중심으로-

Ⅰ. 한말 병식체조의 소멸과 '교련'의 등장

군사교련은 강제합방 이전 체조과의 하위 교수요항 가운데 하나인 '병식체조'에서 유래했다. 당시 병식체조는 각종 군사훈련과 군대식 체조로 구성되어 있었다. 한말에 조선인들은 병식체조를 외세의 침략에 대응하기 위한 무력과 무기로 간주하고 매우 중시하였다. 이미 이때에 관립 중등이상 학교에 현역장교를 파견하여 군사교련을 실시하기 시작했다. 하지만 병식체조가 애국심 고취와 항일운동에 미칠 영향을 우려한 일제는 1909년에 병식체조를 소위 과학적 합리성을 내세운 '학교체조'로 대체해 버렸다.[1)]

강제합방 이후에도 병식체조는 철저히 배제되었다. 1911년에 공포한 각급학교 체조과 교재는 유희, 보통체조, 기계체조로서 '학교체조'가 다시 보통체조와 기계체조로 분화될 뿐이었다(〈표 8-1〉). 총독부는 체조과 자체를 경시했다. 체조과를 보통학교에서는 제외 가능한 과목으로 규정했고, 실업학교에서는 정규과목에 포함시키지도 않았다.[2)]

1914년에 총독부는 '학교체조교수요목'을 별도로 공포했다. 1년 전에 일본에서 학교체조교수요목이 제정되자 조선에서도 이를 적용하고자 한 것이다. 여기에서 체조과 교재는 체조, 교련(教練), 유희 등으로 기존의 병식체조는 교련으로 다시 부활했다.[3)] 한말에 병식체조를 경계했던 일제가 병식체조를 다시 교련으로 부활

1) 김성학, 「군대식 학교규율의 등장과 기능」, 앞의 책, 112-139쪽.
2) 1911년의 보통학교규칙 제6조와 실업학교규칙 제8조 참조.
3) 「학교체조교수요목」, 조선총독부훈령 제27호, 『조선총독부관보』 호외, 1914년 6월 10일자

시킨 이유는 무엇일까? 사실 병식체조를 부활시킨 것 같지만 이때의 교련은 질서·규율운동에 가까운 것이었다. 교련교재로 정지간 동작과 행진간 동작들만을 배당하였다. 고등보통학교의 경우, 교련교재는 1학년에만 배당했는데 그 내용은 차렷, 쉬어, 모여, 헤쳐, 번호, 정돈, 우(좌)향, 반우(좌)향, 우(좌)돌기, 행진, 정지, 제자리 걷기, 행진간 좌우돌기 및 정지, 방향전환, 오(伍)의 중복 및 분해, 간격 및 거리개폐 등이었다. 다른 학교도 마찬가지였다.[4] 반면에 일본인 소·중학교에는 도수 소·중대교련, 집총 각개·소·중대교련 등 본격적인 군사훈련을 도입했다. 이는 일본 본국의 교련교재를 그대로 따른 것이었다.[5]

〈표 8-1〉 각급학교 체조과 상황, 1911년[6]

<table>
<tr><th colspan="2"></th><th>수업 연한</th><th>총 주당 시수</th><th>체조과 주당시수</th><th>체조과 교수요지</th><th>체조과 교수내용</th></tr>
<tr><td colspan="2">보통학교</td><td>4년</td><td>26
(1, 2학년)
27
(3, 4학년)</td><td>3
(각학년)</td><td>신체의 각 부를 균형있게 발육시켜 자세를 단정하게 하고 정신을 쾌활하게 하며 또한 규율을 준수하고 절제를 숭상하는 습관을 기름</td><td>유희 보통체조
(적절한 호외유희 또는 수영 빙상 가능)</td></tr>
<tr><td rowspan="2">고등보통학교</td><td></td><td>4년</td><td>30</td><td>3
(각학년)</td><td rowspan="2">상동</td><td>보통체조(각학년)
기계체조(3~4)</td></tr>
<tr><td>사범과</td><td>1년</td><td>36</td><td>2</td><td>유희 보통체조</td></tr>
<tr><td rowspan="2">여자고등보통학교</td><td></td><td>3년</td><td>31</td><td>3
(각학년)</td><td rowspan="2">상동</td><td>유희 보통체조</td></tr>
<tr><td>사범과</td><td>1년</td><td>33</td><td>2</td><td>상동</td></tr>
<tr><td rowspan="3">실업학교</td><td>농업</td><td rowspan="3">2~3년</td><td>30</td><td>3(1학년)</td><td rowspan="3">–</td><td>보통체조 기계체조</td></tr>
<tr><td>상업</td><td>32</td><td>2
(각학년)</td><td>상동(각학년)</td></tr>
<tr><td>공업</td><td>30</td><td>2(1학년)</td><td>보통체조 기계체조</td></tr>
</table>

참조.

4) 같은 자료.

5) 西尾達雄, 앞의 책, 115-117쪽 및 120-121쪽.

6) 『조선총독부관보』 제304호, 1911년 9월 1일자 및 호외, 10월 20일자를 참조해 작성함. (1) 1920년에 고등보통학교 체조과 주당시수는 2시간으로 감축되었고, 여자고등보통학교 체조과 주당시수는 음악과 시수와 분리되어 2시간으로 명시됨. (2) 1921년에 보통학교 수업연한은 6년까지 연장 가능, 체조과 주당시수는 변동이 없음. (3) 단 보통학교와 실업학교에서 체조는 제외 가능.

이렇게 총독부는 본국의 체조과 정책에 보조를 맞추면서도 실제로는 조선인 각급학교에서 군사훈련적인 내용을 없애버린, 겉모습만 병식체조와 비슷한 교련을 등장시켰다. 이후 일제는 1922년 제2차 조선교육령시행기에 각급학교 체조과 교재로 체조, 유희와 함께 교련을 정식으로 명시하였다.[7] 체조과 교재를 1914년의 학교체조교수요목에 부합하도록 한 것이다. 하지만 새로운 체조교수요목이나 교련교수요목을 공포하지 않아 각급학교의 교련수업은 여전히 1914년에 명시한 질서·규율운동의 범주에 머물러 있었다.

Ⅱ. 육군현역장교학교배속령과 군사교련실시안의 성립 과정

1920년대 중반, 일본의 다이쇼(大正) 데모크라시 시기는 전환기를 맞고 있었다. 1917년 러시아혁명과 제1차 세계대전 종전 이후 각종 사회·정치운동이 크게 고조되었다. 여기에 1923년 관동대지진으로 사회 혼란과 도덕적 해이는 더욱 심화되었다. 또한 전 세계적으로 군비 축소가 추진되었다. 국제조약에 의해 일본은 4개 사단을 감축하고 군함 제조가 제한되었다. 이에 따라 일본정부는 사회를 통합하고 군비를 축소하면서도 국방력을 유지하기 위한 방책을 모색하고자 했다. 이러한 배경에서 1925년 4월에 육군현역장교학교배속령(칙령 135호; 이하 배속령)을 제정 공포하였다.[8] 육군 현역장교를 배속하여 중등이상 학교에서 군사훈련을 실시하고자 한 것이다.

현역장교 배속 방침이 알려지자 일본 전역에서 학생들의 반대 시위가 빈발하였다.[9] 당시 군사교련을 반대한 이유를 정리하면 첫째로, 군축에 수반하는 과잉 장교를 학교 쪽에 배치하려는 군부의 궁여지책이라는 점, 둘째로, 군사주의의 침윤(浸

7) 『조선총독부관보』 1922년 2월 6일자, 2월 15일자, 2월 17일자, 2월 20일자, 2월 23일자.

8) 가타기리 요시오(片桐芳雄) 외, 이건상 역, 『일본 교육의 역사: 사회사적 시각에서』, 서울: 논형, 2011, 180-181쪽; 山住正己, 서영식 역, 『근대 일본의 전쟁과 교육』, 서울: 육군사관학교, 2000, 75쪽.

9) 『동아일보』 1925년 1월 26일자; 『매일신보』 1924년 11월 24일자; 『동아일보』 1924년 12월 19일자; 『조선일보』 1925년 11월 6일자 참조.

潤) 즉 학원의 군사화로 학원의 자유와 절대복종의 군사교련은 양립할 수 없다는 점, 셋째로, 교직원과 배속장교 간 융화와 통제가 원활하지 않으리라는 것이었다.[10)]

배속령에 따르면 현역장교를 배속하는 학교는 관공립 중등이상 학교(남학생)였다.[11)] 다만 대학 학부와 사립학교는 신청이 있을 경우에 배속할 수 있도록 했다(제1, 2조). 그리고 군사교련을 받은 학생들에게 병역 특전을 부여했다. 1년 지원병[12)]들의 재영연한(在營年限)을 중학교 졸업자는 1년, 고등・전문・대학교 졸업자는 10개월, 사범학교 졸업자는 5개월로 단축했다. 재력이 부족하여 1년 현역 지원을 못하는 경우 시장・촌장의 증명이 있으면 병역 비용을 육군에서 부담하게 했다.[13)] 이렇게 해서 일본에서 현역장교 배속에 의한 군사교련은 1925년 5월부터 시작되었다. 배속령 시행 1년 후 대상학교 대부분에 현역장교 배속이 완료되었다.[14)]

일본에서 현역장교 배속에 대한 논의가 진행되자 거의 같은 시기에 조선에서도 찬반 논란이 일어났다. 1924년 11월 조선일보는 '군사교육령과 조선인 학생 실시 불가'라는 사설에서 군사교육에 대한 반대 입장을 아래와 같이 피력하였다.

> **이미 군사교육의 실시라 하얏슨즉 그 교육의 취지는 기탄업시 말하야 살인행위의 연습일것이며 따라서 장차 발포될 이 판법령으로 말하면 일본의 군국주의가 전세계적으로 정면의 도전을 선포한것에 다름이 업다.** 다시 말하면 방금 일본이 처하여 잇는 일본의 국제적 고립과 또 일본의 자체내에서 발효하는 사회적 혼란이 일본으로 하야서는 공전의 위기에 처한 것이 사실인지라. 이 난국의 대책으로 하야 일본이 군국주의적으로 전국민을 결속코자 하는 것은 우리의 관견으로 보아 무모하고도 졸열한 방침가티 보히나 이것은 우리의 무용한 노파심에 불과할 것이요 일본의 현지배계급은 의연히 군력으로써 일본을 어듸까지 강케하며 또 무단으로써 유일한 국내의 수습책

10) 森本義一, 『學校教練』, 東京: 一成社, 1930, 107쪽.
11) 육군현역장교학교배속령, 칙령135호, 『관보』(일본) 1925년 4월 13일자.
12) 당시 중등이상 졸업자들은 군대복무에 필요한 경비를 자신이 부담하는 대신에 1년만 현역으로 복무하고 그 성적에 따라 예비역 장교나 하사관으로 임명될 수 있었다.
13) 『매일신보』 1924년 11월 9일자; 『조선일보』 1924년 11월 9일자; 『시대일보』 1926년 7월 4일자.
14) 조선총독부 학무국 학무과, 『朝鮮學事例規』, 제국지방행정학회, 1932, 223쪽; 『朝鮮新聞』 1926년 11월 12일자. 제20사단 사령부 山田 소좌의 보고.

을 삼는 것은 재야재조를 통하야 이것이 공통된 성견인 것 갓다... ... 요컨대 **일본은 학교까지 병영화하게 되얏스며 따라서 일본전국의 학생은 정규의 군대와 다름업는 일대군단으로 편입케 되얏다.** 그러면 일본의 금후 금후 교육방침은 다시 말할 것 업시 전세계에 팽창하는 자유해방의 사조에 배치되야 가장 불자유하고 불생산한 군대교육에 추종할 뿐일 것이다. 그러나 이것은 일본의 국책에 관계되는 바이라. 따라서 일본의 간성인 일본의 청년 학생은 소위 일본의 대화혼을 위하야 이만큼한 희생도 능)히 감수치 아니치 못할는지도 알 수 업는 바이나 **감정이 다르고 또한 모든 의미의 환경이 다른 조선인 학생에게는 이와가튼 특수교육을 그대로 강제할 하등의 근거가 업다.**[15] (강조는 필자)

이처럼 조선일보 사설에서는 군사교육의 문제점을 신랄하게 비판하고 있다. 군사교육 법령은 일본 군국주의가 전 세계에 정면 도전을 선포한 것이다. 군사교육은 살인 행위의 연습이며 학교를 병영화시켜 학생을 군대에 편입시키는 것이다. 그러므로 환경이 다른 조선인 학생에게 강제할 어떠한 이유도 없다고 역설하였다. 이후에도 조선일보는 시종일관 비슷한 논조로 조선인 학생 군사교육에 대해 반대 입장을 견지하였다.[16] 이 밖에도 반대론의 주요 논거로는 군축을 하면서 군사교육을 강제하는 것은 자기모순이며, 현역장교 배속정책은 군축 때문에 생기는 퇴직 장교를 온존하는 방책이라는 점 등이 제기되었다.[17] 이와 같은 반대 논거들은 일본에서 제기된 반대 이유와 맥을 같이 하는 것이었다. 반면에 찬성론의 주요 논거는 내선인 차별철폐론이었다. 대표적인 찬성론자는 동아일보사로 조선인에 대한 군사교련 금지는 무단적 차별주의이며 군사교육을 반대하는 것은 주의(主義)는 알고 실제를 모르는 것이라고 비판했다. 조선인에게만 군사교육을 실시하지 않는 것은 '공학의 실을 거두기 어렵고' 조선인 학생들이 '차별적 대우와 불공평한 처치를 받게' 될 것이라고 주장했다.[18]

15) 『조선일보』 1924년 11월 19일자.
16) 『조선일보』 1824년 12월 5일자, 동년 12월 16일자, 1928년 4월 15일자.
17) 『시대일보』 1924년 10월 15일자.
18) 『동아일보』 1923년 7월 8일자, 1924년 11월 26일자 및 1925년 1월 27일자. 당시 동아일보사와 조선일보사와 찬반 논조에 대해서는 西尾達雄, 앞의 책, 333-342쪽 참조.

군사교육에 대한 긍정적인 인식은 당시 사립학교 현장에 많이 남아 있었던 것으로 보인다. 1924년 11월에 사립학교 5개교 교장들에게 총기를 사용하는 군사교육에 대한 찬반 의견을 물어보았다. 그 결과 사립학교장 3명이 찬성했다. 사립 고등보통학교 체조교사들도 현실적인 측면에서 군사교육이 필요하다는 점을 결의하고 당국에 건의하기로 했다.[19] 1920년 배재고보 학생들은 병식체조와 한국사, 한국어 등을 가르칠 것을 요구하며 동맹휴학을 벌이기도 했다.[20] 당시 사립학교 관계자들은 군사교육의 정신적인 영향과 상급학교와의 연계 문제 등을 지적하며 군사교육의 필요성을 제기하고 있었다.

1925년 7월, 일본정부는 '문부대신 소할외 학교에 육군현역장교를 배속하는 건'(이하 배속건)을 공포했다.[21] 아직 배속령을 적용하지 않던 조선, 대만, 관동, 사할린 지역에 현역장교를 배속할 수 있게 하고, 동령을 준용하도록 한 것이다. 이제 법적으로 조선에서 현역장교에 의한 군사교육이 가능하게 되었다. 이에 당장 조선인과 일본인 학생 모두에게 군사교육을 부과할 것인지가 쟁점으로 부상했다. 배속령은 병역의무가 있는 일본인 중등이상 남학생들에게 예비 군사훈련을 실시하고 병역 특전을 부여하는 것이 골자였다. 그런데 병역의무가 없다고 조선인 학생을 배제하면 전술한 동아일보의 주장처럼 필연적으로 내선인 차별 문제가 불거질 수 있었다. 이 점을 총독부도 충분히 인식하고 있었다. 그래서 배속건 공포 직후 총독부 내 다수설은 병역의무와 별개로 내선인 모두에게 하나의 '학문'으로 군사교육을 부과하자는 것이었다.[22] 그러나 이렇게 하면 이제 일본인 학생들이 병역 특전을 누리지 못하게 될 가능성이 있었다.

1925년 9월 초, 학무국에서 군사교육 실시안을 마련하였다. 실시대상은 일본인 중학교뿐만 아니라 내선인 공학제인 사범학교, 갑종실업학교를 포함하여 약 56개교로 했다. 이들 학교에 재학하는 조선인 및 전문학교 학생은 희망에 따라 실시한다는 방침이었다.[23] 조선인의 고등보통학교는 제외했지만 공학제 학교의 조선인

19) 『조선일보』 1924년 11월 22일자 및 『동아일보』 1924년 11월 20일자.
20) 윤성렬, 『도포입고 ABC 갓 쓰고 맨손체조』, 서울: 학민사, 2004, 251쪽.
21) 칙령 제246호, 1925.7.2 공포. 『조선총독부관보』 1925년 7월 8일자.
22) 『매일신보』 1925년 7월 5일자.
23) 『동아일보』 1925년 9월 6일자 및 『조선일보』 1925년 9월 6일자.

에게 이수 가능성을 열어놓은 것이다. 이 안은 일본인 학생에게 일본 본토에서와 같은 특전을 누리게 하고, 동시에 내선차별론을 일부 무마하려는 고육지책이었던 것 같다. 이후 총독부와 육군 간에 어떤 협의가 이루어졌는지는 알려져 있지 않다. 동년 11월에 그 실시범위에 따라 소요병기 증감과 배속장교 인원을 고려할 것이라고 보도된 것으로 보아[24] 그때까지 최종안에 도달하지 못한 것 같다.

그 이후에 총독부에서 생산한 것으로 보이는 학교교련실시결정안과 그 실시범위에 관한 문서가 남아 있다.[25] 이 문서에서는 5가지 군사교련 실시방안을 제시하고 그 가부 여부를 구체적으로 검토하고 있다. 그리고 내선인 모두에게 실시하는 방안은 타당하지 않은 것으로 폐기하였다.[26] 이는 어떠한 병역 특전도 받지 않는 조선인 학생에게 강제하는 것이 되어 '현하 조선의 정세'에서 강하게 문제를 야기할 염려가 있다는 이유였다. 그리하여 '현하 조선의 실정에 비추어' 가장 타당한 방안은 일본인이 주로 입학하는 학교, 즉 중학교와 일본인 학교조합에서 설립한 실업학교에 한정하고, 여기에 예외적으로 경성사범학교를 추가하는 것으로 결정하였다. 그리고 실시시기는 1926년부터로 하고, 실시방법은 일본의 교련교수요목을 따르도록 했다.

이처럼 9월 초에 구상한 방안에서 크게 후퇴하였다. 많은 공학제 갑종실업학교와 전문학교를 아예 배제하고 일본인 공립 중학교와 공립 실업학교에서만 실시하는 것으로 축소되었다. 이렇게 해서 1926년 5월부터 공립 중학교 10개교, 경성상업, 인천제1상업, 부산제1상업 등 3개 일본인 공립 실업학교에 관립경성사범학교를 추가하여 총 14개 학교에서 군사교련이 시작되었다.[27] 그리고 한 달 뒤에 교련교수요목을 새로 공포하여 학교별 교재배당, 매주교수시수 및 야외연습일수 등을 명시했다.[28]

---

24) 『조선일보』 1925년 11월 16일자.

25) 저자 불명, 「(第一) 学校教練実施決定案」 및 「(第二) 学校「教練」実施学校範圍決定二就て」 (渡部學, 阿部洋 編, 『植民地朝鮮教育政策史料集成』 第17卷, 서울: 大學書院, 1990년 소재). 이 사료는 "본부에서는 이에 조선의 사정을 상술하여 시비 모두 (육군성에) 양해를 구한다"고 기술한 것으로 보아 총독부에서 생산한 사료로 판단된다.

26) 구체적인 내용은 西尾達雄, 앞의 책, 347-348쪽 참조.

27) 『조선일보』 1926년 2월 26일자 및 『매일신보』 2월 26일자.

28) 교련교수요목에 관한 건, 조선총독부훈령 제15호, 『조선총독부관보』 1926년 6월 1일.

그렇다면 총독부는 왜 군사교련을 일본인 중등학교에서만 제한적으로 실시한 것일까? 기존 연구는 그 이유를 병역의무와의 관련성 속에서 파악하고 있다.[29] 총독부는 조선인에게 군사교련을 부과하면 그에 따라 예상되는 병역의무를 거부하는 저항이 커질 것을 우려한 것으로 조선인에게 병역의무를 부과할 만한 정치적 지배가 충분히 성숙되지 않았다는 것이다. 물론 3.1운동의 여파가 남아 있는 당시 군사교련을 빌미로 조선인에게 병역의무를 강제한다면 커다란 저항에 부딪혔을 것이다.

당시 총독부 관계자도 군사교련 결정안을 발표하며 병역의무 유무에 따라 결정된 것이라고 밝혔다. 내선인을 차별하려 하거나 조선인 학생들이 군사기구(총기)를 소지하는 것이 위험하다는 생각에서 나온 것은 아니라고 강변했다.[30] 그런데 병역의무의 유무에 따라 결정된 것이라면 병역의무가 있는 일본인이 입학한 공학제 학교에서도 실시하고, 당해 학교의 조선인은 희망에 따라 참여하도록 할 수 있었다. 그러나 그렇게 하지 않았다. 공학제 학교로는 유일하게 경성사범학교만 포함시켰다.

이렇게 총독부는 일부 일본인 학생의 병역 특전까지 희생시키며 원천적으로 조선인 학생의 참여를 배제하고자 했다. 그 이유는 병역의무와는 관계없이 조선인들이 본격적으로 군사훈련을 받는 것 자체를 경계한 것은 아닐까? 앞서 보았듯이 조선인 중에는 군사교련에 찬동하는 사람들도 많았다. 특히 민족주의 성향이 강한 사립학교 교원과 학생들 사이에서 그러했다. 게다가 한말에 무력 획득의 수단으로 몰입했던 병식체조에 대한 향수도 남아 있었을 것이다. 총독부가 진정 우려한 것은 외견상 부인하지만 조선인들이 군사훈련을 통해 무력을 획득하여 일본인에게 총구를 돌릴지도 모르는 상황이었던 것 같다. 이것이 필연적으로 내선인 차별 문제로 귀결될 수밖에 없음에도 일본인 중등학교에서만 실시하기로 결정한 저의가 아닐까 싶다.

그런데 상기 일본인 학교에 다니는 조선인 학생에 대해서는 어떤 조치가 내려졌을까? 총독부에서는 당해 학교 조선인 학생들은 입학 시에 일본인과 동일하게 학습

29) 西尾達雄, 앞의 책, 348쪽.
30) 『매일신보』 1926년 2월 25일자.

할 것을 예상한 자라고 판단했다. 따라서 원칙적으로 일본인 학생과 마찬가지로 부과하되 참여 여부는 본인의 의사에 일임하기로 했다.[31] 1926년 상기 학교에 재학하는 조선인이 극소수였기 때문에 참여 가능성을 열어둔 것으로 보인다. 다만 공학제인 경성사범학교에는 적지 않은 조선인이 재학하고 있었다.[32] 경성사범학교 연혁지에 따르면, 동교에서는 1926년 5월부터 곧장 배속령에 따라 군사교련을 본격적으로 실시했다.[33] 그런데 일본인을 위한 보통과·연습과 1부 학생에게만 실시했다는 기록은 보이지 않는다. 이로 보아 조선인 학생들을 포함한 전체 학생들이 참여한 것으로 보인다. 이는 장차 전국의 초등학교에 근무할 예비교사들을 체제 후원 세력으로 붙들어두기 위한 조치였다.[34]

Ⅲ. 조선인 군사교련의 확대와 군사교련의 목적

이상과 같이 비록 제한적이지만 조선인 학생에 대한 군사교련은 비로소 1926년 1학기부터 시작되었다. 1926년 3월 현재, 일본에서는 대상학교 1,164개교 대부분에 현역장교 배속을 완료했다.[35] 이에 비해 총독부의 조치는 얼마나 소극적이었는지를 알 수 있다.

총독부의 이러한 태도는 1928년에 급변하기 시작한다. 중등이상 조선인 학교와 공학제 학교에서도 군사교련을 전면 실시하기로 선회한 것이다.[36] 이를 위해 학무국에서는 동년 2~3월경에 전국의 관공립 대학, 전문정도 학교 및 중등학교의 학교 현황을 모두 조사했다.[37] 조사 항목은 학생 정원, 학년·학급별 인원, 옥외체조장,

31) 『조선일보』 1926년 2월 25일자 및 2월 26일자.

32) 1926년 일본인 학교의 조선인은 중학교 10개교에 192명(약 4%), 실업학교 3개교에 5명(약 0.4%)에 불과했다. 경성사범학교(보통과, 남연습과)에는 121명(약 17%)이었다. 『朝鮮諸學校一覽』, 1926년판, 93-94쪽, 333-334쪽, 355-356쪽.

33) 동년 7월에 보통과 5년과 연습과가 각각 보병78연대와 평강육군연습장에서, 그리고 8월에 연습과가 보병78연대에서 7일간 군사강습을 받았다. 1927년 1월에는 사열관 78연대장 참석하에 교련사열을 실시했다. 경성사범학교 편, 『京城師範學校總覽』, 1929, 23-26쪽.

34) 김성학, 「경성사범학교 학생훈육의 성격」, 앞의 책, 167-168쪽.

35) 『朝鮮新聞』 1926년 11월 12일자.

36) 『매일신보』 1928년 4월 12일자 및 『동아일보』 1928년 4월 12일자 및 6월 21일자.

무기와 부속물, 체조과 교원 등을 망라한 것으로 배속장교를 신청할 때 기재하는 사항들이었다.[38] 이를 토대로 학무국에서는 1928년에 새로 군사교련을 실시할 관공립 중등학교(사범학교, 고등보통학교, 실업학교) 51개교와 사립학교 1개교(선린상업)의 명단과 학교 현황을 일목요연하게 정리해 놓았다.[39] 전문정도 이상에 대해서도 비슷한 작업을 했을 것으로 보이나 관련 문서는 남아 있지 않다.

학무국에서는 이렇게 군사교련의 확대안을 만들어 조선군사령부의 동의를 얻은 다음, 1928년 4월에 학무국 관리를 일본에 파견하여 문부성·육군성과 구체적인 협의를 진행하였다.[40] 이후 후쿠시(福士末之租) 학무과장은 두 성과의 협의 결과에 대해 다음과 같이 언급하고 있다.

> 군사교련에 대하야는 륙군성과 문부성에 교섭한 결과 **찬성을 바뎟슴으로 우선 관공립학교부터 실시하기로** 되엿습니다마는 예산관계와 배속장교를 일시에 구할수 업슴으로 **금년은 전문뎡도 이상의 일급학교에만 실시하고 고등보통학교와 실업학교 외 동등 정도는 내년부터야** 실시하겟습니다. 보통교육 보급안은 특수한 사정이 업는 한에는 **원안대로 실시**할 터이나 이것은 전년의 학제 개혁과도 가튼 중대한 계획임으로 착수하기까지에는 다소의 시일이 걸리겟습니다.[41] (강조는 필자)

여기서 몇 가지 중요한 사실을 알 수 있다. 첫째, 총독부의 원안이 있었다는 점이다. 이는 앞서 기초조사를 통해 성안한 것으로 관공립의 전문정도 이상 학교와 사범학교(3년제), 공학제 실업학교 및 조선인 고등보통학교까지 확대하는 안이다. 둘째, 이 안에 대해 문부성과 육군성이 찬성했다. 셋째, 소요예산과 배속장교 확보의 어려움 때문에 1928년에는 전문정도 이상 학교, 그리고 1929년부터 중등정도 학교에서 실시한다. 넷째, 이것은 학제 개혁과 같이 중대한 계획이므로 시일이

37) 「學校配屬將校に關する書類」 중 생도수 등 조사의 건, 1928, 국가기록원자료(관리번호 CJA0004714).
38) 육군현역장교학교배속령시행규정 제1조, 『관보(일본)』 1925년 4월 13일자.
39) 「學校配屬將校に關する書類」 중 교련을 실시하는 관공립학교 조사 건, 1928, 국가기록원자료(관리번호 CJA0004714).
40) 『매일신보』 1928년 4월 12일자 및 4월 14일자.
41) 『동아일보』 1928년 5월 16일자.

걸리겠지만 원안대로 실시해 간다. 다섯째, 아직 사립학교에 대한 계획은 밝히지 않았다.

이러한 방안에 따라 1928년 7월에 우선 경성제대(예과/본과 겸), 경성의학전문, 경성법학전문, 경성고등공업, 경성고등상업, 수원고등농림 등 관립 전문정도 6개교에 현역장교를 배속했다(〈표 8-2〉). 그리고 동년 9월부터 군사교련을 시작하였다. 이후 군사교련은 1928년에 확정된 안에 따라 관립 전문정도와 대학예과(학부 겸임) → 관공립 실업학교 → 관립 사범학교(심상과)와 공립 고등보통학교 → 사립학교(조선인) 및 대학 학부(필수화) 순으로 점차 확대되어 간다.

그런데 총독부는 왜 1928년에 기존 방침에서 급선회하여 군사교련을 공학제 학교와 조선인 학교까지 전면 확대하기로 결정한 것일까? 가장 큰 이유로는 1926년 6.10만세운동 이후 학생운동이 질적, 양적으로 변화하기 시작했다는 점을 지적할 수 있다. 사회주의와 민족주의 사상을 바탕으로 식민통치 자체에 저항하는 소위 '주의적' 맹휴가 확산하였고, 맹휴 건수도 1927년부터 급증하기 시작했다.[42] 총독부는 이에 대한 대응으로 중등이상 학교에 현역장교를 배치하여 상시적인 감시와 통제 및 군대식 규율의 내면화를 시도한 것으로 볼 수 있다. 실제로 대구고보의 경우 현역장교가 배속된 이후 숨 막히는 억압 속에서 동맹휴학은 생각할 수도 없었다고 한다.[43] 1928년 8월 정무총감은 도지사와 관립학교장 앞으로 하달한 통첩에서 이러한 목적을 분명히 밝혔다.

> 원래 학교교련 진작의 목적은 학생생도의 심신을 연마하고 그 자질을 향상시키는 데 있다. 즉 **국가적 관념을 명징하게 하고 헌신봉사의 정신을 떨쳐 일으키며 자주자립의 습관을 순치하여 책임을 다하고 규율을 중시하고 절제를 지키고 협동을 존중하며 또 명령에 복종하는 미풍을 작흥시킴과 아울러 신체를 强壯시키는 데 있다.** 따라서 이 목적을 관철하는 데에는 규정 시간 내에서 배속장교의 교련에만 이를 기대하지 않고 학교장은 물론 각 직원일동이 깊이 이 취지를 양지하여 **교수, 훈련, 기타 校規, 교풍의 전반에 대해**

42) 박철희, 「식민지기 한국 중등교육 연구: 1920~30년대 고등보통학교를 中心으로」, 서울대학교 대학원 박사학위논문, 2002, 195-196쪽; 국사편찬위, 『신편한국사』 49권, 「1920년대 학생운동의 기저」 부분 참조(http://contents.history.go.kr/mobile/nh/main.do)

43) 경북중고등학교, 『경북중고등학교육십년사』, 경북중고등학교동창회, 1976, 139쪽.

할 수 있는 한 교련의 본지에 조화시키는 것이 긴요하다. 그런데 종래의 실적에 비추어 보면 이런 점들에서 유감이 적지 않음으로 **「지금부터 깊이 뜻을 여기에 두고」** 교련 진작의 본지를 십분 철저히 하기를 바란다. 「귀교 교련 실시에 있어 깊이 뜻을 여기에 두시오」[44] (강조는 필자)

정무총감은 군사교련의 목적을 명징한 국가관념과 헌신봉사, 자주자립, 책임, 절제, 협동, 복종 등 국가관념과 각종 덕성, 규율의 내면화, 즉 훈육 차원에서 제시하고 있다. 이러한 훈육과 신체 단련을 통해 학생들의 자질을 향상시키는 것이 군사교련이라는 것이다. 나아가 그는 모든 교직원이 이를 잘 양지하고 교수·훈련·교칙·교풍 등 학교교육 전반을 군사교련의 목적에 조화되도록 해서 이를 관철시켜 나가는 것이 긴요하다고 지적한다. 그리고 "깊이 뜻을 여기에 두라"는 말을 두 번이나 되풀이하고 있다. 이는 마치 학생운동이 전국에서 일어나고 있으니 배속장교를 비롯한 모든 교직원이 학생들을 잘 훈육해서 식민지 체제에 적합한 인물로 육성하라는 경고처럼 들린다. 그는 한 달 전에 학교교련협의회에 참석하여 군사교련 목적에 대해 훈시한 바 있다. 여기에서도 그는 동일한 목적을 언급하며 학교교련이 군사교육을 실시하는 것이라고 말하는 것은 심한 오류라고 강변하였다.[45]

또 한 가지 군사교련을 확대한 이유는 내선인 차별교육의 철폐라는 조선인들의 요구를 형식상 수용한 셈이 되기 때문이다. 제2차 조선교육령의 표면적 취지인 일시동인에 의한 공학 원칙을 군사교련에서 실현한 것이라고 내세울 수 있기 때문이었다.

한편, 배속령(제2조)과 동 시행규정(제1조)에 따르면, 사립학교는 일정한 서류를 갖추어 (총독부를 경유해) 문부성에 현역장교 배속을 신청할 수 있었다.[46] 총기 구입 및 부대 비용은 사립학교에서 자담해야 했다. 그런데 총기와 현역장교는 관공립학교에 배정하기에도 부족한 실정이었다.[47] 이러한 현실적인 어려움뿐만 아니라 전술한 관공립학교 우선 배속방침에 따라 사립학교에 대한 현역장교 배속은

---

44) 학교교련 진작에 관한 건, 조선총독부 학무국 학무과, 『朝鮮學事例規』, 제국지방행정학회, 1932, 223쪽.

45) 『매일신보』 1928년 7월 26일자.

46) 『관보』(일본) 1925년 4월 13일자.

47) 『동아일보』 1929년 1월 22일자.

상당 기간 지체될 수밖에 없었다.

이상과 같은 군사교련 확대안에도 불구하고 1929년에는 배속학교가 더 이상 확대되지 않았다. 군사교련에 필요한 총기와 현역장교 배치에 드는 예산이 부족했기 때문이었다.[48] 이에 학무국 다카하시(高橋濱吉) 시학관이 1930년 초에 동경에 건너가 육군성과 다시 교섭하기 시작했다. 그 결과로 현역장교 8명을 확보하게 되는데, 총독부는 이를 우선 공학제 실업학교에 집중 배치하였다(8곳).[49] 이들은 대부분 5년제 갑종실업학교였다. 그리고 사립학교로는 최초로 일본계 사립학교(선린상업, 경성치과의학전문)에 현역장교가 배속되었다. 사립학교 배치는 총독부의 군사교련 정책의 변화 때문이 아니라 일본인 교장의 개인적인 학사 운영 방침과 총독과의 개인적인 친분관계 때문에 가능했던 것으로 보인다.[50]

일제는 1931년 9월 만주사변을 일으키고 1932년에 만주국 창설, 1933년에 국제연맹 탈퇴 등을 감행하면서 본격적으로 군국주의 노선을 추구해 간다. 이러한 정치・군사적 정세 변화 속에서 총독부는 1931~1936년 사이에 더욱 적극적인 군사교련 정책을 추진하였다. 전문이상 학교와 갑종실업학교 등 공학제 학교 위주로 배속하던 추세는 1931년에도 계속되었다. 즉 갑종실업학교(6개교)와 사범학교(대구・평양)에 현역장교 배속을 확대했다(〈표 8-2〉). 그리고 이제 조선인만이 다니는 고등보통학교에도 현역장교를 배치하기 시작한다. 하지만 총독부는 고등보통학교에 대한 현역장교 배치는 전문학교・실업학교・사범학교 등 공학제 학교와는 달리 매우 신중한 접근을 취했다.

먼저, 1931년에 총독부는 고등보통학교 두 곳을 선정하여 시범학교로 운영했다. 그 대상은 청주고보와 전주고보였다.[51] 이들 학교가 선정된 데는 두 가지 요인이

48) 『매일신보』 1928년 4월 12일자, 12월 30일자 및 1929년 5월 14일자.

49) 『동아일보』 1930년 2월 22일자 및 『매일신보』 1930년 3월 4일자; 『朝鮮新聞』 1930년 7월 12일자.

50) 선린상업은 이전부터 퇴역장교를 두고 내선인 모두에게 발화(發火)연습과 실탄사격 등 군사교련을 적극 실시해 왔고 1926년과 1928년에 무기 등을 구비하여 현역장교 배속을 신청한 바 있다. 경성치과의학전문 교장은 역대 총독의 주치의로서 총독과 개인적인 친분이 매우 두터웠고 군사교련을 가장 중시했다고 한다. 「.學校配屬將校に關する書類」 중 교련을 실시하는 관공립학교 조사 건, 1928, 국가기록원자료(관리번호 CJA0004714); 신재의, 『한국근대치의학교육사』, 참윤퍼블리싱, 2005, 58-59쪽.

51) 처음에 청주고보 대신 공주고보가 물망에 올랐다. 『조선일보』 및 『매일신보』 1931년 4월 23일자.

작용한 것으로 보인다. 첫째는 두 지역에 일본인 중학교가 없어 상대적으로 많은 일본인 학생이 재학하고 있었다는 점이다. 전국 고등보통학교 중에서 일본인 학생이 가장 많은 곳은 청주고보였고, 그 다음이 전주고보였다.[52] 둘째는 군사교련의 효과를 서로 비교해 볼 수 있는 학교였다는 점이다. 1932년 청주고보 입학생에 따르면, 가장 온순한 청주고보 학생들과 가장 사상이 나쁜 전주고보 학생들에게 실시해 보고 식민교육에 도움이 될 것인지를 판단했다고 한다.[53] 그런데 가장 사상이 나쁜 전주고보의 군사교련 성적이 월등하게 우수해서 황민화교육에 가장 알맞은 교육이라 판단하여 전 조선에 확산시켜 나갔다는 것이다.[54] 이렇게 총독부는 두 학교에서 군사교련을 착수하면서 교련교수요목도 개정하여 고등보통학교에 교련교재를 배당하고, 매주수업시수표를 명시하였다.[55]

1931년 이후 3년 동안 시범학교를 운영해 보고 총독부는 고등보통학교에서 군사교련의 효과가 크다고 확신한 것 같다. 이에 전선 고등보통학교장 회의에서 교련진작을 위해 전국 고등보통학교에 대한 현역장교 배속을 건의하자[56] 총독부는 1934년 8월에 조선 최고의 명문인 경성제1고보와 경성제2고보에 현역장교를 배속하여 군사교련을 시작했다. 총독부는 이를 앞으로 조선인에게 병역의무를 부과하는 것을 전제로 추진하고자 했다.[57] 학무국장은 9월 전국 중등학교장 협의대회에서 군사교련이 정신훈련 상 매우 좋은 결과를 가져올 것을 기대한다며 이제 조선인에게도 병역의무를 부과해야 한다고 주장했고,[58] 12월에 우가키 총독도 경성제1고보 교련사열에 임석하여 조선인도 병역의무를 져야 한다고 훈시했다.[59] 이처럼 조선인의 병역의무까지 언급하며 최고의 명문학교에서 군사교련을 실시한 것은

52) 1931년 5월 현재, 일본인 학생은 청주고보에 34명, 전주고보에 30명 재학하고 있었다. 조선총독부학무국, 『朝鮮諸學校一覽』, 1931년판, 435-437쪽 및 『조선일보』 1934년 7월 18일자.
53) 김동환, 「일제강점기 충북 중등교육의 사례연구－청주고보의 학생과 교사의 사회적 배경 및 진로를 중심으로」, 『한국교육사학』 제31권 2호, 2009, 29-30, 43쪽.
54) 전고 · 북중 80년사 편찬위, 『전고 · 북중 팔십년사』, 전주고등학교 · 전주북중학교 총동창회, 1996, 132쪽.
55) 조선총독부훈령 제37호, 1931년 9월 26일, 『조선총독부관보』 동일자.
56) 『平壤每日新聞』 1933년 11월 19일자.
57) 『매일신보』 1934년 6월 29일 및 7월 18일자.
58) 渡邊豊日子, 「朝鮮教育の側面觀」, 1934. (강명숙 외 편역, 앞의 책, 356-360쪽 소재).
59) 경기백년사편찬위, 앞의 책, 161쪽.

이제 조선인의 무력 획득에 대한 우려보다는 군사교련을 통한 군국주의 후원 가능성을 더 높이 평가하기 시작했다는 것을 시사하고 있다.

총독부에서 조선인의 병역의무를 공론화하며 조선인 고등보통학교에 현역장교의 배속을 전면적으로 확대하려 하자 일본 육군성에서는 징모과 구로다(黑田) 대좌를 파견하여 전국적인 실태 파악에 나섰다. 그는 1935년 6월에 내선하여 부산, 대구, 경성 등 각지에서 군사교련 실태를 직접 시찰하였다. 시찰 후 그는 배속장교에 의한 군사교련의 성적이 매우 양호하다고 평가하며 조선에서 군사교련의 확대 필요성에 대해 통감한다고 밝혔다.[60] 이후 고등보통학교를 비롯한 전체 중등학교에 대한 현역장교 배속은 신속하게 진행되었다.

이상과 같이 1931년 시범학교의 운영, 1934년 최고 명문학교에서의 실시 및 1935년 육군성 파견 장교에 의한 실태조사 등을 거쳐, 마침내 1935년에 전체 고등보통학교에 현역장교 배치가 완료되었다. 이어 1936년에는 갑종실업학교에도 배치가 완료되어 이제 전국의 모든 관공립 중등학교(중학교·고등보통학교·갑종실업), 사범학교, 전문학교, 대학에서 현역장교에 의한 군사교련이 실시되기에 이른다(〈표 8-2〉). 이후에 현역장교 배치는 기타 신설학교와 을종실업 및 사립학교를 중심으로 추진되어 갔다.

〈표 8-2〉 육군 현역장교의 학교 배속 상황: 연도별[61]

연월	육군 현역장교 배속 학교	자료 출처[62]
1926.4	(총 14개교) 공립중학 10개교(일본인 위주) 및 관립경성사범 경성공립상업 인천제1공립상업 부산제1공립상업	매일·조선 1926.2.26
1928.7	(전문정도 이상 6개교) 경성제대(본과/예과) 경성의학전문 경성법학전문 경성고등공업 경성고등상업 수원고등농림	매일, 1928.7.6 & 12.30; 중외 1928.7.90
1930.8	(총 11개교) 실업학교(8): 경기상업 이리농림 대구상업 진남포상공 목포상업 강경상업 신의주농업(이상 공립5년제) 경성공업(관립3년제) 사립전문학교(1): 경성치과의학전문 사립학교(1): 선린상업(일본계 5년제) 기타(1): 총독부철도종사원양성소(3년제, 구 철도학교)	조선신문 1930.7.12; 매일 1930.4.20

60) 『매일신보』 및 『동아일보』 1935년 6월 15일자; 『조선중앙일보』 1935년 8월 4일자.
61) 1943년 9월, 1944년 4월, 1944년 11월분은 표영수, 앞의 논문, 220쪽에서 확인된 바 있음.

연월	육군 현역장교 배속 학교	자료 출처[62]
1931	(총 11개교) 사립전문학교(1): 경성약학전문 사범학교(2): 대구사범 평양사범 고등보통(2): 청주고보(5월) 전주고보(7월) 공립실업(6): 경성농업 청주농업 대구농업 광주농업 원산상업 함흥상업	조선 1931.5.10.; 매일 1931.4.18; 부산일보 1931. 4.11
1934	(총 6개교) 관립 전문학교(2): 대구의학전문 평양의학전문 고등보통(2): 경성제1고보 경성제2고보 공립실업(2): 평양상업 진주농업	매일 1934.7.18 및 1935.3.5; 조선 1934.7.18; 부산 1934.11.16
1935[63]	공립고보(전부 실시): 동래, 대구, 광주, 함흥, 鏡城, 춘천, 평양 고보 등 7교(이상 8월)와 진주고보, 맨 뒤에 해주고보. 공주고보 갑종공립실업 (춘천농업 鏡城농업 등): 2,3교 외 모두 실시	조선 1935.4.14 & 1936.1.31; 매일 1935.8.4 & 12.19; 부산 1936.3.31
1936	공립중등 전부(실시중): 중학교, 고등보통, 갑종실업(을종실업 외)	상동; 조선 1936.3.18.; 매일 1937.2.14
1937	사립중등(조선인): 평양 광성고보(최초), 동성상업 사범학교(2): 전주사범 함흥사범(또는 1938년)	조선 1937.12.15.; 매일 1938.1.21 & 11.1
1939	대학 학부(전면 실시): 조선인도 대상, 주당 2시간、 일본도 필수화(1학기부터)	조선 1939.5.21.; 매일 1939.3.31.; 동아 1939.5.21
1939.9[64]	사립전문(4): 연희전문 보성전문 세브란스의학전문 중앙불교전문	조선 1939.7.12 및 8.31
1942.4	(총 10개교) 사립전문학교(1): 대동공업전문 공립중학(4): 해주서중 경주중 평양제3중 순천중 공립실업(5): 청진수산 북청농업 수업농업 강릉상업 안동농림	관보(일본) 1942.4.18
1942.9	부산고등수산(관립) 청주제2공립중 마산공립상업 순천공립농업	관보(일본) 1942.9.21

62) 조선은 조선일보, 동아는 동아일보, 매일은 매일신보, 중외는 중외일보, 부산은 부산일보, 관보는 조선총독부관보를 지칭함.

63) 공주고보 배속장교는 1935년 12월에 발령이 나고 실제 부임은 이듬해 1월에 이루어졌다(매일신보, 1935년 12월 19일자).

64) 연희전문과 보성전문에 1939년에 조선인 예비역 장교를 배치했다가 1943년에 일본인 현역장교를 배속받았다. 세브란스의전과 중앙불교전문학교(혜화전문)도 1943년에 다시 현역장교를 배속받았다.

연월	육군 현역장교 배속 학교	자료 출처
1943.5[65]	(전국 총 33개교) 징병제(1944.4) 대비 사립전문(4): 연희전문 보성전문 아사히의전(구 세브란스의전) 혜화전문(구 중앙불교전문) 공립중등(18)・사립중등(9): (경기) 경성욱구공립중 안성공립농업 양정중 중앙중 성남중 개성공립중 (황해) 안악공립중 신천농업 명신중 (평남) 안주공립중 평양공립공업 숭인상업 광성중 (충북) 충주공립중 충주공립농업 (경남) 진주사범 울산공립농업 (충남) 예산공립농업 (전북) 이리공립공업 (평북) 강계공립중 영변공립농업 (함남) 흥남공립공업 영생중 (함북) 길주공립농림 청진공립중 나진공립중 어랑중 기타(2): 총독부철도종사원양성소 지리박물교원양성소(수원고등농림 부설)	관보(일본) 1943.5.3; 매일 1943.6.22
1943.9	(총 12개교) 사립전문학교(1): 명륜전문 공립실업(5): 부산공업 정읍농업 제주농업 상주농업 강릉농업 사립학교(5): 보성중 배재중 휘문중 오산중 동성상업 기타(1): 이과교원양성소(경성고등공업 부치)	관보 1943.9.18
1944.4	(총 28개 지방 중등학교) 사범학교(2): 청주사범 신의주사범 공립중학(7): 홍성중 진남포중 부산제2중 철원중 성진중 금강중 목포중 공립실업(10): 천안농업 김해농업 여수수산 청진공업 군산상업 사리원상업 연안농업 신의주공업 원주농업 구성농업 사립중등(9): 김천중 문태중 고창중 평안중 선천중 대륜중 한성상업 평안공업 조선전기공업	관보 1944.5.25.; 매일 1944.5.29
1944.9	(총 7개교) 관공사립전문학교(6): 경성척식경제전문(구 보성전문) 경성공업경영전문(구 연희전문) 및 평양공업전문(관립) 대구농업전문(관립) 함흥의학전문(공립) 광주의학전문(공립) (이상 신설4) 기타(1): 이과교원양성소(경성제대 부속)	관보(일본) 1944.9.4
1944.11	(총 15개교) 사범학교(3): 청진사범 대전사범 해주사범 공립실업(10): 경성성동공업 진남포공업 강경공업 목포공업 회령공업 개성농업 부산제2공업 군산공업 통영수산 영흥농업 사립중등(2): 한성공업 숭인공업	관보 1944.11.20

65) 혜화전문은 일본의 『관보』에만 명시되어 있다.

이렇게 1930년대 중반에 전국적으로 중등이상 학교에 현역장교가 배치된 것은 "당시의 학생에게는 충격적이고 보다 강력한 식민적 감독관이 상주하는 것이 되어 지성적 학생에게는 큰 타격이 되었다"는 평가가 있는 것처럼[66] 이제 중등이상 학교에서 배속장교를 중심으로 상시적인 군사훈련과 통제가 가능한 체제가 성립했다. 1936년에 학무과장 다카오(高尾甚造)도 이 점을 다음과 같이 밝히고 있었다.

> 그런데 당시는 기운이 무르익지 않았고 교련에 대한 오해 등을 지닌 면도 없지 않았는데 그 후 중학교의 실시 상황을 보고 들어 오히려 자진하여 현역장교의 배속을 희망하는 곳이 많아지기에 이르렀다. 그래서 본부는 중등정도 이상의 남자 생도의 학교에 대해 일정한 요건을 갖춘 곳에는 전부 배속을 육군 당국에 요구하기에 이르렀다. 현재는 소수의 신설 학교를 제외하고는 **거의 대부분을 배속을 받아들이기에 이르렀고 성적 역시 양호해 단지 교련뿐 아니라 학교훈육의 전반에 걸쳐 일단의 진숙(振肅)을 더해 당초의 오해는 완전히 제거되었고 이제는 생도 훈육 상의 중요 교과로서 일반의 인식을 깊이 하는 데 이른 것**은 경축해 마지않는 바이다."[67] (강조는 필자)

그는 처음에는 군사교련에 대한 오해도 없지 않았지만 이제 소수의 신설학교를 제외하고 거의 대부분 현역장교가 배속되었다고 밝히고 있다. 이어서 군사교련의 효과가 양호해서 이제 훈육상의 중요한 교과로 인식되기에 이르렀다고 말한다. 그가 말하는 훈육상 교과란 식민지 체제에 적합한 관념과 인성을 내면화하는 교과를 의미한다. 군사교련이 이제 그러한 역할을 효과적으로 수행하게 되었음을 말하고 있는 것이다.

그런데 현역장교가 배속된 학교에서는 곧장 전투교련과 입영훈련, 연합야외연습 등 실제 전투능력을 기르는 훈련을 정기적으로 실시하고 있었다.[68] 또한 전술한

66) 조동걸, 「한국근대학생운동조직의 성격변화」, 역사학회 편, 『한국근대 민족주의 운동사연구』, 서울: 일조각, 1992, 377쪽, 387쪽.

67) 高尾甚造, 「朝鮮教育の斷片」, 1936, 407쪽(강명숙 외 편역, 『교육정책(2)－일제강점기 교육논설』, 서울: 동북아역사재단, 2021 소재).

68) 청주고60년사편찬위, 『청주고60년사』, 청주고동문회, 1985, 206-209쪽, 260-264쪽; 경성제1공립고보, 『各科教授要綱』, 1935년, 104쪽; 경복55년사편찬위, 『경복오십오년사』, 서울: 경복동창회, 1976, 114-124쪽.

바와 같이 총독과 학무국장은 조선인에게도 병역의무 부과가 필요하다고 공개적으로 밝힌 바 있다. 그런데도 불구하고 학무관료들은 기이하게도 이를 짐짓 모르는 듯 군사교련의 목적을 여전히 훈육적인 차원에서만 부각시키고 있었다. 당시까지 조선인들을 병력으로 동원하기 위한 체제가 아직 확립되지 않았다. 그렇기에 조선인 군사교련에 대한 경계심을 완전히 불식하지 못한 채 여전히 대외적으로는 군사교련의 정신적인 측면만을 강조하고 있었던 것이다.

Ⅳ. 군사교련의 목적 변화와 전면적 확대 강화

1937년 7월, 일제는 중일전쟁을 일으켜 중국과 전면전에 돌입했다. 이후 일제는 1938년 4월 조선인 육군특별지원병제도의 실시, 1941년 12월 태평양전쟁의 발발 및 1942년 5월 조선인 징병제 실시안 발표, 1943년 10월 대학・전문학교 학도지원병제도의 실시 등 전시 병력동원 체제를 강력하게 추진하였다. 이에 보조를 맞추어 군사교련 정책도 전면적으로 강화되기 시작한다.

먼저, 군사교련의 목적이 근본적으로 변화되기 시작했다. 총독부는 고등보통학교와 일부 사립학교까지 현역장교 배속을 확대하면서도 군사교련의 목적은 1928년에 정무총감이 공표했던 군사교련의 목적에서 결코 벗어나지 않았다. 여전히 명징한 국가관념과 특정한 인성의 내면화를 위한 훈육과 신체 단련을 강조하고 있었다. 1939년 5월 20일경까지 이러한 목적에는 변함이 없었다. 동년 5월 18일 학무국장은 육군현역장교배속령 15주년기념식 참가단[69]에 대한 훈시에서 군사교련의 목적은 군사능력의 증진에 있지 않고 정수한 덕성 함양과 작열하는 애국심 앙양 및 강건한 체격 형성에 있다고 역설했다.[70] 조선군 보도부장도 조선의 군사교

69) 1939년 5월 22일, 일제는 육군현역장교배속령 시행 15주년을 기념하여 도쿄에서 천황이 직접 임석한 가운데 어친열배수식을 거행했다. 여기에는 일본 본토와 각 점령지에서 육군 현역장교가 배속된 학교의 학생과 직원 대표가 참가했다. 조선에서는 전국의 71개교 중등이상 남학생 대표 142명(조선인 77명, 일본인 65명)과 배속장교 38명을 포함한 직원단 142명이 참가했다. 당일 조선에서도 전국 중등이상 학교에서 대대적인 연합 시・분열식을 실시했다. 어친열배수조선부대, 「어친열배수기록」, 『文教の朝鮮』 1939년 7월호, 8-37쪽; 『매일신보』 1939년 5월 5일자, 『동아일보』 1939년 5월 20일자 및 23일자.

70) 『文教の朝鮮』 1939년 7월호, 24쪽.

련은 다른 열강의 예비 군사교육과는 다르다고 지적하며, 심신 단련과 명징한 국가 관념을 갖게 해서 국가에 유용한 인재를 양성하는 것이라고 강조했다.[71]

이러한 목적의 변화는 동 15주년기념식(5.22) 참가단이 일본에서 귀국한 직후에 나타났다. 즉 1939년 5월 말 학무국에서 국방체육구체안을 마련하면서 시작되었다. 이것은 전투력 증진을 목표로 하는 체조과 운영안으로서 전국 학무과장・도시학관 회의(5.29~5.31)에 상정되었다.[72] 이 회의에서 정무총감은 학교교련 진작과 체력 증강을 지시했다. 당시 훈시 내용은 알려지지 않았는데 일주일 뒤 전국 사범학교장회의(6.9~6.10)에서 그는 다음과 같이 훈시하였다.

> 장기 건설도상의 시국하에 국가가 가장 요구하는 것은 **싸울 수 잇는 체력과 정신력의 연성**에 잇다고 말하지 안흘 수 업다. 따라서 조今부터 『**체육의 목적은 최고의 전력을 확득하는 데 잇다**』라는 표어하에 국민체육을 지도할 방침이므로 **국민체육의 기조가 되는 학교교육에 잇서서는 기피 이를 생각하여 모든 체육운동 실시의 목적을 이에 통합귀일케** 하여 이의 진흥을 도함에 잇서서 유감업기를 기하기 바란다.[73] (강조는 필자)

그는 체육의 목적은 최고의 전력(戰力)을 획득하는 데 있다고 천명했다. 그리고 국민체육의 기조가 되는 모든 학교체육은 이 목적에 통합 귀일하도록 지시하였다. 체조과의 군사교련은 이제 전력 획득을 위한 군사훈련이 되어야 했다. 1928년에 학교교련의 목적은 어디까지나 심신 단련에 있는 것이므로 군사교육을 실시한다고 말하는 것은 오류라고 강변하던 입장[74]이 근본적으로 변화되었다. 이어 경기도 중등학교장회의(6.24~26), 경북 초・중등학교장회의(7.14~16) 등 각도 학교장회의에서 학교교련 진작과 학생 체력 증강에 관한 지시가 연달아 하달되었다.[75]

이와 같은 군사교련의 목적 변화는 이제 학교에서도 전쟁에서 싸울 수 있는 인간을 만들겠다는 의지의 표명이다. 당시 중일전쟁이 장기전으로 비화하면서 예비군

71) 『동아일보』 1939년 5월 23일자.
72) 『조선일보』 1939년 5월 28일자.
73) 『조선일보』 1939년 6월 10일자.
74) 『매일신보』 1928년 7월 26일자.
75) 『조선일보』 1939년 6월 25일자 및 손종현, 「일제 제3차 조선교육령기하 학교교육의 식민지 배관행」, 경북대학교 대학원 박사학위논문, 1994, 255쪽.

사력의 확보가 긴요해지고 있었다. 또한 1938년부터 조선인 육군특별지원병제도를 시행하였기에 조선인을 전쟁에 동원할 수 있는 체제도 작동하고 있었다. 총독부 입장에서는 더 이상 군사교련을 정신적인 훈육의 장치로만 묶어 둘 필요가 사라진 것이다.

총독부의 이러한 의도는 1941년 3월 국민학교규정의 체련과 요지에도 그대로 반영되었다. 국민학교에서도 본격적으로 전쟁에 도움이 되는 인간의 양성을 추구하기 시작했다.[76] 이어 1942년 5월, 조선에서 징병제를 1944년부터 실시하겠다고 발표한 직후 총독 명의로 새로운 교련교수요목을 제정 공포하였다. 그리고 이제 현역장교를 배속받은 학교에서의 교련은 이 요목에 '준거'하도록 했다. 여기에서 군사교련의 목적과 훈련요강을 아래와 같이 다시 명확하게 제시했다.

〈학교교련의 목적 및 훈련요강〉

1. 학생에게 군사적 기초훈련을 실시하고 지성진충의 정신 배양을 근본으로 하여 심신일체의 실천단련을 행함으로써 그 자질을 향상하고 국방능력의 증진에 기여함을 목적으로 한다.
2. 목적을 달성하기 위해 아래 요강에 따라 훈련하고 그 성과를 학도의 전 생활에 구현 실행하도록 해야 한다.
   (1) 국체 본의에 투철하고 국민 개병의 진의에 따라 아래 덕성을 도야해야 한다.
   - 예절을 중시하고 장상(長上)에 복종하는 습성
   - 기절(氣節), 염치의 정신, 실질 강건의 기풍
   - 규율절제, 책임관념, 견인지구, 활달 감위(敢爲), 협동단결 등 여러 덕성(諸德)

   (2) 왕성한 기력, 견고한 의지, 강인한 신체를 단련해야 한다.
   (3) 황국신민으로서의 직분에 응해 필요한 군사의 기초적 능력을 체득해야 한다.[77]

76) "신체를 단련하고 정신을 연마하여 활달강건하고 인고지구하는 심신을 육성하고 헌신봉공하는 실천력을 길러 전력의 증강에 기여함"(국민학교규정 제11조). 정규영, 「전시동원체제와 식민지 교육의 변용」, 『교육학연구』 제40권 제2호, 2002, 58-58쪽 참조.

77) 교련교수요목 차례는 다음과 같다. 1.학교교련의 목적 및 훈련요강, 2.교재, 3.교재의 배당 및 진도, 4.매주교수시수, 매년교수시수 및 야외연습일수, 5.실시상 주의사항, 6.특별훈련 및 활공훈련에 과한 특례. 조선총독부훈령 제29호, 『조선총독부관보』 1942년 5월 23일자.

이처럼 학생 군사교련은 국방능력을 증진하는 데 기여하는 것이어야 했다. 이를 위해 천황제와 군국주의에 적합한 덕성 함양과 신체 단련 및 군사적 기초능력을 함양·체득하도록 했다. 1942년 7월 반도청년 군사교련좌담회에서 제20사단 병무부 후쿠나가(福永憲) 소좌는 군사교련의 목적이 최근에 변화했다고 밝히면서 단순한 심신 단련에서 벗어나 군사기초 훈련을 실시하여 국방능력을 갖게 하는 것이라고 이를 재차 확인했다.[78]

둘째, 대학 학부와 조선인 사립학교에도 현역장교에 의한 군사교련을 전면적으로 확대하기 시작한다. 1928년에 경성제대에 현역장교를 배속하여 예과와 학부를 겸직하도록 했다, 당시 학부에서 군사교련은 수의과목(선택)이었는데 1939년에 일본과 마찬가지로 필수로 전환되었다. 군사교련은 총장이 직접 지도·감독하는 과목으로서 조선인도 포함해서 매주 2시간씩 학과(전사, 전술, 군사강화)와 술과(각개·부대교련, 사격, 지휘법)를 지도하도록 했다.[79]

1936년까지 총독부는 조선인 사립학교에는 현역장교를 배속하지 않았다. 일본계 학교인 선린상업, 경성치과의학전문, 경성약학전문에만 배속한 상태였다. 동년에 한두 곳 실시할 예정이라는 보도가 있었으나[80] 실제로 배속되지는 않았다. 1937년에 학무국에서는 매년 사립학교 2~3개교에 현역장교를 배치해 군사교련을 실시한다는 새로운 방침을 정했다.[81] 이러한 방침에 따라 1937년에 조선인 사립학교로는 최초로 평양 광성고보와 경성 동성상업에 현역장교 배속이 이루어졌다(〈표 8-2〉). 광성고보는 이전부터 일본육사 출신의 예비역 중위 이희겸을 교련교관으로 채용하여 군사훈련에 힘써 왔다. 그가 1937년 6월에 사직한 것으로 보아 일본인 현역장교는 2학기에 부임한 것으로 보인다.[82] 동성상업에는 군국주의적 스파르타 교육의 추종자인 사이고(西鄕淸隆)라는 교무주임이 재직하고 있었다. 그는 학무국의 절대적인 신임을 받으며 모든 학교 일을 전단하고 있었다. 그의 주도 아래 현역

78) 『매일신보』 1942년 7월 9일자.
79) 『매일신보』 1939년 3월 31일 및 5월 21일자.
80) 『조선일보』 1936년 1월 31일자.
81) 『매일신보』 1937년 2월 14일자.
82) 광성100년사편찬위, 앞의 책, 166쪽, 177쪽; 『광성』, 제12호, 1938, 208쪽. 광성고보에 교련총기 140정 및 배낭, 기타 교련도구가 1937년 12월 중순에 도착했기에 실질적인 집총 군사교련은 1937학년도 제3학기부터 가능했을 것으로 보인다. 『조선일보』, 1937년 12월 15일자.

장교가 배속된 것으로 생각된다.[83)]

1939년 5월, 학무국에서는 1937년의 방침을 확대하여 전체 사립 중등학교와 전문학교에서 군사교련을 실시하기로 전격 결정하였다. 배속장교는 전임이나 시간제로 적극 알선하기로 했다.[84)] 중일전쟁의 장기화로 예비군사력의 확보가 긴요해지면서 사립학교 군사교련에 대해서도 전향적인 태도를 취하기 시작한 것이다. 이에 따라 동년 2학기부터 경성의 4대 사립 전문학교, 즉 연희전문, 보성전문, 세브란스의학전문, 중앙불교전문에 장교를 배치하여 군사교련을 실시했다. 그런데 연희전문과 보성전문에는 현역이 아닌 예비역 중위(박창하)와 예비역 소위(조철호)를 배치했다.[85)] 이는 현역장교 부족이 심화됨에 따라 배속장교를 예후비역 장교로 충당할 수 있게 한 1937년의 육군성 특령을 따른 것이다.[86)] 몇 년 뒤 연희전문과 보성전문에는 현역장교가 다시 배속되었다(〈표 8-2〉). 4개 사립 전문학교는 동년 가을 대학·전문학교 연합야외연습에 곧바로 참가했다.[87)] 당시 종교계 전문학교의 군사교련은 매우 생경한 것으로 "불교전문학교 생도는 그 대부분이 중들인데 전시의 풍조에 따라 가사와 목탁을 던지고서 용감이 총을 메고 칼을 쥐고 거리에 나오게 될 터"라고 보도되기도 했다.[88)]

1939년부터 1944년까지 현역장교가 배속된 사립학교는 전문학교 6개교(재배치 4개교 제외), 중등학교 23개교가 확인되었다(〈표 8-2〉). 기존에 배속된 사립 전문학교 2개교, 중등학교 3개교를 포함하면 각각 8개교, 26개교에 배속된 것을 알 수 있다. 이로써 당시 모든 사립 전문학교(남자)와 경성의 5대 사립학교로 불린 배재·양정·중앙·휘문·보성중을 비롯한 대부분의 사립 중등학교(3년제 이상)에 현역장교가 배속되기에 이르렀다.[89)]

---

83) 동성중고등학교, 『동성팔십년사』, 서울: 동성중·고등학교, 1987, 249-251쪽.
84) 『매일신보』 1939년 5월 21일자.
85) 『동아일보』 1939년 7월 26일자 및 9월 2일자; 『조선일보』 1939년 8월 31일자. 연희전문에서는 38식 보병총과 배낭, 총검 등을 마련하는 데 약 1만원을 지출했다.
86) 「육군현역장교배속령 및 1925년 칙령246호의 특례에 관한 건」, 칙령 제411호, 『관보』(일본) 1937년 8월 10일자; 『동아일보』 1937년 8월 11일자.
87) 『동아일보』 1939년 9월 2일자.
88) 『조선일보』 1939년 8월 31일자.
89) 1943년 현재 사립 전문학교(남자)는 8개교, 사립 중등학교(남자 중학교 및 3년제 이상 실업)는 29개교였다. 조선총독부학무국, 『朝鮮諸學校一覽』 1943년판 참조.

셋째, 군사교련 실시학교에 대한 통제와 교련수업을 대폭 강화하기 시작했다. 먼저, 각 학교장의 정례적인 보고체계를 새로 마련했다. 1937년 중일전쟁 발발 직후, 학무국에서는 현역장교가 배속된 학교장은 매년 9월 말까지 군사교련 실시 상황을 총독에게 보고하도록 지시했다. 배속장교와 협의해서 군사교련 전반에 관한 실태보고서를 작성하되 조선인 학교와 공학제 학교의 군사교련 효과와 내선인 성적 등을 상세히 보고토록 했다.[90)]

1939년부터는 교련수업 진작 및 강화 방안이 속속 발표되었다. 동년 5월 정무총감과 학무국장은 전국 학무과장・도시학관 회의에서 학교교련 진작을 지시한다. 이즈음 군사교련의 목적도 국방능력의 증진으로 재설정되었다. 이에 따라 전국 각지에서 교련수업 강화 방안이 적극 추진되기 시작한다. 9월에 경북에서는 중등학교 배속장교와 체조교사 협의회를 개최하여 체조수업을 교련에 흡수시켜 교련을 하나의 독립과목으로 설치하고 수업 횟수도 늘리기로 결정했다.[91)] 1940년 12월, 경성 제20사단에서는 배속장교 회의를 개최하여 앞으로는 교련 출석률이 나쁘면 진급을 불허하고 졸업장까지 주지 말도록 엄달하였다.[92)] 이듬해 경성제대에서는 교련수업에 출석하지 않고 단발을 하지 않았다는 사유로 학생 7명에 대해 무기정학 처분을 내렸다.[93)]

그리고 1942년에는 교련교수요목을 새로 제정・공포하였다.[94)] 여기에서 전술한 바와 같이 새로운 군사교련 목적과 훈련요강을 제시하고 이에 맞게 교련교재와 시간 배당 등을 더욱 강화하였다. 행군과 총검술 등 실제 전투능력을 높이기 위한 교재들을 새로 추가하고, 전반적으로 교련수업과 야외연습, 군사강습 시간을 모두 증가시켰다.[95)] 또한 교련교재의 진도요구단계와 습득수준을 제시하여 실제 교련

90) 보고서 기재 사항은 다음과 같다: 1.교련 실시 및 진보 개황, 2.학생생도 근태 개황, 3. 교련 자재 정비상황(설비품 수, 보관상태 기재), 4.수업연한, 학생생도 및 배속장교 관한 사항 (1) 수업연한(과별), 생도정원, 현재 생도수, 집총 생도수, 학급수(정원 및 집총 구별), (2) 배속장교 및 교련교사에 관한 사항. 「學校敎練實施狀況報告方の件」, 조선총독부 학무국 학무과, 『(現行)朝鮮敎育法規』, 조선행정학회, 1942, 168쪽.

91) 『동아일보』 1939년 9월 30일자.

92) 『매일신보』 1940년 12월 17일자.

93) 『매일신보』 1941년 6월 17일자.

94) 구체적인 내용은 다음 장 참조. 『조선총독부관보』 1942년 5월 23일자.

95) 중학교는 3학년에 1시간, 실업학교 3년제는 전 학년 1시간씩, 5년제는 3~5학년 1시간씩, 사범학교(보통과, 심상과) 1,2학년 1시간씩, 사범학교(연습과) 전체 1시간씩, 전문학교는 전

검정에 적용할 수 있게 했다.

일제는 1942년 6월 미드웨이 해전과 11월 과달카날 해전에서 패배하여 태평양전쟁의 승기를 미군에 넘겨주게 된다. 1943년 전황이 매우 불리하게 돌아가자 총독부는 학생들의 국방능력을 증강하여 전면적으로 전쟁에 동원하기 위한 군사교련 강화조치를 연달아 발표한다.

먼저 1943년 3월 제4차 조선교육령에서 중등학교 교과목으로 체련과(교련, 체조, 무도)를 설치하고 그 요지에 '국방능력의 향상'을 명기함으로써 이제 학교체육과 군사교육은 구별하기 힘들어졌다. 그리고 7월에 학도전시동원체제확립요강을 공포했다.[96] 여기서 학교교련을 철저히 강화하여 군복무에 대비한 국방능력을 증강하고, 필요한 경우에는 직접 국토방위에 전면적으로 협력하도록 지시했다. 이를 위해 중학교 이상 남학생에게 戰技훈련(행군, 전장운동, 총검도, 사격)을 철저히 실시하고, 특기훈련(항공, 해양, 기갑, 마사, 통신 등)을 강화토록 했다. "학원은 병영으로 통하고 교실은 전장으로 통한다"[97]는 말이 통용될 정도로 학교는 더 이상 군대와 다름없게 되었다. 일제는 동년 10월에는 교육에 관한 전시비상조치방책을 공포하여 전문이상 교육기관을 전쟁 수행에 필요한 이공계 중심으로 강제로 개편한 다음에,[98] 1944년 4월부터 이 방책에 따르는 군사교육강화요강을 발표했다. 이는 국민학교에서 대학에 이르는 교련 교육체계를 정비・확충하고 일층 군사교련을 강화한 것이다. 각급 학교에서 군사기초 훈련을 철저히 실시하고 특히 전문이상 학교에서 지휘능력과 특별훈련(항공・기갑훈련, 군사교습)을 강화하도록 했다.[99] 1945년에는 심지어 국민학교 고등과(남자)에서도 전투제일주의 체련과를 실시하고 실전훈련을 하도록 했다.[100]

〈표 8-2〉에서 알 수 있듯이 1942년부터 현역장교를 배속받은 학교는 급속히 확대되었다. 이후 1944년 전반기까지 총 87개교에 현역장교가 새로 배치되었다. 1939년 4월 현재, 기존에 현역장교가 배속된 학교는 총 71개교였다.[101] 이에 비추

학년 0.5시간씩 증가했다. 실업학교 4년제와 대학은 매주교수시수를 새로 명시했다.

96) 『文教の朝鮮』 1943년 9월호, 4-17쪽.

97) 『매일신보』 1943년 6월 22일자.

98) 『매일신보』 1943년 10월 14일자.

99) 『매일신보』 1944년 3월 20일자 및 『부산일보』 1944년 3월 29일자.

100) 〈학도체련 특별조치 요강〉 및 〈학도군사교육 특별조치 요강〉, 『매일신보』 1945년 4월 9일자.

어 보면 1942년 이후 징병제를 대비한 군사훈련을 실시하기 위해 얼마나 급속하게 현역장교를 배치했는지 알 수 있다. 전체 기간(1926~1944)에 현역장교가 배속된 중등이상 학교의 비율은 확인된 것만 대략 73%에 달했다.[102] 이외의 학교에서 군사교련은 예비역 장교나 군사강습을 받은 교련교관들이 담당했다.[103] 이렇게 하여 대부분의 중등이상 학교는 전쟁에 동원하기 위한 인간을 양성하는 병영으로 전락하였다.

V. 학생 군사교육 정책 변동의 동인

제8장에서는 강제합방 이후 일제는 어떠한 목적 아래 현역장교에 의한 군사교련 정책을 도입하고 추진해 갔는지를 살펴보았다. 전술한 내용을 바탕으로 일제시기 조선인 학생에 대한 군사교련 정책의 변동 과정을 다음과 같이 네 단계로 구분해 볼 수 있다.

제1단계는 군사교련 원천 봉쇄 시기이다(1910~1925년). 한말 병식체조에 대한 트라우마가 여전히 남아 있던 시기이다. 일제는 체조교과과정과 학교체조교수요목에서 군사훈련 관련 교재를 배제하여 조선인이 군사훈련 자체를 경험하지 못하도록 했다. 이 시기에 부활한 '교련'은 군사훈련적 요소가 배제된 질서・규율운동 위주의 교련이었다.

제2단계는 군사교련의 도입과 제한적 추진 시기이다(1926~1927년). 일본본국의 방침에 따라 군사교련 정책을 시행하지만 여전히 조선인 군사교련에 대한 경계심이 강했던 단계이다. 군사교련 대상을 일본인 공립 중등학교와 관립경성사범학교로 제한했다. 조선인의 경우, 경성사범학교 학생들만이 대상이 되었고, 나머지 대다수는 군사교련에서 배제되었다.

---

101) 『매일신보』 1939년 4월 27일자 및 「어친열배수기록」, 『文教の朝鮮』 1939년 7월호, 8-14쪽.

102) 1943년 현재 공사립 중등학교(남자 중학/실업) 186개교, 관립 사범학교(남자) 13개교, 관공사립 전문학교(남자) 17개교, 대학 1개교 총 217개교였다(조선총독부학무국, 『朝鮮諸學校一覽』 1943년판).

103) 『동아일보』 1937년 8월 11일자; 『매일신보』 1942년 3월 11일자 및 6월 30일자.

제3단계는 군사교련의 점진적 확대 시기이다(1928~1936년). 군사교련의 훈육적 효과에 주목하여 관공립 공학제 학교에서부터 점차 조선인 공립고등보통학교까지 확대한 시기이다. 학생운동이 전국적으로 확산하자 군사교련의 목적을 훈육적인 차원에서 설정하여 하달하였다. 군사교련을 확대하면서도 고등보통학교 군사교련은 시범학교 운영 등 매우 신중한 과정을 거쳐 시행했다. 이 시기에 관공립의 대학, 전문학교, 갑종실업학교, 고등보통학교에 모두 현역장교가 배치되어 상시 군사훈련과 통제 체제가 확립되었다.

제4단계는 군사교련의 전면적 확대 강화 시기이다(1937~1945년). 군사교련의 목적을 국방능력의 증진으로 재설정하고 전시동원체제를 적극 후원하는 단계이다. 군사교련을 대학 학부에서 필수화하고, 사립 전문학교와 중등학교까지 확대했다. 군사교련을 실시하는 학교장의 정례적인 보고체계를 마련하고, 교련수업 시간과 내용을 확대 강화했다. 1943년 이후에는 학생들을 전쟁에 직접 동원하기 위한 군사교련 강화 조치가 연달아 시행되었다. 이 시기까지 현역장교 배속이 확인된 것만 전체 중등이상 학교의 73%에 달했다.

그렇다면 이와 같은 일제시기 군사교육 정책의 변동을 일으킨 근본적인 동인은 무엇일까? 그것은 식민지 체제에서 군사교육 자체에 내재된 이중성에서 찾을 수 있다. 현역장교가 지도하는 군사교육은 식민종주국에 충성하는 인간을 만드는 효과적인 수단이다. 하지만 동시에 식민종주국을 겨누는 무력이 형성되는 통로가 될 수 있었다. 식민통치자에게 군사교육은 가능성과 위험성을 지닌 양날의 칼이었다. 그 가능성은 유용성을, 그리고 위험성은 저항성을 본질로 한다. 군사교육 정책의 변동 과정은 이 위험성에 대한 경계에서 가능성에 대한 확신으로 나아간 과정이었다고 평가할 수 있다. 이러한 군사교육 정책은 학교교육 정책 전반과 정합-부정합-정합의 관계를 유지하며 변동하였다.

일제는 제1단계에서 제2단계까지 군사교련의 위험성을 경계하고 있었다. 일제는 한말에 병식체조가 항일운동의 수단이 되는 것을 생생히 목격한 바 있다. 강제합방 이후 억압적 국가기구의 무력에 직접 의존하는 무단통치 하에서 군사교련의 유용성도 딱히 찾기 힘들었다. 그렇기에 일본본국의 군사교련 정책에 따르면서도 조선인 군사교련을 최대한 억제하였다. 이러한 군사교육 정책은 당시 저급한 차별

교육을 기조로 한 학교교육 정책과 정합 관계를 유지하였다.

하지만 3.1운동 이후 일제가 문화통치로 전환하고 일시동인에 의한 차별 철폐를 표방하면서 학교교육 정책과 군사교육 정책의 부정합성은 확대되어 간다. 제2단계(1927년)까지 군사교련의 내선인 차별이 엄존하였다. 일제는 유화적인 통치 정책에도 식민지 체제의 불안정성이 점증하자 비로소 군사교련의 가능성에 주목하기 시작했다. 제3단계에서 체제도전적인 학생운동에 대한 유용한 대응책을 군사교련에서 찾기 시작한 것이다. 군사교련을 조선인 고등보통학교까지 점진적으로 확대하고 군사교련의 정신적인 유용성을 계속 강조했다. 하지만 아직 조선인을 직접 병력으로 동원할 수 없었기에 매우 신중한 접근을 취하며 군사교련의 위험성을 완전히 불식하지 않았다. 이처럼 제3단계에서 군사교육 정책의 내선인 차별이 줄어들면서 학교교육 정책과의 부정합성도 점차 감소하였다.

1936년 학무과장의 발언이 시사하듯이, 제3단계에서 일제는 중등이상 관공립학교에 대한 군사교련 정책의 시행을 통해 그 가능성을 확신하기 시작한 것으로 보인다. 제4단계에서는 황민화교육 정책과 전시동원체제를 추진하며 군사교련의 유용성에 기반한 가능성을 적극 실현시키고자 하였다. 군사교련의 군사기능적인 목적을 전면에 내세우고 군사교련을 민족주의 성향이 강한 조선인 사립학교까지 전면 확대하여 식민종주국에 충성하는 군인 만들기에 진력하였다. 군사교육 정책과 학교교육 정책은 강한 정합성을 표출하였다.

이상 제8장에서는 일제시기 군사교련 정책에 대해 살펴보았다. 정책과 실제는 항상 일치하는 것은 아니다. 다음 장에서는 군사교련이 학교 현장에서 실제로 누구에 의해 어떻게 실시되었으며, 조선인 학생들은 어떻게 대응했는지를 다루고자 한다.*

---

* 이 글은 김성학, 「일제시기 학생 군사교육 정책의 성립과 전개 과정에 대한 연구- 육군 현역장교 배속에 의한 군사교련을 중심으로」, 『한국교육사학』 제45권 제3호, 2023을 부분적으로 가필한 것임.

제 09 장 일제시기 학생 군사교육의 내용과 운영

Ⅰ. 군사교육의 내용 변천: 교련교수요목을 중심으로

교련교수요목은 군사교련을 실시하기 위한 일종의 교과과정이다. 1926년 6월 총독 명의로 교련교수요목(교련교수요목에 관한 건)을 처음으로 공포하였다. 이는 기존에 학교체조교수요목(1914년)이 있었으나 군사교련을 실시하기 위해 별도로 제정한 것이다.[1] 총독부는 이를 1928년과 1931년에 모두 세 차례 개정하였고, 1942년 5월 징병제 실시안을 발표한 직후 기존의 것은 폐지하고 새로운 교련교수요목을 공포하였다(〈표 9-1〉).

〈표 9-1〉 교련교수요목의 내용 변천 상황[2]

	교재(教材)	교재배당 대상학교	매주 교수시수	매년 야외 연습일수	비고
1926.6 (제정)	각개교련/부대교련/사격/지휘법/진중근무/旗신호/거리측량/측도/군사강화/전사/기타	사범학교(보통과, 연습과), 중학교, 실업학교(5년제 이상)	2~3시간 (각 학년)	4~6일 (각 학년)	사범학교: 야외연습 없음. 대신 군사강습(병영 또는 야영지) 1주(보통과 5년), 2주(연습과)
1928.9 (개정)	각개교련/부대교련/사격/지휘법/진중근무/군사강화	추가: 대학예과, 전문학교, 대학	1.5시간	4일	대학: 교수시수와 야외연습일수 명시 않음

1) 조선총독부훈령 제15호, 『조선총독부관보』 1926년 6월 1일자.

2) 『조선총독부관보』, 1926년 6월 1일자(조선총독부훈령 제15호); 동 1928년 9월 21일자(조선총독부훈령 제24호); 동 1931년 1월 7일자(조선총독부훈령 제2호); 동 1931년 9월 26일자(조선총독부훈령 제37호); 동 1942년 5월 23일자(조선총독부훈령 29호)에서 작성함. 개정 교련교수요목의 내용은 새로 추가된 것만 제시함.

	교재(教材)	교재배당 대상학교	매주 교수시수	매년 야외 연습일수	비고
1931.1 (개정)	1926년과 동일	추가: 실업학교(3년제), 조선총독부철도종사원양성소(3년제) 추가	2시간 (각 학년)	6일 (각 학년)	
1931.9 (개정)	1926년과 동일	추가: 고등보통학교, 사범학교(심상과, 강습과)	2~3시간 (각 학년)	4~5일 (각 학년)	사범학교: 야외연습 없음. 대신 군사강습 (병영 또는 야영지) 3주(심상과5년, 1주는 4학년에 실시 可) – 대신 실시
1942.5 (제정)	각개교련/부대교련/사격/禮式/지휘법 및 교육법/진중근무/보조교재/군사강의	중학교, 실업학교(3, 5년제 이상), 사범학교(보통과/심상과/연습과/강습과/연구과), 양성소(2년제 이상) 대학예과, 전문학교, 대학	2~3시간 (연60~100) (각 학년)	4~7일 (각 학년)	사범학교(전체科) 및 전문이상: 야외연습 실시(저학년), 군사강습 7~10일(최고학년)

교련교수요목에서는 중등이상 학교에서 실시하는 군사교련의 내용과 그 정도를 명시하였다. 1926년에는 군사교련을 감독하는 자는 '적당히' 교련교수요목에 따라 토지 정황과 학생의 심신 발달에 비추어 적절한 교과과정을 정하도록 했다. 그러나 1942년에 군사교련은 교련교수요목에 '준거'하여 적절한 교수세목을 정해서 실시하도록 했다.[3] 이처럼 각 학교에서 처음엔 이를 적당히 따르면 되었지만 1942년부터는 반드시 따라야 했다. 교련교수요목에서는 학교 종류별로 교재(내용)와 매주 교수시수, 야외연습일수 등을 규정했는데 배속학교가 확대됨에 따라 해당학교에 관한 내용을 추가해 갔다.

1926년 교련교수요목은 사범학교, 중학교, 실업학교(5년제)를 대상으로 했다.[4] 교련교재는 각개교련과 부대교련을 비롯하여 사격, 지휘법, 진중근무, 기(旗)신호, 거리측량, 측도, 군사강화, 전사 등이었다. 이밖에 병기취급관리보존법, 수류탄투척법 등도 교재에 포함시켰다. 이제 본격적인 군사훈련이 시작되었음을 알 수 있

3) 같은 자료 및 조선총독부훈령 제29호, 『조선총독부관보』 1942년 5월 23일자.
4) 조선총독부훈령 제15호, 『조선총독부관보』 1926년 6월 1일자.

다. 집총교련은 4학년 이상에서, 사격은 3학년 이상에서 실시하도록 했다. 사격은 예행연습, 협착사격(狹窄射擊),[5] 실포사격(실탄사격) 순으로 나아가도록 구성했다. 다만 실포사격은 설비가 갖추어진 경우에 한해 실행하게 했다. 사범학교의 경우, 지휘법을 다른 학교보다 그 정도를 더 높이도록 했다. 군사강화는 일종의 이론수업으로 병기와 전투 요령, 군제 등등을 다루도록 했다.

1926년에 군사교련의 하위범주는 교련(수업), 야외연습, 군사강습으로 이루어졌다. 교련수업은 주로 저학년은 매주 2시간, 고학년은 매주 3시간으로 하였다. 야외연습은 교련수업에서 습득한 군사 지식과 기능을 교외 산야에서 실제로 연습하는 훈련이다. 매년 학교 종류별로 4~6일 배정하였다. 하지만 사범학교에는 야외연습 대신에 군사강습(軍事講習)을 부과하여 최종 학년에 1~2주간 실제 병영에서 숙박하며 군사훈련을 받도록 했다.[6]

앞장에서 살펴본 바와 같이 1928년 9월, 총독부는 군사교련을 관공립 전문이상 학교로 확대하였다. 이에 따라 교련교수요목을 개정하여 새로 전문학교, 대학예과, 대학에 대한 교재를 추가했다. 전문학교와 대학예과에 대해 특히 지휘법 정도를 높이고 간단한 대대교련을 추가했다. 중등학교에 비해 협착사격(매년 2회)과 실포사격(1회 이상 가능)은 조금 강화했다. 전문학교와 대학예과의 매주교수시수(1.5시간)와 야외연습일수(4일)는 중등학교에 비해 많지 않았다. 대학에는 구체적인 시수와 일수조차 명시하지 않고 적당히 실시하도록만 했다.[7]

이후 1931년에 교련교수요목은 두 차례 개정되었다.[8] 실업학교(3년제), 철도종사원양성소, 고등보통학교, 사범학교(심상과, 강습과)에 대한 교재를 새로 명시했다. 이들 학교는 모두 중등 수준의 학교로서 교련교재와 그 정도는 1926년 교련교수요목의 중등학교와 거의 동일했다. 다만 집총교련 실시시기를 약간 앞당겨 3학년 후기부터 하도록 했다. 사범학교(심상과)의 군사강습은 크게 강화되었다. 기존에 보통과는 1주였는데 심상과는 3주로 늘렸다. 병영숙박 훈련을 통해 지방 사범학

5) 실내 등 좁은 곳에서 행하는 연습사격으로 장약을 적게 넣은 협착탄을 사용한다.
6) 조선총독부훈령 제15호, 『조선총독부관보』 1926년 6월 1일자; 표영수, 「일제강점기 조선인 군사훈련 현황」, 『숭실사학』 30, 2013, 221쪽.
7) 조선총독부훈령 제24호, 『조선총독부관보』 1928년 9월 21일자.
8) 조선총독부훈령 제2호, 『조선총독부관보』 1931년 1월 7일자 및 조선총독부훈령 제37호, 동 1931년 9월 26일자.

교의 심상과를 군사주의적으로 관리하려는 의도가 엿보인다.

1939년 이후 군사교련의 목적은 근본적으로 변화되었다. 1942년 5월에 제정・공포된 교련교수요목은 이러한 변화를 그대로 반영하고 있다. 이 요목은 이전에 비해 매우 상세하고 체계적으로 구성되어 있다. 이제 현역장교를 배속받은 학교에서의 군사교련은 이 요목에 '준거'하도록 했다. 군사교련의 목적을 새로 재설정하고 훈련요강도 구체적으로 제시하고 있다. 군사교련의 목적은 "학생에게 군사적 기초훈련을 실시하고 지성진충의 정신 배양을 근본으로 하여 심신 일체의 실천 단련을 행함으로써 그 자질을 향상하고 국방능력의 증진에 기여함"이라 하여, 국방능력의 증진을 궁극적인 목적으로 명시했다.[9] 그리고 이를 달성하기 위한 훈련요강으로 천황제와 군국주의에 적합한 덕성 함양과 신체 단련 및 군사적 기초능력의 체득 등을 제시했다. 그리고 교련교재와 시간 배당에서도 이전과 다른 특징들이 나타나고 있었다(표 9-2〉).

〈표 9-2〉 1942년 군사교련 교재의 배당과 진도: 중학교, 실업학교(3・5년제), 사범학교(보통과・심상과)[10]

<table>
<tr><th colspan="4" rowspan="2">교수 요목</th><th colspan="2">시간배당기준</th></tr>
<tr><th>진도1
(저학년
정도)</th><th>진도2
(고학년
정도)</th></tr>
<tr><td rowspan="4">각개교련</td><td rowspan="4">기본</td><td>도수</td><td>1.부동자세 2.쉬어 3.정지간 우(좌)향・반우(좌)향・후향 4.행진 및 행진간 제동작</td><td>30%</td><td rowspan="4">25%</td></tr>
<tr><td>소총</td><td>1.부동자세 2.우(좌)향・반우(좌)향・후향 3.담총・입총 4.행진・정지 5.著劍・탈검 6. 장전・추출 7.사격 8.折敷・伏臥</td><td rowspan="3"></td></tr>
<tr><td>경기관총</td><td>상동</td></tr>
<tr><td>척탄통</td><td>1.부동자세 2.사격 3.折敷・伏臥</td></tr>
</table>

9) 교련교수요목 차례는 다음과 같다. 1.학교교련의 목적 및 훈련요강, 2.교재, 3.교재의 배당 및 진도, 4.매주교수시수, 매년교수시수 및 야외연습일수, 5.실시상 주의사항, 6.특별훈련 및 활공훈련에 과한 특례. 조선총독부훈령 제29호, 『조선총독부관보』 1942년 5월 23일자.

10) (1) 퍼센트는 각각 총시간 배당에 대한 백분비임. 괄호는 야외연습 시간배당에 대한 백분비임. (2) 원 사료의 〈제1표〉에서 적요를 생략하고 작성함. (3) 3년제 실업학교는 진도2를 따름. (4) 전문이상 학교와 사범학교(연습과/강습과/연구과)의 교재배당과 진도표(제2표)는 생략함. 자료: 「육군현역장교의 배속을 받은 학교의 교련교수요목」, 조선총독부훈령 제29호, 『조선총독부관보』 1942년 5월 23일자를 토대로 작성함.

교수 요목				시간배당기준	
				진도1 (저학년 정도)	진도2 (고학년 정도)
	전투	소총	1. 사격 2. 운동, 운동과 사격 연계 3. 수류탄 투척법 4. 돌격		20% (10%)
		경기관총	1. 사격 2. 운동, 운동과 사격 연계		
		척탄통	상동		
부대교련	밀집	분(소·중)대	1. 편성 및 대형 2. 집회·해산 3. 정돈 4. 행진·정지 5. 방향전환 6. 대형변환 7. 叉銃·解銃	23%	5%
	전투	분대(일반 및 척탄통)	1. 산개 2. 운동 3. 사격 4. 돌격 5. 陣內공격		10% (40%)
		소(중)대	전투 위해 전진 2. 전개 3. 운동 및 사격 4. 돌격 5. 진내공격		
사격	1. 사격예행연습 2. 협착사격 3. 기본사격				8%(5%)
예식	1. 각개 경례 2. 부대 경례 3. 열병·분열			10%	5%
지휘법 및 교육법	1. 분대장 2. 소대장 3. 조교·조수				
진중근무	연락	1. 전령 2. 연락병		(100%)	5% (45%)
	수색	척후			
	경계	1. 행군간 경계 2. 駐軍간 경계			
	행군	1. 행군실시 요령 2. 행군력 양성			
	기타	1. 반합취사 2. 천막사용법 3. 숙영 4. 수송			
보조 교재	전장운동	1. 구보 및 급보 2. 아침구보 3. 넓이(높이)뛰기 4. 마주들기·운반 5. 수류탄투척 6. 장애통과		25%	10%
	총검술	1. 기본동작 2. 응용교육			
	거리측량/방위판정/지도이용	1. 보측 2. 거리목측 3. 방위판정 4. 지도이용 5. 要圖調製		5%	5%
	방독 및 구급법	1. 방독법 2. 지혈법 3. 붕대법 4. 인공호흡법			
	병기취급보급 및 관리법	1. 38식보병총 및 부속품 2. 30년식총검 3. 30년식보병총 4. 칼 및 나팔 5. 기타 병기 기재			
강의	군사	1. 교련목적 훈련요강 2. 각 과목목적 훈련요지 3. 교련연습상 필요사항		7%	7%
	군사상식	1. 국방의의 2. 황군군제 3. 학교교련 및 청소년교련 4. 군대생활 5. 각 부대직능 및 전투일반 요령 6. 국토방위 7. 주요 병기 개요 8. 축성 군사교통 개요 9. 주요 戰役 10. 야스쿠니신사 御府 등			
				100% (100%)	100% (100%)

첫째, 실제 전투능력을 높이기 위한 교재들이 새로 추가되고 있다. 기존의 각개교련, 부대교련 안에 '전투교련'이 새로 추가되었고, 경기관총, 척탄통[11] 등 신무기에 대한 훈련, 전장(戰場)운동과 총검술, 행군이 새로 들어갔다. 중등학교 3학년 이상은 집총교련을 '주로' 하게 했다.

둘째, 군사교련을 황민화 수단으로 직접 활용하려는 의도가 뚜렷이 드러나고 있다. 기존의 군사강화를 '강의'로 개칭하고서 군사상식 항목에 야스쿠니신사와 어부(御府)[12]를 배당하였고, 군사 항목에는 전술한 교련목적과 훈련요강 등을 교재에 포함시켰다. 그리고 군인에 하사한 칙어를 중등학교에서는 암송하고 전문이상 학교에서는 철저히 이해하여 교육칙어 및 청소년학도에 내린 칙어와 함께 성지봉체 실천의 본원이 되도록 했다. 그리고 새로운 교재로 예식(禮式)을 추가하고 각개·부대경례와 열병분열식을 포함시켰는데, 이는 황민화 의식 거행에 필요한 규율과 행위를 체득하게 하려는 의도로 보인다.

셋째, 전반적으로 교련수업과 야외연습, 군사강습이 모두 강화되고 있다. 매주교수시수는 1931년에 비해 학교별로 전체 학년이나 특정 학년에 1시간 정도씩 늘어났다.[13] 기존에 교련수업 이외에 전문이상 학교에는 야외연습을, 사범학교에는 군사강습을 부과했었다. 그런데 이제 이들 학교에서 야외연습과 군사강습을 모두 이수하도록 했다. 저학년에서 매년 4~7일간 야외연습을 실시하고, 최종학년에 7~10일간 군사강습을 받도록 한 것이다.[14] 그리고 매주교수시수와 야외연습일은 최소한을 규정한 것으로 그 이상을 부과할 수 있게 했다.

넷째, 전문이상 학교에 대한 군사교련 기준을 구체적으로 제시하여 자율적인 운영의 폭을 축소시켰다. 처음으로 대학의 교련교재와 전문이상에 대한 학년별

11) 소형폭탄, 신호탄, 조명탄 등을 발사하는 데 쓰는 휴대용 화기로 사정거리 약 100m임.

12) 제국주의 전쟁에서 승리한 기념품 등을 국가적으로 관리하던 시설.

13) 중학교는 3학년에 1시간, 실업학교 3년제는 전 학년 1시간씩, 5년제는 3~5학년 1시간씩, 사범학교(보통과, 심상과) 1,2학년 1시간씩, 사범학교(연습과) 전체 1시간씩, 전문학교는 전학년 0.5시간씩 증가했다. 실업학교 4년제와 대학은 매주교수시수를 새로 명시했다. 매년교수시수도 새로 제시했다.

14) 야외연습일은 사범학교 보통과·심상과 1~3학년에 각 5~7일, 연습과 1학년에 7일이 새로 부과되었고, 대학(4년제) 1~3학년에 4일이 새로 명시되었다. 대학예과와 전문학교(3년제) 야외연습일은 1~2학년에 3일이 늘어났다. 군사강습은 전문학교·대학예과·대학 최종학년에 1주일이 새로 부과되었고, 사범학교 보통과·연습과 최종학년에 3일이 늘어났다.

시간배당기준을 명시했다. 전문이상 학교에서는 특히 지휘 기능의 향상을 강조했고, 교련시간 외에 특별훈련(기관총, 보병포, 야산포, 기갑, 항공)을 할 수 있게 하였다.

다섯째, 체계상 특징으로 하위요목을 더 상세하게 구분하고, 저・고학년(혹은 학교)별로 진도를 명시하였다. 예컨대, 각개교련을 기본과 전투로 구분하고, 다시 이것을 도수, 소총, 경기관총, 척탄통으로 나누었다. 그리고 진도별(저학년/고학년, 전문정도/대학)로 이 각 요목이 차지하는 시간배당기준을 퍼센트로 제시했다. 시간배당기준을 보면, 중등학교에서는 각개교련이 전문정도와 대학에서는 부대교련이 가장 중시되었다.

여섯째, 교련교재의 진도요구단계와 습득 수준을 제시하여 교련검정에 적용할 수 있게 하였다. 진도요구단계를 5단계(완전, 略완전, 요령, 개요, 개념) 혹은 4단계(중등학교)로 구분하고, 그 습득수준을 3종(체득, 수득, 회득)으로 제시하여 진도요구단계별로 습득 정도를 파악할 수 있도록 했다.

Ⅱ. 학생 군사교육의 담당자: 배속장교의 특징과 역할

각 학교에서 군사교련을 관장한 사람은 배속장교였다. 앞장에서 살펴보았듯이 이들은 육군현역장교학교배속령에 따라 1926년 5월부터 중등이상 학교에 배속되기 시작한다. 필자는 각 학교일람, 신문, 학교사 등에서 총 37개교에 배치된 배속장교 65명을 확인하였다. 〈표 9-3〉은 이를 정리한 것이다.[15] 이를 바탕으로 배속장교의 특징을 살펴보고자 한다.

15) 중복자는 1명으로 간주함. 중복자는 9명이다.

〈표 9-3〉 각 학교에 배속된 육군 현역장교 상황

<table>
<tr><th>학교</th><th>배속장교</th><th>재직시기(시점)</th><th>계급
(병과/소속)16)</th><th>자료 출처17)</th></tr>
<tr><td rowspan="14">경성제국
대학</td><td>大賀一男
(본과・예과)</td><td>1928.6~1930.8</td><td>대좌(보병/
20사단사령부)</td><td>제대일람, 1928, 88쪽 및 1942, 220-221쪽</td></tr>
<tr><td>田島悌二
(본과・예과)</td><td>1928.6~1931.3</td><td>소좌(보병/79연대)</td><td>상동</td></tr>
<tr><td>甘粕重太郎</td><td>1931.3~1932.8</td><td>대좌(보병)</td><td>제대일람, 1942, 220-221쪽</td></tr>
<tr><td>佐佐木省三</td><td>1931.3~1932.8</td><td>소좌(보병)</td><td>제대일람, 1942, 220-221쪽</td></tr>
<tr><td>內藤正一</td><td>1932.2~1933.3</td><td>대좌(기병)</td><td>제대일람, 1942, 220-221쪽</td></tr>
<tr><td>角和善助</td><td>1932.8~1934.3</td><td>소좌(치중병)</td><td>제대일람, 1942, 220-221쪽</td></tr>
<tr><td>吉澤忠男</td><td>1933.3~1935.3</td><td>대좌(보병)</td><td>제대일람, 1942, 220-221쪽</td></tr>
<tr><td>丸山力男*
(예과)</td><td>1934.3~1937.7</td><td>대좌(치중병)</td><td>제대일람, 1942, 220-221쪽; 매일신보 1937.8.1</td></tr>
<tr><td>荒木哲次郎</td><td>1935.3~1939.3</td><td>대좌(보병/
20사단사령부)</td><td>제대일람, 1942, 220-221쪽</td></tr>
<tr><td>板津直俊</td><td>1938.3~1939.1</td><td>대좌(보병)</td><td>제대일람, 1942, 220-221쪽</td></tr>
<tr><td>黑石武城</td><td>1939.1~1940.1</td><td>대좌(보병)</td><td>제대일람, 1942, 220-221쪽</td></tr>
<tr><td>隈元靜夫</td><td>1939.10~1940.12</td><td>중위(육군)</td><td>제대일람, 1942, 220-221쪽</td></tr>
<tr><td>武藤桂三郎</td><td>1940.1~1941.10</td><td>대좌(보병)</td><td>제대일람, 1942, 220-221쪽</td></tr>
<tr><td>大岩實</td><td>1942.~1943.12 현</td><td>대좌(육군)</td><td>제대일람, 1942, 176쪽</td></tr>
<tr><td rowspan="5">경성법학
전문</td><td>新井田貢</td><td>1928.6~1931.8</td><td>소좌(보병/78연대)</td><td>법전일람, 1941, 65쪽; 매일신보 1928.7.6</td></tr>
<tr><td>二階堂健**</td><td>1931.8~1933.8</td><td>중좌(보병/78연대)</td><td>법전일람, 1931, 49쪽 및 1941, 65쪽</td></tr>
<tr><td>海田要</td><td>1933.8~1937.12</td><td>중좌(보병/78연대)</td><td>법전일람, 1934, 46쪽 및 1941, 65쪽</td></tr>
<tr><td>野尻忠敬</td><td>1937.12~1938.4</td><td>대좌(보병/
20사단사령부)</td><td>법전일람, 1941, 65쪽</td></tr>
<tr><td>荒木哲次郎</td><td>1938~1941. 현재</td><td>대좌(보병/
20사단사령부)</td><td>법전일람, 1938, 45쪽 및 1941, 57쪽</td></tr>
</table>

16) 출전별로 계급과 소속이 다른 경우 발령 시점에 근접한 학교사료를 우선 참조함.

17) 약칭은 다음과 같다. 제대일람(=경성제국대학일람), 법전일람(=경성법학전문학교일람), 의전일람(=경성의학전문학교일람), 고공일람(=경성고등공업학교일람), 고상일람(=경성고등상업학교일람), 고농일람(수원고등농림학교일람), 약전일람(=경성약학전문학교일람), 세브란스일람(=세브란스연합의학전문학교일람), 경사총람(=경성사범학교총람), 경성2고등보통학교일람(=경성제2공립고등보통학교일람)

학교	배속장교	재직시기(시점)	계급 (병과/소속)[18]	자료 출처[17]
경성의학전문	竹中又喜	1928.6~1931.3	중좌(보병/79연대)	의전일람, 1940, 166쪽; 경성일보 1931.3.12
	寺田潔	1931.3~1934.8	중좌(보병)	의전일람, 1940, 166쪽
	今村嘉吉**	1934.8~1936.8	중좌(보병/79연대)	의전일람, 1940, 166쪽
	李應俊	1936.8~1937.12	중좌(보병)	의전일람, 1940, 166쪽
경성치과의학전문	新井田	1930.8	중좌	한국근대치의학교육사, 213쪽
	二階堂健**	1931.3. 발령	중좌(보병/78연대)	법전일람, 1931, 49쪽; 경성일보 1931.3.12
경성약학전문	今村嘉吉**	1935. 현재	중좌(보병/79연대)	약전일람, 1935, 92쪽
연희전문	朴昌夏	1939.~1940.5 현재	중위(기병/예비역)	동아일보 1939.7.26.; 조선일보 1939.8.31.; 삼천리, 1940. 5
보성전문	趙喆鎬	1939.10~1941.	중위(보병/예비역)	고려대100년사1, 537-538쪽; 조선일보 1939.8.31; 경기백년사, 157쪽
	李絳宇	1943. 현재	소좌 → 중좌 (일본육사 27기)	
	河本武雄	1944. 배속	중위(육군)	
세브란스의전	野口理一郎	1940.4. 현재	소좌(보병)	세브란스일람, 1940, 105쪽
중앙불교전문(혜화전문)	相澤	1939. 현재	중위(촉탁; 보성중 교련교사)	조선일보 1939.8.31
	貴島三德	1943.4. 현재	대위	매일신보 1943.4.7
경성고등공업	吉江協中**	1928.6~1931.3	중좌(보병/78연대)	고공일람, 1930・1931, 39쪽; 경성일보 1931.3.12
	福田稔夫**	1931.3~1933.8	중좌(보병/79연대)	고공일람, 1933・1934, 44쪽; 경성일보 1931.3.12
	白濱藤三**	1935~1936	중좌(보병)	고공일람, 1935・1936, 44쪽
	渡邊祐之介	1937~1938	소좌(보병)	고공일람, 1937・1938, 44쪽
경성고등상업	吉江協中**	1928.6~1931.3	중좌(보병/78연대)	고상일람, 1939, 75쪽
	福田稔夫**	1931.3~1933.8	중좌(보병/79연대)	고상일람, 1939, 75쪽
	白濱藤三**	1933.8~1936.8	중좌(보병)	고상일람, 1939, 75쪽
	渡邊祐之介	1936.8~1937.12	소좌(보병)	고상일람, 1939, 75쪽
	野尻忠敬	1938~1939. 현재	대좌(보병/20사단 사령부)	고상일람, 1938, 64쪽 및 1939, 68쪽

학교	배속장교	재직시기(시점)	계급 (병과/소속)[18]	자료 출처[17]
수원고등농림	吉田貴垣	1928.6~1930.3	소좌(보병/78연대)	고농일람, 1931, 146쪽; 매일신보 1928.7.6
	有留輝三	1931.9~1932 현재	중좌(보병)	고농일람, 1931, 128쪽; 고농요람, 1932, 33쪽
	梅野他家治	1934.10. 현재	중좌(보병)	고농일람, 1934, 115쪽
경성사범	大岩範	1926.5~1929. 현재	소좌(보병/78연대)	경사총람, 1929, 338쪽
	樋口清登	1934. 현재	소좌(보병/78연대)	경사총람, 1934, 337쪽
광주사범	靜川	1941. 6 현재	중좌	광주교대50년사, 128쪽
청주고보 · 청주농업	山下與人	1933.9 현재	중위(1인 겸임)	매일신보 1931.4.28.; 청주고보60년사, 206-261쪽
전주고보	山森	1931.7	대위(육군)	전고 · 북중팔십년사, 171쪽
경성 제1고보 (경기중)	山根五郎	1934.8~1937.5 현재	소좌(보병)	학우회지, 제3호, 1936, 65쪽 및 제4호, 1937, 107쪽
	李絳宇	1938~1943	소좌→중좌(일본 육사 27기)	경기백년사, 156-157쪽; 학생일기(1938.6.9, 박철희, 2016, 107쪽)
경성 제2고보 (경복중)	菅道教	1934.8~1936.10	소좌(보병)	경성2고보일람, 1935; 경복오십년사, 128쪽, 138쪽, 154쪽
	大久保	~1937.12	소좌	
	酒葉要	1937.12~1939. 2	중좌	
신의주 중 · 상업	御手洗林造	1931.3 발령	대위(보병/77연대)	경성일보 1931.3.12
공주고보	松澤正雄	1936.1 현재	소좌(국경수비대장)	매일신보 1935.12.19
鏡城고보	伊藤	1935.9 현재	소좌	매일신보 1935.8.9
춘천고보 · 춘천농업	河野秀次郎*	1935.8~1937.10경	소좌(함흥74연대)	매일신보 1935.8.25 & 1937.10.14.; 춘농공고백년사, 207쪽
	鈴木貞夫	1938. 현재	소좌(함흥74연대)	상동
	葉室	1941.10 배속	대좌	춘농공고백년사, 271쪽
동래고보 (동래중)	乃台	1936~1938	대좌(육군)	동래고등학교팔십년사, 293쪽
	城及內	1938. 현재	중위(육군)	동래고등학교팔십년사, 292쪽
	中村三郎	1941.4 현재	중위(육군)	동래고등학교팔십년사, 291, 309쪽
해주동중	石毛俊	1940.4 배속	대위(기병/28연대)	부산일보 1940.4.28
진주농업 · 진주고보	堀勇	1933~1936.12 (36.4부터 고보 겸)	대위(포병/용산야포병 28연대)	부산일보 1936.12.8
鏡城농업	西岡	1935. 9	소좌	매일신보 1935.8.9

학교	배속장교	재직시기(시점)	계급 (병과/소속)[18]	자료 출처[17]
경기상업 · 경성공업	宇宿達二(→森學)	1935.11(교대)	대위(포병/용산야 포병 26연대)	매일신보 1935.11.15
개성상업	花島友二	1940.4(해주동중에서 전임)	소위(보병)	부산일보 1940.4.28
청주상업	龜井	1941. 가을 배속	중좌	매일신보 1941.12.5
대륜중	渡邊	1940년대	소위(80연대)	대륜팔십년사, 236쪽
부산중(일)	井田德	1931.3 발령	대위(보병/80연대)	경성일보 1931.3.12
경성중(일)	岩崎	1943.11 현재	중위	매일신보 1943.10.27
용산중(일)	松尾	1943.11 현재	중위	매일신보 1943.10.27

1. 배속장교의 특징

배속장교는 대체로 중등정도 학교에는 위관급(소위 · 중위 · 대위), 전문이상 학교에는 좌관급(소좌 · 중좌 · 대좌)을 배치하고 있다. 배속장교의 계급을 보면 위관급이 19명, 좌관급이 46명이었다. 단일계급으로는 소좌(현 소령급)가 가장 많았다(18명). 가장 높은 대좌는 대부분 경성제대, 경성법학전문, 경성고등상업에 배치되었다. 특히 경성제대의 배속장교 14명 중 10명이 대좌였다. 반면에 위관급 장교는 대부분 중위와 대위로 고등보통학교(중학교)와 실업학교에 배치되었다. 일부 고등보통학교에 좌관급 장교가 배치되기도 했다. 그러나 이들도 중일전쟁 이후 소속부대로 귀환하는 경우가 많아지면서 위관급으로 대체되어 갔다.[19] 하지만 경성법학전문, 경성고등상업 등 일부 관립 전문학교의 배속장교는 오히려 대좌급으로 격상되고 있다. 이는 예비장교로서의 지휘능력을 강화하기 위해 내려진 조치였던 것으로 보인다.

이러한 경향은 일본의 고등학교[20]에서도 유사하게 나타나고 있었다. 일본의 제5

18) 출전별로 계급과 소속이 다른 경우 발령 시점에 근접한 학교사료를 우선 참조함.

19) 전고 · 북중 80년사 편찬위원회, 『전고 · 북중 팔십년사』, 전주: 동 총동창회, 1996, 129쪽; 공주고등학교육십년사편찬위, 『공주고육십년사』, 공주고등학교, 1982, 108-109쪽.

20) 당시 일본의 고등학교는 오늘날 고등학교와 같은 중등학교가 아니라 당시 대학예과나 전문학교 수준에 상당하는 학교였다.

고등학교에 대한 연구에 따르면, 1925~1944년에 재직한 배속장교는 총 25명이었다. 이들은 소좌 3명, 중좌 14명, 대좌 8명으로 모두 좌관급이었다.[21] 당시 조선에서 전문이상 학교에 좌관급이 배치된 것과 비슷한 양상이다. 또 1940년 이후 제5고등학교에서 배속장교의 계급은 대좌급으로 높아졌다. 이 점도 당시 조선의 상황과 비슷했다.

배속장교의 원소속은 학교를 관할하는 인근 사단이나 연대였다. 당시 조선주둔군은 용산에 20사단, 나남에 19사단을 설치했다. 20사단 산하에 평양 보병77연대, 용산 보병78·79연대, 대구 보병80연대를 두고, 19사단 산하에는 보병73~76연대를 배치했다. 배속장교의 소속은 20사단사령부, 77~80연대(20사단 산하) 및 74연대(19사단 산하)가 확인되었다. 이들의 병과는 대부분 보병이었고, 기병·포병·치중병도 소수 존재했다(각 2명).

재직기간이 정확히 확인된 배속장교의 평균 재직기간은 약 2년(25.2개월)이었다. 그런데 1936년 이후 재직기간은 평균 약 1년 정도(13개월)로 짧아지고 있다. 중일전쟁이 확대되면서 배속장교가 자주 교체되었던 사정이 반영된 것으로 보인다.

현역장교가 배속된 학교에는 배속장교를 보좌하는 하급장교(소위나 준위급)를 두는 경우가 적지 않았던 것으로 보인다. 1933년 현재 경성제대에는 배속장교실을 별도로 설치하고 배속장교(대좌)와 이를 보좌하는 소좌와 촉탁 각 1인을 두었다. 경성의학전문, 경성고등상업, 경성고등공업에도 배속장교를 보좌하는 소위나 예비역 육군특무조장이 재직했다.[22] 조선인 고등보통학교에서도 비슷한 사례가 발견된다. 경성제2고보(경복중)에 배속장교를 보좌하는 촉탁교원(소위)이 배치되었고, 전주고보에는 배속장교와 함께 예비역 육군특무조장이 재직했다.[23] 하지만 학교 여건에 따라 보좌원을 두지 않은 학교도 확인된다. 수원고등농림은 학생수 200명으로 비교적 큰 관립 전문학교였는데 1932년 현재 배속장교만 재직하고 있었다.[24]

---

21) 薄田千穂, 『第五高等学校における軍事教練・査閲』, 熊本大学五高記念館, 2010, 70쪽.

22) 경성제국대학, 『경성제국대학일람』 1933년판, 160쪽; 경성의학전문학교, 『경성의학전문학교일람』 1930년판, 114쪽; 경성고등상업학교, 『경성고등상업학교일람』 1938년판, 64쪽; 경성고등공업학교, 『경성고등공업학교일람』 1935~1936년판, 44쪽.

23) 경성제2고등보통학교, 『경성제2고등보통학교일람』, 1935년; 경복55년사편찬위, 『경복오십오년사: 1921~1975』, 서울: 경복동창회, 1976, 154쪽; 전고·북중 80년사 편찬위, 앞의 책, 171쪽.

배속장교는 대부분 일본인이었으나 소수의 조선인도 확인할 수 있었다. 조선인 배속장교로는 이응준(경성의학전문), 이강우(경기중, 보성전문), 박창하(연희전문), 조철호(보성전문) 등 4명이 확인되었다. 이들은 모두 일본 육군사관학교 출신으로 경성에 있는 학교에 배속되어 있었다. 이응준과 이강우는 육군현역 중좌와 소좌였다. 이응준은 중일전쟁 이후 20사단사령부로 복귀했으나 이강우는 1938년부터 경기중과 보성전문에서 계속 재직했다.[25] 박창하와 조철호는 예비역 중위였다. 이들은 일본 육군사관학교를 졸업한 후 배재고보・중앙고보・오산학교 등 사립학교에서 교련교관으로 근무한 경력이 있었다. 조철호는 3.1운동과 6.10만세운동에 적극 참여했다. 그가 중앙학교와 보성전문에 부임한 것은 그의 독립정신을 높이 산 김성수의 배려였다고 한다.[26]

2. 배속장교의 역할 및 조선인 배속장교

배속장교들은 학교장의 지휘 감독을 받아 군사교련 전반을 관장했다.[27] 하지만 육군성 산하 조선주둔군 소속으로 육군성에서 직접 봉급을 받는 현역장교였기에 학교 안에서 치외법권적인 권한을 가질 수 있는 위치에 있었다.[28] 실제 배속장교의 권세는 특히 중등학교에서 교장보다 훨씬 강력했다.[29] 춘천농업의 경우, 학사 운영에 배속장교단의 강한 간섭을 받게 되어 학교 운영 전체가 그들에 의해 좌지우지되고 교장도 무력하게 되었다고 한다.[30]

---

24) 수원고등농림학교, 『수원고등농림학교일람』 1932년판, 33쪽.

25) 경기백년사편찬위원회, 『경기백년사』, 서울: 경기고등학교동창회, 2000, 157쪽 각주; 한국민족문화대백과사전(http://encykorea.aks.ac.kr/ 2023.1.21. 인출).

26) 조철호는 1940년 한 잡지에 '육군보병소위'로 표기되어 있는데, 여기서는 고려대 학교사에 따라 중위로 간주했다. 「군사교관회의」, 『삼천리』 12-5, 1940년 5월, 62-66쪽; 고려대학교, 『고려대학교100년사.1』, 서울: 고려대학교출판부, 2008, 537-538쪽.

27) 「육군현역장교학교배속령」 제1조, 칙령135호, 『관보』(일본) 1925년 4월 13일자.

28) 배속장교 봉급과 부임・전임비는 육군성에서 부담했다. 다만 공립학교 배속장교의 출장비는 설립자 측에서 지급했다. 「學校配屬將校の旅費等に關する件」, 학제63호, 1927년 3월, 조선총독부 학무국 학무과, 『(現行)朝鮮教育法規』, 조선행정학회, 1942, 169쪽 수록.

29) 공주고등학교육십년사편찬위, 앞의 책, 108-109쪽.

30) 춘천농공고등학교총동창회, 『춘농공고백년사』, 동 동창회, 2010, 271쪽.

배속장교는 학교에 상주하며 교련수업과 야외교련, 군사강습(병영숙박) 등을 지도했고, 매년 정기적으로 교련사열을 준비했다. 심지어 수학여행 인솔도 군사교련의 일부로 담당할 수 있었다.[31] 무엇보다도 강력한 권한은 교련검정 권한이었다. 그는 최종학년 학생들이 졸업할 무렵에 그들의 교련 성적을 검정하고 합격·불합격 판정을 내렸다.[32] 그는 검정 성적을 학생별로 기록한 교련검정원부와 이에 기초한 학교교련결과표를 소관장관에 제출해야 했다.[33]

그런데 1935년의 학교교련검정규정에 따르면 조선인은 교련검정 대상에 포함되지 않았다. 교련검정을 적용하지 않는 대상은 1) 호적법 적용을 받지 않는 자 2) 현역을 마친 자와 현역에 복무할 의무가 없는 자 3)신체고장으로 재학 중 교련을 과하지 않은 자였다(제1조 4항).[34] 따라서 일본의 호적법 적용 대상이 아니며 병역 의무도 없는 조선인은 1)과 2)에 해당되어 교련검정의 대상이 되지 않았다.

1938년에 일제는 육군특별지원병제를 실시하면서 이 규정을 개정한다. 그리하여 조선인도 육군특별지원병령에 의해 육군 병역에 복무하기를 희망한다는 뜻을 배속장교에 표시한 자는 검정 대상에 포함되도록 했다. 그리고 교련검정원부와 학교교련검정결과표에도 이들을 별도로 표기하도록 했다.[35] 따라서 1938년부터 사실상 조선인 학생도 교련검정 대상이 되었다. 1942년 조선인 징병제 실시안이 공표된 이후 조선인에 대한 교련검정은 거의 일반화된 것 같다. 교련검정을 받지 않은 조선인도 병역복무로 필요해서 신청하면 배속장교가 교련검정의 합부를 결정하게 했다.[36] 1945년에는 교련검정 적용대상 제외자로서 '호적법의 적용을 받지 않는 자'라는 문구를 아예 삭제했다.[37]

배속장교의 교련검정 합격증명서는 졸업과 상급학교 입학을 위한 필수요건으로

---

31) 「配屬將校の服務に關する件」, 조선총독부 학무국학무과, 앞의 책, 1942, 169쪽.

32) 「학교교련 및 청소년훈련수료자 검정규정」, 육군성령 제2호, 『관보』(일본) 1928년 2월 24일자. 이어 1935년 11월 30일에 동규정을 폐지하고 학교교련검정규정만을 새로 제정 공포했다.

33) 전자에는 학생별 검정성적과 간부장래성, 졸업연월, 불합격 사유 등을, 그리고 후자에는 합격자와 불합격자 및 검정제외자 사유별 인원수를 기록했다. 1935년에 후자는 소관장관이 작성해서 육군대신에 제출하게 했다. 『관보』(일본) 1935년 11월 30일자.

34) 「학교교련검정규정」, 육군성령 제22호, 『관보』(일본) 1935년 11월 30일자.

35) 「학교교련검정규정 개정」, 육군성령 제45호, 『관보』(일본) 1938년 9월 16일자.

36) 「학교교련검정규정특례에 관한 규정」, 육군성령 제33호, 『관보』(일본) 1943년 8월 10일자.

37) 「육군현역장교배속학교 교련검정규정」, 육군성령 제43호, 『관보』(일본) 1945년 7월 18일자.

작용하고 있었다. 1935년에 공주고보에 입학한 학생은 5년간 각종 군사훈련을 이수하고 교련검정에 합격해야 졸업할 수 있었다고 회고하고 있다.[38] 동래중(고보), 청주농업, 춘천농업 학교사에서도 중일전쟁 혹은 태평양전쟁 이후 학생들이 교련검정에 합격하지 않으면 상급학교에 진학할 수 없었다고 기술하고 있다. 동래중의 경우 1940년 부산운동장 학생의거에 가담한 학생 중 30명이 교련검정 불합격 처분을 받아 상급학교에 진학하지 못했다.[39]

교련검정 업무 외에 배속장교는 입학 면접위원, 전형위원으로 참여하거나 고과조서 발급 업무를 하면서 학생 선발과정에 큰 영향력을 행사하였다. 1932년에 경성제대 예과 면접시험에서 교련교관(대위)이 고보 재학 시 동맹휴학에 가담한 일이 있는지를 질문한 사례가 있다.[40] 1945년에 총독부는 중등이상 학교의 입학전형 시에 교련교관이 전형위원으로 참여할 수 있도록 했다.[41] 배속장교는 졸업예정자의 고과조서(일종의 내신서)를 작성, 발급하는 업무도 담당했다. 고과조서에는 교련성적과 사상·성질·특기 등을 기록했다. 상급학교는 이러한 고과조서를 조회하여 입학 허가 여부를 심사했다. 1939년 4월 대구의학전문 배속장교가 입학예정자의 출신학교 배속장교에게 고과조서 발급을 의뢰한 사례가 남아 있다.[42]

배속장교는 교련이나 운동 성적 판정에 있어 조선인을 차별하는 행태를 보이기도 했다. 강경상업 학생들의 성적을 분석한 연구에 따르면, 유독 교련·체조·무도에서만 일본인 학생이 전 학년에서 크게 우세한 것으로 나타났다. 당시 교련성적은 일본인 배속장교에 의해, 무도성적은 일본인 현직경찰(강사)에 의해 평가되었다.[43] 또 하나의 사례는 후술하듯이 1940년 경남 남녀중등학교 전력증강국방경기대회를 들 수 있다. 이 대회에서 일본인 배속장교들은 조선인 학교에 대한 의도적

38) 공주고등학교육십년사편찬위, 앞의 책, 330쪽.

39) 동래고등학교동창회, 『동래고등학교팔십년사』, 동 동창회, 1979, 287쪽, 304쪽; 청주농업고등학교 동문회, 『청농백년사』, 동 동문회, 2011, 213쪽; 춘천농공고등학교총동창회, 앞의 책, 271쪽.

40) 광성고보 졸업생 회고. 광성100년사편찬위, 『광성100년사』, 서울: 광성중고등학교, 1995, 171쪽.

41) 신주백, 「일제의 교육정책과 학생의 근로동원(1943~1945)」, 『역사교육』 78, 2001, 101쪽.

42) 손종현, 「일제 제3차 조선교육령기하 학교교육의 식민지배관행」, 경북대학교 대학원 박사학위논문, 1994, 206쪽 및 221쪽 각주.

43) 정연태, 『식민지 민족차별의 일상사』, 서울: 푸른역사, 2021, 61-65쪽.

인 편파 판정과 순위 조작을 일삼아 대규모 집단시위가 발생하였다.[44)]

이와 같이 배속장교는 각종 군사훈련의 지도와 교련검정, 입학과 진학 관련 업무에서 많은 권한을 갖고 있었다. 막강한 권한을 부여받은 배속장교들은 학교에 상주하며 군국주의 첨병과 같은 역할을 수행하였다. 일제 헌병의 학원사찰 정보원의 역할을 하기도 했다. 평소에 학생들의 행동을 감시하고 사상을 검열했다. 그들의 한마디가 교사나 학생의 운명을 결정했다. 일례로 배재고보에서 한 졸업반 학생이 기(旗)에 이름을 한글로 쓴 것을 배속장교가 발견하고 사상이 나쁘다며 이 학생의 졸업을 방해했다.[45)] 배속장교와 그 보좌관들은 중일전쟁에서 돌아와 전쟁 살육담을 늘어놓아 학생들을 공포와 혐오에 떨게도 했다.[46)] 그들은 조선인 학생에게 학도특별지원병(학도병) 지원을 솔선해 권유하기도 하였다.[47)] 일본인 학생들도 이런 배속장교의 행태를 잘 알고 있었던 것 같다. 종전 후 일본인 학교 경성중 동문회지에 실린 배속장교의 기고문에 대해 한 졸업생은 "침략전쟁을 지도했던 직업군인의 기사는 좋지 않습니다. 군국주의를 선언했던 것에 대한 사죄의 문구가 단 한 문장도 나와 있지 않습니다. 그들은 인간이 아닙니다"라고 비난했다.[48)]

그렇다면 조선인 배속장교들의 행태와 역할은 일본인 배속장교들과 달랐을까? 1940년에 한 잡지사에서 군사교육에 대한 좌담회를 개최했다. 참석자는 전문학교 측 인사로 연희전문 배속장교 박창하와 보성전문 배속장교 조철호가 참석했고, 중학교 측 인사로 중앙중과 휘문중 군사교관 2인(일본인)이 참석했다. 아래 인용문은 사회자가 육군지원병제도와 군사교육에 대해 의견을 묻자 박창하와 조철호가 행한 발언이다. 그들의 관련 발언을 모두 소개하면 다음과 같다.

---

44) 동래고등학교동창회, 앞의 책, 287쪽, 304쪽.

45) 배재백년사편찬위, 『배재100년사』, 서울: 배재학당, 1989, 300쪽.

46) 전고·북중 80년사 편찬위, 앞의 책, 129쪽; 경기상업고등학교동창회, 『경기상고 50년』, 서울: 동 동창회, 1973, 54쪽 졸업생 회고.

47) 메이지대학 배속장교는 조선인 학생들을 전원 강당에 모아놓고 학도병 지원을 권유했고, 보성전문 배속장교도 학도병 지원을 권고했다. 강덕상, 『일제 강점기 말 조선 학도병의 자화상』, 서울: 선인, 2016, 75쪽, 190쪽.

48) 『경희』 7호, 1976년 12월호. 차은정, 『식민지의 기억과 타자의 정치학』, 서울: 선인, 2016, 318쪽에서 재인용.

(사회자) 금번 조선에 지원병제도가 실시되여 매우 좋은 성적을 나타내고 있으며, 이 제도는 조선청년훈련상 매우 좋다고 보며, 따라서 국가에도 많은 도움이 되리라고 보는데, 이 제도에 대한 귀하의 감상과 및 지원병 훈련소를 참관하신 소감, 기타 군사 교육과의 관계 등을 말씀해 주십시오.

박창하－**저는 지원병 훈련소 평의원 중의 한사람인데 이 지원병 제도를 매우 좋다고 봅니다. 심신을 단련하기 위해서나, 또는 건전한 국민을 만들기 위해서나, 그 밖에 단체 생활이나 규율 생활에 결함이 많은 조선 청년에게 훌륭한 지도 기관이라고 봅니다.** 군사 교육과의 관계에 있어서는 현재 지원병 훈련소에서 제국의 군사 교육을 시키고 있으니까 별로 그 관계를 말할 것이 없겠지요.

조철호－저는 지원병 제도가 실시된 것을 절대 찬성이요 대환영입니다. 이 제도의 실시가 오히려 늦었다고 저는 생각합니다. 조선 청년을 모조리 한번씩 훈련시켰으면 하고 원합니다. 단체 생활의 결함이 많고, 규율적 생활, 책임감, 의무감 등등이 매우 박약한 우리 조선 청년에게 제국 군사 훈련을 시켜서 훌륭하고 건전한 청년들을 만들고저 원합니다. 될 수만 있으면 **지원병이 아니고 의무병역이 실시되기를 희망하는 바입니다. 그래서 조선 청년들도 사회나 국가를 위해서 책임과 의무를 다하고 훌륭한 청년이 되어지기를 간망하여 마지 않습니다. 군사 교육에 있어서도 제국의 군사 교육이 세계에서 제일이라고 나는 생각하며, 군사 훈련만이 아니라 순사 훈련에 있어서도 제국의 훈련이 제일이라고 저는 믿습니다.** ...

(사회자) 귀하가 보고 읽으신 외국 청년학생 훈련에 대한 지식과 및 그것에 비판을 가해 주십시오. 좋은 것은 어떤 점이 좋으며, 나쁜 점은 어떤 점이 나쁜지 그 우수한 점과 열등한 점을 열거해 주시기를 바랍니다.

… …

박창하－저는 별로 외국 군사 교육을 연구는 못했으나 각국마다 한가지씩은 모방할 점이 있다고 봅니다. 그리고 일본 제국은 사실에 있어서 구미보다 후진국이오 구미가 선진국인 것은 사실입니다. **그러기 때문에 제국은 각국의 군사 교육을 전부 총람하고 가장 좋은 점을 취한데다가, 독창적인 것까지 가해 놓았으니 제국의 군사 교육이 나는 제일이라고 생각합니다.**

… …

조철호－**저는 大和 정신이라는 것을 숭배하고 세계에서 그 정신을 따를 것이 없다고 봅니다. 그렇다고 외국의 군사 교육을 전혀 무시하느냐 하면 그렇지는 않습니다.** 독일이면 독일적인 그 무슨 정신이 있고, 이태리면 이태리적인 그 무슨 정신이 있고, 영국이면 영국적인 그 무슨 정신이 있어서 각각 그 특징을 가지고 있다고 봅니다. 그 중에서 좋은 것이면 모방해도 좋다고 보며 저는 특히 大和 정신과 함께 구라파에서 큰 세력으로 한때 일반 사회에 큰 파문을 던지고 있던 「쇼콜」운동이라는 것을 숭배했습니다. 「쇼콜」운동 같은 것은 외국 청년 훈련 교육 중에서 가장 우수한 것이여서 大和 정신과 함께 이 운동의 정신도 조선 청년에게 고취하고 싶습니다. 저는 예전 경성에 본부를 둔 조선뽀이스카우트(소년척후대)에 관계했을 때에도 이 「쇼콜」운동을 대단히 숭배했습니다.[49] (강조는 필자)

이상에서 박창하와 조철호는 육군지원병제도에 적극 찬성하고 있었다. 박창하는 자신이 육군지원병훈련소 평의원이라고 밝히며 육군지원병제도는 매우 좋은 것이라고 평가했다. 조철호는 육군지원병제도의 실시가 오히려 늦었다고 말한다. 그는 더 나아가 병역의무가 실현되기를 희망한다고 밝혔다. 그래서 조선청년들도 국가를 위해 책임과 의무를 다하고 훌륭한 청년이 되기를 간절히 바란다고 하였다. 그들은 모두 일본의 군사교육은 각국 군사교육에서 좋은 점을 취하여 독창성을 가미한 것으로 세계 제일이라고 생각했다. 조철호는 외국의 군사교육을 무시하지 않는다면서도 일본의 "야마토정신(大和정신)을 숭배하고 세계에서 그 정신을 따를 것이 없다"고까지 말한다.

박창하와 조철호는 일본의 군사교육이 세계 최고이고 그것이 심신단련, 단체생활이나 규율습득, 혹은 건전한 국민 양성에 도움이 되는 것이라 주장한다. 하지만 그들은 육군지원병제도나 병역의무제는 본질적으로 일본 군국주의 전쟁에 조선인 학생들을 동원하기 위한 제도라는 점을 외면한다. 조철호는 독립운동의 경력을 지닌 인물로 중앙고보와 보성전문 재직 시에 장래 독립이 되었을 때를 위해 군사교

49) 「군사교관 회의」, 『삼천리』 1940년 5월호, 68-70쪽.

련을 하자고 했다고 한다.[50] 이면에서는 군사교련은 민족의 장래를 위한 것이라고 말하면서, 공개 석상에서는 공공연히 일본의 야마토정신을 숭배한다고 밝히며 국가에 책임을 다하기 위해 학생들이 일제의 군인 되기를 바란다고 말한다. 그가 말하는 '국가'는 일제이기도 하고 조선이기도 했다.

이런 이율배반적인 모습은 경기중 이강우에게서도 나타난다. 그는 공개 석상에서 일본말을 쓰며 조선인의 민족성을 공개적으로 비난했다. 그런데 사석에서는 유창한 한국말을 사용하며 결정적인 순간에 최소한의 군사력이라도 조직하고 운영할 수 있는 사람이 있어야 한다며 일본 육군사관학교 지원을 권유하고, 어떤 때는 민족이 처한 현실을 똑바로 인식하여 각자 진출하는 분야에서 최고가 되라고 간곡한 강화를 하기도 한다.[51]

이와 같은 행태는 조선인 배속장교들의 이중성 혹은 딜레마를 보여준다. 그들은 일제의 군국주의 정책에 적극적으로 부응하며 제자들을 전쟁터로 내몰고 있다. 그러면서 그것은 천황을 위한 것이 아니라 민족의 미래를 위한 것이라며 학생들을 설득하고 스스로 합리화한다. 그들은 민족적 양심을 완전히 져버린 것은 아니지만 그렇다고 군국주의 첨병의 행태에서 벗어난 것도 아니었다.

Ⅲ. 학생 군사교육의 유형과 운영 상황

교련교수요목에서 명시한 군사교련의 하위범주는 크게 교련(수업), 야외연습, 군사강습이다. 야외연습에서는 야외교련・연합연습・장거리 행군 등을 실시했다. 군사강습은 사범학교와 전문이상 학교에서만 실시한 것으로 실제 입영훈련이었다. 중등학교에서는 이와 비슷한 병영숙박 훈련을 실시했다. 교련사열은 매년 이러한 훈련 성과를 공식적으로 확인받는 연례행사였다. 이제 이러한 군사훈련이 실제로 어떻게 실시되고 있었는지 살펴보자.

---

50) 고려대학교, 『고려대학교100년사.1』, 서울: 고려대학교출판부, 2008, 537-538쪽.

51) 경기백년사편찬위, 앞의 책, 157쪽 각주 및 김경미, 「식민지교육 경험 세대의 기억」, 『한국교육사학』 제27권 제1호, 2005, 24쪽 1938년 입학생의 회고.

1. 교내 교련수업의 운영 실태

먼저, 교내 군사교련 수업의 교과서(교본)로는 『학교교련필휴』가 많이 사용된 것 같다. 청주고보에서는 학생들에게 이 책을 구입하도록 하였다. 이 책은 육군성 징모과에서 편찬한 것으로 관계 법령과 교련교수요목에 기초하여 각 훈련항목별 목적과 절차, 방법, 동작, 주의사항 등을 삽화와 함께 설명하고 있다.[52] 경성제1고보는 직접 육군의 군사교범(보병조전)을 사용했다고 한다.[53]

현역장교 부임 이후 군사교련에서는 실제 무기가 사용되었다. 각 학교는 육군조병창(신형무기)이나 육군병기본창(구형무기)에 소요 물품의 불하신청서를 제출했다. 구입대상은 총기, 도검, 탄약(실탄, 공포탄, 협착탄), 기타 부속품을 망라했다. 총기와 도검의 불하신청은 관할경찰서의 양수허가증을 첨부하여 감독관청을 경유하도록 했다. 이후 납입대금을 지불하고 육군성에서 지정한 군부대에서 양수받았다.[54]

실제 학교에서는 구형 38식 소총[55]을 가장 많이 사용하고 있었다. 38식 소총을 비치하여 사용한 학교로는 청주고보, 전주고보, 경기중, 경기상업, 부산제2상업, 춘천농업 등이 확인되었다. 심지어 기관총, 박격포 등을 비치한 학교도 있었다.[56] 이러한 무기는 비교적 고가로[57] 비용이 부족한 경우 학부형회나 동문회의 원조를 받거나, 고학년이 사용할 총만 우선 구입하였다.[58] 이러한 무기들을 보관하기 위해 교내에 무기고(병기고)를 설치했다. 무기고를 둔 학교로는 경성제2고보(1934)를 필두로 경성제1고보(1935), 부산제2상업(1936), 경북중(1938), 춘천농업(1939) 등

52) 陸軍省徵募課, 『學校敎鍊必携』, 東京: 軍人館出版部, 1937 참조(이 책은 1933년에도 출판된 바 있다.); 청주공립고등보통학교, 『各科敎授の方針竝學習指導綱領』, 1937, 141쪽.

53) 경성제1공립고등보통학교, 『各科敎授要綱』, 1935년, 104쪽.

54) 「銃器彈藥拂下願書樣式の件」, 1929년 11월, 조선총독부 학무국학무과, 조선총독부 학무국학무과, 앞의 책, 1942, 169-171쪽 수록 및 「銃器彈藥拂下願書樣式の件」, 1932년 1월, 같은 책, 171-175쪽 수록.

55) 일본육군이 패전 때까지 계속 사용한 소총. 메이지 38년(1905)에 만들어져 38식이라고 부른다.

56) 청주고60년사편찬위, 『청주고60년사』, 청주: 청주고동문회, 1985, 261쪽; 전고 · 북중80년사편찬위, 앞의 책, 171쪽; 경기백년사편찬위, 앞의 책, 177쪽; 경기상업고등학교동창회, 앞의 책, 126-27쪽; 부산상업고등학교80년사편찬위, 『부상팔십년사』, 부산상업고등학교, 1975, 126-27쪽. 춘천농공고등학교총동창회, 앞의 책, 207-208쪽.

57) 1929년 현재 구형 38식 소총과 도검 일식이 16원이었다. 「銃器彈藥拂下願書樣式の件」, 1929년 11월, 조선총독부 학무국학무과, 앞의 책, 174쪽의 병기불하품고가격표준표 참조.

58) 『매일신보』 1934년 6월 3일자 및 6월 8일자.

이 확인되고 있다. 경기중은 교내에 협착사격장(1939)까지 설치했다.[59]

군사교련을 실시한 학교의 교복은 1938년까지 통일되어 있지 않았다. 학교별로 다양했던 것 같다. 대구고보·전주고보·춘천농업 등 일부 학교에서는 현역장교 부임 이후 기존의 교복을 국방색(카키색) 교복으로 바꾸거나 책가방 대신 군대식 배낭을 메고 등하교했다.[60] 이후 1939년부터 국방색 전투복과 전투모에 각반을 차는 형태로 변모하기 시작했다. 이러한 변화는 광주고보(광주서중), 부산제2상업, 사립 광성고보에서 확인된다.[61] 태평양전쟁 이후 전시체제가 강화되면서 '전체 남녀' 중등학교 교복이 통일되기에 이른다. 1942년 신학기부터 소위 국방적이고 실용적인 형태로 남학생은 국방색 교복에 전투모를 착용하게 했다.[62]

이상과 같은 군사교본(교과서)과 무기, 무기고, 협착사격장, 군대식 복장 등 물리적 여건을 갖추고 현역장교 부임 이후 본격적인 군사훈련을 실행하였다. 현역장교가 배속된 학교에서는 곧장 각종 군사훈련에 돌입했다. 경성사범에서는 1926년 배속장교 부임 이후 곧장 각개교련, 분대·소대·중대교련, 수기(手旗), 보초, 척후, 사격예행연습을 행하고, 매년 교련사열과 군사강습을 실시하였다.[63] 고등보통학교 최초로 현역장교가 배속된 청주고보와 경성제1,2고보의 상황도 비슷했다. 매년 교련사열을 실시하였고, 아래에서 살펴볼 야외연습(야외교련, 연합연습)과 병영숙박 훈련, 장거리 행군 등을 정기적으로 행하였다. 경성제1고보 5학년 학생들은 1936년에 실탄사격까지 하였다.[64]

---

59) 『학우회지』 창간호, 경성제2공립고보 1935년 3월, 86쪽; 경기백년사편찬위, 앞의 책, 161쪽; 부산상업고등학교80년사편찬위, 앞의 책, 127쪽, 268쪽; 경북중고등학교, 『경북중고등학교 육십년사』, 대구: 경북중고등학교동창회, 1976, 235쪽; 춘천농공고등학교총동창회, 앞의 책, 208쪽.

60) 경북중고등학교, 같은 책, 235쪽; 전고·북중80년사편찬위, 앞의 책, 172쪽; 춘천농공고등학교총동창회, 앞의 책, 236쪽.

61) 광주제일고등학교동창회, 『광주고보·서중·일고 팔십년사』, 광주고보·서중·일고 동창회, 2004, 309쪽; 부산상업고등학교80년사편찬위, 앞의 책, 129쪽; 광성구십년사편찬위, 『광성구십년사』, 광성중고등학교, 1984, 259쪽.

62) 『매일신보』, 1942년 3월 19일자.

63) 김성학, 「경성사범학교 학생훈육의 성격」, 『한국 근대교육의 탄생』, 서울: 교육과학사, 2013, 165-167쪽.

64) 청주고60년사편찬위, 『청주고60년사』, 청주고동문회, 1985, 206-209쪽, 260-264쪽; 『학우회지』 제4호, 경성제1공립고보학우회, 1937년 5월, 106-110쪽; 경성제1공립고보, 앞의 책, 1935년, 104쪽; 경복55년사편찬위, 앞의 책, 114-124쪽.

교내 군사교련 수업은 현역장교의 지도로 주번제로 실시되었다. 교련주번은 전 생도가 교대로 한 번씩 맡았다. 경성사범학교에서 교련주번의 임무는 다음과 같았다.

> ① 교련 실시 전날에 교련교관에게 가서 다음날 과목과 복장을 파악하고 당일 생도에 전달한다. ② 교련 실시에 필요한 물품을 준비 정리한다. ③ 병기를 사용하는 교련 시에 병기고 문을 열고 닫는다. ④ 수업 개시 전에 교련교관에게서 교련전용 출석부를 받아 기입한다. ④ 교관 입장 시에 경례를 한 후 "제 몇 학년 몇 조, 총 인원 몇 명, 결석 몇 명, 현재 인원 몇 명"이라는 보고를 한다. ⑤ 무기고를 정리 정돈하고 청결을 유지한다(1934년에는 제외됨). ⑥ 주번일지를 작성한다.[65]

교련주번은 교련수업 후 주번일지를 작성하였다. 주번일지에는 연습 종류, 결석・지각생, 실시 장소와 시간, 간부(조교, 분대・소대・중대장) 이름, 교관 이름, 훈시나 주의사항, 본인이 실시한 사항, 기타 등을 기록하였다.[66]

2. 야외연습의 종류 및 실시 상황

교내 교련수업에서 이론과 방법, 동작 등을 익힌 다음에 교외에서 야외연습을 실시했다. 전술한 교련교수요목에 따르면 야외연습일은 중등학교 수준에서는 연 4~6일이었고, 사범학교 및 전문이상 학교에서는 연 4~7일이었다. 사범학교와 대학의 야외연습일은 1942년부터 교련교수요목에 명시했는데 전자는 연 5~7일, 후자는 연 4일~7일이었다. 야외연습으로는 일반적인 '야외교련'과 함께 '연합연습', '장거리 행군' 등을 행하였다. 이제 이러한 훈련이 실제로 어떻게 실시되고 있었는지 살펴보자.

65) 경성사범학교, 『경성사범학교총람』, 1929년판, 255쪽.
66) 같은 책, 256쪽.

1) 야외교련의 실시 상황

1936학년도 경성제1고보 교무일지에는 군사교련 관련 사항도 기록하고 있는데, 당시 중등학교에서 야외교련을 비롯한 야외연습을 어떻게 운영하고 있었는지 엿볼 수 있다. 〈표 9-4〉에서 볼 수 있듯이 현역장교가 배속된 지 2년 정도 지난 시점인데 학기별로 체계적인 야외연습(1~3학기)이 진행되고 있다. 야외교련을 비롯해 병영숙박(5학년, 1학기), 연합연습(1~4학년, 타교, 2학기), 장거리 행군(2학기)을 모두 행하고 있다. 1931년 교련교수요목에서 고등보통학교 매년 야외연습일은 1~2학년 4일, 3~5학년 5일이었다. 1936학년도에 경성제1고보에서 실시한 야외교련과 연합연습, 병영숙박, 장거리 행군 등을 모두 더하면 야외연습일은 학년별로 연 5~8일이 된다. 교련교수요목에서 정한 것보다 야외연습을 더 많이 하고 있음을 알 수 있다. 이러한 야외연습 가운데 야외교련은 각 학년별·학기별로 여러 번 나누어 실시하였다. 즉 1, 2학기에 걸쳐 학년별로 여러 번 나누어 실시하고, 3학기엔 일부 학년만이 행하였다.

〈표 9-4〉 경성제1고등보통학교 야외연습 상황, 1936학년도[67]

월일	내용	월일	내용
4월 9일	1학년 야외교련	9월 11일	5학년 야외교련
4월 24일	5학년 야외교련	9월 19일	(만주사변기념) 경기도 중등학교 연합연습 참가
5월 13일	2학년 야외교련	10월 3일	4학년 야외교련
6월 10일	3학년 야외교련	10월 10일	인천행 **장거리 행군**
6월 12일	4학년 야외교련	10월 21일	2학년 야외교련
6월 18일	5학년 **병영숙박**(3일간)	11월 28일	1~4학년 연합연습
6월 25일	4학년 야외교련	1월 22일	5학년 야외교련
7월 6일	1학년 야외교련	2월 18일	3학년 야외교련
9월 4일	3학년 야외교련	2월 26일	1학년 야외교련

야외교련의 장소는 산이나 강가, 육군창사(훈련소), 공동묘지 등 매우 다양했다. 경기중의 경우, 1940년대에는 매달 한 번씩 한강 변에서 야외교련을 했다. 학교에

67) 『학우회지』 제4호, 경성제1고보학우회, 1937년 5월, 106-110쪽 「교무일지抄」에서 작성.

서 한강까지 38식 소총과 모래를 넣은 배낭을 메고 행군하여 가서 하루 종일 산개－각개약진－돌격훈련을 되풀이하고 다시 학교까지 교가와 군가 등을 부르며 돌아왔다.[68] 공주중에서는 공동묘지에서 야외교련을 하기도 했다. 1940년에 배낭을 메고 총검으로 무장한 채 교외 공동묘지에 가서 오전에는 전령병과 척후 교련을, 오후에는 초병훈련을 했다.[69] 야외교련은 야간에도 이루어졌다. 일례로 부산제2상업에서는 1937년에 3, 4학년을 남북군으로 편성하여 20여 시간 야간 야외교련을 강행했다.[70] 경복중에서는 1938년에 5학년 야외교련을 경기도 부평창사에서 2박 3일간 실시했다. 배속장교와 교련교관의 지도로 소대·중대 전투교련을 연습하고 경성사범 강습과와 조우전(遭遇戰)도 전개했다.[71]

2) 연합연습의 등장과 실시 상황

연합연습은 연합야외연습, 연합전투연습, 연합공방연습, 대항야외연습 등 여러 이름으로 불렸는데 다른 학교와 연합하여 야외에서 실시한 전투훈련이다. 최초의 연합연습은 1930년에 20사단 산하 각 연대 간에 행한 연합전투연습에 군사교련 실시학교가 참가하는 형태로 시작되었다.[72] 이후 본격적인 연합연습이 등장한 때는 1932년이었다. 만주사변 발발 이듬해에 군사교련을 실시하는 학교들이 참가하는 대규모 연합연습이 출현하였다. 1932년 10월 경기도가 주최하고 학무국장의 통감 하에 실시한 군사교련 대항연습이 그것이다([그림 1]).[73]

이 연합연습에는 군사교련을 실시하는 경성 소재 중등이상 13개교 학생 총 2천 6백여 명이 참가했다. 이날 우가키 총독과 조선군사령관 이하 100여 명의 고위관료가 참관했고, 육군은 기관총 부대를 지원했다. 참가학교는 아래와 같이 2개 지대

68) 41회 졸업생의 회고. 경기백년사편찬위, 앞의 책, 169쪽.
69) 공주고등학교육십년사편찬위, 앞의 책, 263쪽.
70) 부산상업고등학교80년사편찬위, 앞의 책, 127쪽.
71) 1938년 야외교련은 후술할 병영숙박 훈련과 유사하다. 경복55년사편찬위, 『경복오십오년사: 1921~1975』, 서울: 경복동창회, 1976, 144쪽.
72) 77~80연대는 남군과 북군으로 편성해 이틀 동안 실전과 같은 공방전을 전개했다. 남군에는 경성중, 경성상업, 철도종업원양성소(총458명), 북군에는 용산중, 평양중, 선린상업(약 630명) 학생들도 참가했다. 『朝鮮新聞』 1930년 10월 6일자.
73) 『매일신보』 1932년 10월 19일 및 23일자; 『文教の朝鮮』 1932년 11월호, 164쪽.

(동군, 서군) 산하에 4개 대대, 16개 중대로 편성되었다. 각 지대와 대대에는 현역 장교를 지휘관으로 배치했다.

<u>**동군 (지대장 堀 대위)**</u>

제1대대장 公文 소위: 제1, 2, 3, 4 중대(경성고등상업, 경성약학전문, 경성사범)

제2대대장 柏葉 소위: 제5, 6, 7, 8 중대(경성의학전문, 경성상업, 경기상업, 철도종업원양성소)

<u>**서군 (지대장 山崎 대위)**</u>

제1대대장 渡邊 대위: 제1, 2, 3, 4 중대(경성치과의전, 경성법학전문, 용산중)

제2지대장 松永 중위: 제5, 6, 7, 8 중대(경성제대예과, 경성중, 선린상업)[74)]

이 연합연습은 양군이 각각 상대를 향해 인천과 춘천 방면에서 진군하여 용산연병장 인근에서 조우(遭遇)한다는 가상 상황을 상정하고 이루어졌다. 양군은 용산연병장과 한강 부근에서 조우하여 실전과 같은 척후전, 백병전, 진지탈환전 등을 전개했다. 모든 훈련이 종료된 다음에는 용산연병장에서 열병식과 분열식을 거행했다. 경기도 연합연습은 이같은 형식과 내용으로 이후 매년 계속 실시되었다. 다만 중등학교와 전문이상 학교의 연합연습은 각각 별도의 연합연습으로 분화되어 갔다.

[그림 9-1] 1932년 경기도 연합대항연습: (상) 우가키 총독 관전 (중) 학무국장 열병식 (하) 분열식(매일신보 1932. 10.23)

1932년도 경기도 연합연습은 하나의 모델과 같은 야외연습이었다. 이후 배속학교가 확대되면서 형식과 내용이 비슷한 연합연습이 전국 각지에서 등장하기 시작한다. 본 연구에서는 총 66개의 연합연습 사례를 확인하였다(부록 참조). 이를 토대

74) 『文教の朝鮮』 1932년 11월호, 164쪽.

로 당시 연합연습에서 나타난 특징들을 살펴보고자 한다.

먼저, 야외연습은 대부분 관에서 직접 주관하는 군사훈련이었다. 연합연습 전반을 통제하고 감독하는 통재관(통감 혹은 총재)은 도지사·학무국장·총독 등 고위 관료였다. 일부 군부대 정기훈련이나 도시단위 연합훈련은 현역장교가 맡았다(부록 10번, 43번). 경기도 연합연습의 경우, 1935년부터 중등학교·청년훈련소 연합연습과 전문·사범학교 연합연습으로 분화되었는데 전자는 도지사가, 후자는 학무국장이 통재관이 되었다. 후자는 1938년부터 다시 대학·전문학교 연합연습으로 바뀌고 총독이 직접 통재관이 되었다.

야외연습은 매년 도 단위로 거행되는 대규모 연합연습이 많았다. 처음에는 경기도(경성)를 시작으로 전북, 함남, 전남, 평남 등에서 정기적으로 실시되었다. 1937년 중일전쟁 이후 전국 각도로 확산하였는데 가장 많이 실시한 지역은 경기도(경성)였다. 경기도에서는 1943년 제12회 연합연습까지 거행한 것으로 확인되었다(부록 64번, 65번). 연합연습에는 군사교련 실시 중인 중등이상 학교가 모두 참가했다. 참가학생은 보통 적게는 1천여 명에서 많게는 2만여 명에 달했다(부록 33번, 46번, 52번). 일례로 1940년 경기도 중등학교와 청년훈련소 연합연습에는 25개 중등학교와 14개 청년훈련소 1만 9천여 명이 참가했다.

시기적으로 보면, 1938년 이후에 연합연습이 더욱 확대, 강화되어 갔다. 1938년부터 참가 학교와 학생이 급증하고 연습기간도 늘어났다. 동년 9월 만주사변7주년 기념 경성 중등학교 연합연습에서 처음으로 참가 학교와 학생 수가 20개교와 1만 명을 넘어섰다(부록 26번). 1938년부터 사립학교도 참가하고(부록 26번, 60번, 65번, 39번), 여학교도 시분열식이나 시가행진, 위생대로 참여하기 시작했다(부록 41번, 45번, 47번). 1939년에는 이틀간 실시하는 연합연습이 6군데로 급증했다. 이 연합연습에는 불효전(새벽전투)이 추가되었다.

이러한 연합연습에서는 말 그대로 실전과 같은 체계적인 전투훈련이 이루어지고 있었다. 거의 모든 사례에서 미리 가상 상황을 상정해 놓고 참가학교를 양군(동·서군 혹은 남·북군)으로 편성하였다. 양군은 진격과 후퇴를 하며 척후전, 조우전, 공방전, 돌격전, 백병전, 시가전 혹은 불효전 등을 감행한다. 양군에는 훈련을 지휘하는 장교를 배치하고, 전체 연습을 통제하고 감독하는 통감과 심판관을 두었다.

모든 훈련을 종료한 후 시・분열식을 행하고, 통감(혹은 심판관)은 연습 전반에 대해 강평을 했다.

그리고 각종 전쟁 관련 기념일에 연합연습을 거행하는 곳이 많았다. 특히 육군기념일(3. 10), 만주사변기념일(9. 18)에 연합연습을 많이 실시했다. 전자는 1933년 경성에서, 후자는 1935년 대구와 나남에서 처음 거행한 것으로 확인된다(부록 4번, 14번, 15번). 이후 두 기념일에는 매년 연합연습을 거행한 것으로 보이는데 1939년 육군기념일에는 전국 8개 도시에서 연합연습을 실시했다(부록 31번). 전쟁기념 연합연습에는 군부대와 학생들이 함께 훈련을 실시하기도 했다(부록 4번, 14번, 32번, 45번). 중일전쟁과 태평양전쟁을 기념하는 연합연습은 해주 한 곳에서 개최된 것으로 확인되었다(부록 51번, 66번).

이렇게 많은 학교와 학생이 참가한 연합연습은 군국주의 확산과 황민화 수단으로 기능하고 있었다. 연합훈련의 일차적인 목적은 야외에서 실전과 같은 훈련을 통해 전투능력을 높이는 것이다. 사실 이것 자체가 학생들에게 군국주의 친화적인 의식과 태도를 내면화하고 확산하는 활동이었다. 그런데 이와 함께 참가학생들이 군가를 제창하며 시가행진을 하거나 또는 일반인과 민간유지들에게 관전을 허용함으로써 연합연습은 일반인에게도 군국주의 의식을 확산하는 통로로 활용되었다(부록 19번, 26번, 27번). 1940년 경성 육군기념일 연합 시가전연습은 수만 명의 사람이 관전했고(부록 45번), 경남 중등학교 연합연습에서는 일반인에게도 화포와 기관총을 설명하고 발포연습을 견학하게 했다(부록 50번). 중일전쟁 이후 연합연습은 노골적으로 황민화를 위한 도구로 이용되었다. 1937년 10월 경성 전문・사범학교 연합연습에서는 시・분열식 거행 후 학무국장 선창으로 황국신민서사를 제창했다. 1939년 충북 중등학교 연합연습은 마치 국가의식처럼 거행되었다. 통재관에 대한 열병・분열식 후 종료식은 궁성요배－국가봉창－도지사훈시－장교강평－황국신민서사제창－'바다로 가면'(군가)합창－만세삼창 순으로 진행되었다(부록 38번). 1941년 11월 황해도 연합연습도 이같은 의식을 거행한 것으로 보아(부록 54번) 이런 식의 연합연습이 전국으로 확산한 것으로 보인다.

실전과 같은 대규모 전투훈련이었던 연합연습 상황은 당시 졸업생들의 회고담에도 자주 등장한다. 그들의 기억 속에 연합연습은 견디기 힘든 고통스러운 경험으로 각인되어 있었다. 아래 인용문은 1938년 충남 중등학교・청년훈련소 연합연습(부록 28번)에 참가했던 학생의 회고이다.

> 1938년 11월 27일 날이 밝기 전 일찍 기상하여 흰 띠를 두른 4, 5학년 161명은 교문 앞에서 트럭에 분승하여 대평리를 향하여 출발했다... ... 오전 8시 반 북군은 전투 개시의 태세를 취하고 제1차 조우전은 조성리 부근에서 제2차 조우전은 주간 추격 및 퇴각 훈련으로 점심을 먹은 후에 올랐다 내려오고 내를 건너고 논밭을 가로 질러 뛰는 훈련으로 땀은 흐르고 다리는 무겁고, 숨은 가빴다. 이렇게 달리고는 멈추고, 멈추고는 엎드리고, 엎드리고 쏘고, 쏘고는 또 전진을 거듭하며 산을 넘고 넘어 일모 경에 유성에 도착하여 교대로 보초를 서며 저녁을 먹었다. 제3차 야간경계 및 야간전투를 끝내고 유성으로 돌아온 시간이 밤 11경이었고, 자정이 지난 2시까지 자유시간이 주어졌고 섶이 쌓인 곳이나 숯구덩이에 모여서 여러 가지 잡담을 주고받았다. 제4차 야간전투 추격 및 퇴각 훈련을 끝내고 논 가운데서 숯불을 피우고 준비해 온 쌀로 明日의 아침과 점심밥을 짓고 쉬었는데 졸려서 도저히 견딜 수 없는 정도인데도 잘 만한 곳이 없고 논둑에 기대어 눈을 붙였으나 습기있는 잔디에 닿는 곳이 차가와 잠이 오지 않았다. 할 수 없이 앉았다 섰다 뒤를 뒤아보고 불을 쬐며 밤을 새웠다. 28일 새벽 4시경 나팔 소리와 동시에 집합하여 불효공격(새벽에 하는 전투)을 오전 8시경의 돌격으로 끝냈다. 하루 종일 고된 훈련으로 몸은 무겁고 더구나 밤에도 한잠 자지 못했으므로 졸린 것은 이루 말할 수 없었다. 발은 다만 기계적으로 움직이고 눈꺼풀은 열렸다 닫혔다 유성에서 대전까지 20여 리 길을 어떻게 간 것인지 꿈속에서 대전에 도착하여 제6차 열병 및 분열을 대전 연병장에서 오전 10시경에 실시하여 강평을 끝으로 추계 연합대연습을 끝냈다. 이때는 초등학교 학생들을 모두 견학하게 하였다.[75]

이상은 당시 혹독한 연합연습 상황을 잘 보여주고 있다. 연합연습에서는 제1~2차 조우전, 제3차 야간경계와 야간전투, 제4차 야간 추격・퇴각 훈련, 제5차 불효전(새벽전투), 제6차 열병분열식 및 강평 등으로 이어지며 이틀에 걸쳐 실시되었다. 하루 종일 고된 훈련이 계속되었고, 오전 4시부터 새벽전투까지 치르고 있다.

75) 공주고등학교육십년사편찬위원회, 앞의 책, 265-266쪽.

이어 한숨도 자지 못한 채 거의 졸면서 유성에서 대전까지 20여 리 길을 걸어가 다시 열병・분열식을 거행하고 있다. 이처럼 당시 연합연습은 잘 짜여진 실전과 같은 것으로 학생들에게 매우 가혹한 훈련이었다.

3) 장거리 행군의 실시 상황

야외연습의 한 종류로서 장거리 행군이 자주 실행되었다. 행군은 전술한 여러 훈련과 병행하기도 했지만 초창기부터 단독훈련으로 매우 중시된 야외연습의 하나였다. 다만 교련교수요목에서 교련교재로 명시된 것은 1942년이었다.[76] 당시 행군은 원거리 강행군, 야간행군, 설중행군, 1박2일 행군 등 다양한 형태로 실시되었다.

청주고보의 경우, 1931년에 현역장교가 배속되고 곧바로 이듬해에 전교생 행군과 야간행군을 실시했다. 이어 1933년에는 5학년 학생들이 1박2일 간 속리산 강행군을 실행했다. 배속장교와 교관 2명의 인솔 아래 아침에 학교를 출발하여 속리산까지 110리(43km)를 배낭과 38식 소총을 휴대하고 무장 행군을 하였다. 경성제2고보는 1935년부터 매년 한겨울(12~2월)에 전교생 설중행군을 실행하였다.[77] 이러한 장거리 강행군은 전술한 연합연습처럼 당시 학생들에게 대부분 매우 힘들고 고통스러운 경험으로 기억되고 있었다.

> 군대사열 훈련을 위하여 언제나 1,2교시는 희생했으며 더위나 추위에 지친 적도 무척이나 많았다. 그러나 지탱하고 견디어 내었다. 더욱 힘에 겨운 일들은 강행군과 야간행군이었다. 행군의 코스는 주로 여의도 비행장에 가서 배낭에 모래를 채워오던 길, 성북동을 지나 우이동을 거쳐오는 길 등이었고, 야간행군은 우이동을 넘어 녹번동을 거쳐 용산의 군연병장으로 가는 길이었는데 도착되었을 때는 먼동이 트는 새벽이었다. 참호 속에서 주먹밥을 먹을 때는 밤새 얼어붙어 얼음덩이가 된 밥을 못 먹고 집에 온 그때 일은 두고두고 기억에 남을 일이다.[78]

76) 1942년 교련교수요목 중 〈제1표〉교재 배당 및 진도 참조. 행군은 배당시간 외에도 일상적으로 부단한 연습을 하고, 점진적으로 일관된 계획 아래 실시하여, 행군력 양성에 노력할 것을 주문하고 있다.

77) 청주고60년사편찬위원회, 앞의 책, 207쪽; 경복55년사편찬위원회, 앞의 책, 114-124쪽.

이상은 경기상업 학생이 경험한 강행군과 야간행군에 대한 회고이다. 그는 이를 두고두고 잊기 힘들었던 것으로 기억한다. 특히 추운 겨울에 새벽까지 계속되는 장거리 야간행군의 고통스러운 경험을 잘 보여준다. 당시 학생들의 행군은 형태에 관계없이 보통 완전 무장을 한 채 수십 km에 걸쳐 이루어지는 경우가 많았다. 1938년 이후 경북중에서는 매년 전교생이 무장을 하고 27km 원거리 강행군을 했다. 1940년대에 광주사범에서는 매년 10월경 전교생이 완전 무장을 하고 25km 야간행군을 했다.[79] 이제 소풍이나 수학여행도 전시행군으로 대체되기 시작하였다. 사립 광성중에서는 소풍 대신 40km 무장 강행군을, 그리고 계성학교 5학년생은 이틀간 약 50여 km 경주 고적지 행군(1942년)을 하였다.[80]

3. 군사강습(병영숙박)의 운영 실태

군사강습은 병영이나 창사(廠舍)에서 수일간 숙박하며 훈련하는 것으로 군대 내무에 준해 기거와 용의, 근무활동 등을 체험하는 활동이다.[81] 앞서 살펴본 각 교련교수요목에 따르면, 초창기(1926~1941)에는 사범학교 보통과・연습과・심상과에만 부과했는데 1942년부터 전문학교・대학예과・대학에 모두 부과하였다. 초창기에 입소기간은 사범학교 보통과 1주, 연습과 2주, 심상과 3주였다. 이후 1942년에 사범학교에 야외연습일이 새로 부과되면서 모두 10일로 통일되었다. 전문학교 이상은 모두 7일이었다. 중등학교에서 군사강습은 '병영숙박'이라는 이름으로 실시되었다. 병영숙박은 군사강습과 달리 교련교수요목에 명시되어 있지 않았다. 따라서 각 중등학교에서 이를 야외연습의 일환으로 자체적으로 실시한 것이다. 양자는 내용상 같은 것이고, 병영숙박이 점차 독자적인 훈련으로 불리고 있었기에 여기서는 함께 살펴보고자 한다.

---

78) 경기상고 1941년 입학생 회고. 경기상업고등학교동창회, 『경기상고 50년』, 동 동창회, 1973, 52쪽.

79) 경북중고등학교, 앞의 책, 259쪽; 광주교육대학・광주교육대학동문회, 『광주교육대학오십년사』, 1988, 121쪽;

80) 광성구십년사편찬위원회, 『광성구십년사』, 광성중고등학교, 1984, 259쪽; 손종현, 앞의 논문, 114-115쪽.

81) 1942년의 교련교수요목, 『조선총독부관보』 1942년 5월 23일자.

〈표 9-5〉 경성사범학교 군사강습 상황, 1926.1학기~1929.1학기[82]

실시 연월		대상	기간	입소 부대
1926년	7월	보통과 5학년	7일	보병78연대
	7월	연습과	7일	평강 육군연습장
	8월	연습과	7일	보병78연대
	12월	연습과(보결)	7일	보병78연대
1927년	7월	연습과	14일	보병78연대
	10월	보통과 5학년	7일	보병78연대
	12월	연습과·보통과 5학년(보결)	7일	보병78연대
1928년	7월	연습과	14일	보병78연대
	10월	보통과 5학년	7일	보병78연대
	12월	연습과·보통과 5학년(보결)	7일	보병78연대
1929년	7월	연습과	14일	보병78연대

군사강습이 실제로 어떻게 실시되었는지 알려주는 사료는 많지 않다. 다만『경성사범학교총람』에 수록된 동교 연혁지에 일부 기록이 남아 있다(〈표 9-5〉). 경성사범학교에서는 1926년 5월부터 현역장교에 의한 군사교련을 실시했는데, 동년부터 곧장 보통과 5학년과 연습과 학생들에게 군사강습을 실시하고 있다. 입소기간은 보통과 1주, 연습과 2주였다. 입소대상과 입소기간은 1926년 교련교수요목에서 명시한 것을 그대로 준수하고 있다. 입소시기는 처음에 정기입소생은 7, 8월, 보결입소생은 12월이었으나 1927년부터 연습과 7월, 보통과 10월, 보결입소생 12월로 정착해 갔다. 입소부대는 한 차례를 제외하고 모두 용산 소재 보병78연대였다.

이후 경성사범학교에서는 육군성과 총독부 간 협의각서에 기초하여 '군사강습규정'(총 7개조)을 제정하였다.[83] 이는 보다 체계적인 군사강습을 위한 노력의 일환으로 보인다. 이에 따르면, 군사강습 실시에 관한 수속과 계획은 배속장교가 행하고 교장이 이를 승인하도록 했다. 군사강습은 보병78연대나 부평연습장에서 보통 제2학기에 행하고, 입대식과 제대식에는 보통 교장 및 학급담임은 참석하게 했다. 출발 전날에는 신체검사와 군장검사를 행하고 검사 종료 후에 교직원 참석 하에

82) 경성사범학교, 『경성사범학교총람』, 1929년판, 22-40쪽 경성사범학교연혁을 토대로 작성.
83) 「군사강습규정」, 같은 책, 1934년판, 132-133쪽.

교장이 훈화를 했다. 군사강습 기간 중 병영 안에서 풍기 유지와 각종 규정 실시 여부를 감독하기 위해 영내 일직교관을 두도록 했다.

다른 사범학교나 전문이상 학교에서도 이와 유사한 절차와 방식으로 군사강습을 실행했을 것으로 보인다. 그런데 군사강습 기간 중에 병영에서 실제로 어떤 교육이 이루어졌는지 알 수 있는 사료는 찾아보기 힘들다. 그러므로 여기서는 군사강습과 성격상 유사한 것으로 중등학교에서 실시한 '병영숙박'을 통해 그 실상을 알아보고자 한다.

중등학교의 병영숙박 훈련은 군사강습과 마찬가지로 1926년부터 실시되었다. 최초로 확인된 병영숙박은 동년 11월 인천제1상업(일본계)에서 실시한 훈련이다. 동교 학생들은 보병 78연대에 입영해서 3일간 영내 생활 체험과 학과 및 실과 훈련을 받았다.[84] 동교는 경성사범과 함께 1926년부터 현역장교에 의한 군사교련을 실시한 학교였다. 군사교련에 착수하면서 곧장 병영숙박 훈련도 실시한 것을 알 수 있다. 현역장교가 부임한 조선인 고등보통학교도 마찬가지였다. 현역장교 부임 직후 청주고보는 1932년부터, 경성제2고보는 1934년부터 매년 병영숙박을 실시하고 있었다.[85]

병영숙박은 보통 최종학년 학생을 대상으로 제2학기(10~11월)에 실시하였다(부록 참조). 예외적으로 경성제1고보는 1학기에, 춘천농업은 4학년이 입소하고 있다(1937년). 입소부대는 각 학교의 군사교련을 관할하는 연대나 산하 대대였다. 예를 들어 경성제1,2고보는 용산의 보병78연대, 청주고보는 보병80연대 산하 3대대(대전), 전주고보는 용산 보병79연대, 부산제2상업은 대구 보병80연대, 춘천농업은 함흥 보병74연대 등이었다. 입소기간은 보통 3~4일이었는데, 1주(춘천농업)나 2주(전주고보)가 되기도 했다. 일부 학교에서는 수학여행을 겸해서 병영숙박 훈련을 실시하였다(춘천농업).[86]

---

84) 『朝鮮新聞』 1926년 11월 13일자.

85) 경성제1고보는 1934년에 경성제2고보와 함께 군사교련을 시작했다. 1936년 병영숙박 실시 자료가 확인되는데 경성제2고보처럼 1934년부터 실시한 것으로 판단된다. 『학우회지』 창간호, 경성제2공립고보, 1935년 3월, 86쪽; 경복55년사편찬위원회, 앞의 책, 114-124쪽; 청주고60년사편찬위원회, 앞의 책, 사진 및 206-209쪽.

86) 같은 자료 및 『학우회지』 제4호, 경성제1고보학우회, 1937년 5월, 106-110쪽; 춘천농공고등학교총동창회, 앞의 책, 276-278쪽; 전고 · 북중80년사편찬위, 앞의 책, 127-128쪽.

〈표 9-6〉 경성제1고등보통학교 병영숙박 예정표, 1936년[87)]

월일		행사	시간	비고
6.18	오전	도착 연대장에 인사	8:30	
		입사 숙박 준비	9:00-10:30	
		영내 견학	10:30-11:30	모 중대 兵舍, 縫靴공장, 매점, 취사장
	오후	각개교련 견학	1:00-2:00	하사관 후보자의 교련 견학 희망
		각개교련 부대밀집교련 실시	2:00-2:30	兵庭에서 실시
		총검술 견학	2:30-3:30	교련 실시 중인 것을 적절히 견학
		병기 견학	3:30-4:00	기관총, 보병포, 山砲 견학
6.19	오전	전투교련 실시	8:00-10:30	2소대 대 2소대의 조우전 실시
		전투교련 견학	10:30-11:30	중대예정표에 따라 적절히 연락해 견학
	오후	총검술 실시	1:00-2:00	모 중대의 목총 80정 차용 희망
		가스 器材 및 동 교련 견학	2:00-3:00	모 중대의 일부 실시를 견학 희망
		강화	3:30-5:00	강화자 劉소좌, 강당
		영화 교육	6:30-8:00	정신적 효과 있는 영화 견학 희망
6.20	오전	불효(새벽) 전투교련	4:00-6:30	연병장에서 2소대 대 2소대의 조우전
		비용품 반납 정돈	8:00-9:30	
		연대장에 인사 귀교	10:00	

그렇다면 병영숙박 훈련은 병영 안에서 실제로 어떻게 실행되었을까? 〈표 9-6〉은 경성제1고보에서 실시한 병영숙박 상황인데 다른 중등학교에서도 비슷했을 것으로 보인다. 이 훈련은 5학년 학생들이 용산 78연대에 입소하여 2박 3일 동안 실시되었다. 실제 내무생활을 체험하며 군인들의 훈련과 병기, 시설 등을 견학하고, 학교에서 익힌 각개교련, 부대교련, 전투교련과 총검술을 훈련하였다. 전투교련으로는 조우전과 불효전(새벽전투)을 시행했다. 그리고 내무교육은 일종의 정신교육으로서 각종 내무활동, 견학, 강화(講話), 영화교육 등으로 구성되었다. 그 요지는 일본군의 군대 생활이 어떻게 정신적으로 견실성을 갖는지를 교육하고 학생들의 정신적 훈화(薰化)에 기여하는 것이었다. 이를 위해 내무교육은 각종 군대식 규율 활동과 황민의식의 내면화를 위한 활동(칙유봉송, 황거요배, 군기봉배)을 중

87) 동년 교무일지에 따르면 이 예정안은 실제로 시행됨. 같은 잡지, 113-114쪽.

심으로 진행되었다. 내무교육의 구체적인 사항은 다음과 같다: 병사 내 정비・정돈, 봉화공장 견학, 매점 견학, 취사장 견학, 중대 병사 내 견학, 식사, 입욕, 조석점호(규율생활, 조석예절, 칙유봉송), 소등, 불침번(제1일 소등 전 교대로 체험), 아침점호 행사(황거요배, 냉수마찰, 체조), 세면, 의무실 견학, 위병소 견학, 군기(軍旗) 봉배(제2일 석식 후 봉안소 경례 및 정신 설명), 영화교육(군대 위안시설 정신 설명).[88]

경성제2고보의 병영숙박 훈련도 78연대에서 거의 동일하게 시행되고 있었다. 다만 1930년대 후반부터는 더욱 강화된 형태로 운영되었다. 1939년 병영숙박일지를 보면, 훈련기간이 하루 늘어났고, 조선신궁을 세 차례 참배하고 있다. 군사훈련도 분대・소대・중대 전투교련 등 전투훈련 중심으로 바뀌었고, 다른 학교들과 동반 입영하여 상호 공방전도 전개하였다.[89] 1940년대엔 일부 사립 중등학교도 병영숙박 훈련에 동참한 것으로 보인다. 사립 중앙중에서는 1943년 여름방학에 4, 5학년을 대상으로 병영숙박 연습을 실시할 예정이었다. 1주간 평강의 육군창사에서 병영숙박 훈련을 행한 후에 내금강에서 비로봉을 넘어 외금강으로 무장 행군을 하고자 했다.[90]

이러한 운영 상황으로 보건대, 당시 병영숙박(군사강습)은 실제 병영 체험을 통해 전투능력을 향상시키고 군대식 규율과 황민의식을 체득하도록 하여 중등이상 조선인 엘리트 학생을 천황에 충성하는 군인으로 만들어가는 정밀한 장치로 작동하고 있었다.

4. 교련사열의 절차와 운영 실태

교련사열은 이러한 각종 교내외 군사훈련의 성과를 종합 평가하는 연례행사였다. 1926년 9월, 육군성은 육군현역장교 배속학교 교련사열규정을 공포했다.[91] 이는 조선에도 적용되었다. 이에 따르면, 사단장은 관내 학교의 교련사열을 지휘

88) 『학우회지』 제4호, 경성제1고보학우회, 1937년 5월, 115-116쪽.
89) 경복55년사편찬위원회, 앞의 책, 152쪽.
90) 『半島の光』 68호, 1943년 8월, 20쪽.
91) 육군성령 제19호, 『관보』(일본) 1926년 9월 27일자.

감독한다. 사단장(19, 20사단)은 적절하게 사열구역을 정하고 총독과 협의하여 교련사열일정표를 작성한다. 그리고 이를 학교장에게 통지하고 육군대신에게 보고한다(제3, 7조). 사열은 1년에 적어도 1회 실시하도록 했다(제5, 6조).

교련사열관은 원래 육군대신이 임명했다. 하지만 1937년부터 조선에서는 사단장이 임명토록 했다(1937년 개정). 사열관은 사열을 마친 후 학교장 입회 아래 배속장교에게 소견을 개진한다. 그런데 1942년부터는 배속장교와 학교장에게 사열결과에 대해 소요의 '지시'를 행하도록 하여 사열관의 권한을 더욱 강화하였다(1942년 개정 제9조).[92]

교련사열관은 매년 모든 사열을 종료한 후 사열결과 전반과 학교별 사항(사열방법, 사열성적, 배속장교에 개시한 소견, 장래에 관한 의견, 기타)을 기재한 보고서를 사단장에게 제출한다. 사단장은 이 보고서에 기초해 관내 교련사열보고서를 작성하여 육군대신에게 제출하게 했다(제9, 10조). 1942년부터 교련사열보고서 대신 교련사열결과표를 제출하게 했는데, 여기에 학교별로 9개 항목과 종합성적을 각각 우-양-가로 평가해 기재하도록 했다. 특히 교장의 열의, 배속장교의 노력, 직원의 협력, 일상화 등까지 평가하게 하여 학교 현장에서 교련사열에 전력 매진할 수밖에 없는 구조를 만들어 놓았다.[93]

이처럼 사단장의 지휘 하에 매년 1회 이상 교련사열관이 각 학교에서 사열을 실시하고 그 결과를 사단장에게 보고했다. 그리고 1942년부터 사열평가가 더욱 엄격해졌음을 알 수 있다. 실제 교련사열은 교련사열일정표에 따라 보통 11월에서 다음해 2월 사이에 실시되었다.[94] 1935년도 경기도 교련사열일정표(22개교)를 보면 (〈표 9-7〉) 각 학교 교련사열은 모두 11월에 이루어졌고, 사열관은 중좌(중령급) 이상 고위장교로 20사단 산하 연대장·여단장·사단참모장 등이었다. 전문학교에는 여단장과 사단참모장이, 중등학교에는 연대장급이 배정되었다. 이러한 배정 방식은 다른 지역에서도 비슷했던 것 같다. 각 학교사에 의하면, 청주고보의 사열관은 용산 79연대장, 동래중(고보)은 대구 80연대장, 춘천농업은 함흥 74연대장이었다.[95]

92) 육군성령 제25호, 『관보』(일본) 1942년 4월 24일자.
93) 같은 자료, 교련사열결과표 양식 참조.
94) 다만 예외적으로 1943년 대학 및 전문학교의 사열 일정이 7월에 잡혀 있었다. 이는 학도병 정책 추진과 관련이 있다. 『매일신보』 1943년 6월 22일자.

〈표 9-7〉 1935학년도 경기도 관내 학교 교련사열 일정[96]

<table>
<tr><th>날짜</th><th>학교</th><th>사열관 (소속)</th><th>날짜</th><th>학교</th><th>사열관 (소속)</th></tr>
<tr><td>11.4</td><td>경성약전</td><td rowspan="5">今村 小將
(보병40여단장)</td><td>11.20</td><td>철도양성소</td><td rowspan="4">百武 大佐
(보병78연대장)</td></tr>
<tr><td>11.7</td><td>경성법전</td><td>11.21</td><td>경성제2고보</td></tr>
<tr><td>11.11</td><td>경성의전</td><td>11.28</td><td>해주고보</td></tr>
<tr><td>11.16</td><td>경성치의전</td><td>11.29</td><td>개성상업</td></tr>
<tr><td>11.18</td><td>경성제대예과</td><td>10.24</td><td>경성농업</td><td rowspan="5">神子田 中佐
(보병78연대 附)</td></tr>
<tr><td>11.13</td><td>수원고등농업</td><td rowspan="3">平田 大佐
(20사단참모장)</td><td>11.1</td><td>경성공업</td></tr>
<tr><td>11.19</td><td>경성고등공업</td><td>11.4</td><td>경성상업</td></tr>
<tr><td>11.21</td><td>경성고등상업</td><td>11.7</td><td>경기도상업</td></tr>
<tr><td>11.14</td><td>경성사범</td><td rowspan="3">百武 大佐
(보병78연대장)</td><td>11.11</td><td>경성중학</td></tr>
<tr><td>11.18</td><td>선린상업</td><td>11.20</td><td>경성제1고보</td><td rowspan="2">野村 大佐(보병79연대장)</td></tr>
<tr><td>11.19</td><td>인천남상업</td><td>11.21</td><td>용산중</td></tr>
</table>

각 학교에서 교련사열 준비는 매우 중요한 연례행사 중 하나였다. 사열 시에 총독이나 사단장, 도지사, 학무국 관료가 참관하기도 했다. 따라서 사열에 임하는 교사와 학생들도 크게 긴장하는 행사였다. 사열 준비는 학생들에게 말할 수 없는 고역이었다고 한다. 일부 학교에서는 매일 1, 2교시는 사열 준비를 위해 희생하였다.[97] 이처럼 각 학교에서 사열에 지대한 관심을 기울인 것은 전술한 것처럼 사열 성적이 학교별로 평가되고 그 성적에 따라 학교 우열과 평판이 좌우되었기 때문이다. 일본의 경우에는 사열성적에 따라 그 해 졸업생들의 간부후보생 선발 비율이 결정되었다.[98] 1942년부터는 교장 열의, 배속장교 노력, 직원협력 정도 등도 평가했기에 학교 전체가 사열 준비에 매달리지 않을 수 없었다. 그리고 배속장교 입장에서는 사열성적이 승진의 기준이 되었으므로 배전의 노력을 기울였을 것이다.[99]

교련사열은 교련사열관이 해당 학교를 직접 방문하여 교정과 그 주변에서 실시

95) 청주고60년사편찬위, 앞의 책, 263쪽; 동래고등학교동창회, 앞의 책, 290쪽; 춘천농공고등학교총동창회, 앞의 책, 207쪽, 239쪽.

96) 『매일신보』 1935년 9월 19일자에서 작성.

97) 경기상업고등학교동창회, 앞의 책, 52쪽; 청주농업고등학교 동문회, 앞의 책, 213쪽; 경복55년사편찬위, 앞의 책, 185쪽.

98) 薄田千穗, 앞의 책, 24쪽.

99) 광주교육대학 · 광주교육대학동문회, 앞의 책, 120쪽; 대륜오십년사편찬위, 『대륜오십년사』, 대륜중 · 고등학교, 1971, 184쪽; 전고 · 북중 80년사 편찬위, 앞의 책, 172쪽.

하였다. 사열관은 교장실에서 먼저 서류 사열을 한다. 이어 전교생이 열병분열식을 거행한 다음에 각 학년별로 각개교련에서 전투교련, 진중근무 동작까지 철저히 사열했다.[100] 그리고 학과에 대해 시문(試問)을 하고, 모든 사열이 끝난 뒤 사열관은 사열 전반에 대해 훈시와 소견을 개진했다. 사열 복장으로는 도수교련 시에는 교련복장을, 그리고 전투교련 시에는 집총 대검에 완전 무장을 했다. 전투교련과 진중근무 등은 학교 주변 야외에서 실시했다.[101]

이와 같은 정기적인 교련사열 이외에 특정 기념일에 '종합사열'을 거행하기도 했다. 예를 들면, 1940년대에 대구에서는 육군기념일(3.10)과 대구 80연대 군기제날(4.19)에 연병장에서 대구의 모든 학교가 집합하여 종합사열을 받았다.[102] 또한 청주고보처럼 개별학교가 자체적으로 매년 교련사열을 거행하기도 했다.

교련사열관은 사열성적을 평가하는 강력한 권한을 갖고 있었다. 그런데 이 평가에서 사열관의 주관이 작용할 수 있는 가능성이 항상 존재하였다. 조선인 사립학교라는 고정관념 때문에 불리한 평가를 받는 학교가 있었고, 일본에서도 사열관에 대한 불손한 태도 때문에 나쁜 성적평가를 받는 경우도 있었다.[103] 그렇기 때문에 각 학교에서는 사열관에게 최대한 좋은 인상을 주기 위해 노력했던 것으로 보인다. 그 방법 중의 하나는 사열관에게 향응을 베푸는 것이었다. 예를 들면, 사립 계성학교에서는 1943년 2월 교련사열관 접대비(예기화대, 술, 식비)로 총 146원 83전을 지출했다.[104] 이는 당시 상당히 큰 금액으로 각 학교에서 좋은 사열성적을 받기 위해 얼마나 고심했는지를 보여주고 있다.[105]

---

100) 『조선일보』 1937년 12월 4일자; 『부산일보』 1937년 12월 5일자.

101) 경성제1고보 교련사열수열계획표(1936.11.18) 참조. 『학우회지』 제4호, 경성제1공립고보 학우회, 1937년 5월, 116-118쪽.

102) 대륜오십년사편찬위, 앞의 책, 184-185쪽,

103) 1943년, 6사단사령부 장교가 제5고등학교에 와서 강연할 때 학생들이 냉소하며 크게 웃은 적이 있었다. 그런데 그 장교가 교련사열관으로 부임해 와서 사열에 전력을 다했는데도 시시하다는 평가를 받았다고 한다. 薄田千穗, 앞의 논문, 24-25쪽 및 위의 책.

104) 손종현. 앞의 논문, 1993, 113쪽.

105) 1939년 공립소학교(2부) 남자훈도 평균 봉급은 94원이었다. 『조선총독부통계연보』 1939년판, 310쪽.

Ⅳ. 군사교육에 대한 학생들의 대응: 저항과 동화의 이중주

이상에서 살펴본 바와 같이, 현역장교가 배속된 학교에서는 교련교수요목에 따라 교련수업 이외에 야외교련, 연합연습, 군사강습(병영숙박), 장거리 행군 등을 실행하고, 매년 정례적으로 교련사열을 받고 있었다. 일부 학교에서는 입학식 후 1, 2주 동안 매일 교련을 실시하여 기본자세와 행동을 철저히 숙지시켰다.[106] 입학 후 졸업할 때까지 학교에 상주하는 배속장교가 직접 본격적인 군사훈련을 지도하였다. 중일전쟁 이후에는 군사훈련으로 시작해서 군사훈련으로 끝나는 일과가 반복되면서 학교는 마치 일본의 '육군유년학교'나 '예비사관학교'처럼 되어갔다.[107] 그렇다면 당시 학생들은 배속장교에 의한 군사교련에 대해 어떻게 대응하고 있었을까? 아래에서는 이에 대해 살펴보고자 한다.

1. 저항의 양상과 적극적 참여

학교 현장에서 현역장교에 의한 군사교련은 순탄하게 실시되지만은 않았다. 군사교련이 확대되면서 학생들은 크고 작은, 소극적 혹은 적극적 저항을 표출하기 시작한다. 학생들이 직접 군사교련에 반대를 표명하기 시작한 것은 1928년이었다. 앞 장에서 살펴본 바와 같이 당시 총독부는 군사교련을 관공립 공학제 학교 및 조선인 고등보통학교까지 확대하려는 정책을 수립한 상태였다. 이에 함흥고보 학생들은 동맹휴학을 벌이며 '군사교육 절대 반대'를 투쟁목표의 하나로 제기하였다. 당시 함흥고보는 맹휴가 전국적으로 파급되는 하나의 진원지였다.[108] 1933년에 대구고보에서도 군사교련을 실시한다는 발표가 있자 3학년 학생들은 절대 반대 맹휴를 기도했다. 이것이 발각되어 여러 명의 학생이 퇴학을 당했다.[109]

106) 청주공립고등보통학교, 앞의 책, 140쪽; 박철희, 「일제강점기 중등학생의 일기를 통해 본 식민교육」, 『교육사회학연구』 제26권 제2호, 2016, 106-107쪽.

107) 경복55년사편찬위, 앞의 책, 140쪽.

108) 조동걸, 「한국 근대 학생운동 조직의 성격 변화」, 역사학회 편, 『한국근대 민족주의 운동사 연구』, 서울: 일조각, 1992, 351쪽.

109) 경북중고등학교, 앞의 책, 138-139쪽.

평양고보에서는 1930년부터 일본인 교장(和田英正)이 현역장교가 배속되지 않은 상태에서 자체적으로 군사교련을 강화하기 시작했다. 평양 77연대에서 1개 중대를 파견하여 학생들에게 모범교련을 시범해 보이고 기관총 사격도 연습시켰다. 이듬해에 학생들은 이같은 군사훈련과 교련교관에 대해 많은 불만을 갖고 불온한 태도를 표출하였다. 이에 평양경찰서에서 교련수업 중인 학생들을 데려가 취조하자 학생들은 수업 거부와 시위를 벌이며 저항하였다.[110] 경성제1고보에서도 현역장교가 배속되기 전부터 교련수업에 불만이 많았던 것으로 보인다. 1932년에 4학년 학생들은 교련시간에 각반을 차야 한다는 규정을 지키지 않았다. 교관이 이에 대해 훈시를 하자 학생들은 이에 반발하며 교실을 박차고 나가버렸다. 학교 측은 주모자 6명에 대해 정학 처분을 내렸다.[111]

이상과 같이 현역장교가 배속되기 전에 4개의 공립 고등보통학교(함흥·대구·평양·경성제1)에서 동맹휴학과 시위, 규정위반 등과 같은 적극적인 저항행위가 나타나고 있었다. 이들 4개 고등보통학교는 1910년대 혹은 그 전에 설립된 대표적인 조선인 중등학교였다, 이는 공립 고등보통학교에 군사교련에 대한 거부감이 상당히 퍼져 있었음을 시사한다.

현역장교에 의한 군사교련이 본격적으로 시작된 이후에는 군사교련 자체보다는 실시 과정에서 가해진 폭력이나 차별, 민족적 반감 때문에 적극적 저항행위들이 표출되고 있었다. 몇 가지 사례를 살펴보면 다음과 같다.

첫째, 배속장교의 무자비한 구타는 학생들의 집단 저항을 불러일으켰다. 이런 사례는 1938년 동래중에서 확인할 수 있다. 당시 교련사열 연습 중에 교련교관(현역 중위)은 몸이 불편해서 참관 중이던 학생들을 참관 태도가 나쁘다며 마구잡이로 구타했다. 이에 한 학생이 격렬하게 항의하자 학교 측은 오히려 그에게 퇴학 처분을 내렸다. 이러한 부당한 처사에 5학년 학생들은 집단 맹휴를 결의하였다. 결국 교장은 학생들의 요구를 수용하여 퇴학 처분을 철회하고 해당 교련교관을 다른 학교로 전출하였다.[112]

110) 『朝鮮新聞』 1930년 11월 27일자; 『釜山日報』 1931년 11월 14일자.
111) 『중앙일보』 1932년 2월 28일 및 29일자.
112) 동래고등학교동창회, 앞의 책, 290-291쪽.

둘째, 배속장교의 노골적인 차별과 편파 판정은 대규모 저항행위를 유발하였다. 이는 1940년 부산운동장 학생의거에서 잘 드러나고 있다. 동년 11월 21~22일 이틀간 경남 중등학교 연합야외연습이 거행되었다. 배속장교 육군대좌 노다이(乃台)의 지휘 아래 모의전투 훈련을 했는데 그는 노골적으로 조선인 학생들을 차별하여 종합평가에서 일본인 학생들이 좋은 평가를 받게 만들었다.[113] 연이어 23일에 경남 중등학교 전력증강국방경기대회가 부산운동장에서 개최되었다. 이날도 배속장교들은 의도적인 편파 판정과 순위 조작으로 우승이 유력하던 동래중과 부산제2상업을 탈락시키고 일본인 학교인 부산중이 우승하도록 만들었다. 이에 격분한 동래중과 부산제2상업 학생들은 폐회식 후 집단으로 집총 가두시위를 벌였다. 시위 중에 아리랑을 합창하고 항일 구호를 외치며 일본인에 대한 보복과 배속장교 가택에 대한 투석전을 감행했다. 이로 인해 수많은 학생이 실형(11명)과 퇴학(25명), 정학(40명), 교련검정 불합격(30명), 견책(10명) 등의 징계를 받게 되었다.[114]

셋째, 군사훈련 중에 민족적 감정에 의해 직접적인 공격행위가 발생하기도 했다. 1938년 광주서중(광주고보) 학생들은 전남 중등학교 연합야외연습에 참가하고 있었다. 학생들은 돌격전을 하면서 평소에 감정이 좋지 않던 일본계 광주동중 학생들을 총검으로 구타하였다. 이로 말미암아 관련 학생 5명이 유기·무기정학을 받았고, 전남 학무과는 이듬해부터 연합연습을 중단시켜 버렸다.[115]

넷째, 군사교련은 평소에 민족적 감정이 좋지 않은 일본인 교사들에 대한 보복의 기회가 되기도 했다. 1944년 봄에 경기중 학생들은 무거운 배낭에 38식 소총을 메고 야간 강행군을 하였다. 평소에 우월의식으로 신사답지 못한 행실을 일삼던 일본인 미술교사가 순시를 나왔다. 학생들을 이 기회를 이용해 그에게 몰매를 가하였다. 다만 인솔 교련교관의 결단으로 없던 일로 했다고 한다.[116]

이렇게 군사교련 도입 이전부터 1940년대까지 크고 작은 저항행위들이 산발적이지만 지속적으로 나타나고 있었다. 그러나 비록 저항행위는 산발적으로 표출되

113) 국사편찬위, 『신편한국사』 50권, 259쪽.

114) 각 처벌 유형별 인원수는 다음과 같다: 실형(동래중 7명, 부산2상 4명), 퇴학(동래중 13명, 부산2상 12명), 정학(동래중 30명, 부산2상 10명), 교련검정 불합격 30명(동래중), 견책(부산2상 10명). 동래고등학교동창회, 앞의 책, 292-307쪽.

115) 광주제일고등학교동창회, 앞의 책, 317쪽.

116) 경기백년사편찬위, 앞의 책, 177쪽.

었지만 군사교련에 대한 저항적 의식과 태도는 학생들 이면에 널리 잠재되어 있었을 것으로 보인다. 왜냐하면 후술하듯이 학교 현장에 배속장교의 폭력과 차별, 그리고 이에 대한 민족적 반감이 널리 확산해 있었기 때문이다.

그런데 1937년 중일전쟁 이후 새로운 양상이 나타나기 시작한다. 군사교련에 대한 조선인 학생들의 인식의 전환이 이루어지기 시작한 것이다. 이제 일부 조선인 학생들은 군사교련에 대한 반대와 저항을 넘어서 그것을 항일 독립투쟁을 위한 유용한 수단으로 인식하며 적극적으로 참여하려 했다. 이러한 인식의 전환은 1937년 중일전쟁 직후 평남 안주농업학교에서 처음으로 등장한다. 동교의 이범준과 이발은 동맹휴학을 두 차례 주도한 바 있는데 그들은 중일전쟁이 일어나자 군사교련을 열심히 받아야 한다고 생각했다. 그 이유는 앞으로 일본군이 외국군과 교전할 경우 용병에 지원하여 일본군을 격퇴하고 민족혁명을 이루고자 했기 때문이었다.[117]

광주서중(광주고보) 학생들은 군사교련을 독립투쟁의 수단으로 인식하고 실제로 군사교련에 적극 참여하기 시작했다. 1938년에 광주서중 학생들은 비밀결사 서중독서회를 결성했다. 이를 주도한 기환도는 독서회 발표회에서 "우리에게 총칼은 없지만 다가올지 모르는 독립투쟁에 유용하게 쓰기 위해서는 학교 군사훈련(교련)을 사보타지보다는 진집(眞執)하고 적극적으로 참여하는 것이 조국과 민족을 위하는 길이다"고 자주 말했다. 그리하여 기환도를 위시하여 서중독서회 회원들이 앞장서서 군사교련에 열심히 참여하였다.[118] 서중독서회 후신인 무등회 회원들은 1942년에 전국적인 학생거사를 논의하고 1943년에는 일제의 주요 식민정책에 반대하며 동맹휴학을 단행하였다. 당시 이를 주도한 기영도, 박화진 등은 일제의 패배는 필연적인 것으로 군사교련을 받은 학생들을 동원하여 일제히 궐기한다면 조선독립을 이룰 수 있는 절호의 기회가 될 것으로 생각했다.[119]

이제 1940년대에 들어서면 군사교련을 받은 학생들 일부가 실제로 무장대를 조직하여 무장투쟁을 기도하거나 실행에 옮기는 사례가 출현하였다. 당시 군사교련

---

117) 국사편찬위원회, 『일제침략하 한국36년사』 11권, 1937년 8월 26일조(https://db.history.go.kr/item/level.do?itemId=su)

118) 광주제일고등학교동창회, 앞의 책, 316쪽, 319쪽.

119) 같은 책, 330-331쪽.

은 관공립학교는 물론 사립학교까지 전면적으로 확대된 상태였다. 이에 군사교련을 통해 전투능력을 획득한 조선인 학생집단이 형성되기에 이른 것이다. 그러한 사건으로 1941년 소화공과학원(한양공고 전신) BKC단사건, 1944년 청산학원 및 연희전문 학생이 가담한 협동단사건, 1944년 춘천사범 백의동맹사건 등이 확인되고 있다.[120)]

1945년 광복 직전에는 일제의 패망을 예감하고 무장봉기에 사용하기 위해 무기를 절취하는 사건들이 발생한다. 이러한 사건은 경기중(경성제1고보)과 경복중(경성제2고보)에서 일어났다. 당시 실탄사격이 가능한 총은 일본인 학교인 경성중, 용산중과 경기중, 경복중에만 보관 중이었다. 일본이 곧 패망하리라는 사실을 안 일부 학생들이 무장봉기에 사용하기 위해 이를 훔쳐낸 사실이 발각되었다. 경기중에서 이 사건으로 재학생 2명과 졸업생들이 5년 형을 선고받았으나 10여 일 뒤 해방되었고, 경복중에서는 졸업생 40여 명이 검거되었으나 당시 교장이 강력히 반발하며 곧 석방되었다.[121)]

2. 동화의 양상과 폭력의 기제

당시 학생들은 군사교련에 대해 소극적인 보복행위나 적극적인 동맹휴학, 집단가두시위 등으로 저항했고, 중일전쟁 이후에는 독립투쟁을 위한 유용한 수단으로 인식하여 오히려 군사교련에 열심히 참여하는 모습을 보였다. 일제 말기에는 군사교련을 통해 전투능력을 갖춘 일부 학생들이 무장대를 조직해 무장투쟁에 나서기도 했다. 이러한 사실들로 인해 총독부가 의도한 군사교련의 목적이 학생들 사이에 관철되지 않은 것처럼 보인다. 하지만 당시 군사교련에는 학생들을 군국주의와 천황제에 동화시키기 위한 정교한 장치가 작동하고 있었다. 이는 군사교련을 받는 학생들에게 직접적인 영향을 주는 것으로 군사교련을 둘러싼 학생들의 행위에 중층적 특성을 가미하게 된다.

120) 홍석률, 「1940~45년 학생운동의 성격변화」, 『한국사론』 24, 1991, 302-303쪽.
121) 경기백년사편찬위, 앞의 책, 185쪽; 경복55년사편찬위, 앞의 책, 188쪽.

현역장교에 의한 군사교련은 일차적으로 군사적 기능을 연마하는 군사훈련이다. 일제는 이것의 성과를 높이기 위한 세밀한 장치를 마련해 두었다. 매년 연례적으로 실시한 교련사열과 연합연습, 그리고 병영숙박(군사강습)과 교련검정 등이 그것이다. 교련사열과 연합연습은 각 학교 단위로 참여하는 과정으로 매년 교련수업에서 연마한 군사적 기술과 행위, 지식 등을 점검하거나 심화시키는 장치였다. 반면에 병영숙박(군사강습)과 교련검정은 학생 개인별로 군사적 역량을 강화하거나 일정한 자격 요건을 검사하는 장치였다. 이러한 차이가 있지만 이 장치들은 공통적으로 각 군사훈련의 성과를 확인・평가하는 절차를 갖고 있었다. 교련사열은 사열관에 의해 학교별 성적평가가 이루어졌고, 연합연습은 통재관(심판관)의 강평이 뒤따랐다. 병영숙박은 배속장교가 교련성적으로 평가하였고, 교련검정은 학생별로 최종 합격-불합격 판정을 내렸다.

이러한 평가와 검정에서 각 개인이 거둔 성적은 상급학교 진학에 중요한 역할을 하였다. 졸업 시에 교련검정 합격서를 받지 못하면 사상이 나쁜 불온한 조선인으로 낙인찍혔다.[122] 당시 졸업생들은 교련검정에 합격하지 못하면 상급학교 진학은 물론 졸업도 하지 못했다고 회고한다(II-2 참조). 또한 학교 단위로 이루어지는 교련사열과 연합연습에 대한 평가는 당시 학교 평판 형성에 큰 영향을 주었다. 이렇게 군사교련에서 거둔 성적이 개인 진로나 학교 평판에 영향을 주기 시작하면서 각 학생과 학교는 경쟁적으로 좋은 성적을 얻기 위해 군사교련에 매진하지 않을 수 없었다. 군사교련은 입학 직후부터 졸업 시까지 체조과 수업의 일환으로 체계적이고 지속적으로 이루어졌다. 이러한 과정에서 학생들은 자신의 의지와 상관없이 군국주의의 세례를 받으며 군국주의에 동화된 인간으로 형성되어 갔을 가능성이 크다. 더구나 1939년에 학생 군사교련의 목적이 국방능력의 증진으로 재설정된 이후 군사교련은 전방위적으로 강화되고 학교 전체가 병영화되었기에 군국주의에 대한 학생들의 동화는 더욱 가속화되었을 것으로 보인다.

군사교련은 군국주의 친화적인 인간으로 만드는 장치로서뿐만 아니라 직접 황민으로 동화시키려는 훈육 장치로도 작동하고 있었다. 원래 군사교련은 군인에게 요구되는 군사적 지식과 기능, 태도를 가르치는 과정이다. 그럼에도 불구하고 1928

122) 전고・북중 80년사 편찬위원회, 앞의 책, 132-133쪽.

년 정무총감은 학생 군사교련은 군사교육이 아니고 단지 심신을 연마하는 수단이라고 주장했다. 특히 국체관념(國體觀念)을 명징하게 하고 좋은 덕목들을 내면화하는 일종의 훈육 장치라고 생각하였다(제8장-3 참조). 그가 가장 먼저 내세운 국체관념이란 일본은 신이 세운 신국이며 천황은 살아있는 신(現人神)이라는 국가관이다. 천황은 신이자 군주이고, 일본이라는 대가족의 아버지이다. 따라서 국민은 신하이자 자식으로서 천황에 충성을 다해야 한다는 것이다.[123] 이런 국체관념을 맑고 깨끗하게(明澄) 해야 한다는 것은 신과 같은 천황의 존재를 추호도 의심하지 않고 그에게 절대적인 충성을 다 해야 한다는 말이다. 즉 조선인 학생들을 충성스러운 황민으로 동화시키는 일이 군사교련에서 가장 우선시되었다.

앞 장에서 서술한 바와 같이 일제는 중일전쟁이 확대되고 조선인 전시동원체제가 마련되자 1939년에 군사교련의 목적을 국방능력을 증진하는 것으로 재설정했다. 이를 위한 요건으로 군사적 기초훈련의 실시와 지성진충(至誠盡忠)의 정신 배양을 제시하고[124] 훈련요강으로는 국체 본의에 투철할 것과 여러 가지 덕성을 도야하는 것을 가장 먼저 명시했다. 이처럼 일제는 군사교련의 군사적 기능을 전면에 내세우면서도 국체관념을 바탕으로 천황에 충성하는 황민으로 동화시키는 것을 매우 중요하게 생각하였다. 1939년 이후에 연합연습에서는 아예 국가의례와 같은 황민화 의식을 거행하기 시작했다.

이상과 같이 군사교련의 목적을 살펴보았을 때, 일제는 초창기부터 군사교련을 황민화의 수단으로 운영하려는 인식을 갖고 있었음을 알 수 있다. 군사교련에는 황민의식을 집중적으로 체화시키기 위한 특별한 장치가 있었다. 이는 독특한 군사훈련이자 황민화 장치였던 병영숙박(군사강습) 훈련이다. 이는 실제 전투연습 못지않게 정신교육을 강조했다. 이를 위해 병영 내무교육에 역점을 두었다. 전술한 경성제1고보의 사례를 보면, 병영숙박 내무교육의 목표는 일본군의 군대 생활이 정신적으로 견실하다는 것을 선전하고 학생들을 정신적으로 교화하고 훈육하는 것이었다. 그리하여 교육 항목별로 정신적인 착안점까지 구체적으로 명시해 놓았

123) 김성학, 「경성사범학교 학생훈육의 성격」, 앞의 책, 156쪽.

124) 「학교교련 진작에 관한 건」, 1928.8. 學제183호, 조선총독부 학무국학무과, 『朝鮮學事例規』, 제국지방행정학회, 1932, 223쪽; 조선총독부훈령 제29호, 『조선총독부관보』 1942년 5월 23일자.

다.[125] 군사시설 견학과 내무활동, 영화교육 등을 통해 질서와 규율, 희생정신, 봉사정신, 위생관념, 자영독립정신, 군기(軍旗)정신 등을 체득하고, 조석점호 시에는 칙유봉송, 황거요배를 실시하여 천황숭배 의식을 체화하도록 했다. 이외에 황민화에 적합한 강연을 추가하기도 했다. 경성제2고보의 경우, 1934년 병영숙박 훈련에서 조선인 장교(김석원 소좌)가 강연을 했는데 그는 눈물을 흘리며 조선사회의 낙후성과 지식계급의 타락을 통렬히 논박하고 있었다.[126]

그렇다면 병영숙박 훈련이 조선인 학생들의 황민화에 얼마나 영향을 주었을까? 아래 인용문은 병영숙박을 다녀온 경성제2고보 학생이 남긴 병영숙박일지 중 일부이다.

> 궁성요배 및 고향에의 예배가 있었다. 얼마나 훌륭한 일이냐? 병대는 사람을 죽이는 것이 목적이 아니니 병영생활은 결코 전투 준비만이 전부가 아니다. 식사를 시작할 때 "잘 먹겠습니다". 끝난 후의 "잘 먹었습니다." 또 상관에 대한 예의, 겉모습은 엄격한 분위기 속에도 왠지 모르게 석달 봄날의 봄빛과 같은 부드러운 화기가 자욱했다. 우리는 전적으로 이래야 한다. 나는 5년 동안 고향을 떠나 있었지만 한 번이라도 부모님께 예배를 드린 적이 있었는가? 요배할 때가 아니다. 4학년, 5학년이 되면 안부 편지조차 게을리하기 쉽다. 나는 양심의 가책에 반장을 보는 것이 부끄러웠다. **병영! 이것은 단시일 사이에 인간을 완성하고 진정한 국민을 만들어 내는 수도원이자 훈련소다. 병영생활을 맛본 적이 없는 국민은 불완전한 것이고 가장 불행한 국민이다. 조반 후에는 1882년 1월 4일 군인에게 하사한 칙유 봉독이 있었다. 처음 배청(拜聽)하는 것은 아니지만 지성으로 내리신 메이지 대제의 인자하심에 완전히 감개무량했다.**[127] (강조는 필자)

이 학생은 병영에서 궁성요배와 고향예배를 하며 부모에게 안부편지조차 하지 않은 자신을 뉘우치고 있다. 그리고 병영은 단시일에 인간을 완성하고 진정한 국민

125) 「내무교육예정표」, 『학우회지』 제4호, 경성제1공립고등보통학교학우회, 1937년 5월, 115-116쪽.
126) 「병영숙박일지」, 『학우회지』 창간호, 1935년 3월, 경성제2공립고등보통학교, 97쪽.
127) 같은 글, 98쪽.

을 만들어 내는 곳이라고 말한다. 나아가 식사 후 천황이 내린 칙유를 봉독하며 천황의 인자함에 완전히 감개무량했다고 밝힌다. 이 학생은 배속장교 지도로 불과 3개월 동안 교내 군사교련을 받고 3일간 병영숙박 훈련을 다녀온 상태였다.[128] 군사교련은 이처럼 단기간에 조선인 학생을 천황에 진심으로 감사하는 존재로 변화시키고 있었다.

1941년 12월에 연희전문에서 교련사열을 실시했다. 교련사열관은 "황민교육의 성과가 분명해졌다"고 강평을 했다.[129] 동교에서는 당시 학교 강탈의 위기에 직면하여 총독부 정책에 어느 정도 순응해야 했기에 군사교련을 열심히 했다고 한다. 연희전문에서는 1939년 9월부터 군사교련을 실시하였다. 이에 비해 더 일찍이 군사교련에 매진해 온 관공립학교에서 군사교련이 황민화에 미친 영향력은 더 강력했을 것으로 보인다. 1940년에 경기중(경성제1고보) 학생은 "오늘 현재 창씨개명제가 허락되어 점점 우리는 황은에 감격할 따름이다. 생각하면 이렇게 단기간에 번영된 것은 세계에 그 예가 없을 것이다. 우리는 이 광대한 황은에 만분의 일이라도 보답해야 하고 선배들의 뒤를 이어 더욱더 내선일체로 번성하는 조선을 한층 빛나게 해야 한다"라고 하여 황국신민으로 완전히 동화된 모습을 보여주고 있다.[130] 이 글이 일본인 교사의 강권에 의해 쓰여졌을 수도 있다. 하지만 이러한 글이 버젓이 학우회지에 실리고 있는 만큼 천황과 일제에 대한 학생들의 인식과 태도가 변화하고 있음을 시사한다. 이러한 변화에 군사교련이 일조한 것은 틀림없을 것 같다.

이상에서 살펴본 바와 같이 군사교련은 조선인 학생을 군국주의와 천황제에 동화시키는 기능을 수행하고 있었다. 일제는 군사훈련의 성과를 높이기 위해 교련검정, 교련사열, (연합)야외연습, 병영숙박(군사강습) 등의 장치를 도입했고, 각 장치는 훈련성과를 이끌어내기 위한 구체적인 절차와 방법을 갖고 있었다. 이러한 군사교련을 통해 학생들이 황민으로 동화된 모습을 보이기 시작한 것이다.

128) 경성제2고보는 1934년 12월에 3일간 용산 보병78연대에서 병영숙박훈련을 했다. 이는 동교에서 현역장교에 의해 군사교련을 시작한 지 3개월이 지난 시점이다.

129) 연세대학교백년사편찬위, 『연세대학교백년사1』, 연세대출판부, 1985, 275쪽.

130) 『학우회지』 개교40주년기념호, 경기공립중학교, 1940, 80-81쪽. 이치석, 『전쟁과 학교』, 서울: 삼인, 2005, 85쪽에서 재인용.

그렇다면 군사교련이 효과적인 동화의 수단으로서 잘 작동하도록 만든 근원적인 기제는 무엇이었을까? 이제 교련수업을 비롯해 각 장치들 기저에 놓여 있는 근원적인 기제에 대해 살펴볼 필요가 있다. 아래는 일제시기 교련수업에 대한 경북중 학생의 회고이다. 여기에서 그 단서를 엿볼 수 있다.

> 어느 교련 시간에 일인 교관이 앞으로 가 하는 구령에 따라 당당한 도보로 걸어가다가 갑자기 진군곡을 외쳤더니 노발대발한 교관은 군도의 집으로써 닥치는 대로 학생들을 후려갈기다가 칼집이 망가지고 말았다. 망가진 칼집에 칼을 꽂느라 진땀을 빼는 꼬락서니를 보니 엄숙한 대열에서 그만 킥킥거리는 웃음소리가 터져 나오고 말았다. 그러자 새파래진 교관은 그의 군장화를 벗어 볼기짝에 세례를 퍼붓기 시작했다.[131)]

이상은 군사교련 시간에 일상적으로 폭력이 가해졌음을 시사한다. 일본인 교관은 구령에 따라 걷다가 진군곡을 외쳤다고 군도(軍刀)로 학생들을 후려갈기고 망가진 칼집에 칼을 꽂느라 애쓰는 모습을 보고 웃었다고 또 군장화로 학생들의 볼기짝을 난타하고 있다. 이러한 구타와 체벌, 그리고 교련점수 때문에 군사교련 시간만 되면 무슨 고문이라도 받는 것 같아 불안과 긴장감에 사로잡혔다고 한다. 평양고보에서 봉직했던 교사도 비슷한 증언을 하고 있다.

> 일제 때는 자기들의 정책으로 중등교육에서 군사훈련을 몹시 시켰다. 소위 '배속장교'라는 자는 학생들을 사람으로 다루지 않았다. 학급담임을 맡았으면 꼭 그 교련시간에 따라다니는 것이 상례이었다. 이것쯤은 약과이다. 학생들에게 체벌을 주는 것을 보고는 눈을 돌리어야 할 정도이다. 가죽장화로 차는 것은 예사이고, 소위 '지휘봉'으로 사정없이 휘갈기며 장총으로 어깨를 내려치기가 일쑤이다. 이것을 보고는 '어쩌면 저럴 수가 있는가?'하고 반발심이 나기도 했다.[132)]

---

131) 경북중고등학교, 앞의 책, 269-270쪽.

132) 이원우, 「수재들만 모이는 平高」, 『대동강』 창간호, 1980, 88쪽. 박철희. 「식민지기 한국중등교육 연구」, 서울대학교 대학원 박사학위논문, 2002, 131쪽에서 재인용.

배속장교는 학생들을 사람으로 대하지 않았다. 차마 눈을 뜨고 볼 수 없을 정도로 가죽장화, 지휘봉, 심지어 장총으로 학생들을 사정없이 구타하였다. 이런 모습을 보고 교사로서 반발심이 생기기도 했다는 것이다. 이는 군사교련의 전반적인 운영과정을 관통하는 공통적인 기제는 일상적으로 가해진 가혹한 '폭력'이었음을 시사하고 있다. 이상의 사례는 예외적인 것으로 보이지 않는다. 많은 사료에서 군사교련 교관의 무자비한 구타와 폭력, 체벌의 사례를 증언하고 있다.

1939년 경성상업 야외교련 중에 군사교관이 자신의 재현 행동을 보고 학생들이 웃자 자신의 교련총으로 학생들을 모두 구타하여 학생 4명의 두개골이 깨지는 사태가 벌어졌다. 이에 대해 군사교관은 학생을 너무 사랑한 나머지 생긴 실수라는 궤변을 늘어놓았다.[133] 병영숙박 훈련에서도 마찬가지였다. 전주고보 학생은 병영숙박 훈련 시에 일본 군인들에게 걸핏하면 죽도록 얻어맞고 야유를 받았다고 술회한다. 연합연습 때는 일본인 학생소대장에게 한마디 불평을 했다고 귀교 후 군사교관에 의해 목검으로 난타를 당했다.[134] 전술했듯이 동래중에서는 교련사열 준비중에 참관 태도가 나쁘다며 군사교관이 학생들을 마구잡이로 구타하여 동맹휴학의 빌미가 되기도 했다.

폭력의 형태는 구타, 체벌에만 국한되지 않았다. 심지어 혈서쓰기도 동원되었다. 1934년 진주농업 군사교련 시간에 반장이 호령할 때 몇몇 학생들이 웃었다고 해서 학생들에게 사죄의 표시로 혈서쓰기를 강요하였다. 또 1938년 공주중에서도 단지 사건이 발생하였다. 학생들이 야외교련 후 비에 젖은 총기를 대충 닦아 반납한 것이 사유가 되어 군사교관은 5학년 70여 명 전원에게 손가락을 잘라 혈판(血判)을 쓰게 하는 끔찍한 벌을 내렸다.[135]

이같은 다양한 사례들은 각종 군사훈련에 비인간적인 가혹한 폭력이 만연해 있었음을 보여준다. 한 상업학교 졸업생은 당시 "대개 교련 선생이라면 매질이 보통이었다"고 회고한다.[136] 일상적으로 폭력을 동원하는 배속장교들의 억압적인 지도

133) 『조선일보』 1939년 4월 40일자.

134) 까맣게 탄 빵을 바꾸어 달라고 해서 군대용 슬리퍼로 뺨이 붓도록 맞기도 했다. 전고·북중 80년사편찬위, 앞의 책, 127-128쪽.

135) 『조선중앙일보』 1934년 12월 4일자; 공주고등학교육십년사편찬위, 앞의 책, 109쪽.

136) 동성중고등학교, 『동성팔십년사』, 서울: 동성중·고등학교, 1987, 288쪽.

방식은 다른 일반교사들에게도 영향을 주게 된다. 마산상업의 경우, 1942년에 배속장교가 부임한 이후에 일본인 교사들의 교육방식도 돌변하여 군대식으로 강압적인 것이 되고 기합(매질)도 심해졌다고 하였다.[137] 일제 말기에 이르면, 학생을 무자비하게 구타하는 것을 목격하고 조선인 교장이 체벌을 엄금한다고 선언하자 일본인 교사들이 대드는 일까지 벌어진다.[138]

배속장교들의 폭력적인 지도방식은 학생문화 형성에도 악영향을 끼치게 된다. 군사교련이 실시된 이후로 학생들 사이에 제재(制裁)라는 부정적인 하위문화가 형성된 것이다. 특히 남자 중등학생들 사이에 철권(鐵拳) 제재가 성행하였다. 상급생과 하급생간에 계급성이 생겨 상급생이 하급생을 지도할 때에 심하게 구타하는 일이 많아진 것이다. 하급생들 중에 매맞을 것을 두려워하여 등교를 꺼리는 학생까지 생겨나 관계당국에서 적극적인 방지 운동을 결의하는 일까지 벌어졌다.[139]

V. 학생 군사교육의 성격과 영향

제9장에서는 군사교련의 내용 변천과 담당자, 전반적인 운영 실태 및 학생들의 대응 양상에 대해 살펴보았다. 이제 전술한 내용들을 다시 확인해 보고, 일제시기 군사교련의 본질적인 성격과 그 영향에 대해 살펴보고자 한다.

1926년에 총독부는 군사교련 출범 후 교련교수요목을 공포했다. 군사교련의 교재는 각개·부대교련을 비롯해 사격, 지휘법, 진중근무 등 본격적인 군사훈련 교재였다. 군사교련의 하위범주는 교련수업, 야외연습, 군사강습으로 구성되었다. 매주 교수시간은 주로 저학년은 2시간, 고학년은 3시간이었고, 야외연습은 매년 4~6일이었다. 군사강습은 입영훈련으로 사범학교에서 최종 학년에 1~2주간 부과했다. 1942년 교련교수요목에서는 군사교련의 목적을 국방능력의 증진으로 재설정하고, 전투능력 증진을 위한 교재들을 추가했고, 군사교련을 황민화의 수단으로 활용하

137) 마산상고동창회70년사편찬위, 『마산상업70년사』, 동 편찬위, 1992, 46쪽.
138) 당시 경복중 교장은 조재호(1944.4~1945.10)였음. 경복55년사편찬위, 앞의 책, 186쪽.
139) 『조선일보』 1939년 12월 13일자.

려는 의도가 뚜렷이 나타났다. 전반적으로 교련수업과 야외연습, 군사강습이 모두 강화되었다.

본 연구에서는 각급학교에 배속된 현역장교 65명을 확인하였다. 이들은 거의 모두 위관급 이상 현역장교(예비역 2명)였다. 대체로 중등학교에는 위관급, 전문·대학에는 좌관급 장교가 배치되어 있었다. 그들의 소속은 조선주둔군 사단이나 연대였으며, 평균 재직기간은 약 2년이었으나 1936년 이후 약 1년으로 짧아졌다. 조선인 배속장교는 4명이 확인되었다. 이들은 모두 일본육사 출신으로 경성 소재 학교에 배속되었다. 배속장교는 학교장의 지휘·감독을 받도록 되어 있었다. 하지만 그들은 육군성에서 관할하는 장교로 각종 군사훈련의 지도와 교련검정, 입학·진학 관련 업무에서 많은 권한을 갖고 있었다. 막강한 권한을 부여받은 배속장교들은 학교에 상주하며 군국주의 첨병과 같은 역할을 수행했다. 그들은 인간이 아니라는 비난을 받을 정도로 군국주의 첨병과 같은 역할을 수행했다. 조선인 배속장교들은 이율배반적인 행태를 보였다.

실제 군사교련 수업에서는『학교교련필휴』나 육군의 보병조전을 교본으로 사용했고, 총기와 도검, 탄약 등은 육군성에 불하신청서를 제출하여 구입했다. 총기로는 구형 38식 소총을 가장 많이 사용했으며, 무기 보관을 위해 교내에 무기고를 설치했다. 교복은 1939년부터 국방색 전투복과 전투모에 각반을 차는 형태로 변모했다. 이러한 물리적 여건을 갖추고 교내에서 교련주번제에 따라 교련수업을 진행하면서 야외연습을 병행했다. 야외연습으로는 야외교련과 군사강습(병영숙박), 연합연습, 장거리 행군 등을 시행하였다.

야외교련은 학교 밖에서 하는 군사훈련으로 다양한 장소에서, 매년 학년별로 여러 번씩 나누어 실시했다. 군사강습(병영숙박)은 실제 병영에 입소하여 정신교육과 군사훈련을 병행하는 것이었다. 보통 최종학년 제2학기 10~11월에 실시했고, 입소기간은 3~4일 혹은 1~2주가 되기도 했다. 병영숙박은 교련교수요목에 명시되어 있지 않았지만 중등학교에서 자체적으로 실시한 입영훈련이었다. 연합연습은 여러 학교가 연합해서 야외에서 실시하는 실제 전투훈련이었다. 1932년 경기도 군사교련대항연습에서 본격 등장했다. 이후 비슷한 형식과 내용의 연합연습이 전국에서 실시되었다. 총 66개의 연합연습 사례를 확인했는데, 매년 도 단위로 거행되는 대규모 연합연습이 많았으며, 대부분 관에서 주관하는 체계적인 전투훈련으로서 군국주의 확산과 황민화의 수단으로 적극 활용되었다. 장거리 행군은 다양한 형태로 실시되었고, 완전무장을 한 채 수십 km를 하는 행군이 많았다.

매년 이와 같은 군사훈련의 성과를 종합 평가하는 교련사열을 학교 단위로 실시했다. 사단장의 지휘 하에 교련사열관이 사열을 행하고 그 결과를 사단장에게 보고했다. 사열평가는 1942년부터 더욱 엄격해졌다. 사열은 보통 11월에서 다음 해 2월 사이에 실시되었다. 사열관은 중좌 이상 고위장교였다. 사열성적이 학교별로 평가되고 성적에 따라 학교 우열과 평판이 좌우되기 시작했다.

현역장교를 배속하기 전부터 군사교련에 대해 공립 고등보통학교 4개교에서 동맹휴학, 시위 등 저항행위를 표출하였다. 군사교련이 시작된 이후에는 군사교련 자체보다는 배속장교의 폭력이나 차별, 민족적 반감 때문에 집단시위, 동맹휴학 등 적극적인 저항행위들이 나타났다. 중일전쟁 이후 군사교련을 독립투쟁을 위한 유용한 수단으로 간주하는 경향이 등장했다. 실제 이러한 인식에 따라 일부 조선인 학생들은 군사교련에 적극 참여했다. 1940년대에 들어서 군사교련을 받은 학생들 일부가 무장대 조직하여 무장 항쟁을 기도·실행하거나 무장봉기에 사용할 무기를 절취하였다.

이러한 저항에도 불구하고 군사교련은 특별한 장치들을 통해 조선인 학생을 군국주의와 천황제에 동화시키는 기능을 수행하고 있었다. 군사교련에서는 교련검정, 교련사열, 군사강습(병영숙박), 연합연습 등과 같은 장치를 두고 특정한 방법에 따라 각각의 훈련성과를 확인·평가하였다. 그 성적이 개인 진로와 학교 평판에 영향을 주면서 각 학생과 학교는 경쟁적으로 군사교련에 매진하지 않을 수 없었고 그 결과 학생들은 군국주의 친화적인 인간으로 육성되어 갔다. 일제는 초창기부터 군사교련을 황민화 수단으로 운용하려는 인식을 갖고 있었다는 점이 군사교련의 목적에서 드러났다. 황민의식을 집중적으로 체화시키기 위한 장치는 병영숙박(군사강습)이었다. 단기간의 병영숙박 훈련을 받은 학생이 진정으로 황은에 감사하는 학생으로 변화한 것처럼 그 영향력은 강력했던 것으로 보인다.

이상에서 우리는 1926년부터 육군 현역장교의 지도 아래 중등이상 학교에서 군사교련이 본격적으로 실시되었음을 알 수 있다. 이러한 과정을 통해 학교교육은 군사주의에 의해 전일적으로 지배되어 갔다. 이것은 세 가지 요인이 복합적으로 작용함으로써 실현될 수 있었다.

첫째, 총독부는 학교의 모든 교육활동이 군사교련의 목적과 조화를 이루도록 강제하였다. 군사교련은 형식상 체조과에 포함된 하위 교수요항이었다. 하지만 1928년 정무총감은 교수와 훈련뿐만 아니라 교칙과 교풍 등이 모두 군사교련의 목적과 조화되도록 할 것을 지시했다. 1942년 총독 명의로 공포한 교련교수요목에서도 군사교련의 성과가 학생의 생활 전반에 구현되게 할 것을 명시하였다. 학교 현장에서 군사교련은 이러한 기본 방침에 따라 운영되었을 것이고, 결과적으로 군사주의가 교육활동 전반에 관철되어 갔을 것으로 보인다.

둘째, 군사교련 안에 마련된 여러 장치와 성적평가시스템의 운용은 군사교련의 성과를 높이고 군사주의를 강화하였다. 배속장교가 졸업예정자를 대상으로 실시한 교련검정, 매년 군부대 고위장교가 방문하여 학교별로 거행한 교련사열, 정기적으로 다른 학교와 연합해서 실시한 대규모 연합연습, 실제 병영에 입소하여 실시한 병영숙박 훈련에는 각각 성적평가 과정이 수반되었다. 교련검정에는 배속장교에 의한 합격-불합격, 교련사열에는 외부사열관에 의한 학교별 성적평가, 연합연습에는 통재관(심판관)의 강평, 병영숙박 훈련에는 배속장교의 성적평가가 뒤따랐다. 이러한 평가결과는 학생들의 상급학교 입학이나 학교의 우열과 평판에 큰 영향을 주었기에, 학생들은 입학하여 졸업할 때까지 군사교련에 진력해야 했고 학교는 학사 운영에서 군사교련을 중시하지 않을 수 없었다.

셋째, 무엇보다도 학교에 상주하는 배속장교의 역할을 빼놓을 수 없다. 배속장교는 조선주둔군 소속이지만 육군성에서 직접 봉급을 받는 현역장교로서 학교장의 지휘감독권 밖에서 치외법권적으로 활동했다. 그들은 교내외 군사훈련과 교련사열 지도, 교련검정 업무는 물론 수학여행과 입학전형에 관여하고 심지어 학생사찰 업무도 수행했다. 그들은 군국주의 첨병으로 일상적인 폭력에 의지하여 학교 현장에 군사주의를 확산시킨 주체였다.

학교교육에 대한 군사주의의 전일적 지배는 군사주의가 학사 운영 전반에 침윤하여 갔다는 것을 의미한다. 당시 일부 중등학교에서 상급학교 진학과 실력 양성에 몰두할 수 있도록 허용된 순수한 교육의 공간[140]이란 기실은 군사주의에 침윤된,

아니 오염된 이념적 공간이었을 가능성이 높다. 군사주의에 오염된 학사 운영은 궁극적으로 천황에 충성하는 군인이자 황민 만들기를 지향하였다. 이를 위해 군사교련은 비인간적인 폭력에 기반하여 각종 군사 기능과 지식, 황민의식을 주입하는 데 몰입했다는 점에서 본질적으로 순수한 교육과 거리가 먼 전형적인 반교육(反敎育)활동이었다.

이러한 반교육에 대해 학생들이 보인 저항과 동화라는 행위 양상은 일견 이율배반적인 것처럼 보인다. 그런데 기실 대다수 학생의 저항성은 표출적이기보다는 이면적인 것으로 학생들 사이에 널리 확산해 있었다.[141] 동맹휴학과 집단시위, 일본인 학생・교사에 대한 폭행, 규정 위반, 그리고 일제 말기의 무장투쟁은 특정한 계기에 의해 그것이 산발적으로 표출된 행위였다. 평소에 배속장교에 의한 상시적인 통제와 감시체제가 작동하고 있었고, 저항에 대한 대가도 학생들에게 매우 가혹한 것이었기 때문에 학생들의 저항성은 대부분 이면에 잠복된 채로 남아 있었던 것으로 보인다. 반면에 동화행위는 학교와 학우회의 공식적 공간에서 표출되고 있었다. 이러한 저항과 동화의 공존 양상은 표리가 다른 분열적 상태라기보다는 비정상적인 식민지교육에 대응하는 불가피한 선택 전략이었다고 볼 수 있다. 엄혹한 환경에서 생존을 위해 공식적 공간에서 동화의 행태를 드러내지만, 반교육적이며 비정상적인 군사교육에 불만이 많아 이면에서는 저항의 태도와 습성을 잃지 않았던 것이다. 조선인 배속장교에게서도 이러한 행위의 중층성이 확인된다. 그러나 그들의 공개적인 동조행위가 제자들을 전쟁터로 내모는 것이었다는 점에서 평가는 달라져야 할 것이다.

일제시기에 거의 20년 동안 현역장교를 배속하여 실시한 군사교련은 우리나라 학교와 사회에 적지 않은 영향을 남겨놓았다. 먼저 교육적인 측면에서 보면, 개화기 학교 현장에 등장한 군대식 규율이 군사교련을 통해 학사 운영 전반에 확산하고 고착되어 갔다는 점을 지적할 수 있다. 명령과 복종, 획일화, 집단화 및 처벌에 기반한 학사 운영과 교육방식이 정당하고 효과적이라는 인식이 학교 현장에 확고히 뿌리내리게 되었다. 광복 이후에도 군대식 규율은 그 정당성이 의심받지 않은

140) 김경미, 앞의 논문, 22-24쪽 참조.
141) 경복중학교 졸업생들의 회고담 참조. 경복55년사편찬위, 앞의 책, 148쪽. 182쪽.

채 오랫동안 학교 현장에 잔존하였다. 또한 배속장교가 군사교련에 동원한 폭력이라는 기제는 우리나라 학교교육에 심어놓은 깊은 상처이다. 교수자와 학습자, 학습자와 학습자 간에 상호 존중하고 배려하는 전통적인 교육문화는 비인간적인 폭력문화로 대체되어 갔다. 학교의 하위문화로 형성된 폭력문화는 잠재적 교육과정으로 작용하며 폭력적 인성 특성을 재생산하기 시작했다. 이는 광복 이후 학교교육이 극복해야 할 과제로 남겨졌다.

사회적 측면에서 보면, 일제시기 군사교련은 군사주의 문화를 내면화한 엘리트 집단의 형성을 의미하기도 했다. 군사교련은 당시 소수 엘리트 집단에 해당하는 중등학교·전문학교·대학교 남학생들을 대상으로 했다. 이들이 실전과 같은 군사교련을 통해 군대식 문제해결 방식을 체득하게 된 것이다. 광복 이후에 이들이 사회 각 분야 리더로 활약하면서 타협과 토론을 통한 합리적 문제해결보다는 폭력적인 문제해결 방식에 의존할 가능성이 높아지게 되었다.

끝으로, 총독부 당국이 결코 의도하지 않은 것이며 처음부터 무척 경계한 군사교련의 부산물로서, 천황이 아니라 조선인을 위해 복무할 무력의 형성을 지적할 수 있다. 이는 1930년대 후반부터 일부 학생들이 군사교련에 열심히 참여한 이유이기도 했다. 어쨌든 일제의 의도와 상관없이 군사교련을 통해 광복 이후 국가 방위에 동원 가능한 사회집단이 일정 부분 남아 있게 된 것이다.

참고문헌

제1장 참고문헌

「강화읍 잠두교회역사」(강화중앙교회, 1914)(강화중앙교회 역사자료관 소장)

『경기도각군소장』(서울대학교 규장각, 규19148)

『훈령조회존안』, 제64책(궁내부 경리원 편)(서울대학교 규장각, 규19143)

『관보』『국역승정원일기』『대한제국관원이력서』

『대한매일신보』『매일신보』『시대일보』『황성신문』

『기호흥학회월보』『대한자강회월보』『서북학회월보』『신학월보』

「江華島條約締結時朝鮮情景及修信使寫眞」(日本公使館 編, 1876)(서울대학교 규장각, M/F 83-16-25-M)

『駐韓日本公使館記錄』

『暴徒史編輯資料』(內部 警務局 編, 1909)

강명숙, 「성재 이동휘의 보창학교 설립과 교육구국운동」, 『사학』 제126호, 2010.

강화교육청 학무과, 『강화교육사』, 인천: 강화교육청, 2001.

강화군 군사편찬위원회, 『신편 강화사 상, 하권』(CD ROM), 강화: 강화군편찬위원회, 2003.

강화군청, 「종교단체 현황」, 2013. 1.

강화문화원 편, 『강도의 맥』, 강화: 강화문화원, 1998.

강화사편찬위원회, 『강화사』, 강화: 강화문화원, 1976.

고택, 「군대해산」, 『신동아』, 1970년 1월호.

고재형 저, 김형우·강신엽 역, 『역주 심도기행』, 인천: 인천대학교 인천학연구원, 2008.

구희진, 「대한제국기 국민교육의 추진과 굴절」, 『역사교육』제109호, 2009.

국사편찬위원회 편, 『한민족독립운동사자료집 6』(대동단사건 Ⅱ), 1988.

김방, 『이동휘 연구』, 서울: 국학자료원, 1999.

김규면, 『성재 약전에 관한 회상기』, 1963(독립운동가자료, http://search.i815.or.kr).

김성학, 「한말 관공사립학교 연합운동회와 통합, 그리고 문명화」, 『한국교육사학』 제35권 제1호, 2013.

김세한, 『영화칠십년사』, 서울 : 영화여자중학교, 1963.

김우제, 「강화읍녀학교 진보함」, 『신학월보』 제3권 10호, 1903. 10.

김재승, 『한국근대해군창설사』, 서울: 혜안, 2000.

김철수, 「김철수 친필 유고」, 『역사비평』 제7호, 1989.

김형목, 「대한제국기 강화지역의 사립학교 설립운동」, 『한국독립운동사연구』 제24집, 2005.

노영구, 「18세기 기병 강화와 지방 무사층의 동향」, 『한국사학보』 제13호, 2002.
느티낭구, 「강화 진무영의 특수기동대 – 별효사」(강화역사문화연구소 http://www.ganghwado.org/90634,).
박병철, 「강화군 감리교의 확산 과정: 1893~2004」, 한국교원대학교 석사학위논문, 2007.
박성준, 「대한제국기 신설 궁의 재정 기반과 황실 재정 정리」, 『역사교육』 105, 2008.
박용옥, 「한국근대여성운동사 연구」, 고려대학교 대학원 박사학위논문, 1983.
박헌용 편, 『(속수증보) 강도지』, 강화: 최희면방, 1932.
반병률, 『성재 이동휘 일대기』, 서울: 범우사, 1998.
백낙준, 『한국개신교사』(7판), 서울: 연세대학교 출판부, 2002.
변승웅, 「근대사립학교 연구: 대한제국기 민족계 학교를 중심으로」, 건국대학교 대학원 박사학위 논문, 1993.
서인한, 『대한제국의 군사제도』, 서울: 혜안, 2000.
서정민, 『이동휘와 기독교』, 서울: 연세대학교 출판부, 2007.
손인수, 『한국개화교육연구』, 서울: 일지사, 1980.
손인수, 『한국근대교육사』, 서울: 연세대학교 출판부, 1992(5판).
송양섭, 「17세기 강화도 방어체제의 확립과 진무영의 창설」, 『한국사학보』 제13호, 2002.
송인자, 「개화기 여성교육론 연구」, 숙명여자대학교 대학원 박사학위논문, 1994.
송준식, 「한말 경남지역 근대교육의 보급과 확산」, 『교육사상연구』 제27권 3호, 2013.
신헌 저, 김종학 역, 『심행일기 – 조선이 기록한 강화도조약』, 서울, 푸른역사, 2010.
안 규, 「한국 의무교육 성립과정에 관한 연구」, 성균관대학교 대학원 박사학위논문, 1984.
연갑수, 「대원군 집권기(1863~1873) 서양세력에 대한 대응과 군비증강」, 서울대학교 대학원 박사학위논문, 1998.
오지섭, 『나의 목회 한평생』, 서울: 삼필문화사, 1991.
오천석, 『한국신교육사 상』, 서울: 광명출판사, 1975.
원세훈, 「성재 이동휘의 추억」, 『삼천리』, 1935년 3월호.
유동식, 『한국감리교회의 역사』, 서울: 도서출판 kmc, 2005.
유석인, 『애국의 별들』, 서울: 교문사, 1965.
유자후, 『이준선생전』, 서울: 동방문화사, 1947.
윤병석 편, 『성재 이동휘 전서, 상・하권』, 천안: 독립기념관 한국독립운동사연구소, 1998.
윤춘병, 『한국감리교회 외국인 선교사』, 서울: 감리교본부 교육국, 1989.
이기훈, 「강화도에서 이동휘의 계몽운동」, 『도서문화』 제33집, 2009.
이덕주, 「눈물의 섬 강화이야기 1~6」, 『기독교사상』 제39권 8호~제41권 1호, 1996~1997.
이덕주, 『한국 토착교회 형성사 연구』, 서울: 기독교역사연구소, 2000.
이덕주・조이제, 『강화기독교100년사』, 강화기독교 100주년 기념사업 역사편찬위원회, 1994.
이동휘, 「유고 이천만동포형제서」, 1905(독립운동가자료, http://search.i815.or.kr).
이만규, 『조선교육사 하』, 서울: 을유문화사, 1949.

이만열, 『역사에 살아있는 그리스도인』, 서울: 한국기독교역사연구소, 2007.

이억세, 「메뜨베이김의 '이동휘'에 대한 수정과 보완 글」, 1994 (독립운동가자료, http://search.i815.or.kr).

이영일, 『성재 이동휘 선생』, 1981. 8 (윤병석 편, 『성재 이동휘 전서 상권』에 수록).

이윤상, 「1894~1910년 재정 제도와 운영의 변화」, 서울대학교 대학원 박사학위논문, 1996.

이은용, 『강화중앙교회100년사』, 인천: 기독교대한감리회 강화중앙교회, 2002.

이은용, 「성재 이동휘와 보창학교」, 『한국양명학회 학술대회 논문집』, 2008년 11월.

이호경 편, 『강화인물사』, 강화문화원, 1997.

이화100년사편찬위원회, 『이화100년사』, 서울: 이화여대 출판부, 1994.

전재관, 「한말 애국계몽단체 지회의 분포와 구성」, 『숭실사학』 제10집, 1997.

전택부, 『토박이 신앙산맥 3』, 서울: 대한기독교출판사, 1992.

조익순・이원창, 『고종황제의 충신 이용익의 재평가』, 서울: 해남, 2002.

조현욱, 「한말 이동휘의 교육진흥운동」, 『문명연지』 제5권 1호, 2004.

최린, 「품품장부의 이동휘씨」, 『개벽』, 1925년 8월호.

최취수, 「1910년 전후 강화지역 의병운동의 성격」, 『한국민족운동사 연구』 제2호, 1988.

패동야인, 「송이동휘선생지북」, 『서북학회월보』, 1909년 10월호.

피정만, 「한서 남궁억과 강원도 근대교육」, 『강원문화연구』 제11호, 1992.

홍상표, 『간도독립운동소사』, 평택: 한광중고등학교, 1966.

E. M. Cable, "The Kang Wha Boy's Day School", ***The Korean Mission Field***, 2(2), Dec. 1905a.

E. M. Cable, "West Korea District", Official Minutes of the First Annual Session Korea Mission Conference, Methodist Episcopal Church, Seoul, Korea, 1905b.

E. M. Cable, "The Longing for Education", ***The Korean Mission Field***, 2(8), June. 1906.

L. A. Miller, "Evangelistic Work and Day Schools, Chemulpo and West Korea District", Annual Report of the Korea Woman's Conference of the Methodist Episcopal Church, May, 1903.

M. R. Hillman & L. A. Miller, "Chemulpo Church, Day Schools and West Korea District", Annual Report of the Korea Woman's Conference of the Methodist Episcopal Church, April 30, 1904.

W. B. Scranton, "Seoul and Chemulpo District", Official Minutes of the Third Annual Session Korea Mission Conference, Methodist Episcopal Church, Seoul, Korea, 1907.

C. D. Stokes, "History of Methodist Mission in Korea, 1885~1930", Ph. D. Thesis of Yale University, 1947; 장지철・김홍수 역, 『미국 감리교회의 한국선교 역사, 1885~1930』, 서울: 한국기독교역사연구소, 2010.

제2장 참고문헌

『대한매일신보』『동아일보』『만세보』『매일신보』『황성신문』

『기호흥학회월보』『대한자강회월보』『대한협회회보』『서북학회월보』『서우』『삼천리』『태극학보』

『관보』『대한제국관원이력서』『조선총독부관보』

『강도지』(박헌용 편, 강화: 최희면방, 1932)

『법학통론』(유성준, 경성: 박문사, 1905)

『성재 이동휘전서』 상・하권(윤병석 편, 독립기념관 한국독립운동사연구소, 1998)

『토지문기』(조희일 발급, 1907)(http://www.nl.go.kr/korcis).

『연희전문학교일람』(연희전문학교, 1939 & 1941)

『駐韓日本公使館記錄』(한국사데이터베이스 http://db.history.go.kr)

강화사편찬위원회, 『강화사』, 강화: 강화문화원, 1976.

고 택, 「군대해산」, 『신동아』, 1970년 1월호.

구십년사편찬위원회, 『정동제일교회구십년사』, 서울: 기독교대한감리회 정동제일교회, 1977.

김건실, 「대한제국기 鄭安立의 계몽운동과 학교 설립」, 『한국근현대사연구』 102, 2022.

김 구, 『백범일기』, 도진순 주해, 서울: 돌베개, 2002.

김명배, 『개화기의 영어이야기』, 서울: 국제영어대학원대학교 출판부, 2006.

김상태, 「1920~1930년대 동우회・흥업구락부 연구」, 『한국사론』 28권, 1992.

김성학, 「한말 강화지역 사립보창학교의 등장과 성장－민족과 기독교, 황실의 조우」, 『한국교육사학』 第36권 3호, 2014.

김성학, 『한국 근대교육의 탄생』, 서울: 교육과학사, 2013.

김영우, 「한말의 사립학교에 관한 연구(Ⅰ), (Ⅱ)」, 『교육연구』제1집, 제3집, 공주대학교 교육연구소, 1984, 1986.

김영우, 『한국 개화기의 교육』, 서울: 교육과학사, 1997.

김영우, 『한국근대교원교육사Ⅰ』, 서울: 정민사, 1987.

김정해, 「1895~910 사립학교의 설립과 운영」, 『역사교육논집』 11권, 1987.

김형목, 「대한제국기 강화지역의 사립학교 설립운동」, 『한국독립운동사연구』 제24집, 2005.

김형목, 「한말 경기도 사립학교설립운동의 전개와 성격」, 『한국독립운동사연구』 제32집, 2009.

김형목, 『대한제국기 충청지역 근대교육운동』, 서울: 선인, 2016.

김효전, 「양정의숙의 법학교육」, 『법사학연구』 45, 2012.

류방란, 「개화기 배재학당의 교육과정 운영」, 『교육사학연구』 제8권 1호, 1998.

류방란, 「개화기 기독교계 학교의 발달－소학교를 중심으로」, 『한국문화』 제28집, 2001.

박의수, 「개화기 대성학교의 교육사적 의의」, 『한국교육사학』 제19권, 1997.
반민족문제연구소, 『친일파 99인 (1) (3)』, 서울: 돌베개, 1993.
반병률, 『성재 이동휘 일대기』, 서울: 범우사, 1998.
배항섭, 「고종과 보성전문학교의 창립 및 초기 운영」, 『사총』 제59집, 역사학연구회, 2004.
변승웅, 「근대사립학교 연구: 대한제국기 민족계 학교를 중심으로」, 건국대학교 대학원 박사학위논문, 1993.
서정민, 『이동휘와 기독교』, 서울: 연세대학교 출판부, 2007.
손인수, 『한국개화교육연구』, 서울: 일지사, 1980.
손인수, 『한국근대교육사』(5판), 서울: 연세대학교 출판부, 1992.
송남자, 「送 정익노씨 귀국」, 『태극학보』 제26호, 1908년 11월.
송준식, 「한말 경남지역 근대교육의 보급과 확산」, 『교육사상연구』 제27권 3호, 2013.
송현강, 「한말・일제강점기 군산 영명학교・멜볼딘여학교의 설립과 발전」, 『역사학연구』 59, 2015.
역사위원회, 『한국 감리교 인물사전』, 서울: 기독교대한감리회, 2002.
원세훈, 「성재 이동휘의 추억」, 『삼천리』, 1935년 3월.
유동식, 『한국감리교회의 역사Ⅱ』, 서울: 도서출판 kmc, 2005.
유수진, 「대한제국기 '태서신사' 편찬과정과 영향 연구」, 고려대학교 대학원 석사학위논문, 2012.
유자후, 『이준선생전』, 서울: 동방문화사, 1947.
유한철, 「1906년 광무황제의 사학설립 조칙과 문명학교 설립 사례」, 우송 조동걸선생 정년기념논총 간행위원회, 『한국민족운동사연구』, 서울: 나남, 1997.
유한철, 「한말 사립학교령 이후 일제의 사학탄압과 그 특징」, 『한국독립운동사연구』 2, 1988.
이덕주・조이제, 『강화기독교100년사』, 강화기독교100주년 기념사업 역사편찬위원회, 1994.
이영일, 『이동휘 성재선생』, 1981(『성재 이동휘전서 상권』, 1998 수록).
이현주, 「상동청년회와 전덕기의 민족운동」, 『나라사랑』 제97호, 1998.
이재근, 「남장로교의 전주 신흥학교・기전여학교 설립과 발전(1901~1937)」, 『한국기독교와 역사』 42, 2015.
임인재, 「개화기 사립학교 설립 연구(1894~1915)」, 한양대학교 대학원 박사학위논문, 2022.
임재찬, 『구한말 육군무관학교 연구』, 제일문화사, 1992.
장희영, 「유관순의 삶에 미친 이화학당교육의 영향」, 『유관순 연구』15, 백석대학교 유관순연구소, 2010.
전재관, 「한말 애국계몽단체 지회의 분포와 구성」, 『숭실사학』 제10집, 1997.
전택부, 『한국 기독교청년회 운동사』, 서울: 범우사, 1994.
정진숙, 「20세기 초 한국인 설립 사립학교 연구」, 서울대학교 대학원 박사학위논문, 2019.
조현욱, 「오산학교와 서북학회 정주지회」, 『문명연지』 제3권 1호, 2002.
조현욱, 「한말 이동휘의 교육진흥운동」, 『문명연지』 제5권 1호, 2004.

최기영, 「한말 서울 소재 사립학교 교육규모」, 『한국근대계몽운동연구』, 서울: 일조각, 1997.
최기영, 『한국근대계몽운동연구』, 서울 일조각, 1997.
최덕수, 「대한제국기 융희학교의 학사운영과 졸업생들의 사회적 진출」, 『한국사학보』 제68호, 2017.
최 린, 「늠늠장부의 이동휘씨」, 『개벽』, 1925년 8월.
최종고, 「연구노트: 한국 최초의 법학통론」, 『법학』 제22권 4호, 서울대학교, 1982.
최취수, 「1910년 전후 강화지역 의병운동의 성격」, 『한국민족운동사 연구』 제2호, 1988.
한국독립운동사편찬위원회, 『한국독립운동의 역사』 제14권, 2009.
한규무, 「상동청년회에 대한 연구」, 『역사학보』 제126집, 1990.

E. M. Cable, "The Kang Wha Boy's Day School", *The Korean Mission Field*, 2(2), Dec. 1905.
E. M. Cable, "The Longing for Education", *The Korean Mission Field*, 2(8), June. 1906.

제3장 참고문헌

「京畿各郡井間」(광무 9~11년) (서울대학교 규장각, 奎19112)
「京畿井間冊」(?) (서울대학교 규장각, 奎18185)
『高宗實錄』『官報』
『大韓每日申報』『每日新報』『皇城新聞』
「驛屯土實地調査概要」(조선총독부, 1911)
『朝鮮總督府統計年報』
독립기념관 독립운동가자료(http://search.i815.or.kr)

강화군 군사편찬위원회, 『신편 강화사』 상・하권(CD ROM), 강화: 강화군편찬위원회, 2003.
강화문화원 편, 『강도의 맥』, 발행지 불명: 강화문화원, 1998.
고 택, 「군대해산」, 『신동아』, 1970년 1월호.
구희진, 「대한제국기 국민교육의 추진과 굴절」, 『역사교육』 109, 2009.
김성학, 「한말 강화 사립보창학교의 교육과정 운영과 성과」, 『한국교육사학』 제40권 제3호, 2018.
김성학, 「한말 강화지역 사립보창학교의 등장과 성장－민족과 기독교, 황실의 조우」, 『한국교육사학』 제36권 제3호, 2014.
김양식, 「대한제국・일제하 역둔토 연구－지주제 경영과 소작농민층의 반응을 중심으로」,

단국대학교 대학원 박사학위논문, 1992.
김재순, 「러일전쟁 직후 일제의 화폐금융정책과 조선상인층의 대응」, 『한국사연구』 69, 1990.
박성준, 「대한제국기 신설 궁의 재정 기반과 황실 재정 정리」, 『역사교육』 105, 2008.
박헌용 편, 『(속수증보) 강도지』, 강화: 최희면방, 1932.
박진태, 「일제 통감부시기의 역둔토 실지조사」, 『대동문화연구』32, 1997.
배항섭, 「고종과 보성전문학교의 창립 및 초기 운영」, 『사총』 59, 2004.
유자후, 『이준 선생전』, 서울: 동방문화사, 1947.
유한철, 「1906년 광무황제의 사학설립 조칙과 문명학교 설립 사례」, 우송 조동걸선생 정년기념논총 간행위원회, 『한국민족운동사연구』, 서울: 나남, 1997.
이덕주, 「'눈물의 섬' 강화이야기5」, 『기독교사상』 제40권 12호, 1996.
이석륜, 『한국화폐금융사연구』, 서울: 박영사, 1984.
이영훈, 박이택, 「농촌 미곡시장과 전국적 시장통합, 1713~1937」, 이영훈 편, 『수량경제사로 다시 본 조선후기』, 서울: 서울대학교 출판문화원, 2004.
이영훈, 전성호, 「미가사 자료의 현황과 해설」, 『고문서연구』 18, 2000.
이윤상, 「1894~1910년 재정 제도와 운영의 변화」, 서울대학교 대학원 박사학위논문, 1996.
전택부, 『토박이 신앙산맥 3』, 서울: 대한기독교출판사, 1992.
정승교, 「대한제국기 지방학교의 설립주체와 재정」, 『한국문화』 22, 1998.
최규남, 「역사적 창가부른 고우들」, 중앙일보 편집부(편), 『나의 교우록』, 중앙일보사, 1977.
최기영, 『한국근대계몽운동연구』, 서울: 일조각, 1997.

Cable, E. M., "West Korea District," in Official Minutes of the First Annual Session, Korea Mission Conference, Methodist Episcopal Church, Seoul, Korea, 1905.
Cable, E. M., "The Longing for Education," *The Korean Mission Field*, 2(8), June. 1906.

제4장 참고문헌

『각부통첩』(1책, 1907년, 서울대 규장각, 奎17824)
『관보』 『순종실록』 『대한제국관원이력서』 『학부직원록』(학부대신 관방비서과, 1909.7) 『학부직원이력서』(1907.8, 서울대 규장각, 奎20715) 『각종교육통계』(학부, 1910. 5)
『대한매일신보』 『독립신문』 『만세보』 『황성신문』
『고요한 아침의 나라에서』 (DVD, 노르베르트 베버, 1927)(베네딕도 미디어 재출시, 2009).

『명월정』(박이양, 유일서관, 1912)
『최신초등소학』 권3(정인호, 출판사 미상, 1908)
「학도연합운동회」(사진, 1909, 독립기념관 3-002897-010)
『敎育時論』
『伊藤博文傳』(下卷, 春畝公追頌會 編, 東京: 統正社, 1940)
『韓國敎育の既往及現在』(學部, 1909)
「韓國施政改善協議會 第15會 會議錄」(1907. 5.4, 『統監府文書』 1권)

강창석, 『조선 통감부 연구』, 서울: 국학자료원, 1995.
권태억, 「일제의 한국 강점 논리와 그 선전」, 『한국독립운동사연구』, 제37집, 2010.
김성학, 「근대 학교운동회의 탄생: 화류에서 훈련과 경쟁으로」, 『한국교육사학』, 제31권 제1호, 2009.
김성학, 「근대 학교운동회의 팽창: 그 실태와 동인」, 『한국교육사학』, 제33권 제1호, 2011.
김영우, 『한국 개화기의 교육』, 서울: 교육과학사, 1997.
박상석, 「구한말 운동회 연구」, 중앙대학교 박사학위 논문, 2012.
방광석, 「메이지정부의 한국지배정책과 이토 히로부미」, 이성환・이토 유키오 편저, 『한국과 이토 히로부미』, 서울: 선인, 2009.
송방송, 「대한제국 시절 군악대의 공연양상－최초 양악대의 공연종목을 중심으로」, 『한국음악사학보』, 제35집, 2005.
안병직, 「계몽사상과 유럽의 이념」, 『서양사연구』, 제27집, 2001.
요시미 슌야, 「국민의례로서의 운동회」, 이태문 역, 『운동회: 근대의 신체』, 서울: 논형(吉見俊哉 外, 『運動會と日本近代』, 東京: 靑弓社, 1999.)
유재곤, 「이등박문의 대한침략정책」, 조항래 편저, 『일제의 대한침략정책사 연구』 증보판, 파주: 2006.
이만규, 『조선교육사 하』, 서울: 을유문화사, 1946.
이성환, 「이토 히로부미의 한국 통치와 한국 내셔널리즘」, 이성환・이토 유키오 편저, 『한국과 이토 히로부미』, 서울: 선인, 2009.
이윤미, 「한국 개항기 교육에 나타난 동양관과 민족개념」, 『한국의 근대와 교육』, 서울: 문음사, 2006.
이인숙, 「대한제국기의 사회체육 전개과정과 그 역사적 의의에 관한 연구」, 이화여대 박사학위 논문, 1993.
이인숙, 「개화기 운동회의 사회체육적 성격」, 『한국체육학회지』, 제33권 1호, 한국체육학회, 1994.
이학래, 『한국근대체육사연구』, 서울: 지식산업사, 1990.
이학래, 『한국체육백년사』, 고양: 한국학술정보(주), 2001.
정진석 외, 『제국의 황혼』, 서울: 21세기북스, 2011.

한명근, 『한말 한일합방론 연구』, 서울: 국학자료원, 2002.
한상일, 『1910, 일본의 한국병탄』, 서울: 도서출판 기파랑, 2010.
히라타 무네후미, 「일본의 운동회 역사」, 이태문 역, 『운동회: 근대의 신체』, 서울: 논형(吉見俊哉 外, 『運動會と日本近代』, 東京: 青弓社, 1999.).
함동주, 「러일전쟁 이후 일본의 한국식민론과 식민주의적 문명론」, 『동양사학연구』, 94, 2006.

金正明 編, 『日韓 外交資料集成』 第6卷 上, 東京: 巖南堂書店, 1964.
山本信良, 『近代教育の天皇制イデオロギー』, 東京: 新泉社, 1973
山本信良, 今野敏彦, 『大正昭和教育の天皇制イデオロギー(II)』, 東京: 新泉社, 1977.

제5장 참고문헌

『대한매일신보』(국한문, 한글판)
『만세보』
『제국신문』
『황성신문』
『해조신문』
『서우』
『관보』
『觀察道來去案』(1910년 1월 21일, 서울대 규장각, 奎18131)
『朝鮮總督府官報』

김 방, 『이동휘연구』, 서울: 국학자료원, 1999.
김성학, 『한국 근대교육의 탄생』, 서울: 교육과학사, 2013,
서정민, 『이동휘와 기독교』, 서울: 연세대학교 출판부.
이종국, 『한국의 교과서』, 서울: 대한교과서주식회사, 1992.
학부, 「관사립보통학교 춘계연합대운동회규정」, 1907년 4월.

高橋濱吉, 『朝鮮教育史考』, 京城: 帝國地方行政學會 朝鮮本部, 1927.
湯本豪一, 『圖說 明治事物起源事典』, 柏書房, 1996; 연구공간수유+너머 동아시아 근대 세미나팀 역, 『일본 근대의 풍경』, 서울: 그린비, 2004.
統監府, 「明治 41年 六月 五日 晚餐會 席上 伊藤統監 演說」.

統監府, 「學生運動會ノ件」, 1909年 6月 30日, 『統監府文書』 6권, 憲機 第1342號.
俵孫一, 「講演－俵學部次官 演說」, 『警務月報』, 第3號, 1910年 9月.
學部, 『韓國教育の既往及現在』, 1909.

C. S. Deming, "A field meet at Chemulpo", ***The Korean Mission Field,*** 2(7), May 1906.

제6 · 7장 참고문헌

『관보』 『구한국외교문서』 『통서일기』 『공문편안』(서울대학교 규장각, 奎18154) 『내각사(관초)』(서울대학교 규장각, 奎17835) 『고종실록』
「학부교육사무관(麻川松次郎)고용계속계약서」(서울대학교 규장각, 奎23081)
「사범학교 교사(高見龜) 고용계속계약서」(서울대학교 규장각, 奎23083)
『대한제국관원이력서』(http://db.history.go.kr)
『문부성(소할목록)』(허동현 편, 『조사시찰단관계자료집 5』, 국학자료원, 2000)
『박정양전집』(한국학문헌연구소 편, 아세아문화사, 1984)

『대한매일신보』 『독립신문』 『매일신보』 『제국신문』 『황성신문』 『한성순보』 『한성주보』 『서우』 『친목회회보』 『東京朝日新聞』 『教育界』 『教育時論』
『朝鮮總督府施政年報』(朝鮮總督府, 1911) 『駐韓日本公使館記錄』 『統監府文書』 『學事統計』(朝鮮總督府, 1911)

강명숙, 『겨레의 시민운동가 이상재』, 서울: 역사공간, 2014.
강윤호, 『개화기의 교과용 도서』, 서울: 교육출판사, 1973.
구희진, 「한국 근대개혁기의 교육론과 교육개편」, 서울대학교 대학원 박사학위논문, 2004.
구희진, 「대한제국기 국민교육의 추진과 굴절」, 『역사교육』 109, 2009.
김경미, 『한국 근대교육의 형성』, 서울: 혜안, 2009.
김광규, 「대한제국기 초등교원의 양성과 임용」, 『역사교육』 119, 2011.
김광규, 「근대개혁기~일제강점기 교원시험의 변천」, 『역사교육』 132, 2014.
김성학, 『서구교육학 도입의 기원과 전개』, 서울: 문음사, 1996.
김성학, 『한국 근대교육의 탄생』, 서울: 교육과학사, 2013.
김성학, 「한말 강화지역 사립 보창학교의 등장과 성장」, 『한국교육사학』 36-3, 2014.
김영우, 「한국 개화기의 교원양성에 관한 연구」, 중앙대학교 대학원 박사학위논문, 198
김영우, 『한국개화기의 교원양성연구』, 서울: 창학사, 1983.

김영우, 『한국근대교원교육사(I) – 초등학교 교원양성교육사』, 서울: 정민사, 1987.
김영우, 『한국 개화기의 교육』, 서울: 교육과학사, 1997.
김자중, 한용진, 「19세기 영국에서의 '삼육' 개념의 형성과 전개」, 『교육철학연구』 36-1, 2014.
김정해, 「1895~1910 사립학교의 설립과 운영」, 『역사교육논집』 11-1, 1987.
김창제, 「나의 모교와 은사 – 한성사범학교와 은사」, 『삼천리』 4-1, 1932년 1월.
김흥수, 「강원도지방의 근대학교 개교시기에 관한 연구」, 『춘천교육대학교논문집』 35, 1995.
노인화, 「대한제국 시기 관립학교 교육의 성격 연구」, 이화여자대학교 대학원 박사학위논문, 1989.
노인화, 「대한제국기 한성사범학교에 관한 연구」, 『이화사학연구』 16, 1985.
류방란, 「한국근대교육의 등장과 발달」, 서울대학교 대학원 박사학위논문, 1995.
백운관・부길만, 『한국출판문화변천사』, 서울: 도서출판 타래, 1992.
신동아편집실 편, 『한국근대인물백인선』, 서울: 동아일보사, 1979.
신용하, 『독립협회 연구(상)』, 서울: 일조각, 2006.
안기성, 『한국근대교육법제연구』, 서울: 고려대학교 민족문화연구소, 1984.
역사위원회 엮음, 『한국 감리교 인물사전』, 서울: 기독교대한감리회, 2002.
왕현종, 『한국 근대국가의 형성과 갑오개혁』, 서울: 역사비평사, 2003.
우용제・안홍선, 「근대적 교원양성제도의 변천과 사범대학의 설립」, 『아시아교육연구』 7-4, 2006.
유길준 저, 채훈 역, 『서유견문』, 서울: 양우당, 1994.
유영렬, 『개화기의 윤치호 연구』, 서울: 한길사, 1985.
이광린, 『한국사강좌(V) 근대편』, 서울: 일조각, 1994.
이광숙, 『개화기의 외국어교육』, 서울: 서울대학교 출판문화원, 2014.
이기준, 「개화기의 서적상들」, 『월간중앙』, 1970년 9월.
이만규, 『조선교육사 하』, 서울: 을유문화사, 1949.
이원희・조재식, 「교육대학 교육과정의 변화 – 한성사범학교 설립과정과 운영을 중심으로」, 『대구교육대학교 논문집』 39, 2004.
이윤상, 「1894~1910년 재정 제도와 운영의 변화」, 서울대학교 대학원 박사학위논문, 1996.
임후남, 「대한제국기 초등교원의 양성」, 서울대학교 대학원 박사학위논문, 2001.
임후남, 「대한제국기 근대교원의 활동과 사상」, 『교육사학연구』 13, 2003a.
임후남, 「개명관료로서의 근대교원」, 『아시아교육연구』 4-1, 2003b.
전민호, 「근대 삼육론의 전개와 한국적 수용」, 『한국학연구』 48, 2014.
정재걸・이혜영, 『한국 근대 학교교육 100년사 연구 1』, 서울: 한국교육개발원, 1994.
학부편집국, 『소학만국지지』, 1895년 6월.
한국학중앙연구원, 『관직명사전』, 2011.
한상일, 『1910, 일본의 한국병탄』, 서울: 도서출판 기파랑, 2010.

한용진, 「개화기 사범학교 '교육학' 교재 연구」, 『한국교육학연구』 8-1, 2012.
한용진, 『근대 한국 고등교육 연구』, 서울: 고려대학교 민족문화연구원, 2012.
한용진・김자중, 「대한제국기 교육학 교재 분석」, 『한국교육학연구』 5-3, 2009.
한용진, 최정희, 「일본 메이지기 삼육 개념의 도입과 전개」, 『비교교육연구』 24-1, 2014.
한철호, 「초대 주미전권공사 박정양의 미국관」, 『한국학보』 66, 1992.

高橋濱吉, 『韓國教育史考』, 京城: 帝國地方行政學會 朝鮮本部, 1927.
古川昭 저, 이성옥 역, 『구한말 근대학교의 형성』, 서울: 경인문화사, 2006.
教育史編纂會, 『明治以降教育制度發達史』第3卷, 東京: 龍吟社, 1938.
農商務省山林局 編, 『韓國誌』, 東京: 東京書院, 1907.
能勢栄, 『教育学』 巻1~4, 金港堂, 1889.
稲葉繼雄 저, 홍준기 역, 『구한말 교육과 일본인』, 청주: 온누리, 2006.
木村知治, 『経済教育: 実地経験』, 大阪: 吉岡平助, 1889.
木村知治, 『新撰教育學』, 大阪: 前川善兵衛, 1895.
尾形裕康 외 저, 신용국 역, 『일본교육사』, 서울: 교육출판사, 1994.
朴成泰, 「韓國近代學校における民族主義教員養成の成立過程」, 東京: 風間書房, 1996.
伊沢修二, 『教育学』, 東京: 丸善商社, 1882.
學部, 『韓國教育』, 1909.
學部, 『韓國教育の既往及現在』, 1909.
學部, 『韓國教育の現狀』, 1910.

D. L. Gifford, "Education in the capital of KoreaI," ***The Korean repository***, July 1896.
Editorial Department, "Our schools," ***The Korean repository***, Oct. 1898.

제8장 참고문헌

『동아일보』『매일신보』『시대일보』『조선일보』『조선중앙일보』『중외일보』『釜山日報』『朝鮮新聞』『平壤每日新聞』
『광성』(광성고등보통학교)『조선제학교일람』『조선총독부관보』『조선총독부통계연보』『官報』(일본)『文教の朝鮮』
「學校配屬將校に關する書類」(1928, 국가기록원 관리번호 CJA0004714)

강명숙 외 편역, 『교육정책(2)－일제강점기 교육 논설』, 서울: 동북아역사재단, 2021.
경기백년사편찬위원회, 『경기백년사』, 서울: 경기고등학교동창회, 2000.
경복55년사편찬위, 『경복오십오년사』, 서울: 경복동창회, 1976.
경북중고등학교, 『경북중고등학교육십년사』, 대구: 경북중고등학교동창회, 1976.
경성제1공립고보, 『各科教授要綱』, 1935년.
광성100년사편찬위원회, 『광성100년사』, 서울: 광성중고등학교, 1995.
국사편찬위원회, 『신편한국사』 49권, 50권(http://contents.history.go.kr/mobile/nh/main.do)
김동환, 「일제강점기 충북 중등교육의 사례연구－청주고보의 학생과 교사의 사회적 배경 및 진로를 중심으로」, 『한국교육사학』 제31권 제2호, 2009.
김성학, 『한국 근대교육의 탄생』, 서울: 교육과학사, 2013.
김자중, 「일제강점기 전문학교에 대한 연구」, 고려대학교 대학원 박사학위논문, 2018.
동성중고등학교, 『동성팔십년사』, 서울: 동성중・고등학교, 1987.
박철희, 「식민지기 한국 중등교육 연구」, 서울대학교 대학원 박사학위논문, 2002.
손종현, 「일제 제3차 조선교육령기하 학교교육의 식민지배관행」, 경북대학교 대학원 박사학위논문, 1994,
신재의, 『한국근대치의학교육사』, 서울: 참윤퍼블리싱, 2005.
신주백, 「일제말기 조선인 군사교육-1942. 12.~1945」, 『한일민족문제연구』 9, 2005.
연세대학교백년사편찬위원회, 『연세대학교백년사1』, 서울: 연세대출판부, 1985.
윤성렬, 『도포입고 ABC 갓 쓰고 맨손체조』, 서울: 학민사, 2004.
전고・북중 80년사 편찬위원회, 『전고・북중 팔십년사』, 전주: 동 총동창회, 1996.
정규영, 「전시동원체제와 식민지 교육의 변용」, 『교육학연구』 제40권 제2호, 2002.
조동걸, 「한국근대학생운동조직의 성격변화」, 역사학회 편, 『한국근대 민족주의 운동사연구』, 서울: 일조각, 1992.
조선총독부 학무국 학무과, 『(현행)조선교육법규』, 조선행정학회, 1942.
조선총독부 학무국 학무과, 『조선학사예규』, 제국지방행정학회, 1932.
청주고60년사편찬위, 『청주고60년사』, 청주고동문회, 1985.
표영수, 「일제강점기 조선인 군사훈련 현황」, 『숭실사학』 30, 2013.

宮田節子. 이형랑 역, 『조선민중과 「황민화」 정책』. 서울: 일조각, 1997.
渡部學・阿部洋 編, 『植民地朝鮮教育政策史料集成』 第17巻(大學書院 영인, 1990년).
山住正己, 서영식 역, 『근대 일본의 전쟁과 교육』, 서울: 육군사관학교, 2000.
森本義一, 『學校教練』, 東京: 一成社, 1930.
西尾達雄, 『日本植民地下朝鮮における學校體育政策』, 東京: 明石書店, 2003.
片桐芳雄 外, 이건상 역, 『일본 교육의 역사: 사회사적 시각에서』, 서울: 논형, 2011.

『동아일보』『매일신보』『조선일보』『조선중앙일보』『중앙일보』『釜山日報』『朝鮮新聞』

『경성고등공업학교일람』『경성고등상업학교일람』『경성법학전문학교일람』『경성사범학교총람』『경성약학전문학교일람』『경성의학전문학교일람』『경성제2공립고등보통학교일람』『경성제국대학일람』『세브란스연합의학전문학교일람』『수원고등농림학교일람』

『광성』(광성고등보통학교)『학우회지』(경성제2공립고등보통학교)『학우회지』(경성제1고등보통학교학우회)

『삼천리』『文教の朝鮮』『半島の光』

『조선총독부관보』『관보』(일본)『조선총독부통계연보』

강덕상, 『일제 강점기 말 조선 학도병의 자화상』, 서울: 선인, 2016.

경기백년사편찬위원회, 『경기백년사』, 서울: 경기고등학교동창회, 2000.

경기상업고등학교동창회, 『경기상고 50년』, 서울: 동 동창회, 1973.

경복55년사편찬위원회, 『경복오십오년사: 1921~1975』, 서울: 경복동창회, 1976.

경북중고등학교, 『경북중고등학교육십년사』, 대구: 경북중고등학교동창회, 1976.

경성제1공립고등보통학교, 『各科教授要綱』, 1935년.

고려대학교, 『고려대학교100년사.1』, 서울: 고려대학교출판부, 2008.

공주고등학교육십년사편찬위원회, 『공주고육십년사』, 공주: 공주고등학교, 1982.

광성100년사편찬위원회, 『광성100년사』, 서울: 광성중고등학교, 1995.

광성구십년사편찬위원회, 『광성구십년사』, 서울: 광성중고등학교, 1984.

광주교육대학・광주교육대학동문회, 『광주교육대학오십년사』, 광주: 광주교육대학, 1988.

광주제일고등학교동창회, 『광주고보・서중・일고 팔십년사』, 광주: 광주고보・서중・일고 동창회, 2004.

국사편찬위원회, 『신편한국사』 49권, 50권(http://contents.history.go.kr/mobile/nh/main.do)

김경미, 「식민지교육 경험 세대의 기억」, 『한국교육사학』 제27권 제1호, 2005.

김성학, 「경성사범학교 학생 훈육의 성격」, 『한국 근대교육의 탄생』, 서울: 교육과학사, 2013.

대륜오십년사편찬위원회, 『대륜오십년사』, 대구: 대륜중・고등학교, 1971.

동래고등학교동창회, 『동래고등학교팔십년사』, 부산: 동래고등학교 동창회, 1979.

동성중고등학교, 『동성팔십년사』, 서울: 동성중・고등학교, 1987, 288쪽.

마산상고동창회70년사편찬위원회, 『마산상업70년사』, 마산: 동 편찬위원회, 1992.

박철희, 「식민지기 한국 중등교육 연구」, 서울대학교 대학원, 박사학위논문, 2002.

박철희, 「일제강점기 중등학생의 일기를 통해 본 식민교육」, 『교육사회학연구』 제26권 제2호, 2016.

배재백년사편찬위원회, 『배재100년사』, 서울: 배재학당, 1989.

보성80년사편찬위원회, 『보성80년사』, 서울: 동성학원, 1986.
부산상업고등학교80년사편찬위원회, 『부상팔십년사』, 부산: 부산상업고등학교, 1975.
손종현, 「일제 제3차 조선교육령기하 학교교육의 식민지배관행」, 경북대학교 대학원, 박사학위논문, 1994,
신주백, 「일제의 교육정책과 학생의 근로동원(1943~1945)」, 『역사교육』 78, 2001.
연세대학교백년사편찬위원회, 『연세대학교백년사1』, 서울: 연세대출판부, 1985.
이치석, 『전쟁과 학교』, 서울: 삼인, 2005.
전고・북중 80년사 편찬위원회, 『전고・북중 팔십년사』, 전주: 동 총동창회, 1996,
정연태, 『식민지 민족차별의 일상사』, 서울: 푸른역사, 2021.
조동걸, 「한국근대학생운동조직의 성격변화」, 역사학회 편, 『한국근대 민족주의 운동사연구』, 서울: 일조각, 1992.
조선총독부 학무국 학무과, 『조선학사예규』, 제국지방행정학회, 1932.
조선총독부 학무국 학무과, 『(현행)조선교육법규』, 조선행정학회, 1942.
차은정, 『식민지의 기억과 타자의 정치학』, 서울: 선인, 2016.
청주고60년사편찬위원회, 『청주고60년사』, 청주: 청주고동문회, 1985.
청주공립고등보통학교, 『各科教授の方針竝學習指導綱領』, 1937.
청주농업고등학교 동문회, 『청농백년사』, 청주: 동 동문회, 2011.
춘천농공고등학교총동창회, 『춘농공고백년사』, 춘천: 동 동창회, 2010.
한국민족문화대백과사전(http://encykorea.aks.ac.kr)
홍석률, 「1940~45년 학생운동의 성격변화」, 『한국사론』 24, 1991.

薄田千穂, 『第五高等学校における軍事教練 · 査閲』, 熊本大学五高記念館, 2010.
松本政春, 「明治·大正期における学校軍事教練について－大阪府立堺中学校を事例として」, 『歴史研究』 33, 大阪教育大學歴史學研究室, 1996.
陸軍省徵募課, 『學校教鍊必携』, 東京: 軍人館出版部, 1937.

▪ 부록 ▪

제1장 강화 사립 보창학교 관련 사진

[사진 1] 견자산에서 바라본 구 별효사청 동영 및 별영 위치(2013년 필자 촬영). 왼쪽 아래 흰 건물이 옛 동영 자리로 현재 강화교육지원청 미래교육지원센터이고, 그곳에서 한 시 방향으로 중앙에 위치한 3층의 밤색 빌딩 자리가 옛 별영 자리로 현재는 강화경찰서이다.

[사진 2] 1904년 육영학교가 설립된 옛 동영 자리와 뒤에 보이는 견자산. 과거 강화교육청, 현재 강화교육지원청 미래교육지원센터가 자리하고 있음(2013년 필자 촬영).

[사진 3] 옛 진무영 열무당 터. 건물 뒤편이 현재 강화읍사무소 자리로 과거 진무영 동헌 및 부속 건물들이 있던 곳이다(2013년 필자 촬영).

[사진 4] 강화유수부 이방청(이아영). 방8칸 마루 2칸 부엌 1칸임. 1911~1915년까지 보창학교로 사용됨(2013년 필자 촬영).

강화 보창학교 기부금품 상황, 1905~1909

(단위: 명, 元)

구분		1905.2		1905.3		1905.4		1905.6		1905.8		1905.11		1906.4		1906.12		1908		1909		합계		
		명	원	명	원	명	원	명	원	명	원	명	원	명	원	명	원	명	원	명	원			
군인	육군부장	–	–	6	290	–	–	1	100	–	–	–	–	–	–	–	–	–	–	–	–	7	390	42명 1,947원 +물품
	참장	–	–	3	160	–	–	–	–	–	–	–	–	–	–	–	–	–	–	–	–	3	160	
	정령	–	–	–	–	–	–	–	–	1	20	–	–	–	–	–	–	–	–	–	–	1	20	
	부령	–	–	–	–	–	–	1	10	–	–	–	–	–	–	–	–	–	–	–	–	1	10	
	참령	–	–	2	240	1	60	2	60	–	–	–	–	–	–	–	–	–	–	–	–	5	360	
	정위	3	30	1	10	2	30	1	20	–	–	–	–	–	–	–	–	–	–	–	–	7	90	
	부위	3	12	1	400	1	20	1	8일분 음식	1	200	–	–	–	–	–	–	–	–	–	–	7	632	
	참위	5	20	–	–	4	119	–	–	1	140 부채230개	–	–	–	–	–	–	–	–	–	–	10	279	
	부관	1	6	–	–	–	–	–	–	–	–	–	–	–	–	–	–	–	–	–	–	1	6	
관리	중추원 부의장	–	–	1	40	–	–	–	–	–	–	–	–	–	–	–	–	–	–	–	–	1	40	32명 755원 +물품
	중추원 참의	–	–	1	40	–	–	–	–	–	–	–	–	–	–	–	–	–	–	–	–	1	40	
	평리원장	–	–	1	40	–	–	–	–	–	–	–	–	–	–	–	–	–	–	–	–	1	40	
	판서	–	–	–	–	–	–	–	–	2	80	–	–	–	–	–	–	–	–	–	–	2	80	
	참판	–	–	–	–	–	–	–	–	1	50	–	–	–	–	–	–	–	–	–	–	1	50	
	종2품	–	–	1	30	–	–	–	–	–	–	–	–	–	–	–	–	–	–	–	–	1	30	
	의관	–	–	–	–	–	–	–	–	2	40	–	–	–	–	–	–	–	–	–	–	2	40	
	검사	–	–	–	–	1	20	–	–	–	–	–	–	–	–	–	–	–	–	–		1	20	
	통신원총판	–	–	1	30	–	–	–	–	–	–	–	–	–	–	–	–	–	–	–	–	1	30	
	인천감리	–	–	–	–	–	–	1	석판22개 대수첩22권 석필1통	–	–	–	–	–	–	–	–	–	–	–	–	1	물품	
	시종	–	–	–	–	–	–	1	100	–	–	–	–	–	–	–	–	–	–	–	–	1	100	
	국장	–	–	–	–	–	–	1	20	–	–	–	–	–	–	–	–	–	–	–	–	1	20	
	과장	–	–	–	–	–	–	2	20	–	–	–	–	–	–	–	–	–	–	–	–	2	20	
	군수	–	–	–	–	–	–	7	110	–	–	–	–	–	–	–	–	–	–	–	–	7	110	
	이사	–	–	–	–	–	–	–	–	1	20	–	–	–	–	–	–	–	–	–	–	1	20	
	기사	–	–	–	–	–	–	–	–	1	20	–	–	–	–	–	–	–	–	–	–	1	20	
	주사	–	–	1	20	–	–	4	50	1	5	–	–	–	–	–	–	–	–	–	–	6	75	
	참봉	–	–	–	–	1	20	–	–	–	–	–	–	–	–	–	–	–	–	–	–	1	20	
교관	교관	2	16	–	–	–	–	–	–	–	–	–	–	–	–	–	–	–	–	–	–	2	16	2명 16원

구분		1905.2		1905.3		1905.4		1905.6		1905.8		1905.11		1906.4		1906.12		1908		1909		합계		
		명	원	명	원	명	원	명	원	명	원	명	원	명	원	명	원	명	원	명	원			
사회기관	제국신문사장	1	지구도 10장 매일 신문 1장씩	–	–	–	–	–	–	–	–	–	–	–	–	–	–	–	–	–	–	1	물품	7개 231원 +물품
	인천우선회사	–	–	–	–	–	–	1	4일분 음식	–	–	–	–	1	100	–	–	–	–	–	–	2	100+ 물품	
	인천신상회사	–	–	–	–	–	–	–	–	–	–	1	50	–	–	–	–	–	–	–	–	1	50	
	인천어상회사	–	–	–	–	–	–	–	–	–	–	1	50	–	–	–	–	–	–	–	–	1	50	
	인천미상회사	–	–	–	–	–	–	–	–	–	–	1	20	–	–	–	–	–	–	–	–	1	20	
	인천기독교회	–	–	–	–	–	–	1	11	–	–	–	–	–	–	–	–	–	–	–	–	1	11	
일반인	일반인사	1	10	–	–	–	–	–	–	–	–	68	822	168	642.6 대동역사10질	–	–	1	160	3	920	241	2,554.6	292명 3,375원 +물품
	士人	–	–	1	400	33	231	5	122	–	–	–	–	–	–	–	–	–	–	–	–	39	753	
	미국동포	–	–	–	–	–	–	–	–	–	–	–	–	–	–	13	67.4	–	–	–	–	13	67.4	
일본인	일본육군대장	–	–	–	–	–	–	1	勸學文 1도	–	–	–	–	–	–	–	–	–	–	–	–	1	물품	4명 150원 +물품
	일본공사	–	–	–	–	–	–	1	심상소학독본 200권	–	–	–	–	–	–	–	–	–	–	–	–	1	물품	
	군부고문관	–	–	–	–	1	100	–	–	–	–	–	–	–	–	–	–	–	–	–	–	1	100	
	군부통역관	–	–	–	–	1	50	–	–	–	–	–	–	–	–	–	–	–	–	–	–	1	50	
합계		16	94	20	1,700	45	650	31	623	11	575	71	942	169	742.6	13	67.4	1	160	3	920	383명	6,474원	

자료: 『황성신문』 1905년 2월 15일, 3월 22일, 4월 15일, 6월 13일, 8월 8일, 11월 6일, 11월 7일, 및 1906년 4월 3일, 4월 4일, 12월 7일, 1906년 12월 7일자 광고; 「보창익창」 및 「윤씨열심」, 『대한매일신보』 1909년 9월 3일자를 토대로 작성함.

주: 기부금의 화폐단위는 대부분 원(元)이었다. 1906년 12월분과 1909년 기부금만 환(圜)으로 되어 있던 것을 당시 교환비에 따라 원(元)으로 바꾸었다(환:원=1:2). 물품만 기부한 사람도 인원 합계에 포함시켰다. 운동회만을 위한 기부금은 제외했다. 일반인 중 '사인(士人)'은 원자료 표기를 그대로 따랐고, '일반인사'는 신분 표시 없이 이름만 게재된 사람들이다.

번호	개최교	개최일	발기인	시상·기부 물품	기부자	연설주제	연설자	황제관련
1	계산학교	1906. 04. 21	·	시계, 애급근세사	교장, 황성신문사 사장	·	경무국장, 교장	무
2	흥화학교	1906. 04. 23	·	·	·	·	교장 外他 교사 제씨	무
3	관립영어학교	1906. 04. 28	·	紙筆	·	·	·	무
4	광성학교	1906. 04. 29	·	서책, 지필, 시계끈, 금은반지	본교, 일인교사	·	·	무
5	관립농상공학교	1906. 05. 02	·	서책, 필묵	·	·	·	무
6	관립법어학교	1906. 05. 04	·	書具	·	·	·	무
7	박명학교	1906. 05. 06	·	서책, 연필, 양지, 粉紙 護謨球(고무공), 과자	교장, 교두, 감독, 일본인3인, 前주사	학무의 기도진취, 충군애국과 위생, 교육문명	교장, 교두, 교감,	무
8	관공사립소학교	1906. 05. 14	학부	서첩, 수첩, 지필묵, 금전, 책	일본인 소학교교장, 일본인, 대한매일신보사 베델	·	·	勅諭하사
9	계산보흥학교	1906. 05. 20	·	서책, 필묵, 양산	황 진사	·	·	무
10	일신의숙	1906. 05. 20	·	금전	궁내부대신, 학무국장, 숙장, 일반인 4인	·	·	무
11	보명학교	1906. 05월	·	·	·	신구학문, 충군애국, 문명국 벌률정치, 민지발달과 국권유지 및 학문, 課工 진취와 실업 발달	교장 대판, 교사3인	무
12	충북 돈명학교 및 각 학교	1906. 06. 01	충북 관찰사	·	·	·	·	무
13	강화 보창학교 및 각 학교	1906. 06. 16	·	서책, 연필, 종이, 부채, 모자, 봉투	학부	·	·	무
14	남양공사립소학교	1906. 06월	·	모필, 금전, 양지	군수, 일반인 33인	면학, 애국, 충군, 인재교육	군수, 교감, 교원	무
15	명화학교	1906. 06월	·	다수 상품	교사	·	·	무
16	보성학교	1906. 06월	학부형	·	·	致辭, 면학	학부형 총대	무
17	의주 및 인근 각 소학교	1906. 07. 10	·	서책, 화도, 지필묵	내빈	·	·	무
18	송촌의숙	1906. 07월 초	·	지필	·	·	·	무
19	인천영화학교	1906. 10. 03	·	금전, 紙書板, 석필, 연필, 수첩, 수건, 석판, 洋紙, 일광목	다수 부인들, 대한운수회사, 신상회사	·	·	무
20	관립한성일어학교	1906. 10. 13	·	한국지도, 경성지도, 공책, 靑格紙, 연필	·	·	·	무
21	사립 각 소학교	1906. 10. 27	·	공책, 연필, 청격지, 수건, 醴泉銘, 책(애국정신담, 학생독서법, 정찬만국사, 국가학), 석판, 대한지도, 세계지도	학부, 일반인7인	·	·	무
22	흥화학교	1906. 10. 29	·	·	내빈 3인	교육 大旨	총교사	무

번호	개최교	개최일	발기인	시상·기부 물품	기부자	연설주제	연설자	황제관련
23	평남 각 학교	1907. 4월초	관찰사, 강서군수, 서우학회 사무원	·	각 사회단체, 전시, 신사	·	안창호, 김명준, 이동휘, 유원표	무
24	휘문의숙	1907. 04. 12	·	역사독본, 공책, 지도, 석판, 연필, 석필, 우산	총감 민영휘	·	·	무
25	계산보흥학교	1907. 04. 20	·	·	·	열심 면학	학무국장	무
26	찬문학교 보성소학교	1907. 04. 21	·	·	·	시국영향, 국민의무, 교육발전	교장	무
27	장훈학교	1907. 04. 21	·	다수 상품	찬성원들	·	·	무
28	남양 공사립 각학교	1907. 04. 24	·	·	교장, 교감, 타학교, 여자교육회, 자강지회, 일반인 41인, 일본인3인,	학업진달, 애국충심 확충	군수, 홍익선	무
29	개성 각 학교	1907. 04. 24	개성군 교육총회 군수	·	학부, 학회, 사회단체	교육정신, 자국정신, 부인감화, 교육증진	학부협판, 안창호, 강윤희, 이동휘, 군수	무
30	사립 각 학교	1907. 04. 27	·	금전, 공책, 연필, 책(초학지지, 신정산술, 대한지지, 유몽천자, 애급근세사, 가정잡지), 우산, 지석판, 모필, 한문지구전도, 中지구, 醴泉銘	학부, 일반인10인	·	·	무
31	흥화학교	1907. 04. 30	·	은제상패	평의원	운동회 목적, 학업 요의,	교감, 총교사, 내빈	무
32	관사립 각 학교	1907. 05. 02	학부	공책, 연필, 괘종, 다수 물품	대신, 국내외 관리	文明之域 도달 深祝	학부대신 이완용	칙유 하사
33	태안 화양의숙	1907. 05. 16	·	다수 상품	군수, 학감	시무교육	군수, 학감	무
34	강화 보창학교와 인군 공사립학교	1907. 05. 21	이동휘	장막, 다과, 식료	강화군 찬성회원들, 교회, 의무사 제씨	시국과 교육, 치하	교직원1, 내빈3, 부인1, 전 참판1	무
35	각 여학교	1907. 05. 25	엄준원	편몽천자, 지석판, 연필, 태극선, 공책	학부, 유지신사, 교육단성회장	여자교육 급무, 외국여학교 형편, 단체의 효력, 학부형 의무	학부관료, 하 婦人, 유지신사	麵包와 설당 하사
36	전주공립보통학교	1907. 05. 27	·	금전, 공책, 연필, 석필, 지판	신사5인, 타 학교, 일본인9인	·	·	무
37	관립덕어학교	1907. 06. 03	·	금전	궁내부대신	·	궁내부대신	무
38	수원 공사립학교	1907. 06. 06	삼일학교	20원씩	부내 유지인사 7인	·	·	무
39	각 여학교	1907. 06. 15	·	·	·	·	김동완, 유성준, 정운부, 하부인	무
40	황해도 각 학교	1907. 06월	안악·재령·문화군 3군수	·	·	독립 기초 견고히	학생들	무
41	의주 전대학교와 인근 학교	1907. 07. 05		일등상 태극기, 다수 상품, 과자	군수, 교감, 유지, 일본인1	학업과 국가사상	유지신사	무

번호	개최교	개최일	발기인	시상·기부 물품	기부자	연설주제	연설자	황제관련
42	영유 각 학교	1907. 10. 12	·	서책, 지필	·	·	·	무
43	관사립 각 학교	1907. 10. 26	학부	공책, 금전	전 내부협판, 長谷川 대장	·	·	황태자 칙어하사
44	개성 각 학교	1907. 11. 09	개성 교육총회	·	·	·	·	무
45	중동야학교	1907. 11. 19	·	수첩, 연필, 지필묵	·	·	교감, 학감, 임원, 강사	무
46	평남 각 학교	1907. 춘기	평남관찰사, 강서군수, 서북학회 회원	·	·	·	안창호, 김명준, 이동휘, 유원표	무
47	전주 공사립연합	1907. 10. 15	관찰사	·	·	·	·	무
48	평북 각 학교	1908. 04. 07	의주 용천 철산 유지	·	·	·	·	무
49	용천 일신학교	1908. 04. 08	·	錦旗, 연필, 공책	·	·	·	무
50	안악 각 소학교	1908. 04. 15	·	·	·	사람이란, 생활이란, 대한독립이란	학생, 최광옥, 김성무, 미 선교사 召芮彬	무
51	기성 각 학교	1908. 04. 15	상인	·	객주	·	·	무
52	평남 각 학교	1908. 04. 15	평양유지	금전. 석판	변호사, 자선가	·	·	무
53	장훈학교	1908. 04. 21	·	책(신찬지문학), 공책, 연필, 지석판, 수건, 수첩, 식합, 人字幕, 휘장, 차일	유지14인	·	·	무
54	휘문의숙	1908. 04. 28	·	공책, 혁대, 책(진현, 대동문수, 한문독본, 고등수신, 동국명장전, 화성동전, 대한문전, 애국정신담, 비스마르크전, 家庭育鷄, 신찬대한신지도)	민영휘, 임호용, 노백린	·	·	무
55	개성 각 학교	1908. 04. 28	개성 학회	은시계, 금전	개성학회, 酒婆	공익의 필요, 현세 책임, 운동의 이익, 식물의 이익, 식목 방법	서북학회 회장 등 내빈	무
56	인천 관공사립학교	1908. 04. 29	부윤, 12동·회사대표, 유지	40원, 30원	娼妓 35명, 淸潔役夫 27명, 신사, 주민	·	·	무
57	강화 오산학교	1908. 4. 29	·	상품, 음식	교감	·	·	무
58	파성학교	1908. 04. 30	·	금전, 공책, 지석판, 연필, 계란膏, 수첩, 麵包, 紅格紙	일반인28인, 일본인1인	·	·	무
59	광성학교	1908. 04월	·	공책, 연필, 묵, 철필, 금전	내빈	·	·	무
60	명신여학교	1908. 05. 03	·	공책, 연필, 묵	타교 교장	·	·	무
61	대동전문학교	1908. 05. 03	·	·	·	·	·	황제 황후 관람, 칙유하사
62	계창·홍동학교	1908. 05. 03	·	·	군수, 일본인2인	·	·	무

번호	개최교	개최일	발기인	시상·기부 물품	기부자	연설주제	연설자	황제관련
63	황주와 인군 각 학교	1908. 05. 06	·	·	유지신사, 다수상인	·	군수	무
64	김해 함영학교	1908. 05. 07	·	아침·저녁밥, 술과 다과	다수 주민	·	교사1, 학생1	무
65	평안남북 각 학교	1908. 05. 07	안주군 유지인사	노역, 금전, 공책, 연필, 갈소사傳	노동자, 변호사, 서북학회, 중앙서관주인	·	·	무
66	김천 보창학교	1908. 05. 08	·	상품, 점심, 석필, 분필	유지, 순사	·	·	무
67	강경보통학교 등	1908. 05. 10	강경보통학교	수첩, 필기장, 연필, 洋紙, 거울, 석필, 석반, 금전	군수, 유지, 강경문고	·	은진군수, 일본인교감	무
68	안산 야학교	1908. 05. 10	·	수십 원	읍내 제씨	주경야독, 열심 공부	각 학생	무
69	관사립 각 학교	1908. 05. 13	학부	논어	이등통감	·	·	칙유 하사
70	순천 유년여학교	1908. 05. 14	·	금전	유지부인	·	부인·학생들	무
71	광남학교	1908. 05. 15	·	공책, 연필, 과자	찬정 2인	·	·	무
72	관사립 각 학교	1908. 05. 21 (비원)	학부	금시계, 은시계, 연필, 공책, 우산, 황모필, 먹, 수첩, 혁포	황제	·	·	관람, 황제 사찬·상품, 황후 휘지 하사
73	보광학교	1908. 05. 24	·	공책, 수첩, 연필, 석판, 석필	내빈	·	·	무
74	돈명의숙	1908. 05. 24	·	연필, 책(유년필독), 공책, 석판, 석필, 오찬	숙주, 일반인4인	·	·	무
75	신명학교	1908. 05월	·	필책, 수건, 과자, 연필, 수첩, 양산, 금전	교장, 교사, 교감, 사무원, 군수, 前군수, 前승지, 前시어, 주사, 일본인2인, 일본인교수	·	군수, 前군수, 前승지, 前시어, 주사	무
76	원산 각 학교	1908. 05월	원산 신사들	400여 원	신사, 상인	·	·	무
77	각 여학교	1908. 06. 03	·	각 50원	이완용, 전 參將	·	회장 윤고라	무
78	봉명학교	1908. 06. 03	·	부채, 금전	전 협판, 전 참장	·	·	무
79	평안남북 각 학교	1908. 06. 03	영변 유지들	신 서적, 금전	회장	·	·	무
80	북청 공사립 각 학교	1908. 06. 03	·	·	군수, 일반인1인, 일본인1인	·	·	무
81	양성학교 등	1908. 06. 07	유지신사 4인	오찬	前참서	·	·	무
82	익창·여산·호산학교	1908. 06. 16	·	금전	일본인	·	군수2인	무
83	장연군 3개교	1908. 09월	신부	·	·	·	·	무
84	관립고등학교	1908. 10. 03	·	연필, 공책	·	·	·	무
85	기호학교	1908. 10. 04		미국독립사, 위인소사, 父師필독, 을지문덕전, 최신경성지도, 공책, 연필, 석판, 速寫帖, 冊挾, 筆入	기호학회 임원들	·	·	무

번호	개최교	개최일	발기인	시상·기부 물품	기부자	연설주제	연설자	황제관련
86	수상학교	1908. 10. 10	·	초등소학, 월남망국사, 여자지남, 공책, 연필,	유지신사	·	·	무
87	삼산의숙	1908. 10. 12	·	오찬, 공책, 연필, 면포	숙주, 노인계, 유신계, 교사	·	·	무
88	공성학교	1908. 10. 15	·	·	평의원	·	평의원, 내빈들	무
89	西江 등지 사립학교	1908. 10. 17	·	공책, 연필, 책(여자지남)	기호학회, 일반인6인	·	·	무
90	각 여학교	1908. 10. 23	·	금전, 연필, 공책, 책(17종), 제국지도, 문방구함, 문시종, 식료품	총리대신, 서점(9곳), 의진사편집부, 서북학회, 대한중앙학회, 일진회본부, 타학교2, 일반인 24인	·	·	무
91	광남학교	1908. 10. 28	·	공책, 연필	한규설	·	·	무
92	보성·공옥·화동·신명학교	1908. 10. 31	·	공책, 연필, 지도	교감, 신사	·	·	무
93	중동학교	1908. 10월	·	서적(五偉人歷史 등), 공책, 연필	임원, 교사	·	·	무
94	계산학교	1908. 10월	·	공책, 연필, 석판, 수첩, 속사지판, 철필, 초등지리교과서, 신찬소학박물, 대한지도, 우순소리책, 人權新說	신사들	·	·	무
95	양평 각 학교	1908. 11. 04	·	금전, 공책, 연필, 지권연, 교과서	군수, 주사, 교사, 일본인2인	·	·	무
96	김해 함영학교	1908. 11. 07	·	공책, 연필, 석반, 석필	신사	·	·	무
97	흥명학교 등	1908. 11. 10	·	·	·	·	군수	무
98	철원 공사립학교	1908. 11월	군수 관동학회 지회 학교임원	·	·	·	·	무
99	보인학교	1908. 11월 초	·	금전, 공책, 연필, 지석반, 식기, 우산, 醒鍾, 千練紙	교장, 일반인38인	·	·	무
100	전의 대동학교	1908. 11월	·	공책, 연필	군수, 총무, 부교장	·	·	무
101	대구 각 학교	1909. 01. 12	·	·	·	·	·	황제 어람
102	재령 각 학교	1909. 04. 05	군수 면장 각교주무 학무위원 유지인사	·	·	·	·	무
103	영소학교	1909. 04. 21	·	책, 과자, 연필, 공책	군수, 통역주사, 수비대	·	·	무
104	동창학교	1909. 04. 22	·	·	교장, 임원, 학부모, 내빈	·	내빈	무
105	관사립학교	1909. 04. 30	학부	금시계, 50원, 100원	황제, 학부대신	·	·	칙어와 금화 100원 하사
106	개성 각 학교	1909. 05. 01	개성학회	·	한화서원	·	·	무

번호	개최교	개최일	발기인	시상 · 기부 물품	기부자	연설주제	연설자	황제관련
107	공성학교	1909. 05. 07	·	공책, 연필, 대한지도	신사 6인	·	·	무
108	원주 공사립학교	1909. 05. 09	·	서양종이, 연필, 공책, 과자	재무서, 금융조합, 수비대, 재판소판사, 신사	·	·	무
109	관립고등여학교	1909. 05. 12	·	100원, 20원	황제, 이완용, 대신들, 관료들	·	·	황제와 황후 친림, 100원 하사
110	창흥 · 화산 · 천흥 · 강경공립보교	1909. 05. 12	·	공책, 지판, 석필, 연필, 철필, 책낭, 洋紙, 수첩, 사진, 맥주, 과子	民會2곳, 재무서, 일반인3인, 일본인5인	·	·	무
111	울산 공사립학교	1909. 05. 12	·	금전 42원	한일 관민 유지	·	·	무
112	보흥학교	1909. 05. 14	·	공책, 지도, 금전, 다과	신사들	·	·	무
113	안주 각학교	1909. 05. 24	안주 유지들	금전 10원	무녀	·	·	무
114	횡성 화성학교 등	1909. 05. 25	·	금전, 지서판, 공책, 연필, 양지, 卷煙	재무서장, 일반인9, 일본인3인	·	·	무
115	신천 각학교	1909. 05. 26	신천 유지 5~6인	·	·	·	·	무
116	전의군 대동학교	1909. 05. 26	·	공책, 연필, 석판, 지도, 석필, 양지	학교 감독, 총무, 재정부장, 평의장, 교감, 학감	·	·	무
117	진남포공립보통학교	1909. 05. 28	·	금전, 다수상품	부윤, 학무위원, 학부형, 직원, 학교의관	·	·	무
118	서북협성학교	1909. 05. 29	·	괘종 , 공책, 연필, 洋墨, 唐周紙, 책(五經백선, 대동문수, 가정학, 심리학, 동서양역사), 맥주	총무, 교감, 일반인11인, 일본인1인	·	·	무
119	장훈학교	1909. 05월	·	금전, 공책, 연필, 혁대, 청심보명단	학교임원, 신사	·	·	무
120	강화 공사립학교	1909. 06. 07	·	·	군수, 군내 신사	사농공상의 실업 발달	관찰사	무
121	갑산 삼수각학교	1909. 06. 11	·	양지, 금전	군수, 유지신사	·	·	무
122	진천 문명학교	1909. 06. 12	교감과 영국 선교사	·	·	·	·	무
123	동창학교	1909. 06. 22	·	오찬, 공책, 석필, 연필	임원과 유지	·	·	무
124	평산군 각학교	1909. 06. 23	·	금전, 시계, 공책, 석판, 연필, 양말	주사, 일반인9인, 어머니10인, 일본인1인	·	·	무
125	길주보성학교 등	1909. 06. 26	·	금전, 백지, 연필, 분필, 책(이화학, 수리학), 괘종, 공책, 지반, 석필, 양지, 우등기, 비단	군수, 헌병분견소장, 타학교5곳, 일반인22	·	·	무
126	청진 각학교	1909. 06. 28	군수, 신사들	2백 원	군수, 항내 부녀자, 노동자	·	·	무

번호	개최교	개최일	발기인	시상·기부 물품	기부자	연설주제	연설자	황제관련
127	삼흥학교	1909. 07. 21	·	음식, 공책, 연필	부교장, 교감, 교사, 내빈	·	·	무
128	연안 백천 사립학교	1909. 10월 말	·	금전, 연필, 공책, 양지	군수, 교장, 서북학회 지회장, 학감	·	·	무
129	관립교동보통학교	1909. 11. 12	·	·	·	走馬加鞭	학부대신	무
130	용산 각학교	1910. 05. 08	·	공책, 연필 등	용산방장, 유지들	·	·	무
131	장훈학교	1910. 05. 08	·	다수 금전, 상품	일반인31, 타 학교	·	·	무
132	각 사립고등학교	1910. 05. 14	·	책(24종), 한국신지도, 만국지도, 금전, 공책, 연필, 紐章, 약품(八寶丹, 淸心保命丹, 濟生堂), 인력(醫士事務員, 衛生隊), 音樂隊, 麵包,	서점7곳, 타 학교2곳, 화평당(약방), 일반인17인		·	무
133	백천 각 사립학교	1910. 05. 16	·	다수 물품	군수	·	내빈 2인, 서북학회 파견 김태석	무
134	각 사립여학교	1910. 05. 17	·	책(17종), 한국지도, 세계지도(만국지도, 간명세계지도), 금전, 공책, 연필, 재봉기계	통감, 서북학회, 서점2곳, 일반인11, 각부대신들,	·	·	무
135	기독교계 각 학교	1910. 05. 21	·	금전, 보명단, 서적, 연필	유지인사	·	·	무
136	회양공립보통학교	1910. 05. 23	·	금전, 양지 석반, 靑札, 석필, 斑布巾(수건)	일반인 28인, 일본인9인	·	·	무
137	목천군 각 사립학교	1910. 05월	·	·	·	·	기호흥학회 권유위원	무
138	명달학교	1910. 05월	前군수	금전	前군수			무
139	동창학교	1910. 06. 11	·	금전, 쌀, 연필, 습자책	유지	·	·	무
140	여주 각 학교	1910. 06. 13	·	금전, 공책, 연필, 모필	교장, 신사3인	·	교장	무
141	인평학교	1910. 06. 18	인평 坊會	금화, 책, 연필	방회장, 교장 등	·	·	무
142	벽동군 각 학교	1910. 06월	·	상품, 오찬, 만찬	상인, 일반인1	·	·	무
143	춘성·광성·공립보교	1910. 06월	·	·	·	조혼, 아편 흡연 폐습	교장	무
144	교영학교	1910. 07. 02	·	상품, 오찬	총무	·	·	무

제9장 1. 일제시기 연합야외연습 실시 상황표

연번	날짜	명칭	장소	참가학교 및 통재관(통감)	비고
1	1930.10.5.~6	사단연습 참가	의정부와 수유리 일대	북군: 용산중 외 2교(약 630명) 남군: 경성중 외 2교(458명)	• 5개 중등교 및 1개 양성소는 첫날 밤부터 참여
2	1932.10.22	(경성부)군사교련대항연습	용산연병장 및 인근	동군: 고등상업 외 6교 서군: 대학예과 외 5교 (중등 이상 13개교) (전문정도 학생 전부, 중등정도 4학년 이상; 총 2,583명) *統監: 학무국장	• 우가키총독 가와시마사령관 이하 백여 문무관 관전 • 육군은 기관총 부대 지원
3	1932.12월초	전북 중등학교 및 청년훈련소 연합야외연습	익산 평야	중등교 및 청년훈련소(1,700여 명) * 통감: 경찰부장(지사 대리)	• 20사단장 학무과장 및 도간부 참관
4	1933.3.10	육군기념일 空陸대공방연습	경성 일대	제20사단 전 장병(4천여 명) 경성 각 중등이상교 재향군인 및 청년단(5천여 명) * 평양 비행제6연대 – 비행기 참가	• 군사령부 및 제20사단 주관 연습에 참가 (예정)
5	1933.5.24.~25	함남 중등학교 청훈 연합대연습	원산	남군: 함흥상업 함흥청훈 원산청훈 북군: 원산중학 원산상업 *통감: 도지사	• 19사단 사령부와 74연대 후원, 기관총 2대 경기관총 6대 동원
6	1933.9.30	경성부 학생 연합전투연습	영등포비행장 부근	대학예과 등 중등 이상 (15개교)	
7	1933.11월경	전북 중등학교와 청년훈련소 연합야외연습	전주 평야	군산중 이리농림 전주고보 및 청년훈련소(전주 이리 군산 김제) • 통감: 도지사	(예정)
8	1934.2.27	전남 학생 청훈생 청년단 연합대연습	광주 부근	동군: 광주중 광주고보 전남본부청년단 서군: 광주농업 목포 및 송정리以西 청훈청년단(총 1천여 명)	(예정)
9	1934.6.16.~17	함남 중등학교 청훈 연합대연습	함흥	원산중학 원산상업 함흥상업 함흥농업 함흥고보 청년훈련소(광산 함흥 홍남)	• 함경남도 주최(예정) • 함흥 74연대에서 기관총 기타 신무기 지원, 재향군인회 지원
10	1934.10.27	사단연습 참가	대전	청주고보 청주농업	제20사단 추기연습
11	1934.5.30	제3회 관공립 전문 · 중등학교 연합전투연습	–	경성, 인천 관공립 중등 이상 17개교 • 통재: 학무국장	
12	1935.5.25	제4회 경성 중등학교 및 청년훈련소 연합전투연습	용산연병장 및 한강부근	양군 편성 • 통재: 경기도지사	
13	1935.6.15.~16	함남 중등학교 청훈 연합대연습	원산 부근	원산중 원산상업 함흥상업 함흥고보 함흥농업 및 청년훈련소(원산 함흥 홍남)	• 군부 및 재향 군인 후원
14	1935.9.18	(만주사변기념일) 연합연습	대구	보병80연대, 대구 중등이상 학교, 청년훈련소 – 백군, 흑군 편성	
15	1935.9.18	(만주사변기념일) 중등학생연습	나남	도내 중등학교 청년훈련소(1천여 명) • 통감: 도지사	• 함북 학무당국 주관
16	1936.2.18	연합모의전	춘천	춘천고보, 춘천농업, 재향군인, 경찰 연합	
17	1936.7.2.~3	함남 중등학교 청훈 연합대연습	함흥 – 홍남 간	원산중 원산상업 함흥상업 함흥고보 함흥농업 및 청년훈련소(원산 함흥 홍남) (총 1,300여 명) • 통제: 도지사	

연번	날짜	명칭	장소	참가학교 및 통재관(통감)	비고
18	1936.9.19	제5회 경성부내 중등학교 청년훈련소 연합연습	용산연병장	15개교 (8천여 명) * 통감: 경기도지사	총독, 군사령관, 다수 장성 참관
19	1936.9.28	평남 중등학교생 연합발화연습	평양 평천리 연병장	북군: 평양상업 외 3교, 남군: 평양의전 외 3(총 1,200명) 구호반(의전 및 도립의원간호부단) * 통감: 평남도지사	• 보병77연대 고사포대 및 비행 제6연대 일부 지원 • 평남 고위관료 및 군장교 등 내빈 100여 명 참석
20	1936.11.20	제5회 경성 전문·경성사범학교 연합연습	용산연병장 등	경성내 전문학교, 경성사범(2천여 명) * 통제: 학무국장	• 학무국과 20사단 협의
21	1936.12.5	전북 중등학교 청년훈련소 연합대연습	전북평야	전주고보 이리농림 군산중 청년훈련소(김제 군산 전주)(총 수천여 명) * 통감: 도지사	
22	19379.18	경성부내 중등학교 청년훈련소 생도 연합연습	용산연병장	동군: 경성사범 외 5교, 청년훈련소(8개소) (1,192명), 서군: 경성중학 외 4교청년훈련소(8개소) (1,190명) * 통감: 도지사	총독 임석
23	1937.9.25	(제2회)평남 중등학교 이상 및 청년훈련소 생도 연합연습	(평양) 연병장	동군: 평양사범 등 4개교(부대장 大塚少佐), 서군: 평양의전 등 4개교(부대장 藤本中尉), 비전투학교: 숭실전문, 숭실중학, 숭실상업, 광성고보, 평양농업 학교(5개교) (총합 5천여 명) * 통감: 평남도지사	• 1938.10.8에 제3회 연습 실시
24	1937.10.29	제6회 경성 전문·사범학교 연합대연습	용산연병장	남군: 대학예과 등 4개교, 북군: 의학전문 등 5개교(총 3,100명) * 통감: 鹽原학무국장	• 황국식민서사 제창
25	1938.3.8	제4회 전남 학생 청훈생 청년단 연합대연습	광주와 광산	남군: 광주농업 목포상업 청년훈련소(지휘관 山崎소위), 북군: 광주중 광주고보 청년훈련소 및 9개 지역 청년단체(지휘 黑宮소위) (총 1천명) * 통감: 도지사(수십 명 통감부 편성)	• 전남도 주최
26	1938.9.18	(만주사변7주년기념) 연합야외연습	경성일대 및 용산연병장	경성 남자 중등교와 청년훈련소 24교(1만 3천여 명) 북군: 대대장 松永 중위(선린), 남군: 대대장 柏原 소좌(용산중) * 총재: 경기도지사	• 매년거행, 각지 행사 • 총독 이하 본부 각 국장, 조선군 참모와 장교들, 유지, 부민 수천 명 관전 • 특히 사립중등 참여 • 목적: 국가관념 강조, 교련 향상 • 군부의 부대 지원
27	1938.10.24	제7회 경성부내 대학·전문학교 연합연습	용산 및 여의도비행장 부근	동군: 대학예과 등 4교 및 지원병훈련소생(200명)(山崎대위 지휘), 서군: 고등공업 등 5교(工藤소위 지휘)(3천여 명) * 통감: 鹽原학무국장	• 총독 군사령관 정무총감 이하 군부 장성들과 관민유력자 등 관전
28	1938.11.27.~28	충남 중등학교 청훈생 연합대연습	대전	남군: 대전중 강경상업 북군: 공주중 공주농업 예산농업 천안청훈 조치원청훈 (800여 명) * 통감: 도지사(참모: 戸川대위)	• 충남 최초 • 대구 대전 군부대 일부 참가 • 경상자 4,5명
29	1939.1.26	부대초청 대연습	나주	전남도내 각 중등학교, 청년단, 재향군인 등 연합 (3천여 명) * 통감: 전남도지사	
30	1939.2.4	내한 행군연습	청주	79연대 山田부대, 각 중등학교 청년훈련소, 재향군인	• 79연대 훈련에 참가

연번	날짜	명칭	장소	참가학교 및 통재관(통감)	비고
31	1939.3.10	(육군기념일 기념)연합연습	전국	부산, 마산, 나남, 대전, 원산, 춘천, 함흥, 평양 각 학교, 청년훈련소 소 등	
32	1939.3.10	(육군기념일 기념)군대·학생 연합시가전 연습	경성 일대	각 중등학교 및 청년훈련소(총1,250여 명 및 군대 참가)	• 총독, 군사령관, 사단장 참관 • 신궁참배, 시가행진
33	1939.5.22	(현역장교학교배속령 시행15주년 기념) 생도 연합시열식	경성 용산연병장	경성부근 남자 중등 이상 학교 (약 2만 명)	• 동경에서 어친열 배수식 거행 • 조선 각지에서도 시열식 실시 • 조선신궁 참배
34	1939.9.22.~23	(성지봉체기념) 연합야외 연습	용산연병장 및 경성 일대	경기도 남자중등 25개교, 청년훈련소 11개소(5,442명) 및 기타 시분열식, 견학참가생, 총합(1만6천여 명)	• 5월 동경, 어친열 및 칙어 환발 기념 • 총독과 군사령관 참관 • 성지봉체·칙어봉독식 거행
35	1939.9.23	함북 중등학교 청훈 연합 연습	나남	남군, 북군(각 학교 및 청년훈련소 참가)(2천여 명)	(예정) • 목적: 어친열 성지봉대기념, 견인지구 강의활달 기운 함양, 협동단결 실적 거양, 국방사상 배양보급 및 시국인식 철저
36	1939.9.30	(칙어 어하사 기념) 춘천 중등학교 청훈 연합 연습	춘천	춘천사범 등 각 학교 및 청년훈련소 (총 1,200여 명) *통감: 내무부장(도지사 대리)	
37	1939.10.6.~7	재령 연합야외대연습	재령읍 일대	서군, 동군 총 5천여 명(청훈도 참가)	
38	1939.10.10.~11	(칙어봉대 기념) 충북중등학교 연합연습	청주 일대	청주제1,2중, 청주농업 충주농업 청주상업 (1,500여 명) *통재관: 도지사	• 전국 청소년단 학도에 하사한 칙어봉대 기념
39	1939.10.13.~14	(어친열 배수기념) 제8회 경성부근 대학·전문학교 특별 연합연습	용산연병장 및 경성 일대	동군, 서군(양군 총3,270명) 시분열식 참가: 보성전문, 세브란스의전, 연희전문, 중앙불교전문(1,040여 명) *연습통감(총독),	• 항례 행사(5월 어친열열 및 성지봉체 기념) • 4개 사립전문도 참가
40	1939.10.19	제1회 평북 중등학교 청훈생 연합연습	신의주	신의주부 각 남녀 공사립중등학교 및 청년훈련소(신의주농업 용암포 선천 의주 정주 신의주)	• 완전한 실전 연습
41	1939.10.30.~31	(어친열배수 및 학교교련실시15주년 기념)대구 전문 중등학교 연합대연습	대구	동군: 대구사범 慶中 대구상업 서군: 대구의전 대구중 대구농림 계성학교 (총 5천여 명) *통감: 도지사	• 여학교 시열식 참가
42	1939.11.4	전북 중등학교 청훈생 연합 추계연습	전주	북군(지대장 山元준위), 남군(지대장 瀨田준위) *통감: 도지사	
43	1939.11.15	부산 중등학교대항 추계연합 대연습	부산	동군: 동래중 부산제1상업(城之內소위 지휘), 서군: 부산중 부산제2상업(牧田중위 지휘) *통감: 乃台 대좌	
44	1939.11.21~22	전남 중등학생 청훈생 청년단 연합대연습	광주와 광산	중등학생 청훈생 청년단(900여 명)	• 전남도 주최
45	1940.3.10	(35회 육군기념일 기념) 군대와 학생 연합 시가전 연습	용산연병장 및 경성 일대	대학예과, 9개 전문, 25개 중등학교, 청년훈련소생, 지원병(1만 5천명) 20여 개 여자전문, 여학교(8천여 명) 용산 군부대 *사열관: 학무국장, 경기도지사	• 조선신궁 참배 • 총독, 군사령관, 정신총동원총재, 군장성, 학무국장, 경기도지사, 부윤 등 참관 • 관중 수만

연번	날짜	명칭	장소	참가학교 및 통재관(통감)	비고
46	1940.9.22.~23	(성지봉체)경기도 중등학교 청훈 생도 연합야외연습	용산연병장	남군: 13개 중등학교 7개 청년훈련소(3,114명)(용산중 교관 村上중위 지휘), 북군: 12개 중등학교 7개 청년훈련소(2,936명)(경기상업 교관 江藤중위 지휘), 기타 7개 중등 1개 청년훈련소 참가(시분열식) (총19,333명) *통감: 경기도지사	총독, 군사령관 참관
47	1940.9.22	(성지봉대 어친열배수기념) 제2회 학교 청년훈련소 연합 연습	신의주 외곽	신의주 각 중등학교 청년훈련소 (1천여 명), 부내 두 여학교 5학년 이상(위생대 활동) *통감: 도지사	(예정)
48	1940.9.25.~26	함남 중등학교 연합추기연습	함흥	각 중등학교	(예정)
49	1940.9.27.~28 & 29~30	(성지봉체기념)제2회 황해도 연합야외연습	해주와 사리원	동군 서군: 남자 중등, 청년훈련소(해주 1,300여 명, 사리원 1,350명) 동군 土屋중위, 서군 松下 중위 지휘 *통재관: 도지사	• 칙어봉 독식 거행
50	1940.11.21.~22	경남 중등학교 연합대연습	김해평야	동성 양군: 山本소좌 龜井중위 지휘 부산중 부산제1,2상업 동래중 마산중 진주중 진주농업 청년훈련소(3개)(총 2천여 명) *통감 도지사, 심판장 乃台대좌	• 지사 告辭: 학교교련의 목적은 국방능력 증진에 기여하는 것 • 강평 후 일반인에게 화포 기관총 설명 발포 연습 견학
51	1941.7.7	(지나사변 4주년기념) 향군 및 학교생도 연합공방 연습	해주	남북군 편성: 해주 남녀중등, 재향군인회(약 1천 2백 명) *북군 間宮소위, 남군 大橋중위 지휘	
52	1941.9.22	(성지봉체기념)경기도 중등 학교 연합야외연습	용산연병장 일대	경성 남자중등 26개교, 청년훈련소 10개소 (1만 9천여 명) *통감: 경기도지사	• 고학년 무장 저학년 도수 • 총독, 조선군사령관, 학무국장 임석
53	1941.10.21~22	제10회 경성부근 대학·전문 학교 연합야외연습	경성 동부 남부 일대	경성제대와 예과, 부내 각 전문학교, 수원고등농림, 경성사범 (약 4천 명) *통감: 총독	
54	1941.11.5~6	(성지봉체기념)황해도 생도 청훈 연합연습	재령평야	남군: 천여 명, 鹿島중위 지휘, 북군: 천여 명, 金子소위 지휘 *통감: 도지사	
55	1941.11.9	(어친열배수기념) 강원도 중등생도 연합야외 연습	춘천	남북 양군: 각 중등 3학년 이상(690명), 1,2학은 행군 참여(총 1천여 명) *통감: 강원도지사	• 중등학교 기계화국방연맹 결성후 최초 연습 • 학교 기계화 정예부대 총동원 • 남녀중등교 총력대도 결성
56	1941.11.9.~10	충남 중등학교 청년훈련소 연합야외연습	대전	5개교 4년 이상 및 청년훈련소생 약간 (총 1천여 명)	(예정) • 방공전, 조우전이 아님
57	1941.11.10	평남 전문 중등학교 연합야외연습	평양	북군, 남군 (약 5천 명) *통감: 평남도지사	
58	1942.3.10	육군기념일 기념 시가공방전 연습	개성	부내 중등학교 청년훈련소 재향군인회 경찰관 경방단 구호반	(예정) • 개성경찰서와 재향군인분회 후원
59	1942.5.21.~22	제11회 경성부근 대학·전문 학교 연합야외연습	경성과 성남 일대	동군: 경성제대 외 5개교(2,500명) 서군: 경성의전 외 4개교(2,500명) *군부의 원조부대와 학생 기마대 참여 *통재: 총독	

연번	날짜	명칭	장소	참가학교 및 통재관(통감)	비고
60	1942.10.21.~22	(성지봉체)경기도 중등생 연합야외연습	성남평야, 용산 연병장 일대	경기도 중등학교 25개교, 청년훈련소 14개소(총 2만 5천여 명) 동군(武富대좌 지휘), 서군(山口중위 지휘), 남군(지휘 荒木대좌), 북군(岡崎대좌 지휘 *통감: 경기도지사 *심판관: 大岩대좌 등 4인	• 사립중등 참가 • 은륜부대 신호부대 동원
61	1942.11월 2일간	강원도 중등학교 추계연합야외연습	춘천	춘천사범 춘천중 춘천농업－4, 5학년생으로 3개 소대 편성, 3학년 이하(총1천여 명)	(예정) • 각교 기계화국방연맹 결성 후 두 번째 연습
62	1942.11.10.~14	(성지봉체)황해도 연합야외연습	사리원, 벽성	동군, 서군: 각 학교 및 청년훈련소	• 자전거수색대 참가
63	1942.12.9	충북 중등학교 연합연습	청주 무심천변	–	• 태평양전쟁1주년 기념
64	1943.5.21.~22	(칙어봉대기념)제12회 경성부근 대학 전문 연합연습	경성	동서 양군: 경성제대 등 11개교(6천여 명) *연습통감: 정무총감(총독 대리)	• 1939.5.22. 칙어하사 기념
65	1943.11.1	(성지봉대)경기도 중등학교 연합야외연습	경성 여의도	동군(지대장－경성중 배속장교 岩崎중위), 서군(지대장－용산중 배속장교 松尾 중위)－총 22개 소대(1천 5백여 명) *통감: 도지사	• 징집연기 정지된 경성제대 법문학부 학생도 참가(소대장 이상 역할) • 학생무장: 집총대검, 배낭, 수통 • 교문을 군문으로, 교정을 營庭으로 • 사립학교 참가
66	1944.12.8	(대동아전쟁3주년기념) 해주 중등학교 실전연습	해주	해주사범 등(1천4백명), 남군(村島소위 지휘) 북군(荻原소위 지휘) *통재관: 도지사	

주: 분량 관계상 야외연습 내용 정리는 생략함.

연번별 자료: 1.『朝鮮新聞』 1930년 10월 6일; 2.『매일신보』 1932년 10월 19일 및 23일;『文教の朝鮮』 1932년 11월호; 3.『매일신보』 1932년 12월 6일; 4.『매일신보』 1933년 2월 16일; 5.『釜山日報』 1933년 6월 13일; 6.『동아일보』 1933년 9월 30일; 7.『매일신보』 1933년 9월 17일; 8.『매일신보』 1934년 1월 16일; 9.『매일신보』 1934년 5월 8일; 10.『조선일보』 1934년 5월 26일; 11.『釜山日報』 1934년 10월 28일; 12.『매일신보』 1935년 5월 25일; 13.『매일신보』 1935년 6월 5일; 14.『경북중고등학교육십년사』 268-269쪽; 15.『매일신보』 1935년 9월 24일; 16.『춘농공고백년사』, 240쪽; 17.『매일신보』 1936년 6월 25일 및 7월 5일; 18.『조선일보』 1936년 9월 20일;『매일신보』 동일자; 19.『매일신보』 1936년 9월 30일; 20.『조선일보』 1936년 11월 11일; 21.『매일신보』 1936년 12월 9일; 22.『조선일보』 1937년 9월 16일; 23.『조선일보』 1937년 9월 27일;『광성구십년사』, 1984, 179 및 185쪽; 24.『조선일보』 1937년 10월 29일 및『동아일보』 10월 30일; 25.『釜山日報』 1938년 3월 10일; 26.『매일신보』 1938년 9월 16일 및 9월 19일;『조선일보』 1938년 9월 8일 & 16일;『동아일보』 1938년 9월 16일; 27.『조선일보』 1938년 10월 22일;『동아일보』 1938년 10월 25일; 28.『공주고육십년사』(1982, 265-266쪽);『釜山日報』 1938년 11월 29일:『조선일보』 1938년 11월 17일, 12월 1일; 29.『조선일보』 1939년 1월 18일; 30.『매일신보』 1939년 2월 5일; 31.『조선일보』 1939년 3월 9일 & 12일; 32.『조선일보』 1939년 3월 11일; 33.『동아일보』 1939년 5월 20일; 34.『조선일보』 1939년 9월 7일, 9월 23~24일;『매일신보』 1939년 9월 22일; 35.『매일신보』 1939년 9월 10일; 36.『매일신보』 1939년 10월 3일; 37.『조선일보』 1939년 10월 9일; 38.『매일신보』 1939년 10월 10일 및 10월 13일; 39.『조선일보』 1939년 10월 1일 및 10월 15일;『동아일보』 1939년 10월 14일 및 10월 15일; 40.『매일신보』 1939년 10월 21일; 41.『매일신보』 1939년 11월 2일; 42.『釜山日報』 1939년 11월 7일; 43.『매일신보』 1939년 11월 18일;『釜山日報』 1939년 11월 16일; 44.『동아일보』 1939년 11월 20일;『매일신보』 1939년 11월 24일; 45.『조선일보』 1940년 3월 11일;『동아일보』 동일; 46.『매일신보』 1940년 9월 19일, 9월 22일; 47.『매일신보』 1940년 8월 28일; 48.『매일신보』 1940년 9월 15일; 49.『매일신보』 1940년 9월 29일 및 10월 3일; 50.『매일신보』 1940년 11월 24일; 51.『매일신보』 1941년 7월 9일; 52.『매일신보』 1941년 9월 23일;『保導』 97호, 1941.10, 4쪽; 53.『매일신보』 1941년 10월 9일 및 10월 22일; 54.『매일신보』 1941년 11월 10일; 55.『매일신보』 1941년 11월 7일 및 11월 11일. 56.『매일신보』 1941년 10월 26일; 57.『매일신보』 1941년 11월 7일 및 11월 10일; 58.『매일신보』 1942년 3월 6일; 59.『매일신보』 1942년 5월 20일, 5월22일 및 23일; 60.『매일신보』 1942년 10월 22일;『保導』 110호, 1942.11, 6쪽; 61.『매일신보』 1942년 10월 11일 및 10월 25일; 62.『매일신보』 1942년 11월 13일; 63. 청주농업고등학교동문회 편,『청농백년사』, 2011, 209쪽; 64.『매일신보』 1943년 5.22일; 65.『매일신보』 1943년 10.27일 및 11월 2일; 66.『매일신보』 1944년 12월 11일.

2. 각 학교사에 수록된 일제시기 군사교련 실시 상황

학교	군사교련 관련 내용	기타 특기 사항
청주고보	〈1933학년도〉 • 5.12,13: 5학년 속리산행군(1박 2일 110리) • 6.9: 전교생 야간행군 • 7.14: 제1회 교내사열 • 9.18: 만주사변기념일 배속장교 강연, 모의공방전 참가(4,5학년) • 9.27~10.1: 5학년 병영숙박견학(80연대 대전 3대대) • 11.14: 제3회 교련사열 실시(전교생, 79연대장 近藤대좌) • 12월: 20사단 김석원 대좌 강연 • 34.3.10: 육군기념일 연합연습 참가(전교생)	• 9월 우가키 총독 내교 강연 • 11월 경성제대 총장 내교 시찰 강연 • 5학년 행군 시 무장행군(배낭, 38식장총 휴대)
전주고보 (전주북중)	• 1935년부터 매년 연대에서 나와 사열 실시 • 병영숙박: 5학년 2주일간 용산병영 • 야외교련: 5학년, 종일 행군 • 1936년 일본군 사단간 대항연습에 참가 • 1937년 입학생부터 수학여행은 일본 신궁참배 여행과 강원도 야영훈련으로 대체	• 1938년 부임한 이시카와 교장 시기 군대식 훈련 강화 • 병영숙박 시 구타, 모욕 극심 • 중일전쟁 이후 학교 전체가 교련교육 강화, 군국주의화 • 태평양전쟁 이후 전투모, 군복 착용, 학교는 병영
경성 제1고보 (경기중)	• 1934. 12 교련사열 실시 • 1935. 1 병기고 설치 • 1939. 6 교내 협착사격장 설치, 초보적 사격훈련 실시 & 매주 한번 교련조회 및 분열행진 실시 • 1939년부터 교육전시회 개최－교련, 검도, 체조 공개 실시 • 1940. 11 글라이더 훈련, 분열행진, 전투교련 실시(40주년기념식) • 1940년대 월 한번 한강변 야외교련(행군, 산개－각개약진－돌격훈련; 회고) • 1944년 봄 4학년 야간행군 실시(회고)	• 1934년 교련사열에 우가키 총독 참석 • 1938년 이후 교련, 검도 강화 • 이와무라 교장시기(1938.10~ 44.4) 일본인화 교육 강화 • 태평양전쟁 이후 일인 교원 군소집으로 빈 수업시간은 교련, 근로봉사 실시
경성 제2고보 (경복중)	〈1935.4~1936.3〉 • 1935. 5.25 경성부내 중등학교 연합연습 참가 • 6.14 학교교련 시찰(육군성 징모과장 黑田 대좌) • 9.18 만주사변기념일 강연 후 모의전 견학(용산연병장) • 10.18 閑院宮 전하 시열식 거행(무장, 용산연병장) • 11.13 국기게양과 궁성요배 후 해군 소장의 강연 • 11.21 교련사열(보병78연대장 百武대좌 사열관) • 11.28 보병78연대 병영견학(5학년) • 1936. 2.4 전교생 雪中행군 • 3.10 육군기념일 분열식 후 시가행진	• 10월에 보병78연대장 학교 시찰 • 11월 교련사열 시 우가키총독 참석해 전교생에 훈사
대구고보 (경북중)	• 1933. 5 학교당국 군사교련 실시 발표 • 1934. 11 협착사격연습(4학년/80연대) • 1934. 12 1박2일 입영훈련(4,5학년) & 교련사열(80연대장 임석) • 1935. 3 중대공격연습(4학년/야외) • 1935. 4 군사교련 正科目화－배속장교와 교관 배치 • 1935. 4. 이후 행군(3,4,5학년) 전투교련 거리목측 반합취사 연습(4,5학년) 반합취사 연습(1,2학년)	• 1933. 6 군사교련 반대 맹휴 기도－가담자 퇴학 후 복학 • 1936년 교련경비 약 6배로 급증 • 1938년 이후 극심, 태평양전쟁 이후 학교는 병영

학교	군사교련 관련 내용	기타 특기 사항
	• 1936. 9. 개교20주년기념행사 체육대회에서 전교생 교련 실시 • 1938. 10. 교내 무기고 설치 • 1938년 겨울 이후 매년 전교생 27km 원거리 강행군 • 1941년 봄 완전무장 강행군(불국사－석굴암－감포－불국사) • 1943년 이후 글라이더, 공격연습용 모형인형 및 장애물훈련 시설 설치	
동래고보 (동래중)	• 1938년 2학기: 1,2,5학년 야외교련, 명치절 봉축식 후 열병사열식(11.3) • 1940년 1, 2학기: 야외교련(각학년 1~2번) 실시, 만주사변기념 열병분열식(9.18), 교련사열(11.16), 경남연합야외연습(11.21~22), 경남 중등학교 전력증강대회(11.23), 교육칙어봉체주간 개시 사격대회(11.24)	• 1938년 일인 군사교관 축출사건
광주사범	• 교련수업－매주 2시간(현역대좌, 소위, 하사관 각 1인)－총검술, 사격, 야영, 활공훈련, 정신훈련 등 • 교련조회－주1회, 무장하고 열병분열 • 교련사열－11월, 가장 큰 연중행사 • 입영훈련－(심상과 1, 2회) 6월 2주간, 대전 연대 입영, 내부반에서 정규병과 함께 생활 신병 훈련 • 야간행군－매년 10월경, 전교생 오후 10부터 25km 완전무장 야간행군 • 군사대연습(연합야외연습)－매년 11월 하순 도내 남중학교 연합훈련 실시 • 화엄사군사훈련(심상과 1, 2, 3회)－화엄사 숙박, 1주간 산악훈련과 각개전투훈련 • 연합열병분열식－5월 광주내 중학교들	• 총검술부 조직, 활동 • 국방색 복장 착용(1942) • 무등독서회 독립운동 일환－근로동원 3개월간 기피, 군사훈련 반항 구보대모(1943.5)
부산 제2상업	• 1932부터 매년 병영숙박 훈련(대구80연대, 5학년, 3일간) • 1935.11 처음 교련사열 실시(대구80연대장 岡田資 대좌) • 1936.4 무기고 신축 • 야간강행군 실시(1935~36) • 야간야외연습(1937.10. 3,4학년 남군 북군 편성, 20여 시간 실시) • 경남연합야외연습, 경남중등 전력증강대회(1940.11) • 교련사열, 야외교련, 교내체련, 교내외 방공훈련(태평양전쟁 시대)	• 1935.9 현역장교 배속 • 교련사열에 사단장, 경남도지사 참석(1935) • 중일전쟁 이후 군사교련 치중, 매일 교대로 출정군인 부산역 전송 • 1939.4부터 교련모, 교련복 일식 착용
춘천농업	• 1935. 11. 교련사열 처음 실시(사열관 함흥74연대장 吉野대좌) & 야외교련 • 1936. 2 춘천고보, 재향군인, 경찰과 연합모의전 실시 • 1937년: 야외교련, 방공연습, 병영숙박(74연대 1주, 4학년), 교련사열, 발화연습 실시 • 1939. 3 무기고 완공 • 1930년대 매년 병영숙박(10월, 74연대) • 1930년대(3학년), 1942(5학년): 금강산 수학여행 겸 병영숙박(2주) • 1942. 글라이더부 신설, 훈련	• 1935. 8 배속장교 부임 • 교련사열에 19사단장, 총독부 학무국 관료 참석(1935) • 1936년 입학생부터 국방색 교복 착용
광성고보 (광성중)	• 1937년: 3월 군사강연, 4월 조회 시 77연대歌 연습 및 군기제 분열식 참가, 9월 군가연습, 군사강연회, 西鮮중등연합대연습 참가, 10월 군가연습, 11월 방호연습 • 1938년: 5월 공습연습견학, 10월 제3회 평남학교 및 청훈 연합연습 참가, 방공연습, 11월 시내중등교 시열식 참가(조선군사령관)	• 사립학교 • 조선인 예비역 중위 교련교관 이희겸(~1937.6) • 1939년 신입생부터 등하교 시 국방색 교복, 전투모, 배낭 착용, 교원도 삭발 국민복 착용

자료: 청주고60년사, 260-264쪽; 전고・북중 팔십년사, 126-127, 139, 172-173쪽; 경기백년사, 158, 161-169, 177쪽; 경복오십오년사, 114-124쪽; 경북중고등학교육십년사, 138-139, 147, 235-236, 259, 268-270쪽; 동래고등학교팔십년사, 282-284, 290-291쪽; 광주교육대학오십년사, 116, 119-123, 137-138쪽; 부상팔십년사, 123-129, 135쪽; 춘농공고백년사, 207-208, 212-213, 238-244, 275-276쪽; 광성구십년사, 174-186, 259-260쪽; 광성, 제12호, 1938, 208쪽

찾아보기

[인명]

[내용]

[기타]

▪ 저자 약력 ▪

김성학 (Kim Seong Hak)

연세대학교 대학원 교육학과를 졸업하였다(교육학 박사). 현재 연세대학교 미래캠퍼스 RC융합대학 교수로 재직 중이다. 주요 관심 분야는 한국 근 · 현대교육의 형성, 서구교육학 수용 과정 등이다. 주요 저 · 역서로 『서구교육학 도입의 기원과 전개』, 『한국 근대교육의 탄생』, 『현대 한국교육의 인식』(공저), 『신찬교육학: 한국 최초의 교육학 교과서 1895』(역주), 『졸업장열병』(공역) 등이 있고, 주요 논문으로 「근대 학교운동회의 탄생 – 화류에서 훈련과 경쟁으로」, 「군대식 학교규율의 등장 과정과 사회적 기능」, 「경성사범학교 학생 훈육의 성격」, 「일제시기 관변 교원단체의 형성 과정과 그 사회적 기능」, 「한말 강화지역 사립보창학교의 등장과 성장」 등 다수가 있다. 연세대학교 대학원 학술상(1996년), 한국교육사학회 학술상(2009년)을 수상한 바 있다.

한국 근대교육의 등장과 성장

2024년 6월 5일 1판 1쇄 인쇄
2024년 6월 10일 1판 1쇄 발행

저 자 : 김 성 학
발행인 : 한 정 주
발행처 : 교 육 과 학 사

저자와의 협의하에 인지생략

경기도 파주시 광인사길 71
전화 (031)955-6956~8 / 팩스 (031)955-6037
Home-page : www.kyoyookbook.co.kr
E-mail : kyoyookbook@daum.net, kyoyook@chol.com
등록 : 1970년 5월 18일 제2-73호

잘못된 책은 바꾸어 드립니다.
Printed in Korea.

정가 24,000원
ISBN 978-89-254-1898-8